指向大概念的初中英语阅读教学设计

芮学国 —— 著

华东师范大学出版社
·上海·

图书在版编目（CIP）数据

指向大概念的初中英语阅读教学设计 / 芮学国著.
上海：华东师范大学出版社，2024. -- ISBN 978-7
-5760-5141-4

Ⅰ. G633.412

中国国家版本馆 CIP 数据核字第 2024EB9321 号

指向大概念的初中英语阅读教学设计

著　　者　芮学国
责任编辑　李恒平
审读编辑　翁晓玲
责任校对　刘伟敏
装帧设计　俞　越

出版发行　华东师范大学出版社
社　　址　上海市中山北路 3663 号　邮编 200062
网　　址　www.ecnupress.com.cn
电　　话　021-60821666　行政传真 021-62572105
客服电话　021-62865537　门市（邮购）电话 021-62869887
地　　址　上海市中山北路 3663 号华东师范大学校内先锋路口
网　　店　http://hdsdcbs.tmall.com

印 刷 者　常熟高专印刷有限公司
开　　本　787 毫米×1092 毫米　1/16
印　　张　19.25
字　　数　402 千字
版　　次　2024 年 8 月第 1 版
印　　次　2024 年 8 月第 1 次
书　　号　ISBN 978-7-5760-5141-4
定　　价　60.00 元

出 版 人　王　焰

（如发现本版图书有印订质量问题，请寄回本社客服中心调换或电话 021-62865537 联系）

前　言

教学质量是学校的生命线,提高教学质量需要聚焦课堂。科学、合理的教学设计是上好一堂课的基础。2022年3月,《义务教育英语课程标准(2022年版)》(本文以下简称《义教课标》)颁布。从课程标准到课堂教学实践的转化,需要通过中介环节来实现,而教学设计是实现从课程标准到课堂教学转化的重要中介之一。教师通过教学设计体现自己对《义教课标》的理解,即对教学目标的确定、教学方法的选择、教学过程等进行优化整合,从而将自己对于教学的设想呈现在一个可操作的教学设计上。随着英语课程改革的日渐深入,基于"大概念"开展阅读教学设计、发展学生核心素养已成为课程改革的热点之一,引领着课堂教学改革。思维可视化作为一种教学策略,可以帮助学生更好地理解和掌握大概念,促进学生形成复杂的结构认知,实现高通路迁移。

作为教研员,我一直以"天天进学校,时时入课堂"来勉励自己,进行了大量的授课、观课、磨课、议课等工作。我发现教师在英语阅读教学设计上主要存在以下问题:(1)缺乏创新,模式固定单一,"拿来主义"较严重;(2)单元意识缺乏,学情分析欠缺,教学目标宽泛或太多;(3)课型意识不强,将阅读课上成"阅读练习课"的比比皆是,还有将阅读课上成听说课、词汇课或语法课等,尤其是在低年级;(4)教材解读不足,语篇分析欠缺,问题设计浅显,未能将语言、思维和文化有机结合;(5)过度使用PPT,未能充分发挥板书和学习活动单等的作用;(6)"教—学—评"一致性的整体育人理念不足,未能充分发挥评价的作用;等等。

为此,2018年起,依托上海市第四期双名工程虹口区种子团队(强校)和教研团队,我们就先行先试,立足"大概念",寻求英语学科关键问题的解决途径。结合区域初中英语阅读教学的实际,我们以教研活动课程化的形式,立足课堂,以思维可视化为路径,开展了指向大概念的初中英语阅读教学设计研究,并积累了较丰富的教学案例。

本书中阅读教学案例展现的都是经过教学实践的原生态课堂(有的作了进一步打磨),主要有如下特点:

(1) 教学设计规范,流程清晰。教学设计皆基于《义教课标》,有单元内容分析、单元教学目标、学情分析、教学重难点、教学过程、教学流程图等,使教师一目了然,易于操作。此外,还有英文教案、教学反思、学习活动单、关键问题解决策略、教师板书、作业布置等,这些都有较强的操作性和实用性。

(2) 教学目标的撰写和活动设计体现《义教课标》倡导的英语学习活动观。教学目标将直接决定着教学方向,关系到英语课程要培养的学生核心素养能否在课堂教学中得到落实。本书案例通过主题意义引领的学习理解类、应用实践类和迁移创新类等一系列层层递进的学习活动,有利于发展学生的语言能力、文化意识、思维品质和学习能力等英语课程要培养的学生核心素养。

(3) 阅读课课型特征明显,教学目标达成度较高。每个教学案例皆经过课堂教学实践,教学设计皆基于学生视角和单元视角。这些教学设计基于校情和班情,不仅体现了教师怎么教的问题,更是将重点放在学生上,从学生的角度出发,分析学生的实际情况,对学生产生真正的导向作用,体现出教师主导、学生主体的教学思想。除了八、九年级的案例,针对六、七年级的低年级阅读教学薄弱的现状,书中也提供了较多的案例,年级特征明显。

(4) 教学设计突出个性化,不拘一格。教学有法,但无定法。教学设计虽有相对固定的撰写模式和模板,但是没有完全固定的统一模式,特别是案例中思维可视化工具的运用,既体现了授课教师自己的教学思想和教学风格,也充分展现了学校和区域教研团队的集体智慧。

(5) 教学设计重视语篇分析,体现"教—学—评"一致性的整体育人理念。为保证教学设计的科学性,教师钻研《义教课标》和教材,厘清纵横联系,融合了教师的教育理念和教材的思想性、科学性。特别是教学设计中的教师板书和学生学习活动单,确保了"教学有痕",既有利于培养学生的自主学习能力,又有利于保证教学质量。课堂学习活动单中的评价量表(rubric/checklist)有利于促进学生的有效学习,体现学习性评价/学习的评价/学习式评价(assessment for/as/of

learning)的育人理念,进而从重视教师的"教"转向重视学生的"学"。

(6) 教学设计践行"双减"的有益探索。案例中的课堂学习活动单和作业设计以英语学习活动观为指导,有效助推"减负增效"的教育举措,有利于推进教育资源均衡化,并成为英语课程要培养的学生核心素养的突破口。

从授课内容来看,既有来自上海教育出版社、上海外语教育出版社的教材文本,也有外语教学与研究出版社等的教材文本,且后面附有阅读语篇内容。因此,本书不仅可供上海教师参考,也可供全国教师参考。从授课的课型来看,有精读课,有泛读课(拓展阅读);有课内阅读,有课外阅读(报刊阅读和整本书阅读)。从授课的教师来看,有工作不久的青年教师,有较成熟的中年教师,有资深的老教师;有见习教师,有普通教师,有骨干教师。从授课的学校来看,有强校工程实验学校,有普通公办学校,有新优质学校,有民办学校,有外语特色学校,有初中学校,有小学、初中九年一贯制学校,有初、高中完中学校。从授课形式看,有一线调研的家常课;有校、区公开课;有区、市、国家比赛课。

值得一提的是,本书中不少案例不仅附有专家点评和教学反思,还可以扫码观看教学视频。

芮学国于上海

2024 年 1 月

目 录

第一章　大概念、核心素养与英语阅读教学 / 1

第一节　大概念与大概念教学 / 1

第二节　英语课程要培养的学生核心素养 / 5

第三节　英语阅读教学核心概念 / 8

第四节　课程标准与英语阅读教学 / 15

第二章　大概念与思维可视化英语阅读教学设计 / 21

第一节　英语阅读教学设计核心概念 / 21

第二节　英语阅读教学设计与思维可视化 / 26

第三节　思维可视化英语阅读教学设计学习理论 / 31

第四节　思维可视化英语阅读教学设计国内外概况 / 37

第三章　大概念下的英语阅读教学设计策略 / 40

第一节　熟悉四类思维可视化工具来促进有效的理解与迁移 / 40

第二节　明晰六类语篇类型来促进有效的理解与迁移 / 69

第三节　分析七种语篇模式来促进有效的理解与迁移 / 84

第四节　基于四条操作原则来促进有效的理解与迁移 / 96

第四章　大概念下的思维可视化工具运用于阅读教学课例 / 114

第一节　运用锚图激发学生的阅读兴趣 / 114

第二节　运用表格培养学生的思维品质 / 117

第三节　运用"已知—想学—学到"(KWL)培养学生的学习策略 / 120

第四节　运用思维地图培养学生的文化意识 / 124

第五节　运用思维导图培养学生的语言能力 / 126

第六节　运用思维可视化工具(OREO)培养学生的学习能力 / 129

第七节　运用思维可视化工具培养学生的德育素养 / 131

第五章　大概念下的思维可视化运用于课内阅读教学设计课例 / 136

第一节　了解水平 / 137

第二节　理解水平 / 165

第三节　应用水平 / 187

第六章　大概念下的思维可视化运用于课外阅读教学设计课例 / 224

第一节　了解水平 / 224

第二节　理解水平 / 247

第三节　应用水平 / 269

结语 / 292

本书课例视频资源索引

第五章第一节案例5-1课例：多模态（七年级）任慧康执教
第164页

第五章第二节案例5-3课例：议论文（七年级）叶紫执教
第175页

第五章第二节案例5-4课例：非连续性文本（八年级）陈琳执教
第186页

第五章第三节案例5-5课例：神话故事（八年级）王序执教
第201页

第五章第三节案例5-6课例：说明文（九年级）朱琳执教
第212页

第六章第一节案例6-1课例·童话（七年级）徐莉婷执教
第232页

第六章第二节案例6-4课例.简版小说（九年级）朱可执教
第266页

第一章 大概念、核心素养与英语阅读教学

随着课程改革的日渐深入和核心素养的提出,"big ideas""big concepts""大概念"(也译作"大观念")成为研究热点,立足大概念以发展学生核心素养已成为世界课程改革的重要趋势,也逐渐得到各国教育部门的重视。大概念也被作为国内课程改革的热词之一,引领着课堂教学改革。

第一节 大概念与大概念教学

一、大概念

大概念(big ideas)也被译作"大观念、核心概念"等。最早可追溯到20世纪60年代布鲁纳倡导的学科结构运动。[1] 近年来,美国、加拿大、澳大利亚等国的课程标准都引入"大概念"理念。我国也在2018年颁布的《普通高中课程方案(2017年版)》中首次使用"大概念"来整合学科课程内容,引领课程与教学改革,明确强调以大概念为核心促进学科核心素养的落实。[2] 经修订形成的2022年版义务教育课程标准引入大观念、大任务或大主题驱动的问题式学习、项目学习、主题学习、任务学习等综合教学形式,重构课程内容,优化呈现方式,使各部分内容彼此间建立有机联系,实现"少而精",做到"纲举目张"。[3] 理解和实现这种深层次的转换,需要在方向层面有相对明晰的规划,在理论指向上知晓我们从哪里来,将要往哪里去。实现学生深度学习、追求强有力的知识和促进有效的理解与迁移是促进核心素养的大概念教学的理论指向。促进核心素养的大概念教学的教学意蕴在于以真实情境作为抓手,以迁移理解作为教学的核心诉求,是趋向整体育人的整合教学。[4]

纵观国内外对大概念内涵的看法,不同的研究者看法不尽相同,有的从课程内容角度界定,有的从认知发展角度阐述,还有的从学科教育角度分析,等等。例如,有研究指出,大概念通常表现为一个有用的概念、主题,有争议的结论或观点、反论、理论、基本假设,反复出现的问题、理解和原则。大概念可以表现为一个词、一个短语、一个句子或者一个问题。[5] "不应传授给学生支离破碎、脱离生活的抽象理论和事实,而应慎重选择一些重要的科学观念,

---

[1] 邵朝友,崔允漷. 指向核心素养的教学方案设计:大观念的视角[J]. 全球教育展望,2017(06):11-19.
[2] 教育部. 普通高中课程方案(2017年版)[S]. 北京:人民教育出版社,2018.
[3] 教育部. 课程内容结构化改革新动向[EB/OL]. (2022-04-21) http://www.moe.gov.cn/fbh/live/2022/54382/zjwz/202204/t20220421_620107.html.
[4] 李凯,吴刚平. 为素养而教:大概念教学理论指向与教学意蕴[J]. 比较教育研究,2022(05):62-71.
[5] 格兰特·威金斯,杰伊·麦克泰格. 追求理解的教学设计[M]. 闫寒冰,宋雪莲,赖平,译. 上海:华东师范大学出版社,2017:147.

用恰当的、生动的教育方法,帮助学生建立对世界的完整理解,初步形成科学态度,掌握科学方法,了解科学精神。"①

"大概念是一种高度形式化、兼具认识论与方法论意义、普适性极强的概念;大概念已经不再仅仅是一个简单词汇,它背后潜藏着一个意义的世界,它超出了一个普通概念的应有内涵与外延,作为一种深刻思想、学说的负载体,它已成为'思想之网'的联结枢纽。"②"学科大概念是学科知识的精华所在,是最有价值、最具含金量、最能转化为素养的知识,不仅反映了学科本质和学科特殊性,还构成了学科框架的概念。"③

学者刘徽的界定最具有代表性,也是本书主要采用的观点。大概念可以被界定为反映专家思维方式的概念、观念或论题,它具有生活价值。④ 大概念的表现形式有概念、观念和论题。狭义的概念是对一类事物本质特征的抽象概括,是大概念的一种典型表现形式,一些重要的、核心的概念也是大概念。观念表现为一种看法和观点,常常反映了概念与概念的关系,如原理、理论、法则等,是最常见的大概念。论题是一种特殊形态的大概念,有些很难有明确的答案,常出现在人文艺术领域,如文学艺术作品的评价。此外,大概念有不同层次,包括学科大概念和跨学科大概念,同一层次的学科领域的大概念也有层级之分。层次越高的大概念越抽象,可辐射的范围越广,但同时,也需要更多的具体案例来支撑。⑤ 刘徽认为,大概念配套的动词是"理解",大概念的"大"不是"庞大",也不是指"基础",而是"核心"。这里所谓的核心指"高位"或"上位",具有很强的迁移价值。此外,大概念的理解不囿于学校教育的范围之内,不仅仅是学科的重要概念,它可以联结学科内的概念,达成学科内知识的融会贯通。从迁移的角度来看,如果只是"系统"地学习了书本知识,当学生离开学校后,"系统学习"的知识就很有可能被"系统忘记"。因此,大概念不仅要打通学科内和学科间的学习,还要打通学校教育与现实世界的路径。⑥"学科学习会因为有了大概念这个固着点而被赋予现实意义,掌握得更加牢固和持久。不仅如此,大概念也是学习的自我生长点,学生靠大概念自主学习的内容远比教师能讲的多,并且在他们的未来持续发生作用。"⑦

就研究内容来看,近几年国内大都围绕大概念引领下的单元教学设计。除刘徽外,还有不少其他相关研究,如:葛燕琳认为大概念教学应立足于单元设计,重视知识的情境化、问题的引领和学生学习兴趣的激发;⑧张素娟提出大概念单元整合设计步骤、学习单元的构建、问题驱动的整合设计、素养导向的单元学习目标设计、情境创设和表现性评价设计;⑨陈茜聚焦

---

① 温·哈伦.以大概念理念进行科学教育[M].韦钰,译.北京:科学普及出版社,2016.
② 赵康.大概念的引入与教育学变革[J].教育研究,2015(02):33-40.
③ 余文森.论学科核心素养形成的机制[J].课程·教材·教法,2018(01):4-11.
④ 刘徽.大概念教学——素养导向的单元整体设计[M].北京:教育科学出版社,2022:5.
⑤ 刘徽.大概念教学——素养导向的单元整体设计[M].北京:教育科学出版社,2022:38-40.
⑥ 刘徽."大概念"视角下的单元整体教学构型——兼论素养导向的课堂变革[J].教育研究,2020(06):64-77.
⑦ 刘徽.深度学习:围绕大概念的教学[J].上海教育,2018(18):57.
⑧ 葛燕琳.关注大概念 立足单元设计 发展核心能力[J].地理教学,2019(15):29-32.
⑨ 张素娟,刘一明.基于大概念的高中地理单元整合设计——以"宇宙中的地球与地球运动"单元为例[J].地理教学,2020(16):4-8.

单元读写课时,以"语言大概念"与"主题大概念"为抓手,提炼课时小概念,并归纳形成单元大概念;以大概念为锚点,制定单元作业目标;结合单元作业目标与课时内容,开展课时作业设计。①

综上所述,大概念不是具体的知识或是某一个事实,表现形式有概念、观念和论题。大概念指向知识背后的思维方式,是可供广泛迁移的活性观念,是一种素养本位的课程教学方法与教学理念,具有深刻性、高阶性的特点,反映了专家的思维方式,具有认识论、方法论和价值论三重意义。大概念可以是概念,也可以是观点;可以是不断被论证和讨论的观点;可以是多元、变化的论题;可以是来自具体生活现象的概括,具有一定的抽象性。

二、大概念教学

大概念居于学科核心位置,是有组织、有结构的知识模型和方法,代表学科本质,对学生学习具有强大的引领和解释作用。大概念教学是在核心素养立意下进行大尺度、大视野、大情怀的教学企划。②

统观目前研究者的大概念教学设计策略,尽管流程设计不尽相同,但是在确定大概念、分析单元主题、创设学习情境、开展完善评价方面达成了一致。这为广大英语教师提供了切实的帮助。

参考已有研究,素养导向有三个关键步骤。③

1. 目标设计:宏观思维和微观思维相结合

目标设计就是要定位预期学习结果,即马歇尔(Marshall C.)所说的两种思维方式,宏观思维和微观思维。宏观思维是指"向上"的思考,即能立足于"生活价值"来构想单元目标。大概念和小概念的区别就在于"生活价值",以往的教学并不是没有概念的教学,也不是没有考虑到概念与概念之间的关联,但问题出在往往只停留在小概念之间的关联,没有上升到大概念,或者只是提到了大概念,但没有围绕大概念进行建构。由于没有大概念这个锚点,看似相关的小概念之间的关系实际上是松散的、表面上的内容联系,这样无助于学生形成持续性理解。大概念教学的目标由四部分构成:素养目标、单元大概念、具体单元目标和其他具体单元目标。素养目标是一种整体性的描述,回答"学了这个单元后,学生具备什么样的素养";单元大概念可分为跨学科和学科两个层面,即使是学科学习也隐含着跨学科的大概念;具体单元目标分为情感、认知和技能三个维度;其他具体单元目标指的是一些简单的认知与技能维度的目标,这些目标往往通过练习而不是主要经由理解来达成。④

2. 评价设计:学习性评价、学习的评价和学习式评价

格兰特·威金斯(Grant Wiggins)的逆向设计的一个重要变化是将"评价设计"这一步骤

---

① 陈茜.大概念视角下高中英语单元读写作业设计[J].上海课程教学研究,2022(11):63-67.
② 许泽彤.深度学习视域下的高中地理大概念教学设计研究[D].杭州:杭州师范大学,2022.
③ 刘徽."大概念"视角下的单元整体教学构型——兼论素养导向的课堂变革[J].教育研究,2020(06):64-77.
④ 刘徽.大概念教学——素养导向的单元整体设计[M].北京:教育科学出版社,2022:160-162.

提前，紧随"目标设计"之后，他倡导"像评估员一样思考"①。《义务教育英语课程标准(2022年版)》(以下简称《义教课标》)提出"教—学—评"一体化的整体育人理念。教学通常会跟着评价走，如果评价和目标不一致，就会偏离目标。大概念教学最终指向的是学生能自主地解决真实世界的问题，正如斯特恩(Stern J. S.)提出的三种评价方式，学习性评价/学习的评价/学习式评价(assessment for/of/as learning)。②虽然前两种侧重"对学习进行评价"，后一种侧重"对评价进行学习"，但最终目标是为了学生的终身学习和可持续性发展，以便获得在未来的真实情境中的问题解决能力。评价是一个连续体，可以以多样化的方式对目标的掌握情况进行评价，及时提供反馈。③

3. 过程设计：以基本问题推进"准备——建构——应用"三阶段

学习是一个从激活具体经验开始(准备)，经历反思观察，达到抽象概念化(建构)，再通过主动实验回到具体经验(应用)的一个循环往复的学习圈。④威金斯和杰伊·麦克泰格(Jay McTighe)提出了大概念学习过程的 WHERETO 七元素⑤，值得广大教师借鉴。

(1) W——学习方向(Where)和原因(Why)：让学生明白"去哪里"及"为什么"。学生应在单元学习前清楚目标、任务和评价指标。W 包括 where to 和 where from 的问题。因此，教师在教学设计前应了解学生的"已知"和"有兴趣"的内容。

(2) H——吸引(Hook)和保持(Hold)：引发并在学习过程中保持学生的学习兴趣。高挑战的学习一定具有复杂的脑力劳动，所以需要付出艰巨的努力，同时教师希望这种努力是学生"心甘情愿""乐此不疲"的。

(3) E——探索(Explore)和体验(Experience)、准备(Equip)和使能(Enable)：通过体验来探索，为了提高表现而准备。我们通常认为学生学不好源于基础知识缺乏，但事实是他们常因为缺乏丰富体验，或者因为教师没有充分激活他们的日常体验。大概念如果不能浸润在鲜活的体验中，那就只是无用的抽象概念。因此，教师要有效地设计体验性的活动促使学生去探索，为达到最终目标做好准备。

(4) R——反思(Reflect)、重新考虑(Rethink)与修改(Revise)：学习是螺旋上升的迭代过程。学习就像不断挠痒的过程，只有时不时地挠挠才能加深理解。教师的任务就是不停地挑战简单、单一的理解，不断地讨论基本问题，促进学生的深入思考。

(5) E——评价(Evaluate)工作及进展：学生的自我监控、自我评估和自我调整。

---

① 格兰特·威金斯,杰伊·麦克泰格.追求理解的教学设计[M].闫寒冰,宋雪莲,赖平,译.上海：华东师范大学出版社,2016：93 - 95.
② Stern, J. S., et al. Tools for Teaching Conceptual Understanding, Elementary Harnessing Natural Curiosity for Learning that Transfers[M]. Corwin：SAGE Publications, 2017：127 - 128.
③ 格兰特·威金斯,杰伊·麦克泰格.追求理解的教学设计[M].闫寒冰,宋雪莲,赖平,译.上海：华东师范大学出版社,2016：171.
④ Kolb, D. A. Experiential Learning：Experience as the Source of Learning and Development[M]. Englewood Cliffs, NJ：Prentice-Hall, 1984：21.
⑤ 刘徽,徐玲玲.大概念教学过程的阶段和方法设计[J].上海教育,2020(11)：42 - 44.

（6）T——量身定制（Tailor）：根据学生的发展需求、学习风格、先前知识和学习兴趣来调整设计。

（7）O——为最佳效果而组织（Organize）：安排学习体验序列。如果说前面6个元素都是最佳设计的分解元素，那么"O"要求教师组织这些元素以发挥它们的最大功效。

总之，与传统教学不同，大概念教学追求认知的结构化，使之成为一种反映专家思维的自然知识，在新的情境中可以被激活和运用。"传统学习就像在海滩边捡石子，学生带着一个空空的罐子来到海滩上，在教师的指导下，往罐子里一块块地扔石子，石子都是散乱的。最后，学生来到一个地方，就是我们说的考试，把所有的石子倒掉，茫然地又带着空空的罐子回去了。而在大概念学习中，学生是带着自己的已知来的。但日常生活中获得的经验常常是粗糙的、未经雕琢的，就像一块石料，而学习的过程就如雕刻石料一般，每一刀都是有目的的，使之更加清晰、成熟、复杂、正确，最后得到的是一个精致的雕像，代表学生已经建构了良好的认知结构。"[①]

第二节 英语课程要培养的学生核心素养

一、核心素养的提出

随着全球化发展进程的加快，国家之间的竞争也愈演愈烈，而个体的核心竞争力被视为衡量国家竞争力的重要指标，于是多个国家和组织纷纷聚焦于核心素养的研究。核心素养的概念最早由经济合作与发展组织（OECD）于1997年提出，随后，世界各国（地区）与国际组织即相继建构了学生核心素养模型，聚焦深化课程改革，优化教学评价，提升教师专业水平。2002年，美国以推动学生在21世纪的职业发展为出发点，提出21世纪技能框架体系；欧盟于2006年公布以"终身学习"理念为本的核心素养参考框架；我国教育部在2014年印发的《关于全面深化课程改革落实立德树人根本任务的意见》中，首次提出"核心素养体系"的概念。

2016年9月13日，教育部委托的课题组正式发布"中国学生发展核心素养"框架，并明确指出：学生发展核心素养指学生能够适应终身发展和社会发展所需要的必备品格和关键能力。"中国学生发展核心素养"框架以培养"全面发展的人"为核心，分为文化基础、自主发展、社会参与三个维度，每个维度都包含两个素养要素；综合表现为人文底蕴、科学精神、学会学习、健康生活、责任担当、实践创新六大素养，细分为18个要点。[②] 中国学生发展核心素养为教师实际操作提出了具体理论内涵指引。随着我国的新课程改革从"双基"走向"三维目标"，再到"核心素养"，为谁培养人、培养什么人、怎样培养人成为当今教育工作者的首要任务。

二、英语课程要培养的学生核心素养

英语课程要培养的学生核心素养在发展学生核心素养的过程中，有着极其重要的作用。

---

① 刘徽."大概念"视角下的单元整体教学构型——兼论素养导向的课堂变革[J].教育研究,2020(06)：64-77.
② 核心素养研究课题组.中国学生发展核心素养[J].中国教育学刊,2016(10)：1-3.

英语课程要培养的学生核心素养具有极高的育人价值,有助于促进学生认知、情感以及价值观的整体性发展。① 英语课程要培养的学生核心素养几乎包括与语言相关的一系列关键能力,并且与传统的德育培养目标相一致,符合中国学生的发展特征。②

高中课标将英语学科核心素养定义为:"学生通过学科学习而逐步形成的正确价值观、必备品格和关键能力,主要包括语言能力、文化意识、思维品质和学习能力。"语言能力指在社会情境中,以听、说、读、看、写等方式理解和表达意义的能力,以及在学习和使用语言的过程中形成的语言意识和语感;文化意识指对中外文化的理解和对优秀文化的认同,是学生在全球化背景下表现出的跨文化认知、态度和行为取向;思维品质是思维在逻辑性、批判性、创新性等方面所表现的能力和水平;学习能力是学生积极主动调适英语学习策略、拓宽英语学习渠道、努力提升英语学习效率的意识和能力。③ 此后,《义教课标》将"英语学科核心素养"称为"英语课程要培养的学生核心素养",并指出:核心素养是课程育人价值的集中体现。语言能力是核心素养的基础要素,文化意识体现核心素养的价值取向,思维品质反映核心素养的心智特征,学习能力是核心素养发展的关键要素。核心素养的四个方面相互渗透,融合互动,协同发展。④ 需要说明的是,英语课程要培养的学生核心素养在高中课标和不少期刊论文等中都被称为英语学科核心素养,可能由于这样的提法容易引起歧义或表述不够精确,2022年版的《义教课标》则称之为"英语课程要培养的学生核心素养"。本书因此也称之为"英语课程要培养的学生核心素养"。

三、英语课程要培养的学生核心素养与英语阅读教学

从学科视角而言,大概念是聚焦学科本质而提炼出的上位知识,它把繁杂的学科知识精简为一组组简单凝练的命题,从而构建出学科基本框架。⑤ 因此,以大概念为核心构建的学科框架可以清晰地镶嵌于英语课程和教学中,使英语课程要培养的学生核心素养从理论转向实践,在具体教学中得以落实。

在英语教学中,通过阅读提升英语课程要培养的学生核心素养是目前阅读教学的核心任务之一。因此,广大教师应摆脱原有教学模式的束缚,以发展英语课程要培养的学生核心素养为基本原则,采取多种形式引导学生积极阅读。对此,不少教师也做了实证研究。廖国荣以英语课程要培养的学生核心素养为出发点,提出从问题导学、思维引领、情感体验、情景运用四个方面探索阅读教学新模式,培养学生的核心素养。⑥ 吴祎绯提出以英语课程要培养的学生核心素养为引领的初中英语阅读教学策略,即通过营造良好的教学氛围,激发学生学

---

① 程晓堂,赵思奇.英语学科核心素养的实质内涵[J].课程·教材·教法,2016(05):79-86.
② 束定芳.关于英语学科核心素养的几点思考[J].山东外语教学,2017(02):38.
③ 教育部.普通高中英语课程标准(2017年版2020年修订)[S].北京:人民教育出版社,2020:4-5.
④ 教育部.义务教育英语课程标准(2022年版)[S].北京:北京师范大学出版社,2022:4.
⑤ 李学书.指向核心素养培育的大概念:课程意蕴及其价值[J].教育研究与实验,2020(04):68-75.
⑥ 廖国荣.基于核心素养的高中英语阅读教学[J].亚太教育,2016(25):56.

习兴趣；依托分层次教学，培养学生英语思维；引入生活化活动，提升学生学习能力和思维品质。① 王佩琴针对目前我国高中英语阅读教学的现状，提出从教学理念、教学模式、阅读文本和教学内容等方面改进，将英语课程要培养的学生核心素养融入课堂目标，真正实现英语学科的育人价值。②

四、大概念下阅读教学对培养学生核心素养的意义

大概念下阅读教学和培养学生核心素养是密切相关的。大概念可以在潜移默化中帮助学生逐渐形成关键能力，树立正确的价值观，实现《义教课标》中英语课程要培养的学生核心素养目标（语言能力、文化意识、思维品质和学习能力）。

1. 有助于英语课程要培养的学生核心素养目标的实现。大概念反映学科本质，联结学科内容，统摄学科架构。③ 首先，大概念下阅读教学有助于提升语言能力，因为学生可以通过学习与大概念下阅读相关的英语单词和短语来提高词汇量和语言表达能力。其次，大概念下阅读教学有助于提升学生的思维品质和学习能力，因为学生需要通过对大概念的理解和应用来培养批判性思维和学习策略。由于大概念采用的是一种整合性思想，有助于教师在头脑中形成以意义联结的学科概念架构，从而有利于大概念下的阅读教学。当然，大概念下的阅读教学也有助于提升学生的文化意识，因为学生可以通过学习不同的大概念来了解不同的文化背景和价值观，如：《义教课标》三级中(11)文化知识内容要求了解"中外大型体育赛事的项目名称、事实信息、历史发展、优秀人物及其传递的体育精神"。④

2. 有助于学生形成结构化的知识体系。大概念不仅关注学科内不同年段、单元、课时之间的联系，亦关注学科间的联系，有利于学生形成清晰、完整、可扩充的横向联合、纵向衔接的结构，避免知识零散。大概念下的阅读教学用大概念串联知识，组织课堂教学内容，具有高度的概括性，有利于学生语篇知识的迁移，提高问题解决能力。如：《义教课标》语言技能内容理解性技能针对七至九年级有三级（十）要求，并分别对七、八、九年级语篇阅读教学有详细的要求，结构化明显，有梯度。七年级的阅读教学要求学生能阅读故事，整体理解主要内容，对所读内容进行简要的概括、描述与评价；八年级的阅读教学要求学生阅读短篇小说和简单的报刊文章，整体理解主要内容，对所读内容进行简要的概括、描述与评价；九年级的阅读教学则要求学生建立语篇与语篇、语篇与个人、语篇与世界的关联，探究和发现语篇的现实意义。⑤ 此外，大概念教学强调将学习内容进行关联和结构化处理，关注学习情境性，学生不仅可以基于语篇，理解语篇内容，还能通过积极投入，超越语篇，深层理解语篇的主旨和写作意图等，让深度阅读真正发生。

---

① 吴祎绯.基于核心素养培育的初中英语阅读教学策略探讨[J].课程教学,2020(12)：46-47.
② 王佩琴.基于学科核心素养培养的高中英语阅读教学改革探析[J].海外英语,2022(22)：211-213.
③ 王蔷,周密,蒋京丽,闫赤兵.基于大观念的英语学科教学设计探析[J].课程·教材·教法,2020(11)：99-108.
④ 教育部.义务教育英语课程标准(2022年版)[S].北京：北京师范大学出版社,2022：24.
⑤ 教育部.义务教育英语课程标准(2022年版)[S].北京：北京师范大学出版社,2022：27-30.

3. 有助于实现学生的深度学习。大概念是一种方法原则,有关大概念的知识,是人类"描述与认识世界的工具",是一种认知框架或结构。① 大概念既是知识,又是工具,不仅有利于学生对知识的理解、建构、迁移,还可以反作用于知识,让学习内容"活起来"。大概念本身具有高度抽象性,内隐在教学内容深处,需要师生动脑去发掘、提取,促使学生从表象到本质进行深层探究,不断追问学科本质,实现深度学习。大概念富含迁移价值,能应用于学科内、学科间以及学校外的其他情境,能有效活化知识,从而打破"僵"的困境。② 大概念帮助教师统筹把握课前、课中、课后三个阶段的教学流程,使教学具有连续性和有效性。③ 因此,在阅读教学中,将大概念融入课程可以帮助学生深入理解语篇知识,将不同的概念联系起来,提升他们的阅读效果和能力。同时,通过大概念的引导,学生可以逐渐形成全面、系统的语篇知识和结构,更好地应对知识的变化和复杂性。因此,阅读教学中,重视和运用大概念是非常重要的。

第三节 英语阅读教学核心概念

英语阅读是英语学习中最重要的语言输入方式之一,阅读教学在英语教学中占主导地位。英语阅读教学的质量,在一定程度上决定了英语教学的质量和核心素养目标的达成。如何有效地进行阅读教学,一直是广大英语教师十分关注的问题。

阅读能力的提高,需要我们从理论层面先对"英语阅读教学的定义""影响阅读理解的因素""英语阅读教学的模式"等核心概念进行探讨。

一、对英语阅读的认识

阅读是获取信息、学习语言的重要方式,也是读者对文本进行意义构建的活动,即读者走进文本、理解文本、发现文本、还原文本、建构文本的过程。阅读是一个人精神发展的根基,决定了一个人的思想高度和发展的潜力。一个人的阅读史就是其精神发展史。从个体发展的角度说,阅读不仅仅是个人获得知识、增长见识、开阔眼界的认知过程,也是个人的精神之旅,是一个人精神的发育和构建过程,是滋养心灵、丰富情感、陶冶品格、塑造灵魂的过程。④ 初中是英语学习的基础和重要发展阶段,英语教师应全面培养学生听、说、读、看、写的基本语言技能。英语阅读作为语言技能的重要组成部分,是语言输入和核心素养培养的主渠道之一。

影响英语阅读理解的因素主要来自读者的能力结构和文本的意义映射形式。阅读模式和阅读技巧对促进阅读理解活动只能起到辅助作用,起到根本作用的应该是主体的中介系

---

① 吕立杰. 大概念课程设计的内涵与实施[J]. 教育研究,2020(10):53-61.
② Erickson, L. Stirring the Head, Heart, and Soul: Redefining Curriculum and Instruction [M]. Thousand Oaks: Corwin Press, 1995.
③ 陈显科. 大概念统整的高中唯物辩证法教学研究[D]. 海口:海南师范大学,2020.
④ 余文森. 论阅读、思考、表达的教学意义[J]. 全球教育展望,2021(08):25-43.

统,即知识结构和能力结构。知识结构包括语言知识和背景知识,能力结构包括对语言文字的记忆、感知、推理、联想、抽象思维和形象思维的能力。阅读中要依靠主体的中介系统,才能解码包含着多种信息的复杂客体,使这些信息输送到主体的认知结构中去得到相应的充分的解释,在实现客体意义的基础上建构主体意义。此外,英语阅读中文化差异造成的障碍渗透于语言系统的词汇、语句、语篇的各个层面中。除了主体的语言知识、文化背景等内在因素外,英语阅读理解还受到主体所采用的猜测词义、判断推理、寻读、略读等阅读策略和元认知自我监控等策略的影响。①

二、英语阅读教学的定义

国内外学者对于阅读教学有着多种定义。人们对阅读的定义通常会用到三组英语词汇:(1) decode, decipher, identify, etc.;(2) articulate, speak, pronounce, etc.;(3) understand, interpret, meaning, sense, etc.。第(1)组指读者对单词的辨认能力,即将认出所读的文字作为阅读的首要因素;第(2)组指读者通过语音及口语进行英语知识和技能的学习;第(3)组强调读者对所读文本意义的理解并作出自己的反应。如果读者用第(3)组词汇,说明抓住了阅读的本质。②阅读教学是一个复杂的教学过程,与学习者自身特征、学习动机、语言环境、阅读材料及教师等因素存在高度的相关性。③"阅读教学应以提升学生的阅读理解能力为核心目标,让学生掌握一定的阅读技巧,以便在阅读过程中获得自己需要的信息。"④"阅读教学是通过引导学生分析文章的含义,帮助学生了解作者所表达的情感、态度和思想的过程。"⑤

综合上述观点,我们认为阅读教学是教师引导学生在阅读过程中运用相应阅读方法和策略进行学习的过程。通过阅读教学,学生可以理解文章含义,学习语言知识,掌握阅读技能和学习策略,理解文化内涵,培养阅读素养。

三、英语阅读教学的模式

数十年来,国内外研究者对阅读理解过程进行了大量实践研究,提出了多个阅读理解模式,其中有三种模式影响最大,即自下而上模式、自上而下模式和交互式阅读模式。

1. 自下而上模式

语言学家高夫(Gough)最早提出了自下而上模式(bottom-up model)⑥,这种阅读模式也

---

① 杨昌周. 基于文本图式构建培养学生发散思维的行动研究[D]. 重庆:西南大学,2017:13-21.
② Nuttall, Christine. Teaching Reading Skills in a Foreign Language [M]. Shanghai: Shanghai Foreign Language Eduction Press, 2002.
③ Grabe, W. Research on teaching reading[J]. Annual Review of Applied Linguistics, 2004(24):44-69.
④ 鲁子问,王笃勤. 新编英语教学论[M]. 上海:华东师范大学出版社,2006.
⑤ 葛炳芳. 高中英语阅读教学改进策略的思考[J]. 课程•教材•教法,2012(02):94-98.
⑥ Gough, P. B. & Tunmer, W. E. Decoding, reading, and reading disability[J]. Remedial and Special Education, 1986(01):6-10.

被称为材料驱动模式。该模式认为,阅读过程是个积累性、渐进性的译码过程,遵循着"字母——词——句子——语篇"的逐步提升的理解层次,是对印刷符号的一系列准确、连续的感知和辨认过程,它强调以文本信息为中心,以准确提取意义和获取语言信息为追求。但是,这种模式难以解释读者的知识背景对阅读理解的影响,忽视了读者现有的知识和经验,低估了读者的主观能动性。过于强调逐字逐句地阅读,不利于学生整体把握阅读材料,学生的阅读速度也会变慢,不利于学生的英语阅读理解能力和思维品质的培养。

2. 自上而下模式

自上而下(top-down model)这种阅读模式又被称为概念驱动模式,是美国心理学家古德曼(Goodman)提出来的,弥补了"自下而上模式"的不足。他认为阅读过程类似于"心理猜测游戏",阅读是读者与阅读材料相互作用的过程,阅读并不是读者简单地从阅读材料中提取信息的过程,而是不断激活读者的各种背景知识,并使其参与阅读活动的过程。换句话说,阅读是读者在阅读中不断利用自己已有的知识,对阅读材料进行选择、预测、推断、不断验证自己的预测和推断的心理过程。① 这种阅读模式强调阅读时读者的积极参与,阅读也不再是被动的活动,能够培养学生整体阅读、预测、推断等能力,提高阅读速度。但这种模式太过于强调读者已有知识和经验所起的作用,而忽视阅读材料中文字方面提供的线索,容易导致教师在阅读教学中忽视学生基本知识的掌握,进而造成学生语言基本功不扎实。②

3. 交互式阅读模式

鲁姆哈特(Rumelhart)整合了以上两种阅读模式,并且在此基础上创建了交互式阅读模式(interactive model)。他认为:阅读是读者利用文本中部分知识与头脑原有的部分知识重新加工文本信息的过程,读者在阅读过程中把来自材料的视觉信息即文字与自己头脑中已有的非视觉信息即图式结合起来加工,阅读理解就是视觉知识和非视觉知识相互作用的结果。③ 这种模式促进了英语阅读教学改革与发展,被认为是真正能够理解文章的阅读模式,得到了广大教师的认可,成为主流,并基于此阅读模式形成了整体教学(语言形式教学和语言意义教学有机结合)、任务型教学和语篇教学(下文将进一步阐述)。学习者要获得高效率的阅读必须综合运用自下而上和自上而下的处理模式。读者在阅读过程中应该根据文章的特点、难易程度和自身的语言水平与生活经历来选择处理信息的策略。④ 因此,在英语阅读教学过程中,教师不仅要重视学生语言知识的积累,还要重视学生对各种图式的掌握和运用。

---

① 吕良环. 外语课程与教学论[M]. 杭州:浙江教育出版社,2003:180.
② 廖秀慧. 基于思维导图的高中英语阅读教学应用研究[D]. 漳州:闽南师范大学,2013.
③ Rumelhart, D. Toward an interactive model in Dornic (Eds.). Attention and Performance[C]. New York: Academic Press, 1977:26-31.
④ 张正芹. 图式理论在高中英语阅读教学中的运用[D]. 武汉:华中师范大学,2007.

四、任务型英语阅读教学

1. 任务型教学

任务型教学自 20 世纪 80 年代逐渐发展起来，后流传至我国。2001 年，《全日制义务教育普通高级中学英语课程标准（实验稿）》首次提出"倡导任务型教学途径，培养学生综合语言运用能力"①，指出英语教学应以学生的生活经验和兴趣为出发点，创造性地设计各种语言实践活动，引导学生用英语进行交流学习。此后，任务型教学被视为我国传统外语教学改革的一剂良方，在英语基础教育界普及开来。任务型教学为初中英语课堂注入了新的活力，打破了英语教学中语法教学和实际运用相割裂、语言形式和语言意义相割裂的传统模式。② 任务型教学途径的引进，不仅改进了此前英语教学中普遍使用的 3P（presentation，practice，production）讲授模式，而且转变了英语教师的教学观念，有效构建了以学生为中心的动态开放课堂。任务型教学使语言学习的过程成为学生形成积极的情感态度、主动思维和大胆实践，提高文化意识和形成自主学习能力的过程。

当然，任务型教学在我国英语学习背景下也有诸多不适应，如任务型教学诞生于国外二语教学与习得理论的背景之下；将产出（production）作为教学起点以培养学生语言运用能力，容易出现本末倒置；还容易产生模式化、表演味浓、重结果轻过程、任务设计盲目的弊端；有些教师把练习等同于任务，以至于"为任务而任务"，丢失了教学目标③等一些问题。鉴于此，广大英语教师和研究者对本土化任务型教学模式进行了有益尝试，如：将模块或单元的主题作为某一学习阶段的"主题"，并将任务型教学模块分为语言材料的引入（pre-task preparation）、语言练习（while-task process）与语言输出（post-task activity）三个阶段④；李震将"华氏结构—功能教学法"和 3P 模式的合理成分应用于任务型教学中，提出了任务呈现（task-presentation）、任务活动（while-task）、语言点教学（language focus）的结构。⑤

我们认为，《义教课标》虽然没有将任务型教学列入，并不是否定与摒弃任务型教学，而是希望教师能够在"英语学习活动观"的指导下，通过创新教学模式，优化教学过程，针对不同的教学目标与任务，采取最佳教学模式或是多种教学方式互相补充的模式。

2. 任务型教学与阅读

阅读本身就是搜集信息、认识世界、发展思维、获得审美体验的重要途径之一。⑥ 阅读与任务型教学强调的应用理念一致，都侧重语境及语言的内容含义，注重学生对目的语的真实体验，这就为在英语阅读教学中实施任务型教学提供了可行性与适用性的依据。英语课程

---

① 教育部.全日制义务教育普通高级中学英语课程标准（实验稿）[M].北京：北京师范大学出版社，2001：2.
② 袁昌寰.任务型学习理论在英语教学中的实践[J].课程·教材·教法，2002(07)：10-13.
③ 杜爱玲.英语教学实施任务型教学要注意的几个问题[J].教育探索，2010(03)：65-66.
④ 龚亚夫，罗少茜.任务型语言教学[M].北京：人民教育出版社，2006.
⑤ 李震.中国本土化任务型教学模式的建构[J].基础教育外语教学与研究，2005(01)：29-33.
⑥ 王蔷.核心素养背景下英语阅读教学：问题、原则、目标与路径[J].英语学习，2017(02)：19-23.

的具体目标是培养和发展学生应具备的语言能力、文化意识、思维品质、学习能力等核心素养。实现英语课程要培养的学生核心素养目标,必须构建与其一致的教学方式。英语教学应"以主题意义为引领,以语篇为依托,整合语言知识、文化知识、语言技能和学习策略等学习内容,创设具有综合性、关联性和实践性的英语学习活动"①。促进学生的核心素养发展,就要从关注"教师的教"转向关注"学生的学",教师和学生共创生成性课堂。事实上,以英语课程要培养的学生核心素养为指向的学习活动与任务型教学有相通之处,如都重视结合社会情境和社会关系,实施有目的、有意义的语言行为,都涉及信息的接收、处理和传递等过程,都鼓励在完成活动和任务的过程中使用语言等。②

国内不少研究者将任务型教学应用于初中英语阅读教学,研究结果表明该教学模式不仅能提高英语教学的水平,还能培养学生的思维,提高语言交际能力③;在任务的引导下,学生能够积极主动地进行英语知识的探索,有利于构建归属感和影响力的情感意识,促进英语阅读能力的提高。④任务型教学法应用于高中英语阅读教学更能激发学生的学习兴趣和主动性,能够提高学生的英语阅读成绩。⑤ 因此,在任务型阅读教学中,教师以学生为主体,设计明确具体并便于操作的任务,为学生创建真实、客观的情境,有助于提高学生的课堂参与度,更好地完成阅读任务。

就目前我国中小学英语任务型阅读课堂教学过程而言,通常分为三个阶段:读前(pre-reading)、读中(while-reading)和读后(post-reading)。例如:读前创设与阅读材料有关的问题和情境,激发学生相关的心理图式,形成心理期待;读中通过排列顺序、段意配对、概括段意等方式了解学生对文本信息的获取情况;读后进行话题讨论、头脑风暴、主体评价等,促进学生对文本意义进行个性化构建。

五、英语深度阅读教学

1. 深度阅读

深度学习是指以核心素养为目标,学生基于学习主题,在教师引导下,通过大量实践体验活动,逐步熟悉学科知识、掌握专业技能、培育社会情感、感受成功并获得发展的有意义的学习过程,最终形成正确的人生观和价值观。⑥"教师通过教学的设计与实施,引导学生对核心内容进行理解学习,培养学生形成高阶思维,提升学生的关键能力,进而切实实现核心素养的培养。"⑦深度学习是培养学生核心素养的基本前提,为阅读教学设计提供了新的视角。

---

① 教育部. 义务教育英语课程标准(2022年版)[S]. 北京:北京师范大学出版社,2022:12.
② 高洪德. 英语学习活动观的理念与实践探讨[J]. 中小学外语教学(中学篇),2018(04):1-6.
③ 张明芳. 任务型教学在初中英语阅读教学中的运用[J]. 教育教学论坛,2011(06):55-56.
④ 李海容. 浅谈任务型教学在初中英语阅读教学中的应用[J]. 中小学教育,2021(01).
⑤ 文敏. 任务型教学在高中英语阅读教学中的应用研究——以遵义市第二十二中学为例[D]. 重庆:西南大学,2020.
⑥ 郭华. 深度学习及其意义[J]. 课程·教材·教法,2016(11):25-32.
⑦ 朱立明. 深度学习:学科核心素养的教学路径[J]. 教育科学研究,2020(12):53-57.

作为统领英语课程教学设计与实施的大概念，核心素养的核心是真实性。"核心素养区别于应试学习的最大特质在于真实性。真实性是核心素养的精髓。"① 所谓的真实性是指"超越学校价值"的知识成果，也就是解决真实问题的能力，当前提倡的深度学习的关键也是解决真实问题。富兰（Fullan M.）提出，新教育学（深度学习）的目标是使学生获得成为一个具有创造力的、与人关联的、参与合作的终身问题解决者的能力和倾向。② 深度学习就是要解决中国当前课堂教学中存在的形式化、浅表化、碎片化的问题，指向学生创造性解决问题能力的提升。③ 因此，大概念统领下的阅读教学应是以深度阅读为驱动，体现教师思维、反映教师实践智慧的科学性教学。在深度阅读的过程中，学生面临的问题不仅仅是词句等语言知识或事实性等浅表化的信息问题，而是如何在理解语篇内容的基础上，发展综合解决问题的能力，并与真实生活之间建立相关性，认识到阅读有利于解决与他们息息相关的问题的价值。

国内不少学者和教师对阅读语篇的深度学习展开了研究。黄雪祥非常关注深度阅读教学中的文本分析、目标分析，认为深度学习依赖教师的深度教学，而深度教学的关键在于教师是否对文本进行了深度解读和分析，是否设计了激发思维的教学活动，是否对语篇主题意义进行了挖掘和目标定位，使得学生能够自我加工知识，开展体验与探究活动。④ 刘筱琳认为语篇促进深度学习要在巩固词汇的基础上发挥学生学习的主体地位，开展深入的小组合作，探究阅读技巧，同时教师要引导学生感受语篇内容传达的情感内涵和中西方文化差异。⑤ 李萍萍围绕深度学习构建了阅读教学设计的框架，即主题规划、要素分析、目标定位、活动设计和评价分析。⑥

由此可见，深度学习以其独特的内涵，有利于学生获得和运用专家思维。学生在理解学习的基础上所进行的培养高阶思维能力的活动（如批判性的学习探究活动），在培养学生关键能力和品格方面有着重要作用。因而，深度学习有利于核心素养目标的完成。以大概念为核心的英语阅读语篇的深度教学，要求教师不仅帮助学生理解到字里行间多彩的人物与情景（read the lines），探索到文本背后的内涵与结构等（read between the lines），还应帮助学生在真实性问题的解决中总结出更为深刻的语篇思想与主旨，建构更为丰富的意义世界（read beyond the lines）。也就是说，学生应在掌握语言知识和语言技能的基础上，深度体悟语篇背后的文化内涵意义、隐含的社会意义和主题情感意义，包括作者的写作意图、观点态度、写作技巧、语言风格及文章的逻辑性等深层信息。

---

① 钟启泉. 真实性——核心素养的精髓[N]. 中国教育报，2019-06-20.
② 迈克尔·富兰，玛丽亚·兰沃希. 极富空间：新教育学如何实现深度学习[M]. 于佳琪，黄雪锋，译. 重庆：西南师范大学出版社，2016：9-10.
③ 郑葳，刘月霞. 深度学习：基于核心素养的教学改进[J]. 教育研究，2018(11)：56-60.
④ 黄雪祥. 促进学习能力发展的深度教学课例探究——以一节英语阅读课为例[J]. 教学月刊·中学版（教学参考），2018(Z2)：68-73.
⑤ 刘筱琳. 如何在高中英语语篇教学中促进学生深度学习[J]. 智力，2020(29)：47-48.
⑥ 李萍萍. 促进深度学习的初中英语阅读教学设计研究[D]. 哈尔滨：哈尔滨师范大学，2022：46.

2. 思维品质与深度阅读

大概念视角下的课堂教学转型应从专家结论转向培养以创新为特征的专家思维。加德纳(Gardner H.)认为学生只有超越具体的事实和信息,理解学科思考世界的独特方式,未来才有可能像一个科学家、数学家、艺术家、历史学家一样去创造性地思维与行动。① 未来,不仅工作需要专家思维,生活也需要专家思维,如珀金斯所说的"基础教育应当塑造业余的专家,而非强求专业知识。业余的专家能够自信地、正确地、灵活地理解和运用基础知识"②。因此,不论学生将来从事什么样的工作,教师在英语课程教学时所蕴含的思维方式也会影响他们的日常生活。埃里克森(Erickson)指出,大概念指向学科中的核心概念,是基于事实所抽象出的深层次的、可迁移的概念。学生认识事物、学习语言的规律是从具体到抽象,再从抽象到具体,这一系列过程需要概念以及大概念在其中穿针引线。大概念体现具体与抽象间的"协同思维"。③

思维是课堂的灵魂。义务教育阶段英语课程承担着培养学生基本英语素养和发展学生思维能力的任务。《义教课标》规定了初中阶段学生需要掌握的不同层次的阅读技能,并提出了相应的要求,除了对语篇浅层信息的理解,《义教课标》更侧重于对语篇深层分析能力的培养。思维发展与深度学习密不可分。针对语篇中的思维品质培养,《义教课标》分为三个学段,分别提出了各学段对应的目标,并指出各学段目标之间具有连续性、顺序性和进阶性,表1-1为7—9年级的三级目标。④

表1-1 思维品质学段目标

表现	7—9年级/三级
观察与辨析	能发现语篇中事件的发展和变化,辨识信息之间的相关性,把握语篇的整体意义;能辨识语篇中的衔接手段,判断句子之间、段落之间的逻辑关系;能发现同类型语篇的相似之处和不同类型语篇的结构特征;能多角度、辩证地看待事物和分析问题。
归纳与推断	能提取、整理、概括稍长语篇的关键信息、主要内容、思想和观点,判断各种信息的异同和关联;能根据语篇推断人物的心理、行为动机等,推断信息之间简单的逻辑关系;能从不同角度解读语篇,推断语篇的深层含义,作出正确的价值判断。
批判与创新	能针对语篇的内容或观点进行合理质疑;能依据不同信息进行独立思考,评价语篇的内容和作者的观点,说明理由;能根据语篇内容或所给条件进行改编或创编。

当学生意识到大概念的存在,并学会利用大概念去理解学习内容之间的相互联系,他们

---

① Gardner, H. Five Minds for the Future [M]. Boston: Harvard Business School Press, 2008: 45-48.
② 戴维·珀金斯. 为未知而教,为未来而学[M]. 杨彦捷,译. 杭州:浙江人民出版社,2015:35.
③ 刘徽."大概念"视角下的单元整体教学构型——兼论素养导向的课堂变革[J]. 教育研究,2020(06):64-77.
④ 教育部. 义务教育英语课程标准(2022年版)[S]. 北京:北京师范大学出版社,2022:9-10.

才能够自主分析和推断不同的信息,最终学会独立建构新概念,这对学生的思维品质提出了更高要求。

第四节　课程标准与英语阅读教学

虽然在各国的课程标准中,大概念的表述有一定的区别,但其实质都指向高度的可迁移性。就《义教课标》而言,课程性质、课程理念、课程目标、课程内容、学业质量、课程实施等均体现出大概念元素。这些都是具有高度迁移性的关键概念,统领英语阅读教学设计与实施。

大概念阅读教学设计,是以大概念教学理论为指导所进行的阅读教学设计,依托《义教课标》,基于大单元教学通过统整教学内容,重设教学目标,设置学习任务,激发学生学习兴趣,帮助学生自主建立起语篇知识间的联系,培养学生的阅读关键能力和阅读素养。大概念阅读教学设计应遵循整体性原则,围绕精选出来的大概念进行教学内容设计,此过程需具有连续性,以落实英语课程中要培养的核心素养为终极目标,在教学目标设计上应体现大概念理念,并对应英语课程要培养的核心素养的四个维度:语言能力、学习能力、文化意识和思维品质。

一、单元整体教学

单元整体教学需要较为长久的时间,它的难点在于如何将核心素养落实到单元中,以什么作为统合单元整体教学的具体目标。于是,世界各国不约而同地将目光聚焦到"大概念",中国、新加坡、加拿大、澳大利亚、美国等国家都以不同的措辞形式将大概念写进了课程标准,大概念在学校层面的实践探索也在世界各国如火如荼地展开。

《义教课标》提出:教师要强化素养立意,围绕单元主题,充分挖掘育人价值,确立单元育人目标和教学主线;深入解读和分析单元内各语篇及相关教学资源,并结合学生的认知逻辑和生活经验,对单元内容进行必要的整合或重组,建立单元内各语篇内容之间及语篇育人功能之间的联系,形成具有整合性、关联性、发展性的单元育人蓝图;引导学生基于对各语篇内容的学习和主题意义的探究,逐步建构和生成围绕单元主题的深层认知、态度和价值判断,促进其核心素养综合表现的达成。[①] 具体而言,教师利用大概念组织和设计单元阅读教学活动的主要步骤如下:(1) 深入研读《义教课标》与教材,基于学情,提炼单元的大概念;(2) 基于大概念确定单元教学的指导思想;(3) 搭建单元框架并明确单元教学目标,确立课时安排;(4) 根据大概念设计基本问题和问题情境。

单元教学以大概念为引领,融教学目标、教学内容、教学方法、教学评价和教学情境为一体,构成了一个完整的学习事件。大单元教学不仅符合语言的学习规律,而且符合学生认知发展规律与生活经验,因此它是一个相对完整的学习单位,能帮助实现教学设计与素养目标

---

① 教育部. 义务教育英语课程标准(2022年版)[S]. 北京:北京师范大学出版社,2022:47-48.

的有效对接。① 单元教学有利于改变英语阅读教学中长期存在的零散化、碎片化现象,同时也为了"教"与"学"能够基于"理解"实现学习的高通路迁移,培养学生真实情境中的问题解决能力,进而形成核心素养。根据国内外有关研究者的观点,所谓"理解"包括能够将你的理解、知识、技能有效应用到新的情境中,顺利实现迁移;能够推断并建立联系,获得深层次的理解。② 基于大概念教学的单元教学设计,教师追求的"理解"就是要实现知识的具身。就具身认知理论而言,"认知依赖于有血有肉、能感觉、会运动的身体经验,身体及其活动影响着人的态度、情绪、思维,同时心智活动也影响着人的身体。"③"人的心智具身于整个有机体中,而有机体根植于环境中,认知活动是大脑、身体和环境之间的相互作用的过程。"④因此,让阅读思维进阶发展,应让知识回归身体,"意味着认识过程不仅是理性思维的演绎,更是情感与态度、直觉与想象、感受与体验,乃至个体独特生命史的生成",要实现知识具身,需要大情境创设、结构化教学,以及语言实践与评价的嵌入。⑤

二、六要素整合的英语课程内容

《义教课标》提出了六要素整合的英语课程内容⑥(见图1-1)。英语课程内容由主题、语篇、语言知识、文化知识、语言技能和学习策略等要素构成。围绕这些要素,教师通过学习理解、应用实践、迁移创新等活动,推动学生核心素养在义务教育全程中持续发展。课程内容的六个要素是一个相互关联的有机整体,共同构成核心素养发展的内容基础。其中,主题具有联结和统领其他内容要素的作用,为语言学习和课程育人提供语境范畴,包含人与自我、人与社会、人与自然三大主题范畴;语篇承载表达主题的语言知识和文化知识,为学生提供多样化的文体素材;语言知识为语篇的构成和意义的表达提供语言要素;文化知识为学生奠定人文底蕴、培养科学精神、形成良好品格和正确价值观提供内容资源;语言技能为学生获取信息、建构知识、表达思想、交流情感提供途径;学习策略为学生提高学习效率、提升学习效果提供具体方式、方法。

图1-1 六要素整合的英语课程内容

课程内容、教材内容和活动内容三者应该形成逻辑体系。教师要依据课程内容,在解读教材内容的基础上整合

---

① 崔允漷.如何开展指向学科核心素养的大单元设计[J].北京教育(普教版),2019(02):11-15.
② 格兰特·威金斯,杰伊·麦克泰.理解为先模式:单元教学设计指南(一)[M].盛群力,沈祖芸,柳丰,等译.福州:福建教育出版社,2018:23.
③ 杨子舟,史雪琳,荀关玉.从无身走向有身:具身学习探析[J].教育理论与实践,2017(05):3-6.
④ 宋岭,牛宝荣.论素养本位的知识教学:从"离身的知识"到"具身的知识"[J].现代基础教育研究,2020(02):81-88.
⑤ 苗新坤.知识具身:大概念教学下的阅读思维进阶[J].中学语文教学参考,2022(23):13-15.
⑥ 教育部.义务教育英语课程标准(2022年版)[S].北京:北京师范大学出版社,2022:12-13.

活动内容的六要素。① 根据新课标编写的教材，一个单元通常围绕一个主题，并包含若干语篇，每个语篇都有一个单元主题下的具体语境。这样，每个单元的学习活动就围绕主题语境和语篇展开，学生通过学习语言知识，掌握语言技能，增强文化意识，理解主题意义。

基于此，教师在英语阅读教学设计时，应指导学生在主题意义引领下，通过学习理解、应用实践、迁移创新等一系列体现综合性、关联性和实践性特点的英语学习活动，基于学生已有知识，依托不同类型的语篇，在分析问题和解决问题的过程中，促进学生自身语言知识学习、语言技能发展、文化内涵理解、多元思维发展、价值取向判断和学习策略运用。主题意义是围绕某一主题产生的，往往只适用于某一类话题的场景里，在单元内部可以很好地联结相同主题的不同语篇。然而，一旦脱离某个具体的单元，主题意义在单元之间可能会呈现出统摄性不强的弱点。这时就需要大概念进行统筹、重塑不同单元的教学内容，因为抽象的大概念具有一般性以及更广泛的适用性，更有利于迁移。②

三、学思结合、用创为本的英语学习活动观

《义教课标》指出：秉持在体验中学习、在实践中运用、在迁移中创新的学习理念，倡导学生围绕真实情境和真实问题，激活已知，参与到指向主题意义探究的学习理解、应用实践和迁移创新等一系列相互关联、循环递进的语言学习和运用活动中。坚持学思结合，引导学生在学习理解类活动中获取、梳理语言和文化知识，建立知识间的关联；坚持学用结合，引导学生在应用实践类活动中内化所学语言和文化知识，加深理解并初步应用；坚持学创结合，引导学生在迁移创新类活动中联系个人实际，运用所学解决现实生活中的问题，形成正确的态度和价值判断。③

"英语学习活动观"是为落实新时期英语课程要培养的学生核心素养目标而提出的中国外语教学的主张和解决方案。其核心是以核心素养的培养为目标，以学生为主体，由师生共同参与的一系列相互关联、循环递进的活动构成，为教师组织课堂教学提供实施指导。④ 教师要深入钻研英语语篇特点，通过对英语阅读问题的分析与处理，培养学生的语言技能，丰富学生的文化内涵，发展学生的多元思维，使学生成长为有正确价值取向的英语学习者。⑤

因此，在英语阅读教学设计时，教师应从英语学习活动观的视角重新审视课堂教学设计的合理性和有效性，整合课程内容，优化教学方式，为学生设计有情境、有层次、有实效的英语学习活动。教师应基于学生对语篇内容的学习与理解，注重英语阅读技能的培养，鼓励学生通过问题解决进行知识迁移，融语言、思维与文化于一体开展阅读教学活动。

---

① 夏谷鸣.整合课程内容六要素，设计单元主题学习活动——以外研版普通高中教科书《英语》为例[J].英语学习，2019(12)：38-42.
② 衡很亨.利用大概念优化英语学科大单元整体教学[J].中小学外语教学(中学篇)，2022，45(05)：1-7.
③ 教育部.义务教育英语课程标准(2022年版)[S].北京：北京师范大学出版社，2022：3.
④ 王蔷，钱小芳，吴昊.指向英语学科核心素养的英语学习活动观——内涵、架构、优势、学理基础及实践初效[J].中小学外语教学(中学篇)，2021(07)：1-6.
⑤ 王蔷.核心素养背景下英语阅读教学：问题、原则、目标与路径[J].英语学习，2017(02)：19-23.

四、"教—学—评"一体的整体育人观

《义教课标》指出：教师要准确把握"教、学、评"在育人过程中的不同功能，树立"教—学—评"的整体育人观念。[①] "教"主要体现为基于核心素养目标和内容载体而设计的教学目标和教学活动，决定育人方向和基本方式，直接影响育人效果；"学"主要体现为基于教师指导的、学生作为主体参与的系列语言实践活动，决定育人效果；"评"主要发挥监控教与学过程和效果的作用，为促教、促学提供参考和依据。要注重三者相互依存、相互影响、相互促进，发挥协同育人功能。对于大概念的真正理解，主要通过学生在真实情境中的问题解决来体现，而不是通过死记硬背或机械训练来完成。因此，教师应注重运用"表现性评价"来获取学生理解大概念的有效证据。

教师要注重对各教学要素相互关系的分析，设计并实施目标、活动、评价相统一的教学。明确教什么、为什么教、怎么教、怎么评等方面的内涵和要求，建立相互间的关联，体现以学定教、以教定评，使评价镶嵌于教学之中，成为教学的有机组成部分。

在实施教学和评价的过程中，教师要通过观察、提问、追问，以及合理、科学的测试等方式，收集学生学习是否真正发生的证据，包括理解了什么、能表达什么、会做什么，以及是否形成了正确的价值观等。教师应及时诊断学生在学习过程中的问题，根据需要提供必要支持和及时反馈，帮助学生达成预设的教学目标，以评促学，以评促教。教师"教得如何"，直接影响育人的效果；学生"学得如何"，直接决定育人的效果；评得"是否有效"，直接决定育人的质量。

五、学业质量标准（阅读）

学业质量是学生在完成课程阶段性学习后的学业成就表现，反映核心素养的要求。学业质量标准是以核心素养为主要维度，结合课程内容，对学生学业成就具体表现特征的整体刻画。英语学业质量标准以学生在语言能力、文化意识、思维品质和学习能力等方面的核心素养及其学段目标为基础，结合英语课程的内容和学生英语学习的进阶情况，从学习结果的角度描述各学段学业成就的典型表现。

以 7—9 年级为例，《义教课标》学业质量标准[②]指出：学生能够在本学段要求的主题范围内，围绕相关主题群和子主题，根据规定的语言知识和文化知识等内容要求，有效运用听、说、读、看、写等语言技能和学习策略，依托三级内容要求规定的语篇类型，归纳并分析不同的语言和文化现象，使用较为规范的语言进行口头和书面表达，定期反思学习情况，调整学习计划，学会自主探究，主动与他人合作，共同完成学习任务。

检索《义教课标》高频词，"阅读"出现 76 次。在 17 条学业质量标准中，明确针对阅读的学业质量标准就达 7 条（如表 1-2 所示）：

[①] 教育部. 义务教育英语课程标准（2022 年版）[S]. 北京：北京师范大学出版社，2022：51.
[②] 教育部. 义务教育英语课程标准（2022 年版）[S]. 北京：北京师范大学出版社，2022：45.

表 1-2 学业质量标准(阅读)

序　号	学业质量标准(阅读)
3-2	能利用语篇所给提示预测内容的发展,判断说话者的身份和关系,推断说话者的情感、态度和观点。
3-3	能理解多模态语篇(如广播、电视节目等)的主要内容,获取关键信息。
3-4	能通过图书、影视作品等材料获取与中外文化有关的基本信息,比较文化异同。
3-5	能借助基本的构词法知识推测语篇中生词的含义,辅助理解语篇内容。
3-6	能运用一定的阅读策略,借助表格、思维导图等工具梳理书面语篇的主要信息,理解大意。
3-7	在阅读稍长的语篇材料时,能理解主要内容,推断隐含信息,表达个人看法,提出合理疑问,分析和解决问题。
3-15	能结合图片、文字等提示信息,对语篇进行补充、续编或改编,语言基本准确。

英语阅读是学生获取知识的主要方式。英语阅读技能是培养其他几项语言技能的前提和基础。英语阅读既是英语学习的重要途径,同时又是英语学习的目的。因此,英语阅读能力的培养对于英语学习者有着极其重要的作用。发展英语课程要培养的学生核心素养是《义教课标》提出的具体目标,体现了学科层面以人为本的教育理念。而英语语言能力是构成英语课程要培养的学生核心素养的基础要素,阅读能力是语言能力的重要组成部分。

《义教课标》重视对学生英语学习方法的指导。教师在教学过程中要有机融入对学习方法的指导,帮助学生学会根据实际需求选择恰当的学习方法完成学习任务,解决学习问题,逐步形成适合自己的学习策略。具体而言,应在以下几个方面给予学生必要的指导:做好课前预习和课后复习,借助图表及时梳理和归纳所学内容,自主进行课外阅读和英语视听活动。在学业质量三级标准中,针对阅读教学,《义教课标》指出：能用一定的阅读策略,借助表格、思维导图等工具梳理书面语篇的主要信息,理解大意。[①] 针对课外阅读,《义教课标》指出：指导学生坚持开展课外阅读,注重培养和发展阅读素养。[②] 教师应为学生提供课外阅读的环境、资源和方法,创设良好的课外阅读氛围,帮助学生在阅读中得到全方位的发展。一方面,教师要注意选择并补充符合初中阶段学生认知发展需求和语言发展水平、题材丰富、体裁多样、国内正式出版的英语(分级)读物,或指导学生选择适合自身语言水平和兴趣爱好的阅读材料,制订课外读书计划或阅读任务清单,参照课程内容遴选阅读主题范围,如青春期学生感兴趣的,与成长、家庭、校园、科普、社会问题等相关的主题,确保内容积极向上。另一方面,教师还要督促学生每天保证一定的阅读时间,坚持精读与泛读、课内阅读与课外阅

[①] 教育部. 义务教育英语课程标准(2022年版)[S]. 北京：北京师范大学出版社,2022：45.
[②] 教育部. 义务教育英语课程标准(2022年版)[S]. 北京：北京师范大学出版社,2022：40-41.

读相结合,将课外阅读任务统整至课后作业中,并组织学生定期交流展示阅读成果。教师要遵循学习规律,满足差异化需求,辅导并支持学生开展如持续默读、阅读日志、故事会、戏剧表演和读书心得分享等活动;鼓励学生将阅读经验与现实生活相联系,引发情感共鸣和阅读期待;帮助学生进一步发展阅读技能和策略,提升阅读流畅性,扩大阅读量,保持持续的阅读兴趣,养成良好的阅读习惯,形成健康的阅读情趣。

综上所述,我们认为,大概念下的初中英语阅读教学设计可以围绕以下步骤进行。

1. 制订教学计划:将教学内容按照不同的阶段进行划分,制订详细的教学计划,包括教学目标、教学内容、教学方法和评估方式等。

2. 确定教学内容:选择适合学生年龄和英语水平的阅读材料,除了课内教材中的语篇或者其他适合的文本,也可以在选择文本时,确保语篇内容有一定的深度和广度,涉及多个领域的知识,以便学生能够理解大概念。

3. 确定教学目标:在大概念下的初中英语阅读教学中,目标应该是让学生能够理解和掌握大概念,比如主题、中心思想等,同时提高学生的阅读能力、语言技能等核心素养。

4. 采用多种教学方法:在大概念下的初中英语阅读教学中,可以采用多种教学方法,如导读、提问、小组讨论、任务型阅读等。这些方法可以帮助学生更好地理解大概念,并提高阅读能力和语言技能。

5. 评估学生学习情况:对学生进行评估,以了解他们是否理解了大概念和语篇内容,是否能够独立阅读英语文章。评估可以通过考试、作业、口语表达、绘制思维可视化工具等方式进行。

总之,在大概念下的初中英语阅读教学中,教师应该注重学生的主动学习能力和思维能力的培养,采用多种教学方法和评估方式,以提高学生的学习兴趣和阅读素养。

第二章　大概念与思维可视化英语阅读教学设计

"大概念"是反映专家思维方式的概念、观念或论题,具有生活价值,可以打通跨学段、跨学科的学习,帮助学生形成具体与抽象交错的复杂认知结构,实现高通路迁移。而思维可视化则是将思维过程可视化,用图形化方式展示思维过程、思维中的关系以及知识的组织和表达方式,能够帮助学生理解和掌握复杂概念与抽象知识。因此,思维可视化作为一种教学策略,可以帮助学生更好地理解和掌握大概念,促进学生形成复杂的认知结构,实现高通路迁移,走向少而重要的"大概念"。

第一节　英语阅读教学设计核心概念

大概念居于学科的中心位置,集中体现学科课程特质的思想或看法,非常适合于落实核心素养。[①] 在课程改革中,很多国家开始用大概念串联知识体系,组织课程内容。[②] 因此,践行《义教课标》,深入把握以下核心概念对英语阅读教学设计举足轻重。

一、语篇

检索《义教课标》高频词,"语篇"出现频率最高,达 337 次。语篇是表达意义的语言单位,包括口头语篇和书面语篇,是人们运用语言的常见形式。语篇可长可短,短至一个单词、一句话,长到一个至几个有关系、有意义的段落,也可以是一本书甚至几本书。其中,语篇知识(如表 2-1 所示)及语篇类型(如表 2-2 所示)是《义教课标》增加的内容。语篇知识是有关语篇如何构成、如何表达意义,以及人们如何使用语言达到交际目的的知识。语篇类型指的是学生较为常见的记叙文、说明文、议论文及应用文等文体,也指一些现代媒介更为常见的多模态语篇形式,如歌曲、图片、音视频等。

表 2-1　语篇知识内容要求

级别	语篇知识内容要求[③]
一级	1. 识别对话中的话轮转换; 2. 知道语篇有不同类型,如对话、配图故事; 3. 体会语篇中图片与文字之间的关系。

[①] 邵朝友,崔允漷. 指向核心素养的教学方案设计:人观念的视角[J]. 全球教育展望,2017(06):11-19.
[②] 吕立杰. 大概念课程设计的内涵与实施[J]. 教育研究,2020(10):53-61.
[③] 教育部. 义务教育英语课程标准(2022 年版)[S]. 北京:北京师范大学出版社,2022:22.

续 表

级别	语篇知识内容要求
二级	1. 判断故事类语篇的开头、中间和结尾，辨识时间、地点、人物，以及事件的发生、发展和结局等； 2. 发现语篇中段落主题句与段落内容之间的关系； 3. 利用语篇的标题、图片等信息辅助语篇理解。
三级	1. 理解记叙文语篇的主要写作目的、结构特征、基本语言特点和信息组织方式，并用以描述自己和他人的经历； 2. 理解说明文语篇的主要写作目的、结构特征、基本语言特点和信息组织方式，并用以说明事物和阐释事理； 3. 理解常见应用文语篇和其他常见语篇类型的主要写作目的、结构特征、基本语言特点和信息组织方式，并用以传递信息； 4. 在语篇中辨识并尝试运用衔接和连贯手段，以提升理解的准确性和表达的逻辑性。
三级+	理解说理类语篇的主要写作目的、结构特征、论证方法、基本语言特点和信息组织方式。

表 2-2　语篇类型内容要求

级别	语篇类型内容要求①
一级	1. 歌谣、歌曲、韵文； 2. 日常简短对话、独白； 3. 配图故事、叙事性日记等； 4. 人物介绍、物品介绍、地点介绍等； 5. 书信、活动通知、操作指令、生日及新年贺卡、邀请卡等； 6. 其他语篇类型，如提示牌、告示牌、菜单、购物单、简单图表、图片、视频等。
二级	1. 日常简单对话、独白； 2. 记叙文，如配图故事、叙事性日记、人物故事、寓言、幽默故事、童话等； 3. 说明文，如介绍类短文、科普类短文、简短书面指令、操作程序等； 4. 应用文，如贺卡、邀请卡、书信、活动通知、启事、活动安排与计划、宣传海报、规则、问卷等； 5. 新媒体语篇，如简单社交媒体信息、网页、电子邮件等； 6. 其他语篇类型，如歌曲、韵文、剧本、图表、图示、图片、视频等。
三级	1. 日常对话、独白； 2. 记叙文，如故事、简版小说、人物传记、童话等； 3. 说明文，如介绍类短文、程序或现象说明、事理阐释、书面指令、操作指南、使用手册等； 4. 应用文，如日记、私人信件、宣传海报、宣传册、通知、活动安排与计划、规则、问卷等； 5. 新闻报道，如简讯、专题报道等； 6. 工具书，如词典、语法书等； 7. 新媒体语篇，如常见网络媒体语篇、电子邮件、社交媒体信息等； 8. 其他语篇类型，如歌曲、诗歌、剧本、广告、图片、表格(图表)与图示、天气预报，以及广播、电视、网络节目等。
三级+	简单的说理类文章。

---

① 教育部.义务教育英语课程标准(2022年版)[S].北京：北京师范大学出版社，2022：18.

语篇是学生语言学习的基础和教师英语教学的抓手。《义教课标》将语篇列为"课程内容"六要素之一，并提出了以主题引领、以语篇为依托，通过阅读不同类型的语篇，学习语言知识和文化知识，探究主题意义，发展语言技能，尝试使用不同的学习策略，提高理解和表达能力。这主要是为了体现基于语篇的教学理念，区别于以词汇和句子语法为中心的传统教学模式。学生只有基于语篇进行学习，才能真正发展运用语言进行理解和表达的能力。[①]

二、多模态语篇

语篇的形式，有单模态的(Monomodal)，也有多模态的(Multimodal)。模态(Mode)是指语篇传递信息的模式或方式。我们平常说话、写文章用到的口语或书面语，通常是单一的模态，说出的话或写出的文章，就是单模态语篇(Monomodal text/discourse)。多模态(Multimodality)即由两个或两个以上的单模态构成。如果在语言之外，我们还使用了图片、音效、动画、表情包等其他手段，这时的语篇就包含了两种以上的模态，就叫多模态语篇(Multimodal text/discourse)。多模态语篇中的"模态"可分为两个大的类，即语言模态(Linguistic mode)和非语言模态(Nonlinguistic mode)。语言模态，可以是汉语、英语、西班牙语等各种语言，可以是口语的或书面语的，可以是口说的，也可以是印刷成文字的。非语言的模态，可再分为视觉的(Visual，如非语言的符号、图表、图形、图像、颜色、动画等)、体态的(Gestural，如非语言的表情、手势、体态、行为艺术等)、空间的(Spatial，利用空间和位置传达意义，如装置艺术等)、听觉的(Aural，如非语言的声音、音乐、音效等)四小类模态。[②] 多模态语篇就是调用以上五类模态中的任何两种或多种，组合起来共同传递信息或表达意义的语篇。在多模态语篇中，各模态相互补充，相互作用。

表2-3为《义教课标》中有关"多模态语篇"教学的具体表述[③]：

表2-3 多模态语篇教学

		"看"通常指利用多模态语篇中的图形、表格、动画、符号，以及视频等理解意义的技能。理解多模态语篇，除了需要使用传统的阅读技能之外，还需要观察图表中的信息，理解符号和动画的意义。
课程内容（语言技能内容要求）	一级和一级+	推断多模态语篇（如动画、图书及其他印刷品的封面和封底、邀请卡及贺卡）中的画面、图像、声音、色彩等传达的意义。
	二级和二级+	理解多模态语篇（如动画、海报、图书及其他印刷品的封面和封底等）传达的意义，提取关键信息。
	三级和三级+	理解多模态语篇中非文字资源传达的意义。

---

① 王蔷. 全面和准确把握英语课程内容是落实课程目标的前提[J]. 英语学习，2022(04)：18-33.
② 陈力. 多模态语篇在英语课程教学中的意义[J]. 小学教学设计，2022(33)：1.
③ 教育部. 义务教育英语课程标准(2022年版)[S]. 北京：北京师范大学出版社，2022：25；45；52.

学业质量 (7—9年级)	3-3	能理解多模态语篇（如广播、电视节目等）的主要内容，获取关键信息。
课程实施	7. 提升信息技术使用效益	教师要充分认识到现代信息技术不仅为英语教学提供了多模态的手段、平台和空间，还提供了丰富的资源与跨时空的语言学习和使用机会，对创设良好学习情境、促进教育理念更新和教学方式变革具有重要支撑作用。

《义教课标》强调多模态语篇教学，并将"看"增加进语言技能，主要就是培养学生准确解码英语多模态语篇信息和意义的能力，适应现代社会快速发展的需要。多模态语篇教学与传统的语篇教学重点和难点基本相同，都还是在英语语言文化这个侧面。从课程育人和英语教学角度看，多模态语篇与传统的阅读等单模态语篇相比，教学重点和难点并无本质不同，都是引导学生通过对语篇形式的正确解码来获取语篇信息、建构意义。[①] 非语言模态的功能通常体现在激发学生的阅读兴趣和动机，激活学生原有生活经验和认知，作为支架来提高语言理解的速度和准确度上。

目前的初中英语阅读教学设计，教师大都关注文字文本处理，对多模态的了解不够深刻，局限于多模态对课堂气氛的调节。教师关注文字信息是非常重要的，但是仅仅借助对文本进行深入解读开展教学，难以满足现代化的教学要求，多模态给教师的教学活动提供了多种可能，同时也为学生提供了多元的知识表征方式。因此，教师还要关注图像、音频、符号、色彩等多模态语篇，与培养学生的思维品质有效结合，促进他们深度学习，尤其是对六、七年级教材中的语篇加强解读。

三、语篇分析

语篇分析是语言教学决策的主要参考依据。[②] 语篇分析理论近年成为我国英语阅读教学的研究热点，它在英语阅读教学设计中发挥着越来越重要的作用。语篇分析分为宏观结构研究和微观结构研究，从文章的总体、层次结构及组织来研究是宏观结构研究，而微观结构研究包括句与句间的关系等。[③] 只有对教学中使用的语篇进行全面的分析，才能设计合理的教学活动。[④] 周光明、关长青结合语篇与英语阅读的关系，指出在阅读课堂中合理使用语篇分析能够提升学生通览全篇的能力。[⑤] 李杰、钟永平认为语篇分析有利于改变学生不良的

[①] 陈力. 多模态语篇在英语课程教学中的意义[J]. 小学教学设计, 2022(33): 1.
[②] Olshtain, E. & Celce-Murcia, M. Discourse analysis and language teaching [A]. In D. Tannen, H. Hamilton & D. Schiffrin(Eds.). The Handbook of Discourse Analysis [C]. Massachusetts: Blackwell Publishers Inc., 2001: 707-724.
[③] 康光明. 语篇语言学及语篇例析[J]. 外语与外语教学, 2002(07): 39-41.
[④] 程晓堂. 基于语篇分析的英语教学设计[J]. 中小学外语教学(中学篇), 2020(10): 1-8.
[⑤] 周光明, 关长青. 语篇分析是英语阅读教学的一个有效途径[J]. 湖北师范学院学报(哲学社会科学版), 2001(04): 76-79.

阅读习惯,培养学生归纳、分析、推断、综合和独立解决问题的能力。① 徐继田通过对86名高中英语教师的语篇阅读课堂教学为期一年的行动研究,认为语篇分析有助于学生的语篇理解能力和语言运用能力,并从整体入手把握语篇结构,挖掘语篇意图和深层意义,培养语篇意识和提升思维品质。②

语篇分析与文本解读有共同之处,但二者不能等同。我们常说的文本解读其实有两个含义。第一个含义是指教师在备课时对文本的解读,以把握文本的主题、内容以及文本涵盖的语言现象、文化知识等。这样的文本解读主要是为了更好地备课。文本解读的第二个含义是指课堂上教师引导学生理解文本的过程。我们这里说的语篇分析主要指教师在备课时对语篇进行的分析,不包括课堂上学生理解和解读文本的过程。当然,在高级阶段的英语课堂上,学生有时候也需要对语篇进行分析。③

目前英语教师已经比较熟悉《义教课标》提出的从 what、why 和 how 这三个方面来解读文本,即文章写了什么(what)、作者为什么写这篇文章(why)以及文章是如何写的(how)。但是这种模式的文本解读在实际操作过程中也存在一些问题,如有的教师不能准确把握语篇的 what、why、how,有的教师把语篇的 what、why 和 how 与叙述语篇中的 who、why、when、where、what 和 how 等要素混淆,有的教师将 what、why 和 how 理解为教什么(教学内容)、为什么教(教学目标)和怎么教(教学方法)等。为此,程晓堂提出以教学为目的的语篇分析,包括八个方面,即语篇的内容与主题意义、语篇隐含的意义与功能、语篇对读者的思想和行为的影响或语篇期望对读者的思想和行为产生的影响、语篇产生的背景或者语境、语篇的类型与结构(文体或语篇类型)、语篇的衔接性和连贯性、语篇使用的语言和非语言手段、语篇在内容和形式等方面的质量。④

结合国内外专家学者的研究,基于《义教课标》、初中英语教材、学情和教学实践,本书所说的语篇分析,主要包括语篇类型和语篇模式研究,对于情境语境[语场(field)、语旨(tenor)、语式(mode)三要素构成的语域(register)]⑤等将不作为重点论述。

四、深度阅读教学设计

深度学习的重要特性之一是学会迁移,也是学生在学习的过程中创造性地解决复杂情境问题的关键能力。基于大概念的阅读教学设计应通过指向于核心语篇知识和核心任务的探究活动,引导学生用专家思维看待问题,帮助学生主动建构知识框架,在深度阅读中学会迁移。

---

① 李杰,钟永平.语篇分析理论指导下的英语阅读教学[J].汕头大学学报(人文社会科学版),2010(04):85-89.
② 徐继田.以大观念为核心的高中英语单元学习设计范式[J].基础外语教育,2022(05):9-17.
③ 程晓堂.基于语篇分析的英语教学设计[J].中小学外语教学(中学篇),2020(10):1-8.
④ 程晓堂.基于语篇分析的英语教学设计[J].中小学外语教学(中学篇),2020(10):1-8.
⑤ Halliday, M. A. K. Language as Social Semiotic: The Social Interpretation of Language and Meaning [M]. London: Edward Arnold. /Beijing: Foreign Language Teaching and Research Press, 2001: 189-222.

阅读教学的大概念类型多样，呈现形式也不一而足，可以是词、短语或句子。大概念可以是一个核心、深层或上位的概念词汇，如"Memory"[上海教育出版社牛津英语（以下简称沪教版）9A Unit 5]；也可以是一个形式简洁的短语，如"Thinking about a removal"（沪教版7A Unit 5）；还可以是由一个或多个概念组成的命题、原理或观念性的句子，如"Dogs are our best friends"（沪教版7A Unit 2）。

在阅读教学中，教师如何正确、有效地提取出大概念？一、可以筛选英语学科的核心概念或关键性的跨学科概念；二、可以提炼《义教课标》中有关学生核心素养、学科思想方法等方面的高频词句；三、可以关联阅读教学中的重要语篇知识和语用知识。

大概念往往是抽象的、隐性的，提取大概念是一个从具体到抽象、从显性到隐性的过程。对于教学中涉及较长的阅读语篇、课外拓展语篇（如英语报刊、整本书阅读）的主题与话题、概念与命题、原理与反论、问题与假设等，教师可以引导学生通过配对、判断、追问、推论、概括、归纳等方式描述其要义，最终确定出大概念。如：判断一个概念性的命题，如"Fire is useful but we must be careful with it"（沪教版6B Unit 11）；配对一个普适的话题或主题，如"Indoor and outdoor activities"（沪教版6B Unit 6）等。

深度阅读教学的大概念可能不止一个。深度阅读教学的大概念意义系统也是多种多样的。例如：《义教课标》中的语篇类型丰富多样，文本有记叙文、说明文、议论文、应用文等连续性文本，还有非连续性文本和多模态语篇（下文将详细阐述）。除了教材文本以外，还有课外的群文、整本书、混合文本等。教师可以试着将提取出的不同大概念合成一个词汇或一个句子，以形成一个新的大概念。当然，我们不可能将所有关键的大概念都囊括起来，这时教师可以选择一些核心的大概念。

以大概念为核心进行深度阅读教学设计要从目标为本转变为以概念为本。[①] 教师首先要提取大概念；紧接着圈定其在英语课程和阅读文本教学中的意义范围；其次根据学情来设置教学目标，使概念目标化。该过程有三个关键之处：其一是学段和学情。可根据不同学生的最近发展区，选择合适的大概念，设置合宜的教学目标。其二是课型和课时。如精读与泛读、课内与课外、线上与线下、报刊阅读与整本书的阅读教学各有侧重，不同课时的教学重点也有所不同。其三是文本的特色与精粹。不同文本被选作教学材料的原因不尽相同，如语言独特、主题深刻、描写生动等，深度阅读教学应从文本的不凡处和经典处去择取大概念。

第二节　英语阅读教学设计与思维可视化

一、英语阅读教学设计

教学质量是学校的生命线，提高教学质量的主战场在课堂。课堂教学的基础和首要任

[①] Erickson, H. L. & Lanning L. A. Transitioning to Concept-based Curriculum and Instruction: How to Bring Content and Process Together[M]. Thousand Oaks, CA: Corwin Press, 2013.

务是备课,即教学设计。科学、合理的教学设计是有序进行教学实践活动的基础,也是上好一堂课的基础。教学设计体现的是一种以学生发展为本的新的教学理念,是教师运用系统方法、分析教学任务、确定教学目标、选择策略手段、制定教学流程、评价教学效果,以达到课堂教学最优化的编制教学预案的过程。教学设计的撰写凝聚着教师对于教育教学的理解和感悟,体现了教师的创造精神和教学智慧,是一项创造性的劳动。

从英语课程标准到课堂教学实践的转化,需要通过中介环节来实现,而英语教师的教学设计则是实现从课程标准到课堂教学转化的重要中介之一。教师通过教学设计来体现自己对课程标准的理解,把对教学目标的设计、教学方法的选择、教学过程等进行优化整合,从而将自己对于教学的设想呈现在一个可操作的教学设计上。

1. 英语阅读教学设计的定义

教学设计自 20 世纪 50 年代开始,经过七十多年的发展,已经拥有较完善的理论基础,涵盖多要素的教学模式。教学设计是确定课程目标、教学方法、教学策略、课程评估等的过程,运用系统的教育教学理论对教学环节作出具体的规划与设计,促进学生的学习。[①] 教学设计主要不是基于经验进行设计,而是体现一种教学理念,运用一种技术或一套工具,进行教学准备的一个过程,我们用这一技术和工具进行教学准备,从而使基于经验的备课成为基于理念、技术、工具的教学准备。[②] 英语教学设计由分析、设计和评价三个要素构成,首先,任何教学都应该起于分析,如对教材的分析、对学习者的分析、对人才培养要求的分析。然后,在明确学生的风格特点和教学目标的基础上进行教学设计,设计分为教学策略设计、过程设计、活动设计、技术设计和评估测试设计。最后,对教师教学设计实施情况进行的评价,评估内容应既包含对学生是否完成学习任务的评估,又包含对教师课程设计的评估。[③] 因此,英语阅读教学设计是指通过对英语阅读课加以深入研究,在限定的课堂教学时间内,在广泛研究的基础上对课堂教学过程的各个环节和内容加以优化与重置,以便产生指导性的学习方法,在限定的课堂教学时间内使学生的学习成效最佳。

2. 英语阅读教学设计的策略

阅读教学,一直是英语教学中的一个重难点。在阅读课教学设计上,教师首先要遵循阅读学习的规律,有效引导学生领会阅读材料,掌握英语阅读技能,让学生形成良好的阅读习惯。教学设计还要为学生提供阅读思考的时间与空间,为学生提供自学、自练与自我评价的机会,从而有计划地培养学生的自学能力。授之以鱼,不如授之以渔。教师要针对学生的语言学习情况合理地设计课堂教学内容的导学方式、教学过程,使学生产生共鸣,将语言训练、思维训练、能力训练有机地结合在一起,教学设计应侧重于逐渐地引导学生从兴趣学习走向理解学习,并最终走向创造性学习,使学生边学边用,学用结合,从而提高学生的阅读能力。

---

① 何克抗. 教学系统设计[M]. 北京:北京师范大学出版社,2002.
② 鲁子问. 中学英语教学设计[M]. 上海:华东师范大学出版社,2019:46-50.
③ 王笃勤. 如何开展英语教学设计[J]. 基础教育课程,2008(02):61-62.

赵晓华结合教学案例,提出初中英语阅读课高效教学设计策略:阅读前潜心研读文本;阅读中分层设问,分析文本框架,把握文章脉络;阅读后启发学生思维情感,设计项目任务,重视文本赏析,引导学生感悟语言美。①

黄岳辉等人指出了阅读教学中重语言形式、轻语言能力的现象,提出为了解决语言能力缺失问题,教师应关注关键词汇教学、文本体裁特征、多元对话策略和学生思维空间等方面以优化阅读教学设计。②

英语阅读教学设计的理论基础和教学模式也日趋完善。近年来,随着新课程改革对教学目标要求的提出,不断有学者研究和开发新的教学模式和教学策略,以期改进教师阅读教学中出现的问题,提升学生阅读质量。然而,研究着重关注教学形式的创新和改变,在教学设计构建的过程中没有充分考虑学生学习的主观因素和学习体验,且大多关注学生当下的学习成效和结果,忽略了学生最终应获得的对知识的应用迁移和问题解决能力发展。③

3. 英语阅读教学设计的模式

英语教学设计的一般模式包括分析(学习者分析、学习需求分析、学习内容分析)、设计(教学目标设计、教学策略设计、教学过程设计、教学技术设计)、评价(学习成效评价、形成性评价、总结性评价)和反馈修正四个部分。④ 该模式也在后来的英语阅读教学中,得到了更为广泛的使用。

随着高中课标和《义教课标》的颁布,不少研究者提出了基于英语课程要培养的学生核心素养的英语阅读教学设计的模式,如谢剑英从思想、机制和方法上提出英语教师阅读教学设计能力提升的策略,即通过"以语篇为基础,注重教学设计的整体性和关联性,培养学生的语言能力;以文化为媒介,注重教学设计的差异性和交际性,培养学生的文化意识;以活动为载体,注重教学设计的启发性和层次性,培养学生的思维品质;以策略为指向,注重教学设计的指导性和有效性,培养学生的学习能力"四大策略。⑤ 杨之莘开展基于BOPPPS教学模式的高中英语阅读教学设计的研究,结果表明此模式各教学模块清晰明确,所有设计均以达到课堂教学目标为宗旨,引导深度参与式学习;学生以合作学习和探究式学习为主,课堂活动参与度高,课堂教学效果良好;有利于培养学生的英语交流能力。⑥ 彭莹以指向英语课程要培养的学生核心素养的英语阅读教学设计开展研究,通过对基础扎实和基础薄弱的学生进行教学实验对比,结果表明以学生为主体,尊重学生差异,积极创设主题情景的英语阅读教学设计,可以使不同层次的学生既提高了阅读能力,又完善了阅读品格。⑦

---

① 赵晓华.初中英语阅读课高效教学设计研究[J].教育理论与实践,2015(29):57-59.
② 黄岳辉,徐宇琴.指向语言能力的教学设计[J].上海教育科研,2017(02):83-86.
③ 李萍萍.促进深度学习的初中英语阅读教学设计研究[D].哈尔滨:哈尔滨师范大学,2022.
④ 鲁子问,康淑敏.英语教学设计[M].上海:华东师范大学出版社,2008.
⑤ 谢剑英.英语教师阅读教学设计能力提升研究——基于"学科核心素养视角"[D].成都:四川师范大学,2019.
⑥ 杨之莘.基于BOPPPS教学模式的高中英语阅读教学设计与应用[D].延安:延安大学,2021.
⑦ 彭莹.指向英语学科核心素养的高中英语阅读教学设计研究[D].南昌:江西科技师范大学,2022.

这些研究为广大一线教师开展英语阅读教学设计和实施打开了新的视角。

二、英语阅读教学设计的现状

有些教师虽然几乎天天疲于完成阅读教学,但学生阅读能力却没有真正提高,更无法真正有效促进学生的自主阅读。有的教师的做法甚至与新课程改革的目标和理念背道而驰,在一定程度上制约了阅读教学质量的提高,抑制了学生核心素养的提升,加重了师生负担。从教师的阅读教学设计来看,主要有以下问题:

1. 灌输式教学依然存在,学生主体的观念未根本转变

不少教师受传统教学思想的影响,在英语阅读教学设计时忽视学生的主体地位,阅读教学过程常以贴标签的形式进行,在课堂上常把自己头脑中和书本上的知识直接灌输给学生,忽略学生在阅读时的体验过程,为学生提供语言输入和信息内化的机会和时间也不足。在阅读教学中,忽视了学生已有的知识背景、知识结构对新知识的掌握和理解起着重要的作用,课堂气氛沉闷,忽视了学生间的个体差异。这些都不利于学生英语阅读能力的培养。

2. 过多关注语言知识的教学,忽视阅读技能和技巧的指导及训练

英语阅读教学应以培养学生获取信息、处理信息的能力,培养阅读策略和阅读技巧等为主要目的。但仍有不少教师把阅读教学当成语言知识课,把课文简单地当成语言知识的载体,阅读教学设计偏向词汇、短语、句型、语法等语言知识的讲授,最普遍的现象就是花大量的时间处理语篇中的生词,造成头重脚轻,阅读课的教学重点不突出,也使学生丧失了阅读中词义猜测的能力。长此以往,学生过分关注语篇的细节性内容和浅层信息理解,不仅影响了阅读速度,对语篇的主旨、写作意图、文化内涵、语篇结构等也难以有效梳理,学生学习的创造性和能动性难以充分发挥,无法培养学生的自主阅读能力。

3. 文本解读不足,思维品质欠缺

《义教课标》要求课堂教学要以探究主题意义为目的,关注学习材料的内容及其反映的思想。教师要创设与主题意义密切相关的语境,充分挖掘特定主题所承载的文化信息和发展学生思维品质的关键点,以探究主题意义为主线,统揽教学内容和教学活动,并指向教学目标。文本解读是有效进行阅读教学的前提。由于现在教辅资料、网上教学资源泛滥,不少教师习惯于"拿来主义",渐渐丧失了自主设计阅读教学的能力。不少教师阅读教学设计过于"模式化""机械化",只追求形式上的"完美",忽略文本本身的意义所在。在英语课堂中,我们经常看到"拿来主义"的"优质课"。由于教师在阅读教学设计上缺乏自己的思考,对语篇分析不够深入,对思维层面关注不够,没有基于学情,与学生的互动只停留在表层,不能引发学生的深度思考。

4. 课堂检测形式单一,评价关注不足

最常见的现象是教师将"阅读课"设计成"阅读练习课":教师布置阅读任务,学生做选择

或填答案,有的甚至不看文章直接猜测答案应付;检测题型往往是配对、T/F正误判断、ABCD选择等客观题,呈现"题海茫茫,多多益善"的应试化倾向;甚至误认为能将语篇翻译成中文就万事大吉。此外,虽然越来越多的教师有评价的意识,但更多关注总结性评价,对表现性评价和过程性评价欠缺关注。有的教师评价随意,没有评价标准,仅根据自己的经验或感觉,以简单的"Great""Good job"等草草了事。有的教师虽然设计了评价量表或清单,但未能充分发挥评价的作用,尤其是对生生评价、组间评价关注不足。

5. 作业布置随意,缺乏有效性和趣味性

作业是课堂教学的重要环节之一,是复习和巩固、拓展和检验教学效果的有效途径之一,也是发挥学生创造力、彰显个性的重要渠道之一。为达到英语课程要培养的学生核心素养的目的,教师设计阅读课作业时,应基于学情,基于阅读文本,基于教学目标,内容合理,形式创新并融时代性、文化性和生活性于一体。绝大多数教师虽然意识到英语阅读教学已经从重技能训练和培养转向工具性和人文性并重,但在布置学生作业时依然有随意现象。阅读课作业形式基本还是以考查识记性教学内容为主的书面作业,英语学科的人文性、针对性和层次性没有得到很好的体现。最常见的阅读课作业内容是字、词、句的抄写,词汇、语法知识点的训练,英语阅读练习或写作。不少阅读课作业还存在与教学内容不匹配的突出问题或阅读课后布置作业时没有从文本内容出发,导致教师最终无法达到预设的教学目标。此外,阅读作业缺乏趣味性,对于听、说、看、画、演和操作式、体验式的作业内容鲜有关注。

三、英语课程要培养的学生核心素养与思维可视化英语阅读教学

随着社会的快速发展,《义教课标》英语课程核心素养的落实存在三方面的问题:一是"散",缺乏一条统摄性的主线,学生无法对网状知识结构进行整体把握,知识难以形成系统;二是"浅",学生学习知识停留在表面,高阶思维得不到发展;三是"僵",学生往往受囿于情境固化,无法有效迁移所学知识,而以大概念为核心的教学设计打破现实困境,为实现核心素养的落地提供了有效的解决方案。[①]

从目前的初中英语阅读教学设计来看,流程化、简单化的趋势越来越明显,教师对学生阅读能力的考查更多停留在对阅读文章表层信息的发现与掌握上,再加上对文章的理解比较肤浅,常常忽略了作者的写作意图、观点态度、写作技巧、语言风格以及文章的逻辑性等深层信息,使得学生无法开展深入阅读,也无法发现文章后面隐含的社会意义。而通过思维可视化设计能够促进学生深度阅读,形成英语深度阅读学习模式。教师在阅读教学设计时,应以话题和内容为主线,以语言为暗线,引导学生概括篇章的主旨大意,认识篇章的总体架构,理解作者的写作意图以及篇章体裁等,改变学生在阅读中只关注语言知识或逐字逐句阅读的习惯;同时指导学生开展语篇分析活动,从低阶思维向高阶思维发展,逐渐训练学生正确把握篇章的能力,从而增加学生理解的广度与深度。

---

① 衡很亨.利用大概念优化英语学科大单元整体教学[J].中小学外语教学(中学篇),2022(09):1-7.

随着《义教课标》的颁布，阅读教学的地位也在不断提高，阅读教学的方法也要与时俱进。教师针对传统阅读教学设计中的不足，非常有必要结合时代的最新要求有所突破。随着思维可视化阅读教学理念的提出，可视化教学手段不断更新，可视化教学技术也不断完善，通过图(表)文的有机结合，开展初中英语思维可视化阅读教学设计显得非常有必要。无论是高中课标还是《义教课标》都在英语课程要培养的学生核心素养的语言能力中新增了"看"的语言技能，明确指出语言技能包括听、说、读、看、写等方面的技能及其综合运用。听、读、看是理解性技能，说、写是表达性技能。理解性技能和表达性技能在语言学习过程中相辅相成、相互促进。[①] 因此，英语阅读教学作为培养、提升学生核心素养的重要方面，"看"的技能在英语阅读教学中的培养具有重要的意义。当然，"看"的技能的培养与"听、说、读、写"技能相辅相成，相得益彰。在阅读教学过程中，教师既要发挥传统阅读教学方式的优势，也要借助图形、图像、动画、视频等多模态直观可见的方式使语篇学习更直观、生动、形象，促进学生语言能力、思维品质、文化意识和学习能力等核心素养的充分发展。

思维可视化英语阅读教学过程将改变传统的阅读教学形态，不但可以培养学生"看"的能力，还可以培养听、说、读、写等语言能力的综合发展，使信息的记忆、输入和筛选更加轻松有效，增强学生的视觉素养，而且能在尊重学生差异的基础上培养学生自主阅读的能力，激发学生的阅读兴趣，充分发挥阅读教学培养学生思维能力的特点。

高中课标指出：教师要善于利用多种工具和手段，如思维导图或信息结构图，引导学生通过自主与合作相结合的方式，完成对信息的获取与梳理、概括与整合、内化与运用，教会学生在零散的信息和新旧知识之间建立关联，归纳和提炼基于主题的新知识结构。[②] 因此，思维可视化阅读教学研究前景广阔，并对当下阅读教与学方式产生重要的积极影响。

第三节　思维可视化英语阅读教学设计学习理论

一、思维可视化英语阅读教学设计的必要性

1. 思维可视化时代的到来

随着人类社会不断发展和科学技术的突飞猛进，人类知识数量也在飞速增长，几个小时内产生的信息量也许超过过去人类历史上一整个时代所产生的信息量。面对知识时代知识总量的急剧增长和知识更新速度的加快，人类必须学会学习。国际教育委员会在1995年向联合国教科文组织提交的报告中把"学会学习(learning to know)"作为重新设计教育的"四大支柱"之一。知识时代的学习和以往的学习相比有天壤之别，它要求学习者不再是重复的、线性的记忆，而是越来越关注学习效率的提高、学习方式的转变、学习能力的提升和思维

---

① 教育部.义务教育英语课程标准(2022年版)[S].北京：北京师范大学出版社，2022：25.
② 教育部.普通高中英语课程标准(2017年版 2020年修订)[S].北京：人民教育出版社，2020：63.

品质的培养。

在信息更新迅速的时代,人类不仅通过语言和文字传递信息,各种传统或现代的图形、图像、电影、电视、卡通、漫画、商业广告等新媒体铺天盖地,这些信息是人类交换、处理信息中极为重要的来源。尽管人们在日常的工作场所大多是语言性或非图式化的(口语、文字和数字等),但事实上人脑的大部分功能都是用于处理视觉信息的。[①] "一图顶千字",图以其丰富的内容含量和直观的形式受到了人们的青睐。图像还有着不同于文字的特殊功能,它能表达文字难以准确描述或不能描述的信息。图像时代的到来,从某种程度上预示着"语言转向"很可能被"视觉转向"所取代。"视觉乃是思维的一种最基本的工具",作为一种思维的工具,视觉是人类认知的主要渠道。[②] 人们所接受的全部信息中83%是通过视觉获得的。因此,通过视觉的方式进行学习有明显的优势。可视化技术的发展,使人们用可视化图解的方式提高知识传播和创新的效率,用以成功地应对图像时代和知识时代所面临的信息的爆炸式增长,因此社会发展和时代进步为思维可视化的研究以及应用价值的发挥提供了前提和可能。思维可视化的实质是将知识以图的方式表示出来,形成能够直接作用于人的感官的知识表现形式,从而促进知识的获取、共享与创新,也为基于语言的理解提供了很好的辅助和补充。教师利用图(表)组织阅读教学,用视觉化的方式厘清事物间的相互关系,以此来呈现、传授语篇知识,从而促进学生对大概念的理解和建构。

2. 思维可视化对阅读教学设计的作用

学生的思维是抽象的,其过程往往是不可见的,教师需借助图示的形式加以展示。这要求人们运用一系列的可视化技术,将原本不可见的思维过程用可视化的方法清晰地呈现出来,即思维可视化(thinking visualization),以高效地记忆、理解和应用知识。[③] 运用"思维可视化"教学可将零散的知识点串成逻辑清晰、层级分明的知识网络,从而使知识更容易被理解和内化,在此建构过程中,学生的提炼、概括和分析能力也得到了发展。此外,在体验层面,也可将知识灌输变为自主探究,将死记硬背变为可视化及结构化的思考,从而提高教与学的效能,更进一步地将学习体验由枯燥乏味变得兴趣盎然。

阅读是作者和读者之间的图式交流。如何让隐藏于文本中线性排列的符号里的图式和内隐于读者心中的图式呈现出来,这就需要可视化工具的辅助。通过可视化技术,通过视觉表征手段,将个体的图式化由隐性转变为显性。[④] 英语阅读教学设计通过思维可视化工具,使教学内容的呈现与获得从单一的文字转变为丰富的直观生动形式,丰富了阅读教学的情境性。通过思维可视化呈现出关于某一主题的多样复杂的信息内容,使阅读内容既有组织性,又有丰富性,让学生更轻松地进行自主阅读,有利于学生各种心理因素的协同参与和个

---

① Horn, R. E. Visual Language: Global Communication For The 21st Century[M]. Washington: Macrovu, Inc., 1998.
② 鲁道夫·阿恩海姆. 视觉思维:审美直觉心理学[M]. 滕守尧,译. 成都:四川人民出版社,1998.
③ 刘濯源. 思维可视化:减负增效的新支点[J]. 中小学管理,2014(06):10-13.
④ 杨昌周. 基于文本图式构建培养学生发散思维的行动研究[D]. 重庆:西南大学,2017:13-21.

性彰显及创造性培养，为师生、生生的交互提供机会，激发师生的思维。

研究表明，可以借助思维可视化工具的运用，引领教师将课堂教学关注点从"知识"转移到"思维"，进而带领学生学会思考，培养自主学习能力，实现教学效能的倍增。在教学应用方面，主要利用思维可视化技术进行各个学科的教学设计、新的教学法的探索、知识管理等。[①] 在阅读教学中，教师引领和指导学生建构基于语篇的结构化知识，是促进他们探究、理解、内化和深化语篇的主题意义并将其迁移至新情境解决实际问题的一种有效教学策略。

在英语阅读教学中，教师不但要培养学生表层的文本理解能力，也要注重培养学生对文章的深层次理解，培养其提炼关键信息、综合分析逻辑关系和归纳总结的能力。将思维可视化应用于英语阅读教学，达到可视化的文本解读，可将复杂的阅读内容简单化，以图像和语言符号的形式呈现，有利于学生理清文章整体结构，发现文章的内部逻辑关系，加强学生对文章的深层次理解，促进对阅读材料整体意义的把握。通过实现知识的可视化，帮助学生记忆文章，激发学生的阅读兴趣，培养其逻辑思维能力和语言表达能力。

二、思维可视化英语阅读教学设计学习理论

学生的学习是不断变化的、十分复杂的活动，它既是内隐的、可观察和测量的，也是外显的、难以观察和测量的；既表现于内部，也表现于外部。这些增加了我们认识上的难度。由于视角的不同，研究者对学习本质、学习机制、学习过程、学习条件以及影响学习的因素等方面的认识也不同。下述学习理论影响着大概念教学系统设计与学习环境开发等多方面，为信息技术与课程整合、思维可视化阅读教学和阅读语篇的深度学习等提供了理论和实践的依据。

1. 认知主义学习理论

认知主义学习理论是通过研究人的认知过程来探索学习规律的学习理论。一般认为，认知主义学习理论发端于早期认知理论的代表学派——格式塔心理学的顿悟说。格式塔心理学认为，学习的实质就是获得"完形"(gestalt)或者说是自觉重组、认知重组。"学习不是形成刺激与反应之间的联结，而是学习者觉察特定情景中的要素是怎样联系的，怎样结构的，并将其在知觉上进行重组的过程。"[②]

（1）脑认知科学(Division of Brain Science)

脑科学家斯佩里(Sperry)通过对割裂脑(split brain)的认知实验研究证明了大脑左、右半球各有不同的功能，在人的思维过程中负责不同的活动，并且在功能上具有明显的分工。具体体现在左半球主要负责逻辑分析、语言功能等与抽象思维相关的认知活动，而右半球则主要负责知觉、空间鉴别等与形象思维有关的认知活动。[③] 初中英语阅读教学过程中，教师

[①] 王会霞,代朝霞.思维可视化工具的应用价值分析[J].中国医学教育技术,2015(02)：111-115.
[②] 燕良轼.教育心理学[M].上海：华东师范大学出版社,2023：71.
[③] 李鸽.创新思维的脑生理、心理协同发生机制探析[D].长春：吉林大学,2020：59.

大都重视学生的左半脑学习,未能充分开发右半脑潜能,降低了学生大脑处理信息的效率。因此,针对左半脑具有言语优势,偏好理性思维;右半脑具有视觉优势,偏好感性思维的特点,教师可以通过思维可视化的应用充分开发学生左半脑的逻辑思维能力,并将晦涩抽象的内容转变成易于感知的视觉信息,充分发挥大脑右半球的形象思维的优势特点,提高阅读教学质量。

(2) 有意义学习(Meaningful Learning)

认知心理学家奥苏伯尔(Ausubel)提出有意义学习理论,指出要领概念(Superordinate concept)位于概念体系的上层,是个人对事物的整体认知,这类概念具有持久性,一旦形成便不易被忘记。①"要领概念"其实就具有大概念的意义。有意义学习理论将学习分为机械学习和有意义学习。机械学习使新知识与旧知识之间没有意义,关联知识呈现碎片化的状态。而有意义学习,指建立新旧知识之间联系的过程,是一个过程,而不是结果。有意义学习必须具备三个条件:1. 学习材料本身必须具备逻辑意义,即学习材料本身与人类学习能力范围内的有关观念可以建立非人为的实质性的联系;2. 学习者必须具有有意义学习的心向,即学习者有主动地使新知识与已有适当观念之间建立联系的倾向性;3. 学习者的认知结构中必须有能同化新知识的原有的适当观念。② 应用思维可视化工具进行学习,属于一种有意义的学习。如:当学生通过"五指图"了解到记叙文的基本要素 who、what、when、where、how,当再次看到同样的语篇时,引起了他原有意识中对记叙文要素的认知,于是现实的语篇与意识中的语篇产生了共鸣,最终建立起了有意义的联结。

2. 信息加工学习理论

信息加工心理学是在认知心理学的基础上产生的。其基本假设是把人的认知系统看作一个信息加工系统,强调对人的各种认知过程的研究,并基于对各种认知过程的心理学研究,提出相应的认知模式和信息加工模式。从此意义而言,学习既有并行处理的过程,亦有串行处理的过程。

(1) 双重编码(Dual Coding)

由心理学家帕维奥(Paivio)提出。该理论认为大脑认知系统由语言系统(语言符号)和非语言系统(心理表象)组成,这两套系统的功能既相互独立又相互联系。③ 大概念教学强调抽象大概念的建立,抽象大概念从某种程度上来看就是一种模式,模式是指对事物之间的关系和共性的分类和组织。大脑是以模式为单位来存储信息的,只有模式才能更快地识别、存储、检索和提取信息。④ 阅读教学中,教师利用工具将文字信息转化成形象直观的视觉信息,并以可视化的形式呈现出来,能帮助学生加深对言语信息的理解,信息的存储、编码和提取

---

① 张春兴. 教育心理学:三化取向的理论与实践[M]. 杭州:浙江教育出版社,1998:220.
② 燕良轼. 教育心理学[M]. 上海:华东师范大学出版社,2023:80.
③ 田茜媛. 核心素养下知识可视化在初中英语阅读教学中的应用研究[D]. 哈尔滨:哈尔滨师范大学,2021:21.
④ 刘徽,徐玲玲. 大概念和大概念教学[J]. 上海教育,2020(11):28-33.

就更为高效和准确,有助于形成言语信息与非言语信息之间在认知上的联结,促进有效的学习,改善教学效果。

(2) 图式(Schema)

图式一词最早由康德(Kant)在其哲学著作《纯粹理性批判》中提出。该理论认为学生的阅读过程是积极调动头脑中已知的图式,对材料中的信息不断地筛选、检查、整合和调整的过程。有三种图式影响学生的阅读能力:语言图式、内容图式和形式图式。[①] 语言图式是对于语言符号的理解;内容图式是对阅读材料背景知识和话题内容的了解;形式图式是对文章体裁和结构等的掌握。图式在语篇理解中的作用主要体现在学生对语境的理解和对背景知识的推理上,帮助学生更全面理解文章的内涵。因此,教师以大概念为出发点组织教学,能够促进学生利用图式完善自己的认知结构,对新知识进行同化和顺应,更利于语篇知识长久地存在于自身的认知结构中,使学生在头脑中形成易于迁移且有普适性的大概念。思维可视化就是调动学生运用已有图式理解阅读材料并解决阅读问题,不断丰富原有图式。

3. 建构主义学习理论

由心理学家皮亚杰(Piaget)为代表在认知主义学习理论的基础上提出。建构主义强调学习的主动性、实践性、创造性和社会性,把知识获得比作建筑或建构的过程,学生是学习的主体,是知识意义的主动建构者,学生的学习是在教师创设的情境下,借助已有的知识和经验,主动探索,积极交流,从而建立新的认知结构的过程。[②] 而教师在学习中要发挥帮助者、指导者的作用,主要表现为激发学习兴趣,创设有利的学习情境,提供知识建构的线索,创造合作学习机会等。大概念教学重视对学生以往知识经验的运用,通过利用学生头脑中已有的知识经验,结合新的学习内容,帮助学生建构起自己的知识经验体系。因此,教师设计相关的思维可视化阅读活动可以培养和促进学生的分析能力、思维能力,以帮助学生更好地理解阅读材料,提高阅读素养。

(1) 情境认知(Situated Cognition)

代表人物为安德森和西蒙(Anderson & Simon)。该理论认为:知识的学习具有情境性和协商性,学习是个体在与情境互动中创生出意义的一个过程。知与行是交互的,知识是情境化的,通过活动不断向前发展,参与实践促进了学习和理解。情境认知理论认为知识和情境活动相联系,将重点放在学习者的积极参与上,并要求学习者在不同情境中进行知识的意义协商。情境认知理论给我们的启示是:学习的设计要以学习者为主体,内容与活动的安排要与人类社会的具体实践相联通,最好在真实的情境中,通过类似人类真实实践的方式来组织教学,同时把知识和获得与学习者的发展、身份建构等统合在一起。而在阅读的过程中,情境天然存在,因此挖掘和整理语篇所反映的情境是关键。在整体把握情境的基础上,阅读者能够更好地理解作者的意图,体会、感悟语言的使用。大概念教学十分重视真

---

① 李萍萍. 促进深度学习的初中英语阅读教学设计研究[D]. 哈尔滨:哈尔滨师范大学,2022.
② Fox, R. Constructivism examined[J]. Oxford Review of Education,2001(01):23-25.

实情境的创设,课堂真实、直观、生动的情境有利于学生深度阅读,提高学生的问题解决能力和阅读素养。

(2) 支架式(Scaffolding)

在心理学家维果斯基(Vygotsky)"最近发展区"的理论基础上产生的一种新的教学模式。欧共体"远距离教育与训练项目"(DG XIII)文件将其定义为:应当为学习者建构一种对知识理解的概念框架(Conceptual Framework),用于促进学习者对问题的进一步理解。因此,事先要把复杂的学习任务加以分解,使得学习者自己能沿着"支架"逐步攀升,以便把学习者的理解逐步引向深入。① 张志勇认为搭建支架对中学生来说是极其重要的,他以全新的视角,根据学生的现有水平,进一步分析如何搭建合适的支架,让这种新型的阅读工具发挥它的作用。② 而思维可视化工具正是一种阅读支架。

4. 人本主义学习理论

人本主义代表人物有马斯洛(A. H. Maslow)、罗杰斯(C. R. Rogers)等。人本主义学习理论是建立在人本主义心理学的基础之上的,主张心理学应当把人作为一个整体来研究,而非将人的心理肢解为不完整的几个部分,应该关注人的高级心理活动,如信念、热情等。人本主义的学习理论从全人教育的视角阐释了学习者整个人的成长历程,以发展人性;注重启发学习者的经验和创造潜能,引导其结合认知与经验,肯定自我,进而实现自我。

(1) 需求五层次(Hierarchy of Needs)

马斯洛把人的需求依次由较低层次到较高层次分成五类,即生理需求、安全需求、社会需求、尊重需求和自我实现需求。虽然人人都潜藏着这五种不同层次的需要,但在不同的时期表现出来的各种需要的迫切程度是不同的,人的最迫切的需要才是激励人行动的主要原因和动力。③ 马斯洛的需求五层次关注人的潜力、人的价值和人的个性差异,强调情感、兴趣在学习中的作用,重视学习的自主性和自我评价等。人的潜能是无限的,在学习上人人都有潜在的能力,但是这种潜能没有充分释放出来。因此,教育本身就是要努力去发掘学生的潜在能力。人本主义一方面强调学习要以学生为主体,另一方面也要重视教师在这个过程当中发挥的主导作用,而这个主导作用就是教师应想方设法去发掘学生的潜能。

(2) 多元智能(Multiple Intelligences)

心理学家加德纳(Gardner)提出的多元智能理论给予我们诸多启示。"人类的智能是多元化而非单一的,至少由语言智能、数理逻辑智能、视觉空间智能、身体运动智能、音乐智能、人际智能、自我认知智能、自然观察智能八项组成。天赋和生活经历等因素不同,人们的每种智能的发展也是不同的,每个人的智能组合形式都是独一无二的,我们不能简单地用一个

---

① 莫雷. 教育心理学[M]. 广州:广东高等教育出版社,2002:133.
② 张志勇. 浅议如何为初中生搭好英语阅读过程中的"脚手架"[J]. 中国校外教育,2014(23):187-188.
③ Kassin, S. Psychology[M]. Prentice-Hall, Inc. Simon & Schuster/A Viacom Company. Upper Saddle River, New Jersey, 1998:297-298.

标准去衡量一个人。虽然我们所定义的智能种类并不是很多,但正是通过这些智能的不同组合,创造出了人类能力的多样性。"加德纳更倾向于把批判性思维融入每门课程或每项活动中去,帮助人们学到这类知识的课程是有益的,通往"包括一切"的批判思维最保险的途径就是安排好训练方式,从一个学科领域到另一个学科领域,反复灌输批判性的思维。① 这给我们大概念下的思维可视化阅读教学设计带来诸多启示。

学生在阅读时的思维过程以隐性的方式呈现,教师在隐性思维的基础上提高学生的深度学习能力较难。思维可视化作为将隐性信息转化成显性知识的方式之一,是实现大概念下深度阅读的重要途径,也是学生批判性理解、加工新信息,将其与原有信息结合并进行迁移应用以解决问题的过程,更是落实英语课程要培养的学生核心素养最终所要达成的目标。思维可视化教学打破了以往知识、技能、思维和方法分离的教学,在促进学生语言学习的同时培养学生的思维意识,通过不同的思维过程去挖掘语篇的深层含义,从而有效整合语言能力、文化意识、学习能力的发展,达到英语课程要培养的学生核心素养的目标。②

第四节　思维可视化英语阅读教学设计国内外概况

一、思维可视化概念

"可视化"源于英文的"visualization","可视化"作为专门用语最先产生于1987年美国国家自然科学基金会(简称NSF)召开的一个专题研讨,当时是麦考尔米克撰写的一份研究报告上提出的。"可视化"经历了科学计算可视化——数据可视化——信息可视化——知识可视化——思维可视化的研究发展历程。标志"知识可视化"开始作为一个全新的研究领域的是埃普勒(Martin J. Eppler)和伯克哈德(Remo A. Burkhard)于2004年联合撰写的关于知识可视化的工作文档《知识可视化:通向一个新的学科及其应用领域》(Knowledge Visualization: Towards A New Discipline and Its Fields of Application)。

基于知识可视化的研究不断深入与发展,思维可视化成为了一个新的研究领域,在知识可视化理论基础上逐渐发展起来。

蒂什曼和帕尔默(Tishman & Palmer)提出"思维可视化"的概念,指通过任何可观察的形式对个人或群体的思维、问题、推理或反思的过程进行记录。③ 在我国,思维可视化概念最早由刘濯源提出,是指运用一系列图示技术把本来不可视的思维(思考方法和思考路径)呈现出来,使其清晰可见的过程。④

---

① 霍华德·加德纳. 多元智能新视野[M]. 沈致隆,译. 北京:中国人民大学出版社,2012:25;86.
② 郑鸿颖. 核心素养视域下中学英语思维可视化教学策略研究[J]. 中小学外语教学(中学篇),2019(09):7-12.
③ Tishman, S. & Palmer, P. Visible thinking [J]. Leadership Compass, 2005(04):1-3.
④ 刘濯源. 思维可视化:减负增效的新支点[J]. 中小学管理,2014(06):10-13.

知识可视化主要强调对知识表征的可视化呈现,"思维可视化"则更侧重于知识表征背后的思维规律、思考方法、思考路径的梳理及呈现,这与大概念的教学理念不谋而合。

二、思维可视化在国内外的研究

国内外思维可视化相关的研究主要来自计算机科学、管理学、心理学、教育学等领域。国外对于思维可视化的研究较早,理论研究也较为丰富。在教育领域内,多里斯(Dorris)(1929)最早开始研究可视化,他提出将可视化应用于教学中,并创立了《公立学校的可视化教学》综合刊物。[1] 随后,20世纪60年代英国心理学家东尼·博赞(Tony Buzan)发明了思维导图[2],并将其作为一种高效的笔记形式;心理学家及教育技术学家诺瓦克(Joseph D. Novak)创造了概念图(concept map),并将其作为一种能帮助教师和学生深入理解的教学技术,概念图由概念、观点、等级构成,由连接线将不同的概念进行连接,由连接词和连接线阐述不同观点[3];赫勒(David Hyerle)构建了思维地图,一种用于语言知识学习的可视化工具。[4] 在国外,思维可视化在不同学科和阅读教学中的研究较多,如:萨巴森(Sabbah)将思维导图与英语阅读结合,让学生用电脑绘制思维导图,通过实践研究发现学生英语的阅读理解能力有所提高[5];罗斯基诺(Rosciano)将思维导图与写作练习相结合,通过思维导图的教学,学生的思维更为活跃,思考速度也明显加快。[6] 许多国家如英国、美国、澳大利亚、新加坡等已经尝试将思维可视化教学引入到学校教学中来推动教学改革。

相比于国外,我国对于思维可视化的研究较晚,主要是从20世纪80年代思维导图传入我国后逐渐开始。我国在这方面的研究主要体现为理论的提出及单一技术的教学实践应用。如:北京师范大学林崇德教授提出"思维型课堂"概念和基本模式;北京师范大学"知识工程研究中心"研究知识可视化技术,并开发了"易思—认知助手"软件。此外,国内各地也有一些教育研究机构及学校在探索相关技术的教学应用,其中最早开展系统性研究的机构是华东师范大学现代教育技术研究所成立的由刘濯源领衔的"思维可视化教学实验中心",主要开展思维可视化技术在教学领域的应用研究与实践。思维可视化一开始在大学和中学理科研究较多,近十年来,针对学科教学的研究逐渐深入,发展速度非常快,其应用范围也更

---

[1] Dorris, A. V. Visual Instruction in the Public Schools[J]. The Elementary School Journal, 1929(06): 467-482.
[2] 东尼·博赞(Tony Buzan). 思维导图:放射性思维[M]. 李斯,译. 北京:世界图书出版公司,2004.
[3] Novak, J. D. Understanding the Learning Process and Effectiveness of Teaching Methods in the Classroom, Laboratory, and Field[J]. Science Education, 1976(04): 493-512.
[4] Hyerle, D. Thinking maps as a transformational language for learning[M]. Student Successes with Thinking Maps, 2004(04): 1-16.
[5] Sabbah S. S. The Effect of College Students' Self-Generated Computerized Mind Mapping on Their Reading Achievement[J]. International Journal of Education & Development using Information & Communication Technology, 2015(03): 4-36.
[6] Rosciano, A. The Effectiveness of Mind Mapping as an Active Learning Strategy among Associate Degree Nursing Students[J]. Teaching and Learning in Nursing, 2015(02): 93-99.

广泛。目前,对思维可视化的研究主要集中在图形的使用和开发,思维可视化工具的运用也已不仅局限于思维导图、流程图等。

三、思维可视化在我国中学英语阅读教学中的研究

思维可视化在中学英语阅读教学中的运用研究起步较晚,但近几年开始增多。金施琪等开展"思维可视化"初中英语阅读课教学设计应用,认为对理清文章结构,促进学生对阅读材料整体把握和深层理解,培养学生逻辑思维能力和语言表达能力等效果显著。① 段茂君认为基于思维可视化构建的深度教学模式分为读前导入、读中展示和读后拓展阶段,在读中展示的阶段,思维导图可以用来分析作者的观点态度、写作意图和技巧、语篇逻辑思路、语言风格等。② 王颖婷根据"思维可视化"理论和学生的英语学习能力,尝试引领学生通过文本解读,将语言学习变为可视化及结构化的思考和自主探究,并提出思维可视化的实践路径为有效利用阅读工具、充分运用可视化素材、精心设计问题链、鼓励个性化自主探究等,从而提高教与学的效能。③ 王敏运用思维可视化进行阅读教学设计与实践,通过标题探究带动文本分析、推理、概括和评价,使教师的"导"与学生的"读"自成一体,构建和谐高效的英语阅读教学模式。④

关于思维可视化各种工具的选择,李凤琴选取了思维导图、时间轴、鱼骨图、概念图,结合具体教学案例阐述了每种思维可视化工具的功能、教学使用方法和学习策略。⑤ 从教学的角度出发,国内学者对思维可视化的教学策略、路径及模式等进行了系统的探索:徐继田、张慧英着眼于高中英语阅读语篇分析和深度教学的概念、语篇分析的框架策略及思维可视化的框架策略三个关键点,提出情境语境分析、语篇模式分析、言语行为分析、原因依据分析等基于语篇分析的思维可视化英语教学策略。⑥ 郑鸿颖建构的思维可视化教学策略是基于主题单元的,从单元—语篇—小句这三个层次开展主题意义的研究,把语篇中出现的词汇知识、语法知识、文化知识通过主题意义贯穿起来,从而达到深度理解的目的。⑦

结合以上文献可以发现,教师对于思维可视化在阅读教学使用的研究上明显更加关注如何教,对学生拿到各类思维可视化工具该如何思考问题、如何组织自己的学习活动等基于大概念的学习关注和研究较少。此外,从论文、期刊等分享的教学案例来看,思维可视化工具的应用水平整体还不够高,种类尚欠缺,深入创新应用不足。

---

① 金施琪,由家宁,徐笑梅. 基于"思维可视化"的初中英语阅读教学设计[J]. 现代中小学教育,2018(05):43-46.
② 段茂君. 思维可视化视角下的英语深度阅读教学模式构建研究[J]. 开封教育学院学报,2019(05):87-88.
③ 王颖婷."思维可视化"在初中英语阅读教学中的实践研究[J]. 教育参考,2020(03):72-77.
④ 王敏. 基于文本标题思维可视化的英语阅读教学[J]. 中小学英语教学与研究,2022(06):51-54.
⑤ 李凤琴."思维可视化"在英语语篇阅读教学中的运用[J]. 作家天地,2020(22):33;35.
⑥ 徐继田,张慧英. 基于语篇分析的思维可视化英语教学策略行动研究[J]. 基础外语教育,2020(04):31-39.
⑦ 郑鸿颖,钟小艳. 思维可视化视角下基于主题的中学英语教学策略建构[J]. 英语学习,2020(09):59-62.

第三章　大概念下的英语阅读教学设计策略

在英语阅读教学设计中,教师可以利用思维可视化工具来展示大概念之间的关系,让学生在视觉上看到知识之间的联系,更好地理解大概念的含义和实际应用。

第一节　熟悉四类思维可视化工具来促进有效的理解与迁移

一、思维可视化工具的内涵

可视化工具是指应用图像、线条、关键词或图表等视觉手段来表征知识,将知识以图解的方式表示出来,直接刺激人的感官,促进个体和群体知识的传播和创新。知识可视化不仅是为了表征知识,更是为了将个人知识和群体知识能够直接作用于人的视觉感官。[1] 赵姝和赵国庆等提出了"隐性思维显性化——显性思维工具化——高效思维自动化"的思维训练三阶段理论。[2] 该理论在推动思维教学理论发展和指导我国中小学思维教学实践方面发挥了积极作用。随着思维可视化教学实践的深入研究,研究者们逐渐认识到"隐性思维显性化"阶段所依托的思维导图、思维地图和图形组织器等也属于思维工具的范畴。因此,"隐性思维显性化"本身也是"工具化"的过程,这与第二阶段的"显性思维工具化"中的"工具化"存在一定的重叠,而第三阶段"高效思维自动化"则属于从"显性运用"到"潜意识运用"工具的阶段。需要指出的是,本书中所指的思维可视化工具涵盖了上述三个阶段。思维可视化工具将学生学习中的思维过程和学习成果以视觉表征的形式呈现出来,让思维可见,提高导学过程中知识信息传递的效率,将知识变成训练学生有效思考能力的载体,发展思维品质与核心素养,实现从"知识灌输"到"能力发展"的转变。[3]

随着英语课程要培养的学生核心素养的提出,许多教师对英语课堂阅读教学质量和效率作了进一步的深入研究,但如何基于大概念,利用"思维可视化"工具帮助学生建构语篇知识结构,形成语篇意识,提升思维品质的初中英语阅读教学设计的研究尚不多见。

运用思维可视化工具开展初中英语阅读教学设计是指用一些容易的线条、箭头、图形、表格等直观地把语篇文本绘制成图,用可视化的方式将语篇转换成图表、图形或图像

---

[1] 赵国庆,黄荣怀,陆志坚.知识可视化的理论与方法[J].开放教育研究,2005(01):23-27.
[2] 赵姝,赵国庆,吴亚滨,等.思维训练:技术有效促进学习的催化剂[J].现代远程教育研究,2012(04):28-34.
[3] 刘濯源.思维可视化:减负增效的新支点[J].中小学管理,2014(06):10-13.

等,辅以关键词句,使思考的过程可视化,隐性知识显性化,将英语文本内容、语言知识和语篇结构等直观、形象地展示出来,以帮助学生建构英语知识,有效增强学生对阅读文本中的信息加工和信息传达的效能,使长篇文本简短化、抽象内容直观化、复杂问题简单化、繁冗文字可视化,从而降低学习难度,培养学生自主学习能力,发展逻辑思维和创造性思维。"一图胜千言",因为图是最直观的语言,简单、易读、易记,可视化的"思维"更易被理解和记忆,可以使语言输出后再继续产出,读、写、说融合,以读促写,以读促说,以读促思,提高学习效度。

二、思维可视化工具的分类

由于思维可视化工具较多,目前尚无统一的分类。① 为了操作方便,结合初中英语课堂阅读教学活动设计的实践与探索,我们将常见的思维可视化工具分成四大类:思维导图(Mind Map)、思维地图(Thinking Map)、图形组织器(Visual Organizer)和其他类。

(一)思维导图

1. 概念与功能

思维导图又称脑图或心智图,由英国有"记忆之父"之称的心理学家东尼·博赞(Tony Buzan)于1970年提出,源自脑神经生理的学习互动模式,是一种可以把发散式性思考可视化的思维工具。思维导图按照辐射性思维的特征,引导人们将注意的焦点集中于中央图形之上,同主体相关联的主干部分成为分支,从中央向四周放射,分支可以是关键词或关键图像。② 思维导图的结构包括节点、连线和连接词三部分。节点由方框或圆圈及其中的关键词组成,它是本层级结构中的中心概念;连线表示各节点之间存在意义联系;连接词则是表达节点间关联的文字标注。我们在构建思维导图时通常从一个含关键词的中心节点出发,向四周发散形成相关的分支结构,每个分支又以关键词为节点再延伸出下级分支。思维导图在形式上是发散状或呈树状结构的。为了生动、直观、形象地表示节点的意思,可以适当运用色彩和图像,更直观、鲜明地刺激大脑神经。

思维导图围绕中心主题,依托关键词、符号、线条、图像、色彩等形式,将原本碎片化、无序化的信息通过主次区分、类别归并等技术,实现结构化、有序化的处理。"大脑进行思考的语言是图形和联想",而思维导图就是解锁大脑能力的万能钥匙③,它刺激并融合了左半脑的语言和逻辑功能以及右半脑的色彩、图像和空间知觉等功能,激发学生的联想与想

---

① 芮学国. 中考英语深度阅读20周[M]. 上海:同济大学出版社,2021:2.
② Buzan, T. & Buzan, B. The Mind Map Book: How to Use Radiant Thinking to Maximize Your Brain's Uptapped Potential [M]. New York: Penguin Press, 1993.
③ Buzan, T. & Buzan, B. The Mind Map Book: How to Use Radiant Thinking to Maximize Your Brain's Uptapped Potential [M]. New York: Penguin Press, 1993.

象,促进学生思维活动的发生和发展,并利用图解这一视觉表征形式表现了相关思维过程和知识结构,这些均有助于学生的理解与反思。"这是一种放射性思维的表达方式,也是人类思维的自然功能。它是一种非常有用的图形技术,是打开大脑潜能的万用钥匙。思维导图可以用于生活的各个方面,其改进后的学习能力和清晰的思维方式会改善人的行为表现。"[1]

教师将思维导图引入阅读教学设计,可以引导学生整体上把握知识的脉络,建立新旧知识或概念之间的联系,使知识网络清晰、有条理,促进知识的迁移和思维的训练,增强学生的有意义学习。同时,有利于学生展开丰富的联想,训练学生的创造性思维能力,让师生的思维拥有最大限度的开放性和灵活性。

与思维地图相比,思维导图在帮助师生进行文本信息整理加工的过程中经常会综合使用归纳、分析、总结、分类等思维方式,一方面可以通过思维导图激发学生思维的联想与发散能力,另一方面可以通过绘制思维图示,把阅读文本的关键信息进行筛选和提取,归纳概括,达到思维整理的目的。

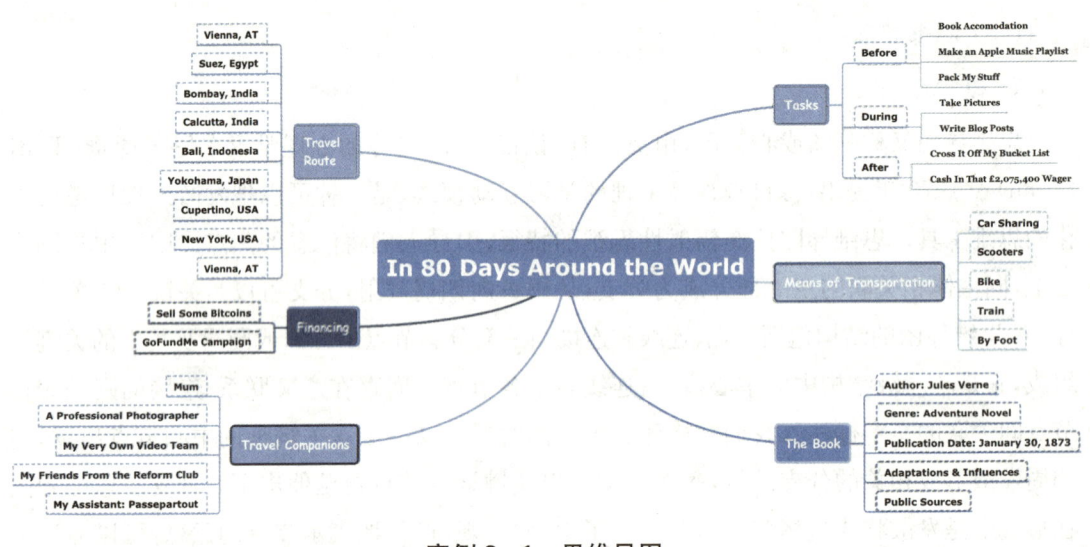

案例 3-1　思维导图

以一篇七年级拓展阅读语篇为例,本文语篇类型为说明文,文字量大,说明了人们搬家的原因(如案例 3-2 所示)。教师可以引导学生运用思维导图,根据阅读的语篇内容绘制思维导图,梳理文章内容和语篇结构。同时,可以运用评价量表(如表 3-1 所示)适时开展评价,充分调动学生的阅读兴趣和学习主动性。

---

[1] 托尼·巴赞.思维导图:放射性思维[M].李斯,译.北京:世界图书出版公司,2004:59.

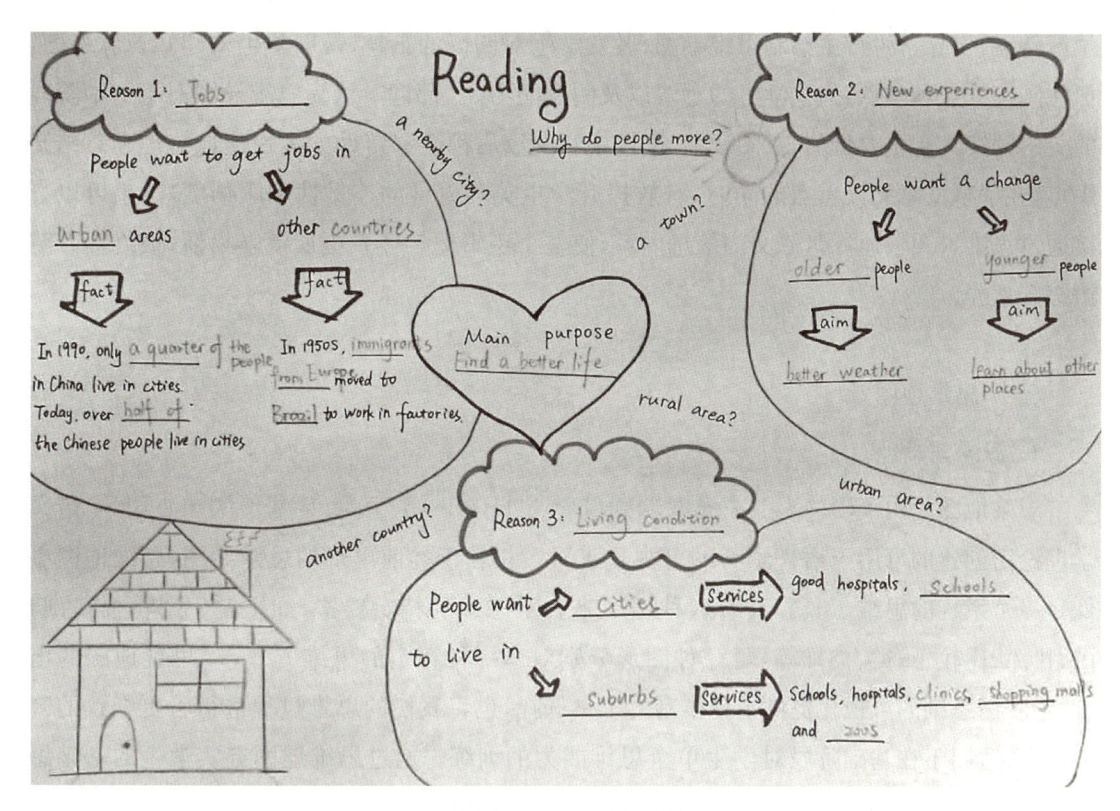

案例 3-2　思维导图

表 3-1　思维导图评价量表

Checklist		
Criteria	Check	Notes
1. Did you finish the task individually?	Yes/No	
2. Did you make your points clear by drawing the mind map?	Yes/No	
3. Did you avoid the grammatical and spelling mistakes?	Yes/No	

2. 国内研究现状

在国外研究的基础上，国内学者结合中国学生的思维特点，开展了思维导图相关教学研究，主要用于阅读和写作教学。周遂通过思维导图向学生呈现阅读材料的结构安排以及主题内容的选择，使学生清晰了解和掌握该体裁的文体规范，拓展他们的写作思路，形成相关的写作逻辑思维。[①] 张鸿军、王燕的研究表明：应用思维导图在学生的逻辑思维和创新思维等思维品质培养上有显著作用。[②] 黄益华在初中英语阅读教学中结合学生的英语水平以及

[①] 周遂.图式理论与二语写作[J].外语与外语教学，2005(02)：21-24.
[②] 张鸿军，王燕.思维导图在培养学生良好思维品质方面的实验研究[J].中国电化教育，2007(05)：64-67.

学习特点,引导学生自主绘制思维导图,激发学生对阅读的兴趣,帮助学生构建知识脉络图,抓住阅读难点和重点,强化学生的理解以及阅读能力。[1] 邱迎冬认为思维导图对于初中阶段的英语阅读具有重要价值,在阅读前、阅读中和阅读后都能够帮助学生快速地梳理和总结知识点,在了解文章阅读重点的同时,有效提升学生英语思维的连贯性和顺畅度,学生可以直接通过思维导图快速复盘原文的信息内容,使整个逻辑框架体系更加清晰易懂,最终提升英语综合素养。[2]

(二) 思维地图

1. 概念与功能

思维地图是由美国的大卫·海涅瑞勒(David Hyerle)于1988年基于认知心理学、语义学理论而创建的可用于语言学习的可视化工具。相较于之前出现的思维导图,思维地图更像是一个系统的思维工具。共有八种图形来表示思维的特定要素,如主题、分析、描述、归因、排序、比较、归类、类推等,每一种图形分别对应一种特定的思维方式。[3] 思维地图的出现,给我们思维的可视化提供了更丰富的工具选择,也将我们的思维过程进行了更细致的区分,非常适用于在基础阶段对学生单个思维能力的训练。通过思维地图夯实学生的基础思维能力和思维方式,再进行综合多种思维方式的思维导图训练,有利于培养学生思维能力的阶段性、连续性、综合性发展。

2. 常见类型(如表3-2所示)

表3-2 八种常见的思维地图

名 称	表 示 方 式	作用以及思维过程
圆圈图 (Circle Map)	由两个圆组成,内小圆是核心主题,外大圆是对主题的相关要点描述。	适用于下定义、列清单、头脑风暴、发散联想等。
气泡图 (Bubble Map)	由中间主题泡泡(所要描述的核心问题)和周围的属性泡泡组成,每一个属性泡泡都有一条线和主题泡泡相连接。	用来集中描述人物,描述性质。
双气泡图 (Double Bubble Map)	在左右两个大圆圈中,分别写上两个混淆不清的概念,小圆圈中是相关内容或特征。只与一个大圆连接的小圆是两者的不同点,与两个大圆都有连接的是两者的共同点。	进行比较与对比,适合培养学生的批判和创新思维等。

---

[1] 黄益华. 思维导图在初中英语阅读教学中的应用探析[J]. 英语广场,2018(06):155-156.
[2] 邱迎冬. 思维导图在初中英语阅读教学中的作用探析[J]. 中学课程辅导,2022(11):24-26.
[3] Hyerle, D. Thinking maps as a transformational language for learning[M]. Student Successes with Thinking Maps,2004(04):1-16.

续表

名　称	表　示　方　式	作用以及思维过程
树状图 (Tree Map)	最上方的树干是主题,下面的树根是关于这个主题的分类,更细的根代表这些分类里具体的相关描述。	用作归类、整理。
括号图 (Brace Map)	括号左边是主题,第一层括号里各组成部分是主题的第一层隶属,第二层括号里各组成部分是第二层内容的隶属,依次类推。	呈现整体与部分之间的关系。
流程图 (Flow Map)	常以矩形、菱形、圆角矩形、箭头或图文等方式连接成一条线。	说明事件发生的顺序、序列、经过等。
复流程图 (Multi-Flow Map)	图左边表示事件产生的原因,中间是事件核心焦点,右边是事件引起的后果。	表明原因与结果。
桥型图 (Bridge Map)	按照某种相关性,把具有这种相关性的属性填在桥状横线的上面和下面。	进行类比、类推。

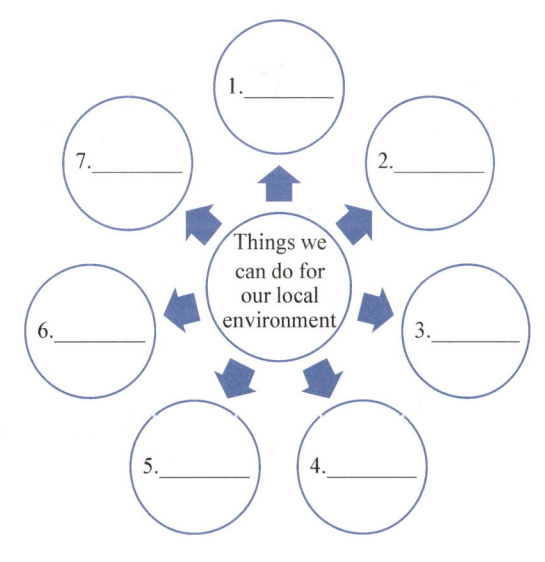

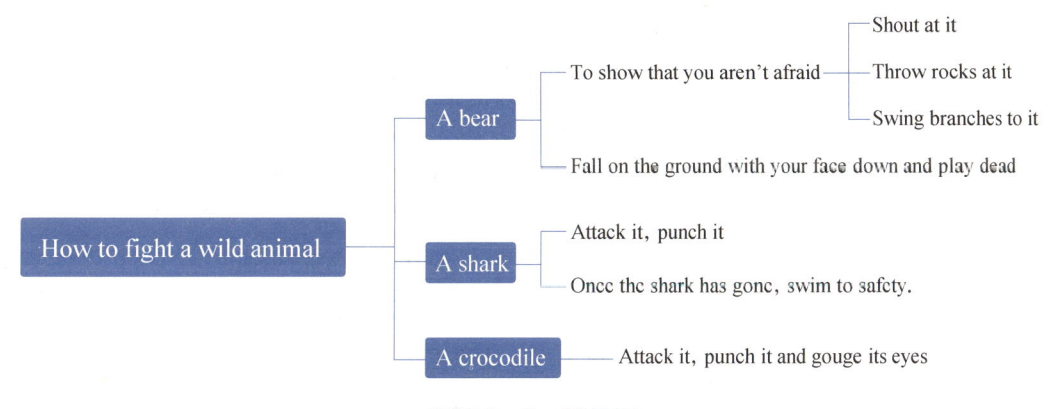

案例3-3　圆圈图

案例3-4　气泡图

案例3-5　括号图

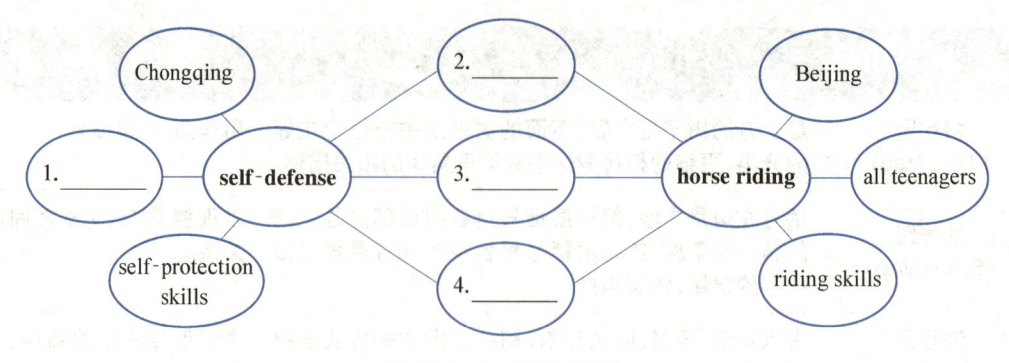

案例 3-6 双气泡图

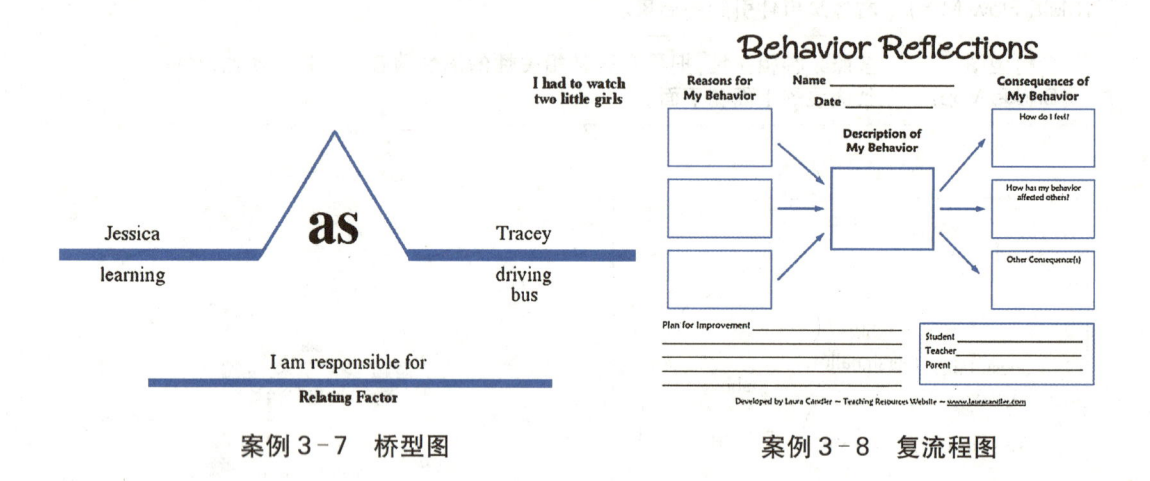

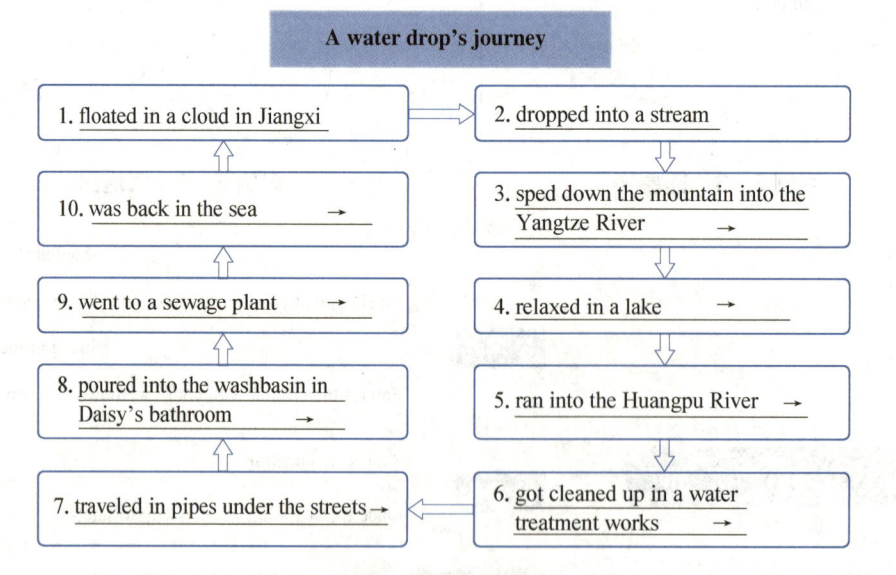

案例 3-7 桥型图

案例 3-8 复流程图

A water drop's journey

1. floated in a cloud in Jiangxi → 2. dropped into a stream
↓
3. sped down the mountain into the Yangtze River →
↓
4. relaxed in a lake →
↓
5. ran into the Huangpu River →
↓
6. got cleaned up in a water treatment works →
←
7. traveled in pipes under the streets →
↑
8. poured into the washbasin in Daisy's bathroom →
↑
9. went to a sewage plant →
↑
10. was back in the sea →

案例 3-9 流程图

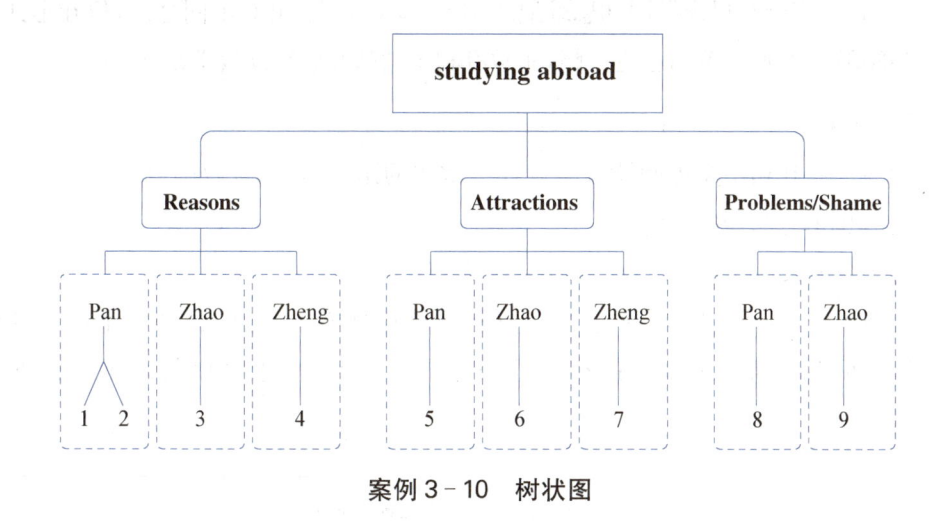

```
                    ┌─────────────────┐
                    │ studying abroad │
                    └─────────────────┘
         ┌─────────────────┼─────────────────┐
    ┌─────────┐       ┌───────────┐      ┌──────────────┐
    │ Reasons │       │Attractions│      │Problems/Shame│
    └─────────┘       └───────────┘      └──────────────┘
```

案例 3-10　树状图

（三）图形组织器

1. 概念与功能

图形组织器又名图形组织者或视觉组织者，是一种用于表现学习过程和结果的概念图（concept map）。概念图是一种用节点代表概念，连线表示概念间关系的图示法。图形组织器是指知识图、概念图、故事图、认知组织器、先行组织者或概念图示等。[①] 图形组织器用结构化图形的方式组织概念、话题或重要信息，是体现信息之间逻辑关系的视觉表征[②]，可分为六个类别：描述类、比较对比类、分类类、序列类、因果类以及决策类。[③]

不同的思维可视化工具有不同的功能。就图形组织器而言，可用于分析、比较、头脑风暴、分类、概括特点、提高记忆、概念辨析等。[④]

有研究者从促进学生思维培养的角度归纳了图形组织器的十大功能[⑤]：（1）总括文本内容（勾勒要点）；（2）确定或阐释信息（运用图形辅助或图解）；（3）表达理解（运用自己的语言复述）；（4）确认和解释与文本相关的关键词汇；（5）考察分析文本（如要点、人物行为、问题解决、因果关系、事实/意见或观点）；（6）文本推理（如完形阅读）；（7）比较/对比（如人物、场景、事件）；（8）对文本的感受（与个体经验或感情相关联）；（9）选择（从目标出发选择恰当的参考资源）；（10）验证对文本的理解（如通过预测结果或行为）。

[①] Hall, T. & Strangman, N. Graphic Organizers: A Report Prepared by for the National Center on Accessing the General Curriculum at CAST. [EB/OL] http://www.cast.org/publications/ncac/ncac_go.html 2009-01-12.
[②] Petty, G. Evidence-Based Teaching: A Practical Approach[M]. Cheltenham: Nelson Thornes, 2009.
[③] 刘政良,申昌安.图形组织器：促进学习者高阶思维发展的学习工具[J].中小学电教,2009(Z2)：10-13.
[④] 邱婷,钟志贤.论图形组织器[J].远程教育杂志,2009(06)：61-66.
[⑤] 邱婷,钟志贤.论图形组织器[J].远程教育杂志,2009(06)：61-66.

因此，图形组织器与思维导图和思维地图相比，有共同点，也有不同之处，但在形式上更多样化，功能更强大，使用范围也更广阔，非常有利于教师开展阅读教学设计。

2. 常见类型

以下介绍一些在初中英语阅读教学设计中常用的图形组织器，教师可以基于教学内容和学情等选择图形组织器的类别。

（1）对比矩阵（Comparison and contrast Matrix）

该图形组织器运用比较灵活，它能完整有效地梳理文本信息，帮助学生形成结构化语篇知识，既可以用来显示事物的相似性和差异性的对比，也可以仅表示相似性或差异性。

Comparison and contrast: Travelling by bus		
	In the past	Nowadays
Types	only single-decker buses	some are double-decker buses
	no air-conditioned buses	most are air-conditioned buses
Tickets	buy tickets from a bus conductor	put money in a fare box or use a public transportation card
Drivers	no women drivers	some are women drivers

案例 3-11　沪教版 6B Unit 7 Travelling by bus（差异性对比）

Comparison and contrast: Great cities in Asia						
Country	Capital	Location	Population	Places people enjoy going to	Things tourists like doing	Food people love eating
China						
Japan						
Thailand						

案例 3-12　沪教版 6B Unit 1 Great cities in Asia（相似性和差异性的对比）

（2）故事情节图（Plot Diagram）

故事情节图又称叙事结构图或情节折线图，是一个故事情节的图形化的表现。在阅读教学时，教师可以引导学生根据文中所描述的故事情节，将自己在阅读中的感受用关键词句将故事的情节概括出来。它既能帮助学生学习梳理文中的信息，整体建构语篇内容，还可以增强学生的记忆,引发学生的思考,同时为学生复述故事、分享交流提供支架和思路,帮助学生把握语篇的脉络。

一个故事情节图是故事时间的线性图表,它以故事从左边开始,往右延续,最后在故事的结局结束。故事情节图呈现故事发生的时间、地点、起因、发展、高潮、结局等,师生可以在此基础上根据需要适当变异。通过故事情节图,教师可以帮助学生理清故事发展的全过程,了解故事的要素、冲突、主旨等。

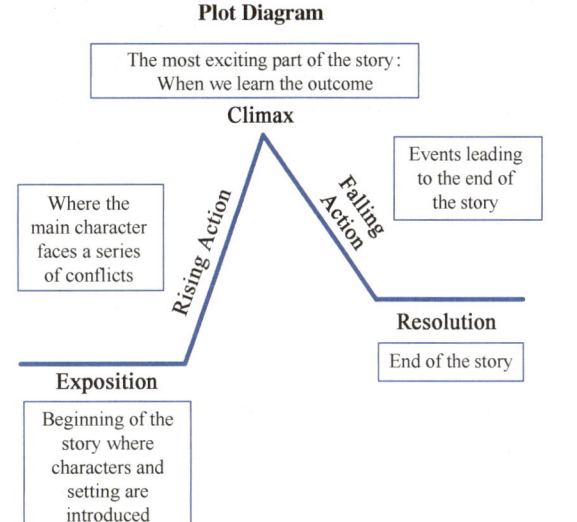

案例 3-13 故事情节图

(3) 五指图(Five Finger Chart/Five Finger Retell/Story Hand)

五指图,顾名思义,就是五个手指头,每个手指头表示不同的含义。五指图,常用于记叙文故事类语篇:大拇指代表故事的主角(Characters);食指代表故事发生的时间和地点(Setting);中指代表故事中出现的问题或冲突(Problem/Conflict);无名指代表故事中的重要事件(Events);小拇指代表故事的结果或解决办法(Ending/Solution)。其中,无名指代表的重要事件可以分为三部分,即开始、中间和结尾。教师在运用五指图进行阅读教学设计时,可以将故事的五个"要素"具体化提问:1. Who was the story talking about?(这个故事关于谁?)2. Where did the story take place?(故事发生在哪里?)3. What happened in the story?(发生了什么?)4. What happened next?(接下来发生了什么?)5. How did it end?(故事结局是什么呢？或最后问题是怎么解决的?)

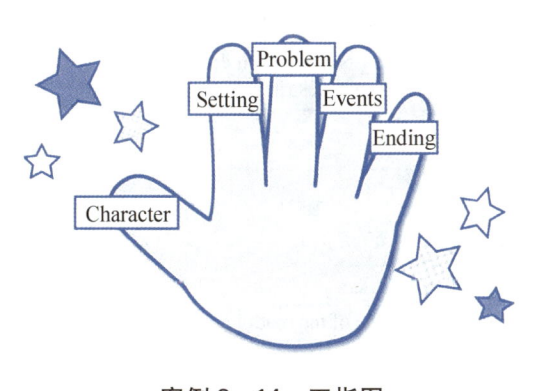

案例 3-14 五指图

此外,根据阅读教学的需要和学情,教师可以对五指图进行变异,如五个手指头分别代表 When、Who、What、Why、How 或者分别代表不同的含义 First、Next、Then、After that、Finally。同时,手心部分也可以充分利用。

从实际操作来看,五指图简单、有效、易操作,常用来进行读后复述。学生根据故事内容,借助五指图提炼出重要的信息,并用自己的话把对故事的理解清晰而有条理地复述出来。特别是对于初中低年级学生非常实用,学生顺着手指一个个往下讲,在卡壳的时候还可以适当提醒他们思考其中的手指代表的要素,让学生逻辑清晰地复述出整个故事。此外,根据学情,可以因材施教,分层分类,增加挑战性,如通过第一人称转述故事,增加读后的感想,猜测或改写故事的结局等。

实践证明，五指图是语言输出的好帮手。通过长期的坚持训练，学生的语言组织表达能力、归纳总结能力和逻辑思维能力等都会有明显的长进。学生不但能加深对故事的理解，还能锻炼激发阅读的兴趣。因此，教师可以通过对五指图的进一步研究，引领学生深挖阅读文本，增强在阅读课上参与的广度和深度，并通过评价优化阅读过程，不断提高学生的阅读能力和思维品质。

（4）鱼骨图（Fishbone Diagram）

鱼骨图最初由日本管理大师石川馨发明，是一种管理学中用来发现问题"根本原因"的方法，故又称石川图或因果图，因形如鱼骨而得名。鱼骨图作为一种可用来分析的非定量工具，操作方便，简单实用，又形象、直观，有利于学生深入分析、理清思路，能够帮助其全面系统地了解语篇的内容、结构和主旨。就教师实际课堂阅读教学而言，常用的鱼骨图有三种。一种是原因型，主要用于事后分析，帮助学生找到事实背后的根本原因，就绘制而言，通常"鱼头"在右，特性值通常以"为什么……"来写。另一种是整理问题型，主要用于事前分析，帮助学生认清影响问题的全部要素，各要素和特定值间仅是结构构成因素，而非原因关系。还有一种为对策型，主要用于列举解决问题的办法，就绘制而言，通常"鱼头"在左，特性值以"如何改善/提高……"来写。

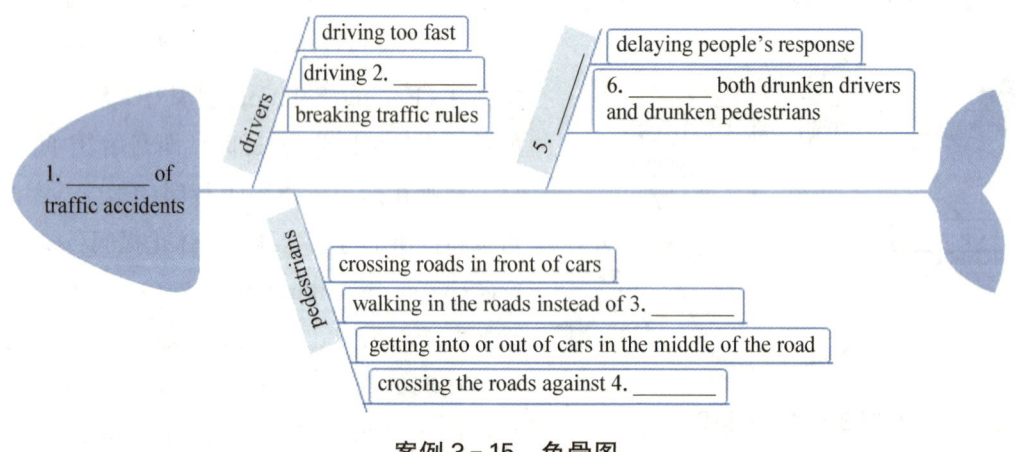

案例 3-15　鱼骨图

就基于语篇类型的思维可视化阅读教学设计而言，鱼骨图用于说明文和议论文较多。相对于记叙文，说明文因以科普、社科类文章居多，加上内容相对抽象，了解作者的写作线索和文章结构等对学生来说有一定难度。从写作角度而言，说明文大都按照一定的顺序进行描写，或依据被描述对象的不同方面加以描写。这时教师可以引导学生用"鱼头"部分标示被说明的对象，以中间的一条水平"鱼骨"标示说明的性质，再用不同的分支描述被说明的对象的不同方面。就议论文的阅读教学而言，让学生正确把握文章作者的观点，理清论点和论据是重中之重，这时可以引导学生在"鱼头"填写文章所讨论的主题、问题或观点，在细化"论点"的基础上增加文中相关"论据"作为分支。这样，不仅可以有效帮助学生抓住文章的主旨大意或写作目的，还有助于学生了解文章的基本框架，抓住文章的结构和作者思路，以读促写,以读促说等,培养理解和表达语言技能。

综上所述,教师在初中英语阅读教学设计中可以利用鱼骨图帮助学生形象、生动地理解文章的主旨大意,把握文章的结构和整体脉络,提升自主阅读能力,有效提高英语阅读教学的效率。

(5)"已知—想学—学到"(KWL)

"已知—想学—学到"(KWL)基于建构主义理念产生,由美国学者奥格尔(Ogle)(1986)提出,最初应用于说明文的阅读教学,后来逐渐发展到诸多语篇类型的阅读教学中。[①] KWL强调以培养学生自主学习能力,以学生自主探究为中心,为教师阅读教学设计提供了有效的思维可视化工具。

KWL 为 Know-Want-Learn 三个英文单词的缩写,分别对应着阅读过程中的三个步骤:What I know(我已经知道了什么);What I want to know(我想要知道什么);What I learned(我学到了什么)。就具体阅读教学设计而言,阅读前,可让学生通过头脑风暴等方式个体或集体讨论获取针对某个主题的已有知识或在与别人的讨论中增进自己的知识,并将这些信息记录在 KWL 的 K 栏内。然后,学生就文章的主题提出一些他们迫切想了解的问题,并将它们列在 W 栏内,这也是学生阅读整篇文章的目的之一。在阅读过程中或阅读结束后,学生回答 W 栏列出的问题,总结自己在阅读中所学到的新知识或新信息,并记录在 L 栏内。

之后卡尔(Carr)和奥格尔(Ogel)在 KWL 的基础上提出 KWL+。其中,"+"代表"Mapping & Summarizing",旨在帮助学生建构文本意义并提升学习的自主性。"Mapping"是利用相关思维可视化工具,如思维导图等,帮助学生将所学的内容结构化、系统化、可视化,以发展其概括能力和批判性思维的能力;"Summarizing"是为阅读之后的产出作准备,即学生在读完文本后要有一个笔头的产出,需要学生将阅读内容写成一个简短的、有逻辑的文本。KWL 以学生为中心,注重从问题出发启发学生的思维,同时在读后阶段要求学生对所学内容进行概括、总结和运用,用"提出问题——解决问题"的方式进行阅读教学,激发学生的探究欲望和学习兴趣,在发现和解决问题的过程中培养学生的思维能力和阅读能力。因此,在教学实际操作中,教师可根据需要适当拓展,成为 KWL+,如 KWLWL、KWLKWL 等。

目前,KWL 在中小学英语阅读教学中被广泛使用和研究。如:黄宏远通过两节小学课例的分析,从读前、读中、读后三个环节阐述 KWL 的运用技巧,并认为 KWL 表能有效激发学生学习英语的兴趣,对明确学生的学习目标,培养学生的阅读习惯、总结归纳能力、自主阅读能力等效果显著。[②] 潘嘉琦运用 KWL 表进行初中英语阅读教学的实践表明:KWL 可以

[①] Ogle, D. K-W-L: A Teaching Model That Develops Active Reading of Expository Text[J]. The Reading Teacher, 1986(06): 39, 564-570.
[②] 黄宏远. KWL策略在小学英语阅读教学中的运用[J]. 中小学外语教学(小学篇),2016(09):46-49.

K (What I know)	W (What I want to know)	L (What I learned)
Last month, I had a terrible experience in a restaurant in London. The waitress kept a poker face from the beginning to the end. However, she still added a 12% service charge to our bill.	When Where Who Why What	Last Saturday. In a restaurant. My wife, my son, me, Janet and the head waiter. 1. We ordered a no-smoking table but our table was not yet ready. 2. My wife found a little insect in her vegetables. 3. The head waiter was very impolite and we were overcharged. I would like an apology from the impolite head waiter and a full refund for our meal.

案例 3-16　KWL

改善传统英语阅读教学中缺乏师生互动、生生互动、学生与文本互动的问题，充分发挥学生的主体地位，充分调动学生与主题语境相关的背景知识，引导学生挖掘多方面语篇信息，提升英语学习的成就感。①

结合上面的论述，我们认为，KWL 能以直观、形象的方式调动学生已有的与阅读材料有关的背景知识，激发其求知欲和好奇心，帮助学生设定清晰的学习目标，并能让学生对阅读文本知识点进行图表化和对信息内容进行概括化，是帮助学生处理信息的一种强大工具。学生通过对 KWL 的运用，逐步学会整理、组织和记忆信息，自主梳理文本信息，重构文本及加深对文本意义的整体理解，培养思维品质，渗透文化意识，发展语言能力，形成独立自主的学习能力，最终达到核心素养的提升。

（6）时间轴(Time Axis/Timeline)

所谓时间轴是指标有时间刻度的轴，依照时间先后的顺序，将事物归类和排序，把一方面或多方面的事件或人物串联起来，并标注于相应的位置，用图文的形式呈现出来，形成相对完整的记录体系。时间轴具有直观性、完整性、系统性、活动性，借助此工具，学生能清晰地将发生的各个事件或现象与时间点对应起来，弄清其内在的逻辑关系，并在运用过程中可以不断修改、完善、补充，进行更深入的系统化的思考。

就初中英语阅读语篇来说，往往都有一定的主线或线索，这是文本的整体脉络，下有分支拓展，由浅入深，层层推进。教师在阅读教学设计时，需要进行语篇分析，找准文本切入点，把握好阅读语篇的主线，将零散的线索串联起来并探索发现事物之间存在的联系。阅读教学要围绕教学目标展开，设计一条教学主线，并贯穿课堂教学的每个教学环节，而时间轴能引导学生梳理篇章结构和脉络。

---

① 潘嘉琦. KWL 模式在初中英语阅读课堂的实践探索[J]. 基础外语教育，2021(04)：25-32.

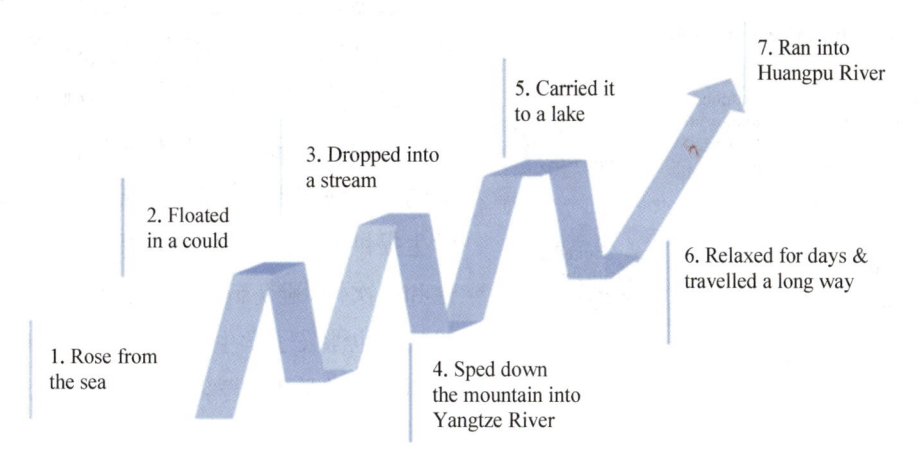

1. Rose from the sea
2. Floated in a could
3. Dropped into a stream
4. Sped down the mountain into Yangtze River
5. Carried it to a lake
6. Relaxed for days & travelled a long way
7. Ran into Huangpu River

案例 3-17　时间轴　沪教版 8B Unit 2　A Drop of Water

教师可运用时间轴围绕主题串联线索，按照一定的时间或空间顺序将时间、地点、人物、事件等各要素紧密关联。时间轴适合于记叙文、说明文等多种语篇类型，如：人物传记通常都是按时间顺序来记录的，教师可以运用时间轴根据时间顺序，将事情发展的过程或者人物成长的经历等串联起来，简单而清晰地记录主人公在不同的时间点的成长经历。时间轴简单、明了、清晰，化繁为简，有助于学生快速获取文中的主要信息，理解和体会文章内容。

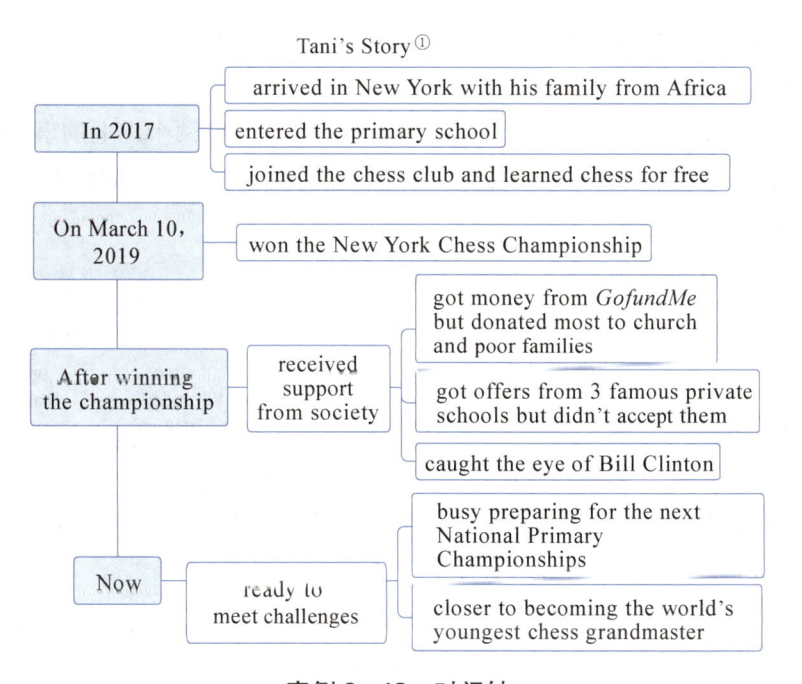

Tani's Story①

In 2017
- arrived in New York with his family from Africa
- entered the primary school
- joined the chess club and learned chess for free

On March 10, 2019
- won the New York Chess Championship

After winning the championship — received support from society
- got money from *GofundMe* but donated most to church and poor families
- got offers from 3 famous private schools but didn't accept them
- caught the eye of Bill Clinton

Now — ready to meet challenges
- busy preparing for the next National Primary Championships
- closer to becoming the world's youngest chess grandmaster

案例 3-18　时间轴

---

① 芮学国. 中考英语深度阅读 20 周[M]. 上海：同济大学出版社，2021：87.

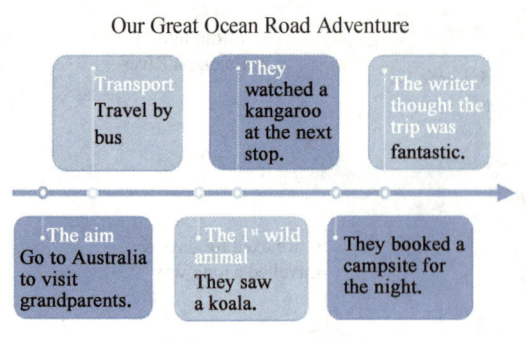

就形式上而言，教师可以引导学生绘制横轴（如案例3-19）、竖轴、斜轴、S形轴（如案例3-20）或其他形状轴，并辅以关键词、句、图像等。运用时间轴不仅能帮助学生呈现语篇完整的主线或思路，将长篇文章简短化，而且为学生提供明确的学习目标，保持了阅读的整体性和层次性，避免碎片化。同时，形象生动的时间轴也激发了学生的阅读积极性和主动性，有利于提升学生的学习兴趣和自信心。

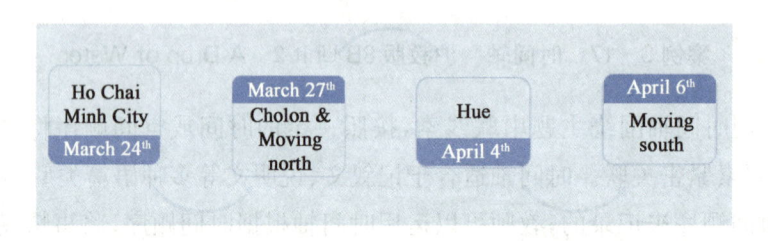

案例3-19 时间轴

案例3-20 时间轴

（7）韦恩图（Venn Diagram）

韦恩图又称文氏图或温氏图，由英国人约翰·韦恩（John Venn）首创。1880年，他在《论命题和推理的图表化与机械化表现》一文中首次采用固定位置的交叉环形式再加上阴影来表示逻辑问题。

韦恩图作为图形组织器的一种形式，通常用于对比两个或两个以上的事物或主题之间的相同（similarity）和不同（difference）之处，重叠的部分就是它们的共同特点，非重叠的部分是它们各自的特点。

教师利用韦恩图开展阅读教学设计，可以充分发挥学生左右脑的机能，进行记忆、比较、分析、评价，增加课堂思维流量等。学生在韦恩图的帮助下，有利于培养比较和概括等能力，掌握语篇中的重点，提高逻辑思维能力。如在议论文阅读教学中，教师引导学生借助韦恩图，可以从论点、论据以及论证方法三个角度对文本进行分析，还可以引导学生体会文章是怎样用具体事例来说明观点的。此外，还可以借助韦恩图，对比文中的人物特点，评价人物，培养创造性思维和批判性思维品质。

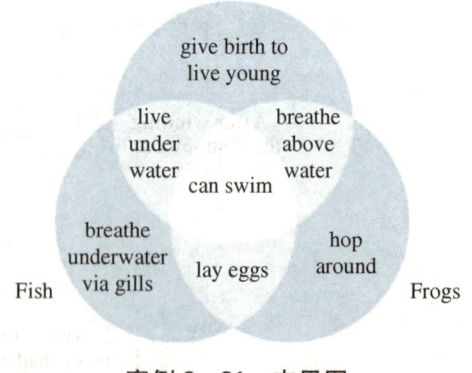

案例3-21 韦恩图

除了在同一篇语篇对文本内不同角度或方面的比较，对语篇信息重新加以组合或排列，从而优化教学设计，教师还可以开展同一主题的群文阅读或整本书阅读。教师让学生长期坚持在比较中阅读,同中求异,异中求同,对培养学生的阅读习惯、自主阅读能力和阅读素养都有不可替代的作用。

(8) OREO

OREO 是美国教师常用的写作结构,用来帮助学生组织观点和论据,它注重学生观点的形成和表达,以及学生对问题的自主思考能力,并要求学生用实例来支持自己的主张。① O 代表观点(Opinion),R 代表原因(Reason),E 代表例子(Example/Explanation),基本结构即一个观点加一个原因加几个例子,最后重申你的观点。具体而言,Opinion:Tell your readers how you feel about the topic; Reason:Tell your readers why you feel this way; Example/Explanation:Give your readers some examples of why you feel this way; O:Tell your readers one more time about your opinion and feelings。

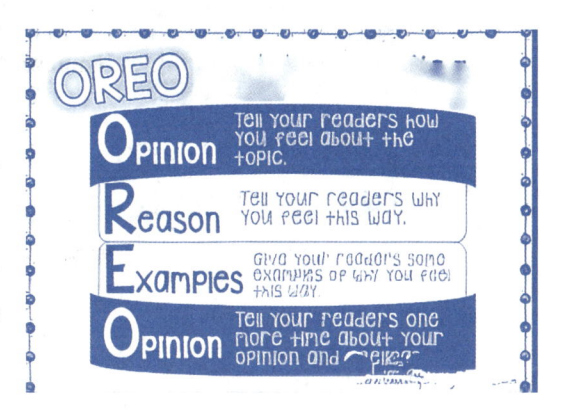

案例 3-22 OREO

OREO 的绘制形式不拘一格,教师可以引导学生在阅读过程中找出语篇中作者的观点,作者所提供的理由及相应的论据(事例、解释或证据),明确作者在末段重申的观点。根据需要,教师也可以引导学生在 OREO 各部分周围添加适当的内容,如段落之间的过渡词或句等。

OREO 有助于学生快速掌握语篇结构,使复杂的事物变得简单。OREO 非常适合于议论文语篇类型的阅读教学,因议论文整个语篇层次清楚,条理分明,段落的篇章结构一般是按照一条直线展开,在每段段首一般都有主题句,段中各句紧紧围绕主题层层推进,逐步展开。这时,教师可以结合语篇内容和主题,组织学生分析讨论,引导学生运用 OREO 厘清正反双方的观点,并深度分析支撑作者观点的理由,罗列支撑理由的证据或事例。这样,一方面可以提高学生逻辑性思维、发散性思维、批判性思维及创新性等思辨品质,另一方面,非常适合学生以读促写,建构语篇布局方式,掌握写作技巧,促进学生阅读和写作能力的同步发展。教师在运用 OREO 进行阅读教学设计中要充分考虑学生的实际情况,以学生为中心,基于语篇类型、语篇模式、语篇内容等设计合理、有效的教学内容,通过多种方式调动学生阅读的积极性和自主性,帮助学生区分事实和观点,培养独立思考问题的能力,引导学生形成对事物或观点比较全面的看法。

(9) 其他图形组织器

由于篇幅所限,以上仅介绍了部分一线教师最常用的图形组织器,还有 5W1H(又称六何分析图)、蛛形图、故事网、井字图、T 形图、层级图、感官图、人形图、语义网、网络树、金字

---

① Connell, G. Graphic Organizers for Opinion Writing [EB/OL]. (2015-03-04) https://www.scholastic.com/teachers/blog-posts/genia-connell/graphic-organizersopinion-writing.

塔、蟹爪图、象限图、扇形图、方案规划图等,不少图形组织器可以根据教学需要,基于学情进行适当变异。

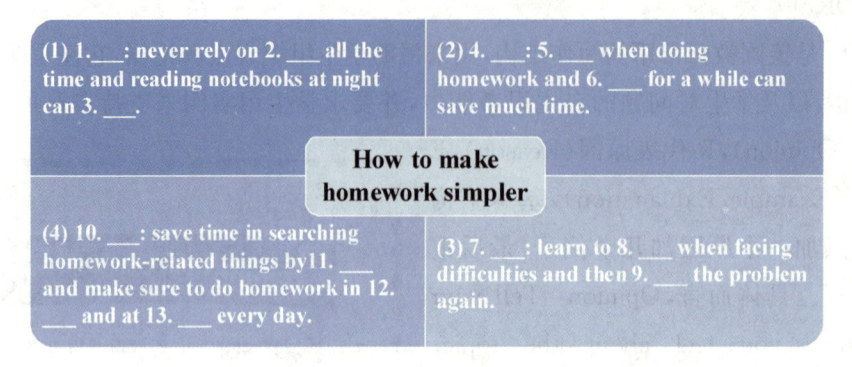

(1) 1.___: never rely on 2. ___ all the time and reading notebooks at night can 3. ___.	(2) 4. ___: 5. ___ when doing homework and 6. ___ for a while can save much time.
(4) 10. ___: save time in searching homework-related things by 11. ___ and make sure to do homework in 12. ___ and at 13. ___ every day.	(3) 7. ___: learn to 8. ___ when facing difficulties and then 9. ___ the problem again.

中心:How to make homework simpler

案例 3-23　象限图

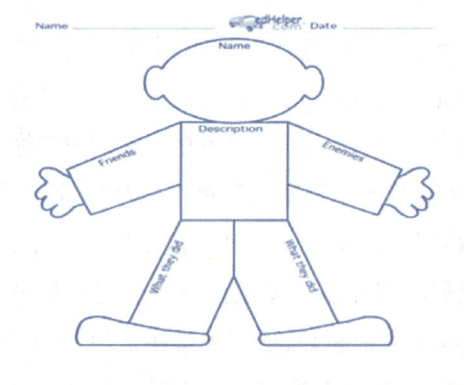

案例 3-24　人形图

案例 3-25　人形图

案例 3-26　故事网

案例 3-27　故事星图

案例 3-28　金字塔

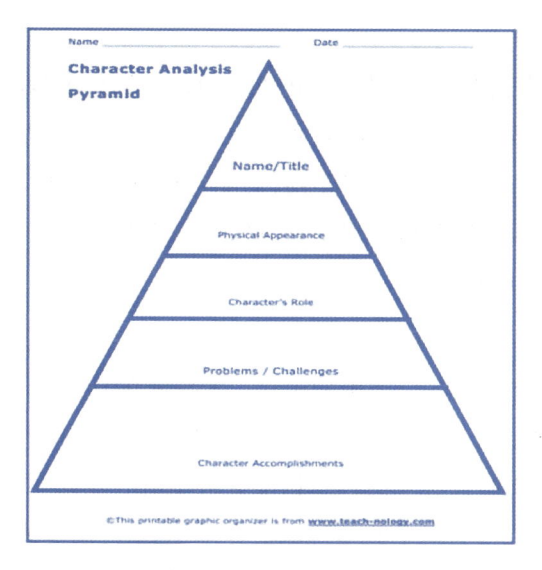

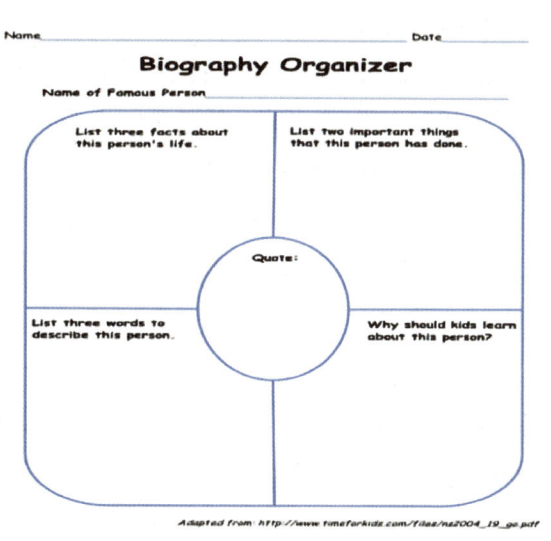

案例 3-29　传记组织图

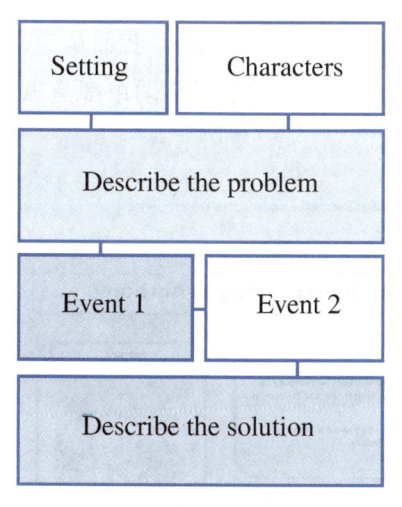

案例 3-30　故事分析图

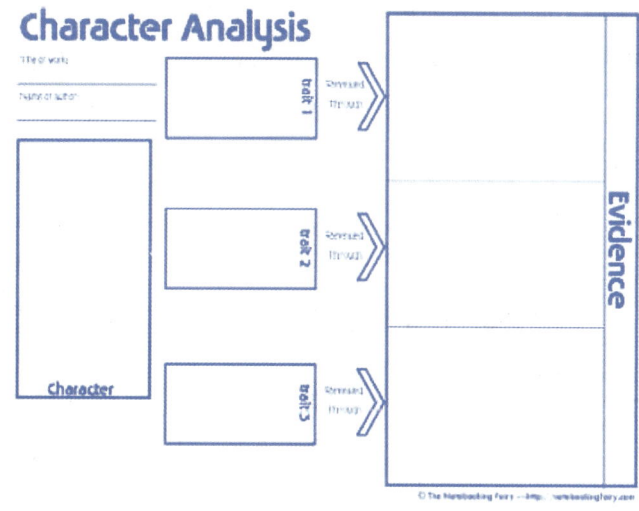

案例 3-31　人物分析图

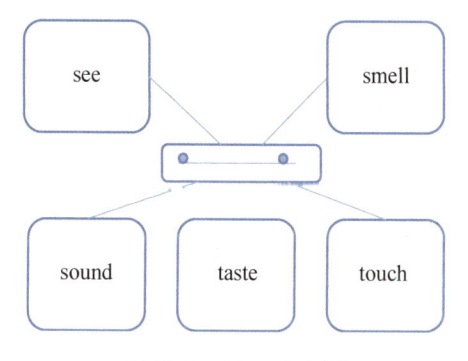

案例 3-32　感官图

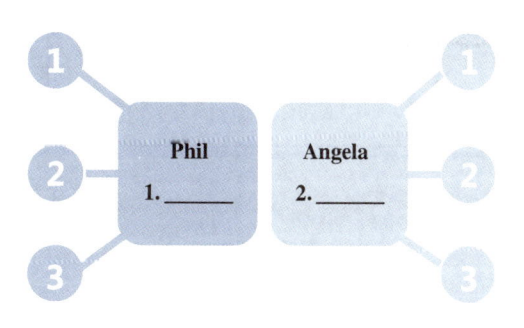

案例 3-33　蟹爪图

（四）其他类

随着思维可视化研究的深入和信息技术的飞速发展，思维可视化工具的种类越来越多，除了上述三大类，本书将一线教师常用的表格、锚图、阅读日志、任务单及衍生自创、新创的思维可视化工具等统统纳入其他类。也许这样的分类不一定科学，我们非常期待和大家一起交流探讨。不论怎样，在我们教学实践过程中，将思维可视化工具分为哪一类并不重要，重要的是具体某一种工具对我们阅读教学设计有用就可以。

1. 任务单(Task List)

不少专家和学者对学习任务单做了研究，但没有统一、明确的定义。本书指的任务单，是指在《义教课标》背景下，教师为达成阅读教学目标，为学生的学习提供支架而设计的任务文本，它是课堂学习活动的载体，是教师在解读《义教课标》和教材，精准分析学情的基础上，从学生的角度出发，定目标、设任务、选材料、定学法，为学生的学习提供具体、实际可操作的"支架"，对学生的学习起到方向指引、方法指导、资源提供等作用，可以激发学生的阅读积极性和主动性，有效提高课堂的阅读教学效率，培养学生的自主阅读能力和阅读策略，最终实现为学生的学而教的思想。美国中小学也称之为"Copies（复印件）""Worksheet（学习单）""Handouts（分发资料）""Activity supporting materials（活动支持材料）"等[①]。我们认为，从广义上来说，任务单包含范围最广，形式不拘一格，所有为学生提供的学习活动单都是思维可视化工具。

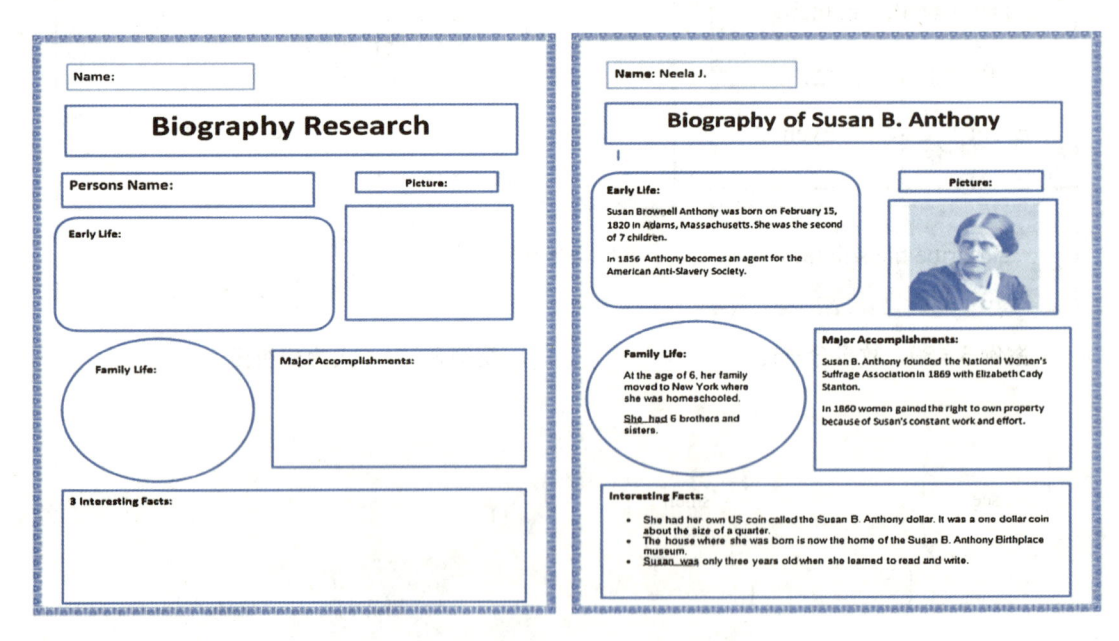

案例3-34 任务单

[①] 李海林.从"一张纸"看美国教师的课程执行力（下）[J].上海教育，2012(17)：46-47.

案例 3-35　任务单

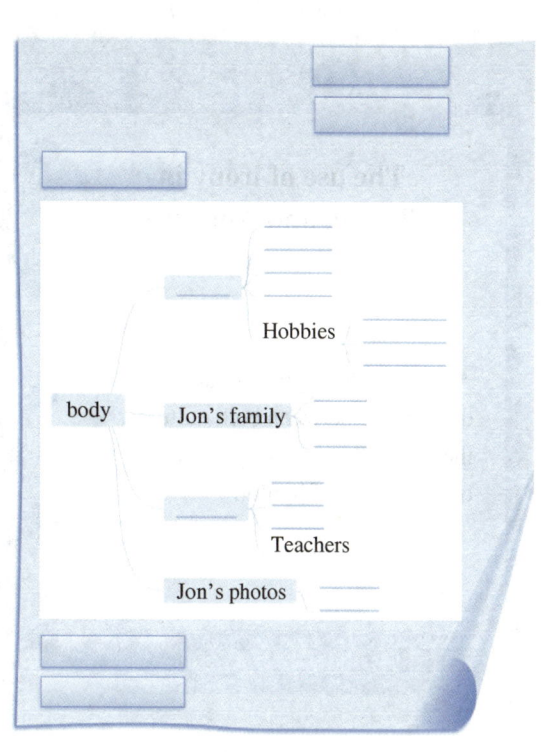

案例 3-36　任务单

案例 3-37　任务单

案例 3-38　任务单

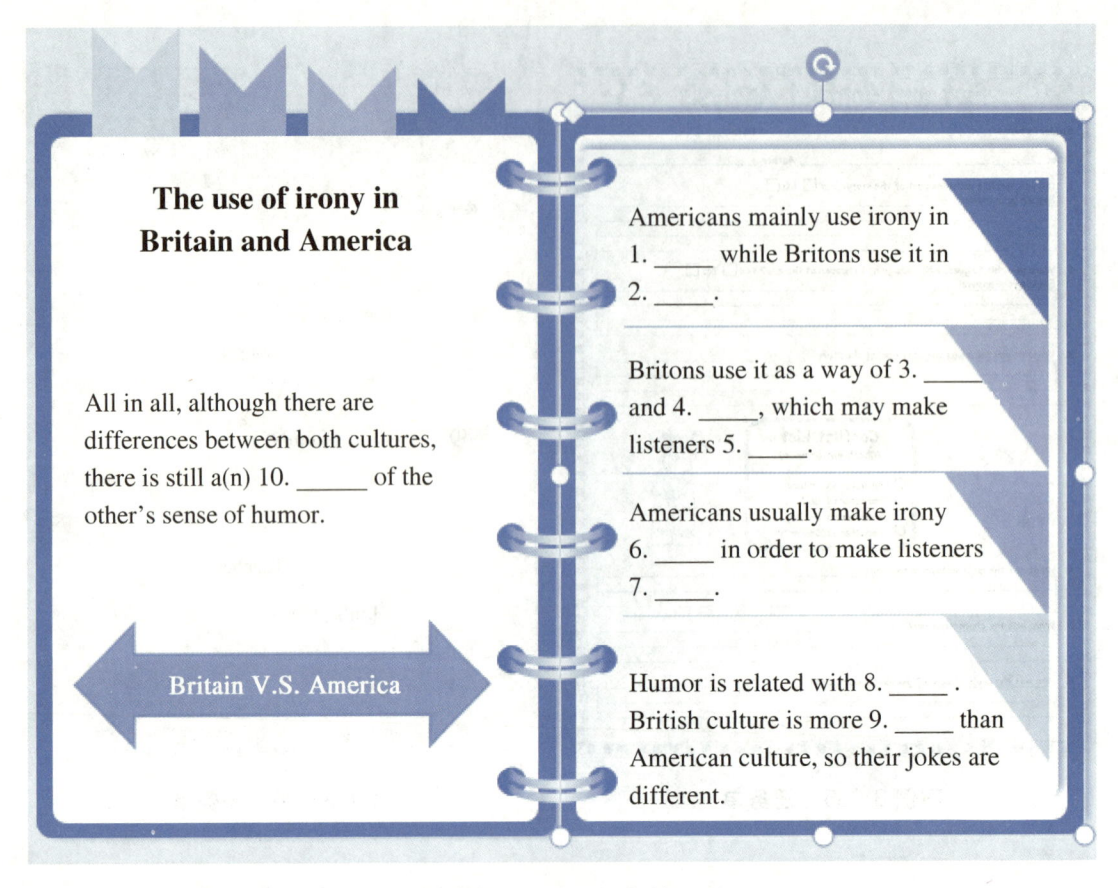

The use of irony in Britain and America

All in all, although there are differences between both cultures, there is still a(n) 10. _____ of the other's sense of humor.

Britain V.S. America

Americans mainly use irony in 1. _____ while Britons use it in 2. _____.

Britons use it as a way of 3. _____ and 4. _____, which may make listeners 5. _____.

Americans usually make irony 6. _____ in order to make listeners 7. _____.

Humor is related with 8. _____. British culture is more 9. _____ than American culture, so their jokes are different.

案例 3-39　任务单

2. 表格(Table/Form)

表格,是思维可视化工具中运用最多、最广泛的形式之一,对初中阅读课非常实用。从实际操作来看,初中低年级运用较多。它以图表形式,配以简明的符号和浓缩的文字,构成清晰、简洁、直观、逻辑、系统的信息,在教学内容多、课堂容量大的阅读课中,学生难以从整体上把握内容,教师可以将学习内容通过表格或让学生自制表格的形式进行教学,将语篇内容可视化。这样可以使所传授的内容更具条理性,目标指向更清晰、直观,有助于学生学会整理知识点,化繁为简,化多为少,进行比较分类,这样既有效培养学生的归纳能力,又有效检测学生的学习情况。表格有助于使阅读知识、阅读技巧和语篇结构可视化,最终实现知识向能力的转化,帮助学生形成大概念,培养学生的阅读素养。

3. 阅读日志(Reading Log)

伊瑟和费希(Iser & Fish)的读者反应理论(Reader Response Theory)指出,在阅读时,应把读者视为中心,使读者成为文本意义的生产者。因此,在阅读教学中,教师应该重视学生对语篇的理解和参与,激发学生思考、讨论,鼓励他们发表自己的见解和看法,分享阅读经验,挖掘文本的深层内涵。阅读日志是一种可以帮助学生输出语言和思想,实现有意义建构的思维可视化工具。

Open Day programme		
Activity	Place	Time
Parents arrive	entrance	2.00 p.m.
Visit classroom	classroom	2.15 p.m.
Look at class projects	Arts and Crafts room	2.30 p.m.
Listen to the school choir	hall	3.10 p.m.
Look at English Club noticeboard	library	4.00 p.m.
Have tea and cakes with the teachers	Music room	4.25 p.m.

案例3-40　沪教版6A Unit 5 Open Day programme

Profile

About Jon

Name:
Age:
Height:
Hair:
Hobby:

案例3-41　阅读用人物档案表

阅读日志基于对阅读过程的回应，呈现读前、读中、读后等全部或部分活动（如案例3-42、案例3-43、案例3-44），充分调动学生的阅读兴趣和积极性，为学生的阅读提供了学习支架，为教师提供了评价工具。例如：阅读前预测内容；阅读中摘录好词好句，及时书写感悟，习得语言；阅读后把握情节，分析人物，再到讨论分享，联系实际，发表个人观点，从语言输入自然过渡到语言输出，学生的主观能动性得到充分发挥。学生在阅读过程中填写阅读日志，记录所学、所思、所悟。教师还可以每周定期检查学生的阅读日志，如利用拓展课等组织学生讨论本周的阅读内容，鼓励小组、班级交流，教师适时答疑解惑，带领学生进行更为细致的解读。

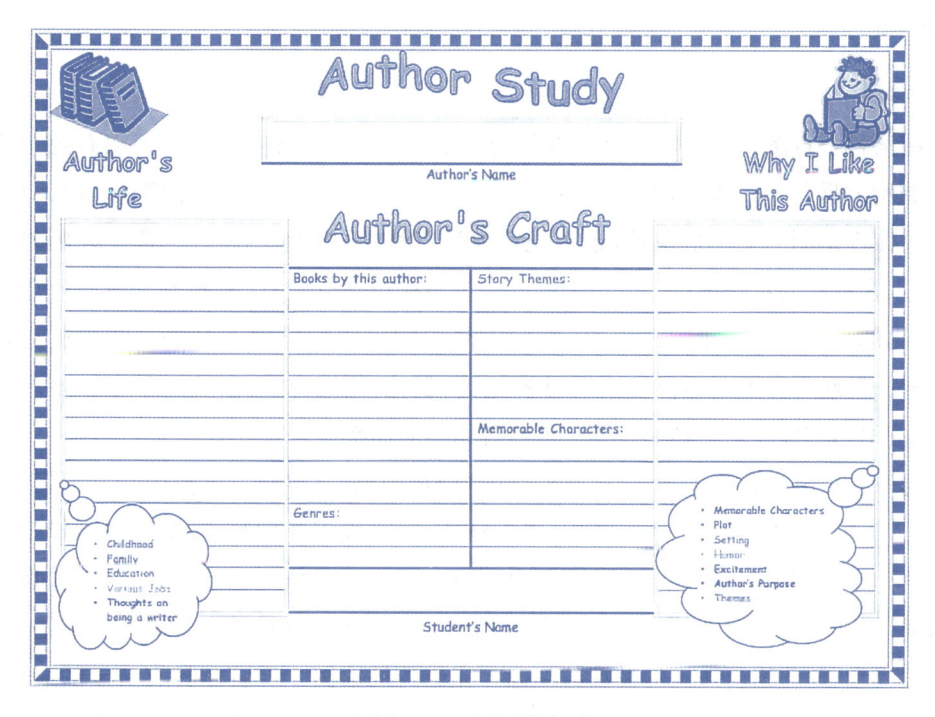

案例3-42　阅读日志

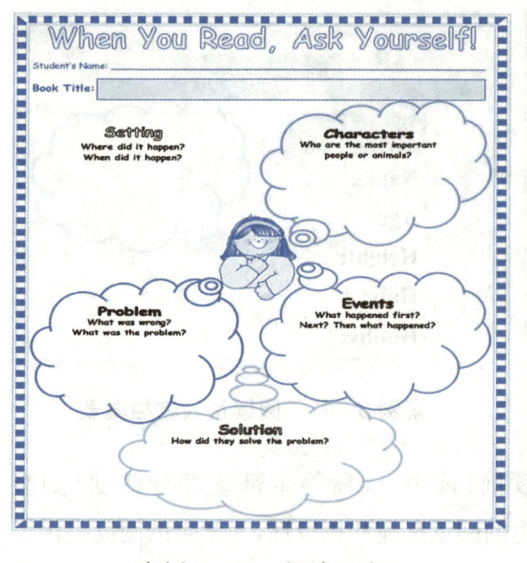

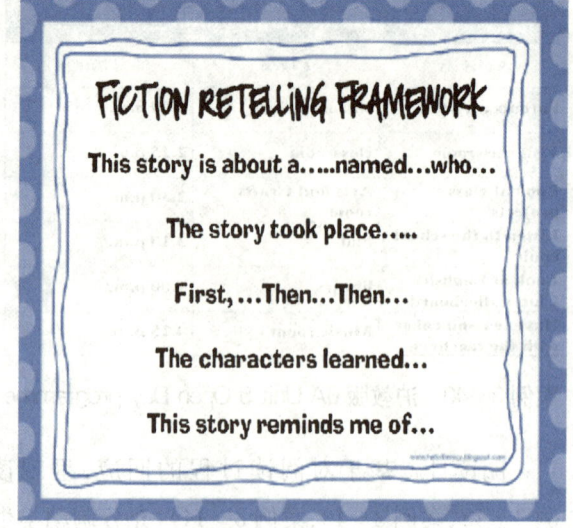

案例 3-43　阅读日志　　　　　　　　　案例 3-44　阅读日志

阅读日志是一种有效的过程性评价方式,不拘形式(如案例 3-42、案例 3-43、案例 3-44),它既是学习工具,也是评价手段,有利于实现"教—学—评"一体化。在填写阅读日志的过程中,学生不会感到有压力,乐意去记录、表达思想,阅读日志能较客观、准确地反映学生的阅读情况。学生是评价的主体,评价的宗旨在于促进他们更高效地学习。教师应以发展的眼光看待学生阅读过程中的成功与失败,以鼓励为主,充分肯定其优点和进步。

4. 锚图(Anchor Chart)

锚图又称要点图。"锚",是船停泊时所用的器具,用铁链连在船上,一端有两个或两个以上带倒钩的爪儿,另一端用铁链连在船上,抛到岸边或水底,可以使船停稳。汉语译为"锚图",不仅体现锚图的生动形象性,也体现它的连贯性、系统性、结构性。锚图在国外应用广泛,常用来在教室展示知识点。运用锚图开展英语阅读教学设计,是教师和学生基于语篇分析,总结出的思路、方法、策略与提纲,并配以简单的图文指导学生对语篇知识进行迁移运用,举一反三,触类旁通。不仅使语篇可视化、图表化,化繁为简,而且对学生深刻理解语篇内容、掌握语篇结构和培养归纳、反思、创新等思维品质都非常有效。

作为一种思维可视化工具,锚图有外化的"精神图谱"之美誉。就锚图绘制而言,基于语篇类型、语篇内容、语篇模式、语篇结构、语篇技能、语篇知识等理解,教师可以引导学生用不同颜色的记号笔在纸上或笔记本上绘制,也可以在黑板上或用电脑绘制。在绘制过程中,师生可以通过不同的色彩、创新的艺术形式图文并茂,引领学生积极阅读,深入理解语篇,激发学生学习兴趣,深化语篇知识的吸收与掌握。完成后的锚图"产品"还具有一定的装饰作用,教师可以鼓励学生将锚图适时挂在教室装点教学环境或放在家里展示,也方便学生不断反思,进行同伴反馈和师生评价等。

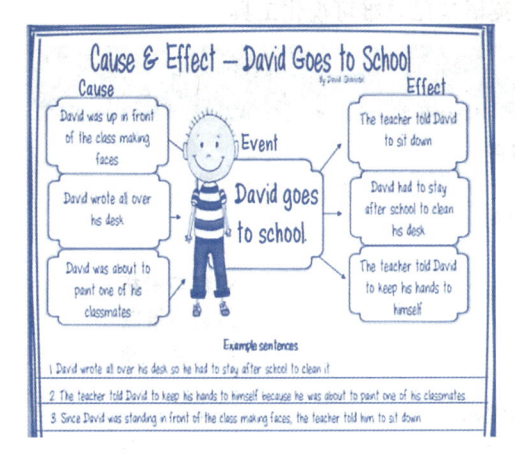

案例 3-45　锚图

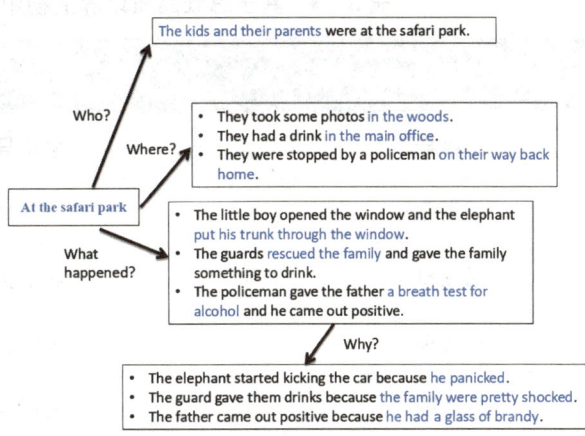

案例 3-46　锚图

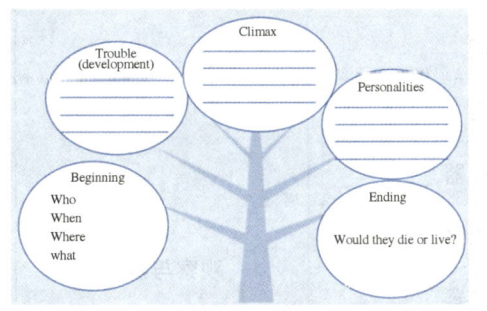

案例 3-47　锚图　沪教版 8A Unit 6 Nobody wins(I)

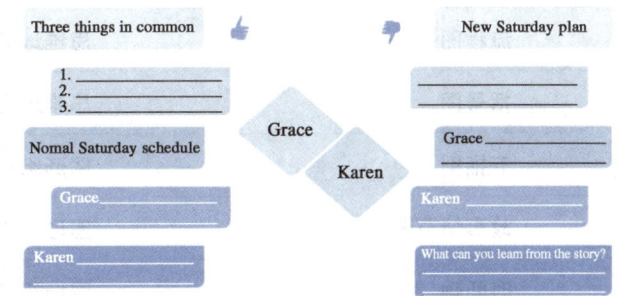

案例 3-48　锚图

三、思维可视化工具与思维品质的培养

思维是课堂的灵魂。思维品质的提升有助于学生学会发现问题、分析问题和解决问题，对事物作出正确的价值判断。① 学生阅读时的思维过程以隐性的方式呈现，教师难以在隐性思维的基础上提高学生的思维品质。思维可视化工具将学生学习中的思维过程和学习成果以视觉表征的形式呈现出来。② 针对语篇中的思维品质培养，《义教课标》分三个学段分别提出目标，并指出各学段目标之间具有连续性、顺序性和进阶性。

基于思维可视化工具的功能，《义教课标》的思维品质初中学段目标③和教学实践，我们梳理了基于思维品质培养的初中英语常见思维可视化工具(如表 3-3 所示)。需要说明的是，每种工具对应的只是最常用的，不一定只对应一种思维品质。

---

① 教育部. 义务教育英语课程标准(2022 年版)[S]. 北京：北京师范大学出版社，2022：5.
② 刘濯源. 思维可视化：减负增效的新支点[J]. 中小学管理，2014(06)：10-13.
③ 教育部. 义务教育英语课程标准(2022 年版)[S]. 北京：北京师范大学出版社，2022：9-10.

表 3-3　基于思维品质培养的初中英语常见思维可视化工具

思维可视化工具名称	思维可视化工具类型	思 维 品 质
思维导图	思维导图	观察与辨析 归纳与推断 批判与创新
圆圈图	思维地图	
阅读日志	其他类	
任务单	其他类	
蛛形图	图形组织器	
方案规划图	图形组织器	
表格	其他类	观察与辨析
流程图	思维地图	
括号图	思维地图	
五指图	图形组织器	
故事情节图	图形组织器	
时间轴	图形组织器	
轴形图（时钟图）	图形组织器	
象限图	图形组织器	
扇形图	图形组织器	
5W1H	图形组织器	
桥型图	思维地图	归纳与推断
树状图	思维地图	
复流程图	思维地图	
气泡图	思维地图	
KWL	图形组织器	
鱼骨图	图形组织器	
蛛形图	图形组织器	
层级图	图形组织器	

续 表

思维可视化工具名称	思维可视化工具类型	思维品质
T形图	图形组织器	归纳与推断
金字塔	图形组织器	
感官图	图形组织器	
对比矩阵	图形组织器	
锚图(要点图)	其他类	批判与创新
双气泡图	思维地图	
韦恩图	图形组织器	
OREO	图形组织器	
语义网	图形组织器	
网络树	图形组织器	

以下文非连续性文本阅读语篇为例，语篇由多模态插图和四段平行文本组成，教师可以利用气泡图(图形有所变异)理清四段文章，概括大意，从而得出对"失败是成功之母"的理解。这有利于培养学生归纳与推断等思维品质，形成大概念。

本书有不少教学案例分析思维可视化工具在思维品质培养中的作用，在此不再赘述。

Michael Jordan (born 1963) is one of the greatest basketball players of all time. However, he himself admits that it hasn't been easy. In a famous advertisement for Nike, he says, "I have missed more than 9,000 shots in my career. I have lost almost 300 games. On 26 occasions I have been entrusted (委托) to take the game winning shot, and I missed. I have failed over and over and over again in my life. And that is why I succeed."

Albert Einstein (1879-1955) won the Nobel Prize in physics in 1921. However, he wasn't always considered a "genius". He didn't speak until he was four, and couldn't read until he was seven. His teachers and parents thought he was slow, and he was expelled (开除) from school. He later famously said, "Success is failure in progress."

Abraham Lincoln (1809-1865) was one of America's greatest leaders, taking the country through the Civil War (美国南北战争). However, his life was never easy. He started numerous business that failed, he went bankrupt (破产) twice and was defeated in 26 campaigns (竞选) for public office. He later said, "My great concern is not whether you have failed, but whether you are content with your failure."

J. K. Rowling (born 1965) is the author of the hugely successful Harry Potter books, and one of the richest women in the world. But before publishing the books, she was penniless, depressed and trying to raise a child on her own. In a speech at Harvard in 2008, she said, "I had failed so greatly. After a short-lived marriage, I was jobless, a lone parent, and as poor as it is possible to be in modern Britain, without being homeless. The fears that my parents had for me, and that I had for myself, had both come to pass, and by every usual standard, I was the biggest failure I knew."

Michael Jordan: a basketball player
His success: one of the greatest basketball player
His failures: He has missed _____ shots and lost _____ games. He missed the winning shot on 26 occasion.
His motto: I have failed over and over and over again in my life. And that is why I succeed.

Albert Einstein: a great scientist
His success: _____ in 1921.
His failures: He didn't speak and read when he was a child. He was slow and was expelled (开除) from school.
His motto: Success is failure in progress.

I think failure _____
(give an example)

Abraham Lincoln: an American leader
His success: one of America's greatest leaders
His failures: He started numerous business that failed, he went bankrupt (破产) twice and was defeated in 26 campaigns for public office.
His motto: _____ but whether you are content with your failure.

J. K. Rowling: a famous writer
Her success: published the successful books *Harry Potter*
Her failures (her life before):
_____
_____

Michael Jordan: a basketball player
His success: one of the greatest basketball player
His failures: He has missed more than 9,000 shots and lost almost 300 games. He missed the winning shot on 26 occasion.
His motto: I have failed over and over and over again in my life. And that is why I succeed.

Albert Einstein: a great scientist
His success: He won the Nobel Prize in physics in 1921.
His failures: He didn't speak and read when he was a child. He was slow and was expelled (开除) from school.
His motto: Success is failure in progress.

I think failure is an experience. Once I was poor at math, I didn't give up. Finally I got an A in math.

Abraham Lincoln: an American leader
His success: one of America's greatest leaders
His failures: He started numerous business that failed, he went bankrupt (破产) twice and was defeated in 26 campaigns for public office.
His motto: My great concern is not whether you have failed, but whether you are content with your failure.

J. K. Rowling: a famous writer
Her success: published the successful books *Harry Potter*
Her failures (her life before):
She had a short-lived marriage. She was jobless, a lone parent, and as poor as it is possible to be in modern Britain, without being homeless.

案例3-49　气泡图

四、思维可视化工具的制作

1. 思维可视化工具的制作方式

思维可视化工具的制作主要有两种，一种是手工绘制，另一种是运用电脑的数字化技术。手工绘制操作简单，使用灵活，适合即时展现，且不受场所限制，但不易改动。运用电脑的数字化技术容易对作品进行修改，转换方便，简洁美观，易于储存，便于交流，普通的Office办公软件，如Word、Wps等一般都具有自带的绘图工具，但在色彩、图形模板等方面选择性小，对教师和学生的绘图能力要求较高，绘制复杂的图形费时费力。对此，教师和学生可根据需要选用专门的软件创建工具进行绘制,如 Activity Map,CoCo Systems,Free Mind,GitMind,Inspiration, Kmap, Mind Manager, MindMaster, Mind Mapper, Startree,ProcessOn,SemNet,TextVision,XMind 等。这些软件提供的图形模板丰富,界面友好,操作简单,功能齐全,使用方便,教师和学生可以根据需要使用。

另外,思维可视化工具的具体形状和名称等不拘一格,教师可以根据学情、年段、语篇内容、师生个性等进行变换。

现以五指图为例,除上文提到的形状(案例 3-14 五指图)外,也可以有以下多种形式:

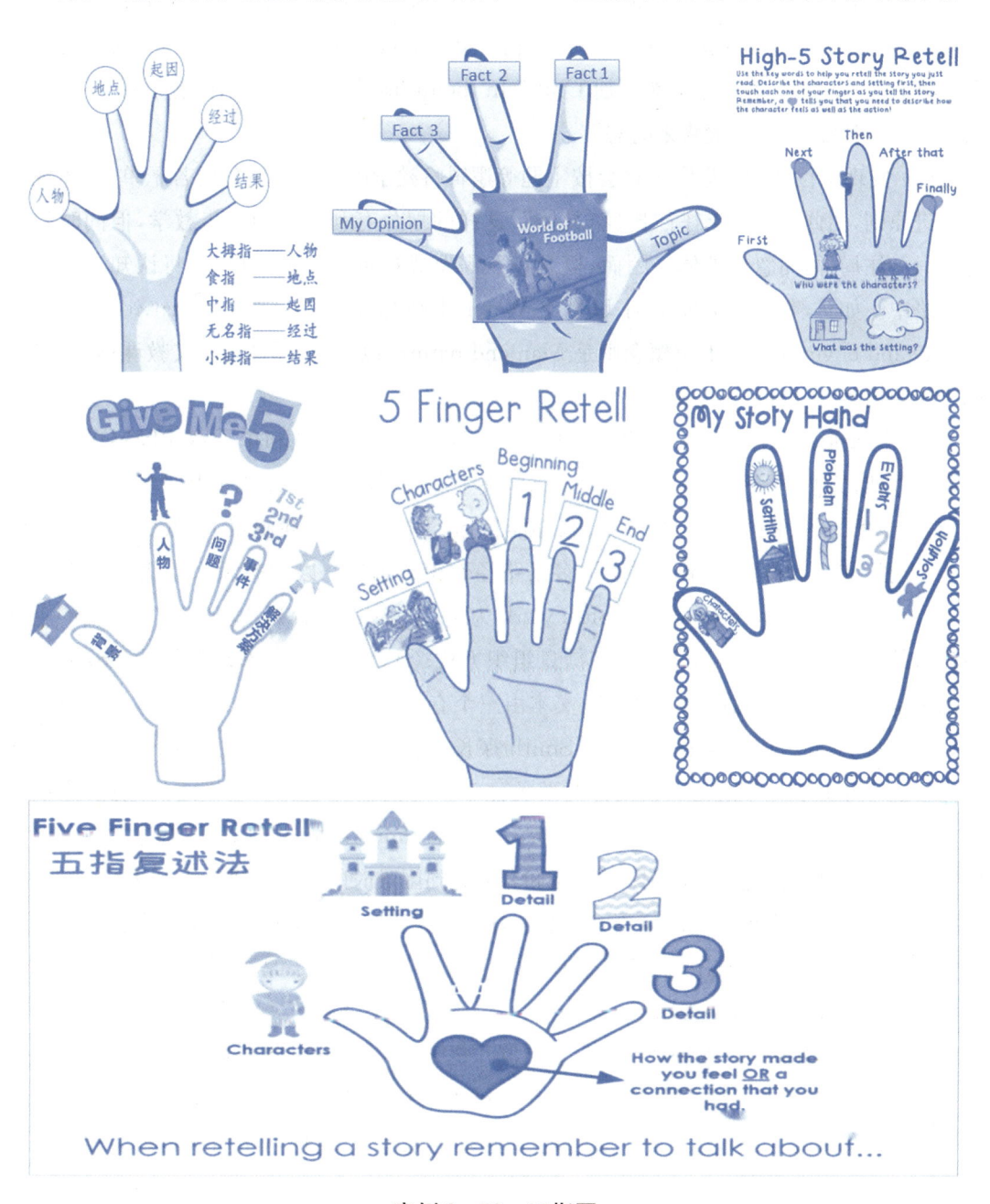

案例 3-50　五指图

2. 思维可视化工具的制作步骤

指向大概念的英语阅读教学设计应聚焦深度学习,以单元为单位,由大概念联结,从而和其他单元的内容打通,而不仅仅着眼于课时。因此,阅读教学设计的关键是思维可视化,而思维可视化工具的制作是重中之重。教师在引导学生进行思维可视化工具制作时,应聚焦英语课程要培养的学生核心素养这一"大概念",使思维可视化工具成为核心素养培养单元的一部分。具体可以围绕以下六个步骤进行:

(1) 确定概念焦点。一般来说,这个概念焦点相对于这个单元而言,大小适宜,围绕此概念焦点教师可以引导学生进行深入研讨。当然,单元的概念焦点可能是一个,有时也可能有两个概念焦点。如沪教版七年级下册 Unit 7 In the future 的概念焦点从内容上看是"未来生活",从语言技能看是"一般将来时态"。

(2) 发现上位概念。通常教材会按主题等逻辑将教学内容按模块分成若干单元,体现循序渐进原则,由此概念焦点往往比较"具体",这样的划分有利于教师分步教学,但同时教师可能只关注局部,而忽视整体。因而,概念焦点需要寻找更加上位的概念,将认知嵌于更大的网络中。如沪教版八年级下册 Unit 2 Water 上位概念是 Nature and environment,而 Nature and environment 上位概念则是 Man and nature,以上对应的即为《义教课标》中提出的子主题内容、主题群、主题范畴。

(3) 初步形成制作思维可视化工具的框架。通过单元大概念和单元本质问题形成初步的制作框架,方便下一步深入开展讨论。纵览整个单元,教师可以以八条路径(课程标准、教材分析、专家思维、概念派生、生活价值、知能目标、学习难点、评价标准)为线索来寻找大概念。① 当然,单元大概念的寻找往往是多条路径作用的结果。以沪教版八年级上册 Unit 3 More practice:The funny side of police work 为例,①《义教课标》:理解记叙文语篇的主要写作目的、结构特征、基本语言特点和信息组织方式;② 教材分析:单元主题是 Trouble,本语篇是基于单元主题的课内拓展阅读,文本由三个有趣的案件组成,每个案件都是一篇记叙文,三个案件共同组成一组平行文本。Smith 探长在校报记者 Paula 的采访下,介绍了警察工作中的趣事;③ 专家思维:在设计时要关注学生对语篇类型和语篇模式的把握,注重预测、推断、总结等思维品质的培养,引导学生深刻理解 funny side 的含义;④ 概念派生:基于语篇类型的思维可视化工具运用;⑤ 生活价值:遇到困难时的问题解决能力和机智;⑥ 知能目标:通过5W1H 和流程图的运用,梳理文本信息,深度阅读文本并复述文本内容的学习难点;⑦ 学习难点:预测、推断、总结警察有趣的一面;⑧ 评价标准:是否用了基于记叙文语篇类型的思维可视化工具,是否用了一般过去时态,复述是否完整。

(4) 问题激活概念以促进理解。当有了制作框架后,下一步就需要通过一系列本质问题激活概念,从而获得基于阅读语篇内容制作思维可视化工具的细节。单元本质问题可以结合语篇内容分解为一系列具体的本质问题,而且往往带有"挑战性",从而不断拓展和激活学

---

① 刘徽,徐玲玲,蔡小瑛,徐春建. 概念地图:以大概念促进深度学习[J]. 教育发展研究,2021(24):53-63.

生的思维,如:"故事 A 首句中 thief 为什么要打引号?""故事 B 中为什么警察这么快就抓到了强盗?""故事 C 可能的结局是什么?"等。通过一系列本质问题来激活概念,同时确定观念,梳理概念与概念、概念与语篇内容之间的关系。这里所说的概念,除了教材语篇中已有的概念,教师也可以适当补充教材以外的概念。在此过程中,教师可引领学生基于单元大概念和单元本质问题进行修正,不断改进制作的思维可视化工具。

(5) 制作思维可视化工具。经过充分思考与讨论,学生可以先自主制作思维可视化工具。需要说明的是,基于学情和语篇内容等,步骤3、步骤4与本步骤5可以同步进行。在制作时,教师应鼓励学生拓展思路,张扬个性,通过自主、合作、探究的方式进行。学生可以用不同的符号来表示语篇内容中单元大概念、单元本质问题和其他概念之间的关系。

(6) 改进制作的思维可视化工具。根据完成的思维可视化工具,可以通过学生自评、同伴互评、组内自评、组间互评、师生共评等方式进行调整。根据实际情况,课堂一般是现场手工绘制为主,师生可以在黑板、笔记本、课堂学习活动单上完成。当然,有条件的或许在电脑上完成会更方便,也便于保存存档,后续师生也可以提出新的问题,便于持续改进和评价等。

第二节　明晰六类语篇类型来促进有效的理解与迁移

一、语篇类型的内涵

语篇类型也称语篇体裁,来自法语 genre,其原意是"文艺作品中的类型、风格、流派、体裁"。语篇类型一直是语篇研究领域的热点,人类语言学家、哲学家、社会语言学家、修辞学家、语言学家以及语言教育学家都很重视语篇类型的研究。[1] 20世纪70年代以来,以悉尼派(the Sydney School)马丁(Martin)、罗丝(Rose)等为代表的学者对语篇类型开展了系统研究,提出语篇类型教学法理论(genre-based literacy pedagogy),他们将语篇类型界定为"有目的、有步骤的社会过程",是在说者与听者、作者与读者间互动协商中为了完成某一社会活动而选择的意义建构形式。[2] 巴蒂亚(Bhatia,1993)将 genre 视为一种可辨认的交际事件,是一种内部结构特征鲜明、高度约定俗成的能被该社团确认和理解的一整套交际目的。他认为语篇的建构受此约束,在建构语篇时应遵循相应体裁的惯例和要求。[3]

语篇类型是《义教课标》新增加的内容,并指出:语篇类型既包括连续性文本,如对话、访谈、记叙文、说明文、应用文、议论文、歌曲、歌谣、韵文等,也包括非连续性文本,如图表、图示、网页、广告等。语篇类型也可分为口语与书面语等形式,还可分为文字、音频、视频、数码等模态。语篇类型体现基础性、通用性和适宜性。[4]

---

[1] 王正,张德禄.基于语料库的多模态语类研究——以期刊封面语类为例[J].外语教学,2016(05):15-20.
[2] Martin, J. R. English Text: System and Structure[M]. Amsterdam: John Benjamins, 1992: 505.
[3] 秦秀白."体裁分析"概说[J].外国语,1997(06):9.
[4] 教育部.义务教育英语课程标准(2022年版)[S].北京:北京师范大学出版社,2022:17.

二、语篇类型的分类

1. 国外分类

关于语篇类型,很多研究者从写作教学角度进行了分类,如:韦尔利克(Werlich)提出叙事、描述、指示、说明和论说五类[①];费兹(Feez)认为描述、说明、讲述和指示四类是基础[②];坎伯等(Kemper et al.)则总结为叙事、描述、说明、论说、报告、文学创作和文学回应七类[③]。罗丝和马丁(Rose & Martin)则根据交际目的,将语篇类型分为以吸引受众为目的、以提供信息为目的和以评价为目的三大类,含七小类共 26 个具体种类(如图 3-1 所示)。[④]

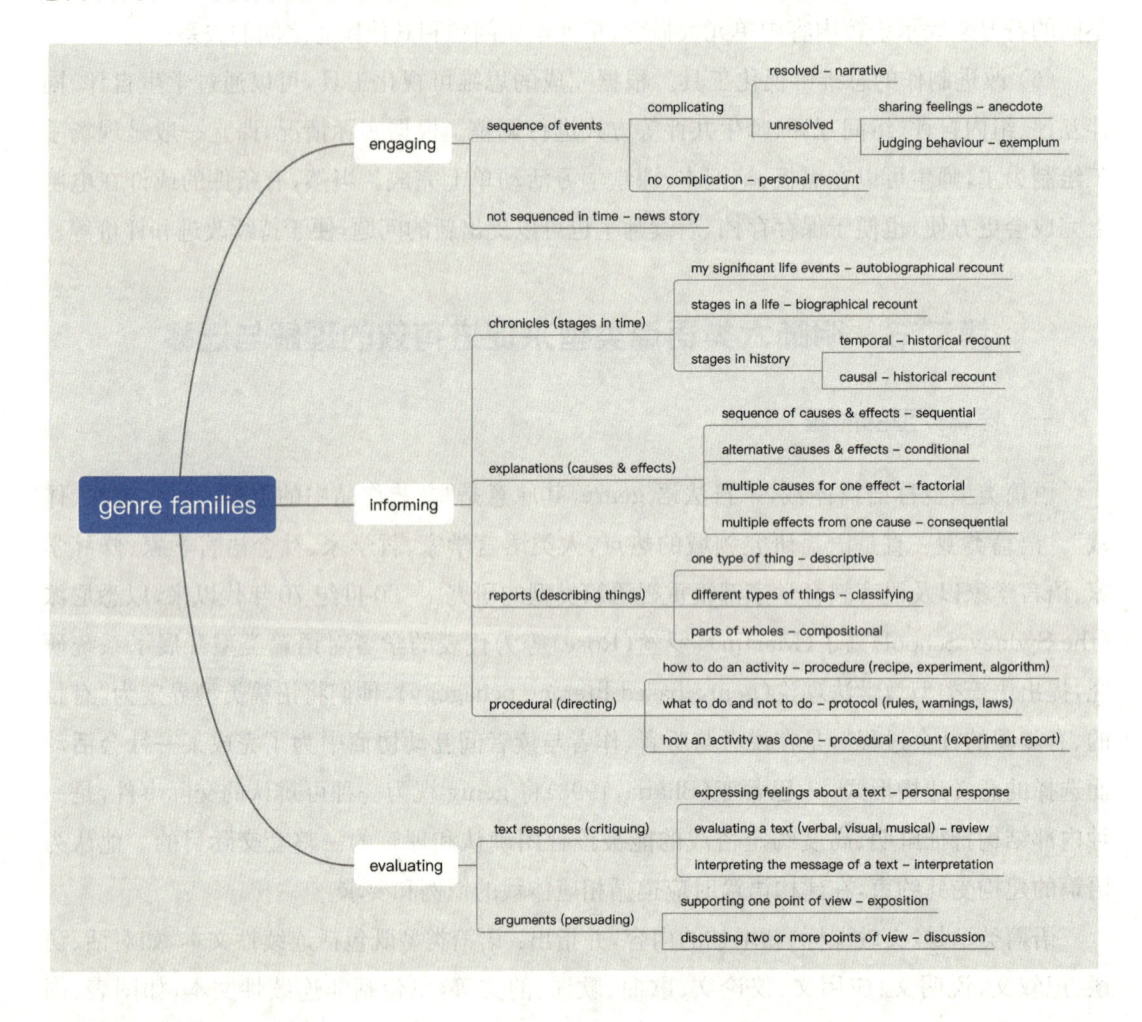

```
genre families
├── engaging
│   ├── sequence of events
│   │   ├── complicating
│   │   │   ├── resolved – narrative
│   │   │   └── unresolved
│   │   │       ├── sharing feelings – anecdote
│   │   │       └── judging behaviour – exemplum
│   │   └── no complication – personal recount
│   └── not sequenced in time – news story
├── informing
│   ├── chronicles (stages in time)
│   │   ├── my significant life events – autobiographical recount
│   │   ├── stages in a life – biographical recount
│   │   └── stages in history
│   │       ├── temporal – historical recount
│   │       └── causal – historical recount
│   ├── explanations (causes & effects)
│   │   ├── sequence of causes & effects – sequential
│   │   ├── alternative causes & effects – conditional
│   │   ├── multiple causes for one effect – factorial
│   │   └── multiple effects from one cause – consequential
│   ├── reports (describing things)
│   │   ├── one type of thing – descriptive
│   │   ├── different types of things – classifying
│   │   └── parts of wholes – compositional
│   └── procedural (directing)
│       ├── how to do an activity – procedure (recipe, experiment, algorithm)
│       ├── what to do and not to do – protocol (rules, warnings, laws)
│       └── how an activity was done – procedural recount (experiment report)
└── evaluating
    ├── text responses (critiquing)
    │   ├── expressing feelings about a text – personal response
    │   ├── evaluating a text (verbal, visual, musical) – review
    │   └── interpreting the message of a text – interpretation
    └── arguments (persuading)
        ├── supporting one point of view – exposition
        └── discussing two or more points of view – discussion
```

---

① Werlich, E. A Text Grammar of English[M]. Heidelberg: Quelle & Meyer, 1976.
② Feez, S. Heritage and innovation in second language education[A]. In Johns A. M. (ed.) Genre in the Classroom: Multiple Perspectives[C]. Mahwah, NJ: Lawrence Erlbaum Associates, 2002: 43-69.
③ Kemper, D., Reigel, P. & Sebranek, P. Write Source: Writing and Grammar[M]. Orlando, Florida: Houghton Mifflin Harcourt Publishing Company, 2012.
④ Rose, D. & Martin, J. R. Learning to Write, Reading to Learn: Genre, Knowledge and Pedagogy in the Sydney School[M]. Sheffield: Equinox, 2012.

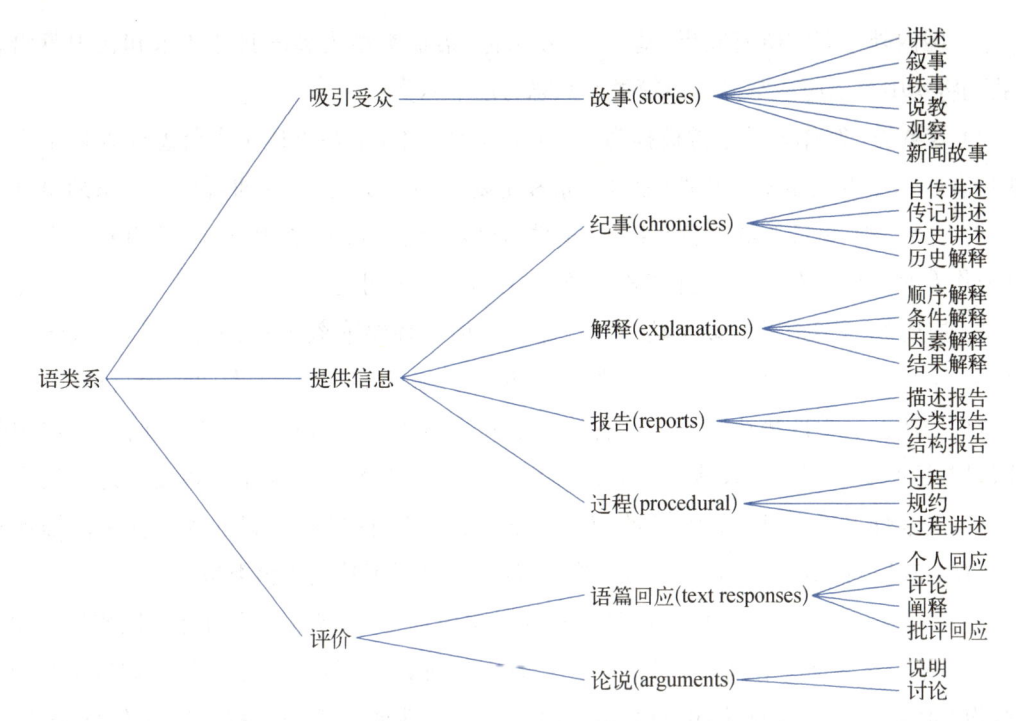

```
                                                                ┌─ 讲述
                                                                ├─ 叙事
                              ┌─ 吸引受众 ──── 故事(stories) ─────┼─ 轶事
                              │                                 ├─ 说教
                              │                                 ├─ 观察
                              │                                 └─ 新闻故事
                              │
                              │                                 ┌─ 自传讲述
                              │                 纪事(chronicles)─┼─ 传记讲述
                              │               ┌                 ├─ 历史讲述
                              │               │                 └─ 历史解释
                              │               │
                              │               │                 ┌─ 顺序解释
                              │               │ 解释(explanations)┼─ 条件解释
                              │               │                 ├─ 因素解释
                              │               │                 └─ 结果解释
            语类系 ────────────┼─ 提供信息 ────┤
                              │               │                 ┌─ 描述报告
                              │               │ 报告(reports) ───┼─ 分类报告
                              │               │                 └─ 结构报告
                              │               │
                              │               │                 ┌─ 过程
                              │               └ 过程(procedural)─┼─ 规约
                              │                                 └─ 过程讲述
                              │
                              │                                     ┌─ 个人回应
                              │                语篇回应(text responses)┼─ 评论
                              └─ 评价 ────────┤                      ├─ 阐释
                                              │                      └─ 批评回应
                                              │
                                              └ 论说(arguments) ──┬─ 说明
                                                                 └─ 讨论
```

图 3-1 语篇类型分类系统(Rose & Martin, 2012:128; 中文版转自韩宝成,梁海英,2019)

2. 国内分类

随着科技的发展,人们使用的交际模态和交际媒体发生了很大变化。人类交际不再是语言独尊,而成为由多种模态来共同完成的局面。模态是"由社会文化塑造的表达意义的符号资源"[1],语言、声音、动作、图像等模态都是完整的表意系统。学生在英语学习过程中,可能会接触到上面提到的各种可输入类语篇类型,但就实际教学而言,学生仅需要产出常用、重要且有代表性的可产出语篇类型。[2] 此外,《义教课标》也将初中英语语篇类型的内容进行了详细分类。

3. 本书分类

上述国内外理论和对语篇类型的分类有助于教师阅读教学中设计深化对语篇和语言运用的教与学的活动,引导学生通过学习和掌握语篇类型,深入了解各种交际目的,从而更好地理解语篇目的、语篇结构、语言形式等,建构语篇意义。

因此,思维可视化阅读教学设计须先明晰语篇类型。不同类型的语篇往往具有不同的超级结构(superstructure)。超级结构是形式结构,与语篇内容无直接关系,它是为语篇内容提供整体架构的纲要式结构(schematic structure),含必选和可选成分。如新闻语篇的超级结构通常由概述(含导语和标题)、故事(含背景和情节)及结局(含最后结论和评论)等结构要素组成。[3]

---

[1] Kress, G. Multimodality: A Social Semiotic Approach to Contemporary Communication [M]. London: Routledge, 2010:79.
[2] 韩宝成,梁海英. 语类圈活动在外语课堂中的应用[J]. 外语界,2019(04):41-49.
[3] Van Dijk, T. A. News Analysis: Case Studies of International and National News in the Press[M]. Hillsdale, NJ: Erlbaum, 1988:14-16.

结合国内外专家的研究成果，基于《义教课标》语篇类型内容的具体要求和初中英语教材，我们将初中英语应该掌握的语篇类型归总为以下六类：

(1) 叙事类：写作教学中常被称为记叙(文)，即故事，主要讲述主人公怎样处理生活中的曲折事件①，纲要式结构含开端(故事背景和主要人物)、发展(导致曲折变化的系列事件)、评价(对人物心理、事件等的评价)、结局(事件得到解决、回归正常)和尾声(故事对作者的重要性或作者对故事的态度)。② 开端和结局为必选，其余为可选。③

(2) 描述类：亦称描写，以生动、具体、形象的语言描绘或刻画景、事、人等，令人仿佛置身其中。纲要式结构含分类(可选)和描述(必选)。④ 就内容而言，含专门性分类描述、个人和日常性描述及文学性描述三种。前者按一定标准对某范畴进行分类及客观描述，常用于专业领域；后两者为带有个人情感的主观描述，个人和日常性描述从不同角度描述生活中的事、人等；文学性描述指对作品中场景、人、心理活动等进行描述。⑤ 描述类往往关注描述对象的外观、特征或细节，可作为单独的语篇类型，亦可出现于其他语篇类型。

(3) 指示类：亦称教育性类，是指针对特定对象或场合，指导人们进行专门性或日常性系列活动，常见的活动有娱乐、家庭生活、科技、教育等。纲要式结构含活动目的、材料准备和操作步骤，均为必选。⑥ 分复杂和简单两类指示，科技、专业性或抽象操作程序属复杂类；旅游指南、游戏规则、烹饪菜谱、注册流程等与娱乐、家庭生活、教育等有关的常识性知识属简单类。

(4) 说明类：内容科学，结构严密，语言准确，从不同角度或方面对主题或抽象现象进行具体解说、阐述，向读者提供客观信息。⑦ 纲要式结构为现象和解释两部分，先描述抽象现象或具体事物，再解释说明现象或事物的关系、成因、原理、性质等。分为专业性、抽象现象、客观事物三种说明，专业性说明针对专业或科学等某范畴的性质或成因、概念、操作原理等；抽象现象说明针对演变、成因等；客观事物说明针对关系、性质、成因等。⑧

(5) 论说类：亦称议论，评价、分析某话题或事件，反驳或支持观点，并说服读者接受作

---

① Martin, J. R. & Rose D. Genre Relations: Mapping Culture [M]. Beijing: Foreign Language Teaching and Research Press, 2014: 67.
② Martin, J. R. A. Context for genre: Modelling social processes in functional linguistics [A]. In Wang, Z. (ed.) Genre Studies [C]. Shanghai: Shanghai Jiao Tong University Press, 2012: 94.
③ Labov, W. & Waletzky, J. Narrative analysis: Oral versions of personal experience [A]. In Helm, J. (ed.) Essays on the Verbal and Visual Arts: Proceedings of the 1966 Annual Spring Meeting of the American Ethnological Society [C]. Seattle: University of Washington Press, 1967: 12-44.
④ Martin, J. R. A. Context for genre: Modelling social processes in functional linguistics [A]. In Wang, Z. (ed.) Genre Studies [C]. Shanghai: Shanghai Jiao Tong University Press, 2012.
⑤ Knapp, P. & Watkins, M. Genre, Text, Grammar: Technologies for Teaching and Assessing Writing [M]. Sydney: University of New South Wales Press, 2005.
⑥ Martin, J. R. & Rose, D. Genre Relations: Mapping Culture [M]. Beijing: Foreign Language Teaching and Research Press, 2014: 185.
⑦ Gregg, M. & Sekeres, D. C. Supporting children's reading of expository text in the geography classroom [J]. The Reading Teacher, 2006(02): 102-110.
⑧ Knapp, P. & Watkins, M. Genre, Text, Grammar: Technologies for Teaching and Assessing Writing [M]. Sydney: University of New South Wales Press, 2005.

者观点或依作者观点采取一定行动。① 共有两种类型：从单一视角阐释某争议性话题，纲要式结构由论点、论据和重申构成；从多视角探讨某争议性话题，纲要式结构由论题、多方论点和裁决构成；两类的纲要式组成均为必选。② 与叙事类、描述类、说明类紧密相关，如论述前说明其成因或描述某种现象，借用叙事引入论题，但语言相对抽象。

（6）多模态类：指运用视觉、听觉、触觉等多种感觉，通过语言、声音、动作、图像等多种手段和符号资源进行交际而形成的语篇类型。③ 克雷斯和鲁文（Kress & Van Leeuwen）从系统功能语言学出发，提出了基于视觉语法互动的分析框架，即从协商、社会距离和态度三方面构建互动意义，设计观众与图像等模态互动的方式。研究者通过使用视觉语法中的目光接触、人物表情、拍摄角度、镜头距离等范畴来分析创作者立场与态度的视觉表征。④ 马丁和怀特（Martin&White）从内嵌（inscribe）和引发（invoke）两个方面来考察各种模态资源如何实现情感、判断、鉴赏等态度意义。⑤ 王正和张德禄在语篇类型结构潜势基础上，通过期刊封面的特征归纳和描述，提出了由图文组成的静态多模态结构原型包含必选成分（图像和文字）和主要可选成分（如出现频率的排序和成分的布局位置等），其中结构的各步骤在页面上的布局是核心和重要手段，影响整个语篇的意义。⑥

合理的阅读教学设计应以语篇分析为主要依据，程晓堂提出包括语篇类型与结构等以教学为目的的语篇分析。⑦《义教课标》提出基于语篇类型的分析模式，即 what（写了什么）、why（为什么写）、how（如何写的）。⑧ 因此，思维可视化阅读教学设计须先深度明晰语篇类型。需要说明的是，我们认为语篇类型比语篇体裁的内涵和范围更广，本书中语篇类型包含语篇体裁。

三、基于语篇类型运用合适的思维可视化工具

语言和图像等模态都具有意义潜势（meaning potential），能实现概念、人际和谋篇三种意义，但其表征手段有所不同。⑨ 任何一个语篇都是为了实现某一交际目的而产生的，不同的交际目的决定了不同的语篇类型，会出现不同的语义成分和语言特征。语篇类型结构潜势（generic structure potential）是指同一语篇类型中语篇结构具有相似的结构，换言之，属于

---

① Nadell, J., Langan, J. & Comodromos, E. A. The Longman Writer: Rhetoric, Reader, Research Guide, and Handbook (9th Ed.)[M]. New York: Pearson Education, 2014.
② Rose, D. & Martin, J. R. Learning to Write, Reading to Learn: Genre, Knowledge and Pedagogy in the Sydney School[M]. Sheffield: Equinox, 2012: 130.
③ 张德禄. 多模态话语分析综合理论框架探索[J]. 中国外语, 2009(01): 24-30.
④ Kress, G. & T. van Leeuwen. Reading Images: The Grammar of Visual Design[M]. London: Routledge, 1996/2006.
⑤ Martin, J. R. & White, P. R. R. The Language of Evaluation: Appraisal in English[M]. London: Palgrave, 2005.
⑥ 王正, 张德禄. 基于语料库的多模态语类研究——以期刊封面语类为例[J]. 外语教学, 2016(05): 15-20.
⑦ 程晓堂. 基于语篇分析的英语教学设计[J]. 中小学外语教学（中学篇）, 2020(10): 2-4.
⑧ 教育部. 义务教育英语课程标准（2022年版）[S]. 北京: 北京师范大学出版社, 2022.
⑨ Kress, G. & van Leeuwen, T. Reading Images: The Grammar of Visual Design[M]. London: Routledge: 1996/2006: 20.

同一语篇类型的语篇结构都应是从这个语篇类型结构潜势中进行选择的结果。[①] 语篇类型结构潜势是所有语篇产生的源泉,包括语义的必要成分、可选成分和重复成分,结构的必要成分及其顺序决定了语篇的类型。以"购物—服务"语篇为例,交易询问、交易回答、出售、购买、交易结束必须出现,属必要(obligatory)成分,还有一些可能不出现的可选(optional)成分。[②] 语篇类型结构潜势与语篇类型的超级结构有很大的相似性,与情景语境关系更密切。

基于上述六类语篇类型的主要特点、四类思维可视化工具的功能和语篇类型结构潜势理论等分析,根据《义教课标》"一至三级+语篇类型内容要求"[③]和初中英语教材中语篇类型的梳理及教学实践,我们完成了基于初中英语语篇类型的常用思维可视化工具(如表3-4所示),以更好地进行思维可视化阅读教学设计。当然,教师在实际教学过程中,思维可视化工具的选择需结合学情、语篇内容等多种因素,以有利于学生建构大概念。

表3-4 基于初中英语语篇类型的常用思维可视化工具

名称	语篇类型				思维可视化工具
	结构潜势	写作目的	《义教课标》要求	初中英语教材梳理	
叙事类	开端、发展、评价、尾声、结局	讲述事件、解决复杂问题、判断性格或行为,分享情绪反应、评论事件、报道时事等。	配图故事、叙事性日记、人物故事、幽默故事、寓言、童话、简版小说、人物传记、新闻专题报道等。	含人物、场景、情节、冲突、高潮和结局等基本要素。	故事情节图、五指图、5W1H、阅读日志、时间轴、轴形图(时钟图)、思维导图
描述类	描述、分类	对实体进行分类和描述、描述实体类型、描述整体的部分等。	人物介绍、物品介绍、地点介绍等。	常出现在叙事类中,对故事背景、人物及其心理活动等进行描述。	蛛形图、气泡图、井字图、表格、层级图、感官图、人形图、网络树、语义网
指示类	活动目的、材料准备、操作步骤	指导活动、规定和禁止行动、阐述程序或步骤等。	活动通知、操作指令、邀请卡、启事、活动安排与计划、宣传海报、宣传册、规则、书面指令、操作指南、使用手册、工具书等。	以某活动具体流程的简单类指示居多,有些是非连续性文本。	流程图、树状图、层级图、蟹爪图、象限图、扇形图、金字塔、括号图、锚图(要点图)

[①] Martin, J. R. English Text: System and Structure[M]. Amsterdam: John Benjamins, 1992.
[②] Halliday, M. A. K. & Hasan, R. Language, Context and Text: Aspects of Language in a Social-semiotic Perspective[M]. Victoria: Deaken University press, 1985: 61-65.
[③] 教育部. 义务教育英语课程标准(2022年版)[S]. 北京: 北京师范大学出版社, 2022: 18.

续表

名称	语篇类型			初中英语教材梳理	思维可视化工具
	结构潜势	写作目的	《义教课标》要求		
说明类	现象、解释	解释序列、另一种可能的原因和影响、一果多因、一个原因的多重影响等。	介绍类短文、科普类短文、操作程序、程序或现象说明、事理阐释等。	一般针对具体或常见事物,偶尔也涉及抽象现象。	鱼骨图、复流程图、双气泡图、对比矩阵、圆圈图、蟹爪图、象限图、扇形图、金字塔、KWL、T形图
论说类	论点、论据和重申或论题、多方论点和裁决	为一个立场而争论、讨论两个或两个以上的立场等。	简单的说理类文章等。	以单一视角的辩论方式最常见。	括号图、韦恩图、OREO、方案规划图、双气泡图、桥型图
多模态类	文字和图像、音频、视频等,出现频率的排序和成分的布局位置	表达对人、事、物的立场和态度。	生日及新年贺卡、网页、电子邮件、歌曲、韵文、剧本、图示、图片(表)、视频、广告、天气预报、广播、电视、网络节目等。	以图文静态多模态为主。	思维导图、树状图、气泡图、表格、KWL

四、案例分析

1. 叙事类:沪教版 8B Unit 5 Blind man and eyes in fire drama

内容简介:主人公 John 和导盲犬 Charlie 互帮互助,最终解决三次危机,安全逃生,情节曲折动人。

设计说明:语篇为人物故事,结构潜势的成分包括开端、冲突、发展、高潮、尾声和结局,写作目的是讲述事件。根据图形组织器中故事情节图的功能,适合设计下图(案例 3-51)引导学生把握故事要素,分析文章脉络,培养学生独立解决问题的能力,促进学生思维从低阶到高阶稳步发展。此外,教师还可通过复述丰富学生的语用经历,将主题意义潜移默化地迁移至现实生活,帮助学生理解故事主题,培养未来生活可能遇到困难的问题解决能力。

2. 描述类:沪教版 8A Unit 6 Nobody wins(I)

内容简介:太空船长 King 和船员 Lam、Peters 等在外星遭遇怪物 Gork,最终机智逃脱。

设计说明:语篇是人物介绍,结构潜势的成分有描述和分类,写作目的是对人物进行分类和描述。作为科幻主题的带有个人情感的主观描述,文中有大量对白和对场景、人物、心理活动等的描述,语篇篇幅长,难度较高。结合表格的功能,教师适合设计下表(案例 3-52)

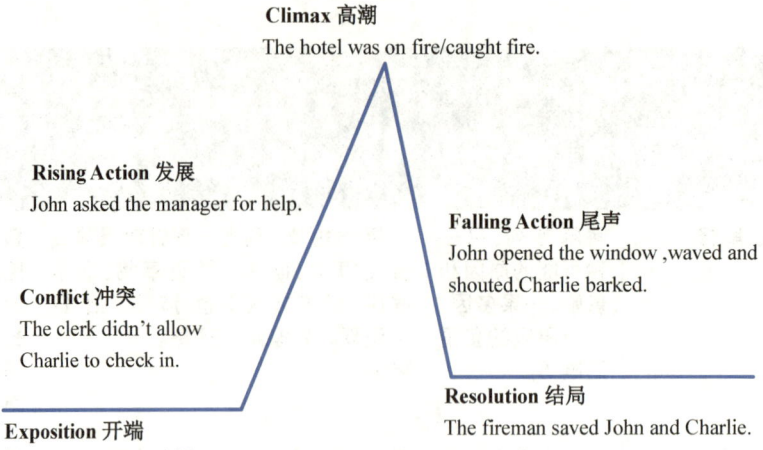

Climax 高潮
The hotel was on fire/caught fire.

Rising Action 发展
John asked the manager for help.

Falling Action 尾声
John opened the window, waved and shouted. Charlie barked.

Conflict 冲突
The clerk didn't allow Charlie to check in.

Resolution 结局
The fireman saved John and Charlie.

Exposition 开端
Main Characters 人物 John, Charlie, the clerk/manager/fireman.
Setting 场景 In the evening. At the Dragon Hotel.

案例 3-51　故事情节图

Characters	Personality	Language	Action
King	confident, brave ...	Trust me. We're all going to live!	landed on an unexplored planet ...
	calm, careful ...	It's clearly partly human ... We'll wait.	said quietly, approached the doors carefully ...
		Mr Gork, it is true that we are aliens, but why can't we be friends? Believe me, sir, we come in peace.	
Lam	smart, wise ...	I have a plan and "Nobody" is part of it. You'll see.	thought fast ...
	gentle ...	You were wrong about the monster being friendly, weren't you? And why did you say your name was "Nobody"?	brought us down gently ...
Peters	frightened, timid ...	Let's get out of here. This is the home of a monster.	turned towards, voice shook ...
	hopeful ...	I hope your plan's a good one, sir.	was lost ...
Gork	surprised ...	Aliens! Aliens in my cave! How did you get in here?	shouted ...
	fierce ...	You're aliens and we kill all aliens in this valley ...	gave a roar ...
	vain, arrogant ...	You come in peace, but tomorrow you'll be in pieces ... you'll be the last one to die.	pressed a button ...

案例 3-52　表格

为学生搭建学习支架,梳理语篇脉络,通过船长和怪物等人物角色的语言和行为总结其性格特征。这样的可视化输出帮助学生化繁为简,提升归纳、总结、概括、评价等高阶思维,达到应用实践、知识迁移的目的,使深度学习有效发生。

3. 指示类:沪教版 7A Unit 2 Taking care of new puppies

内容简介:动物保护者协会 SPCA 的宣传册从三方面介绍怎样照看小狗。

设计说明:语篇是宣传册,结构潜势的成分有 SPCA 发放宣传册的目的、照看小狗的准备和操作步骤,写作目的是阐述步骤。宣传册为非连续性文本,针对的特定对象是小狗,属家庭生活的简单类指示。基于思维地图——树状图的功能适用于归类、整理,教师可设计下图(案例 3-53)将语篇内容清晰呈现,避免碎片化,同时让学生体验、感知、学习和运用语言,加深对主题的理解。

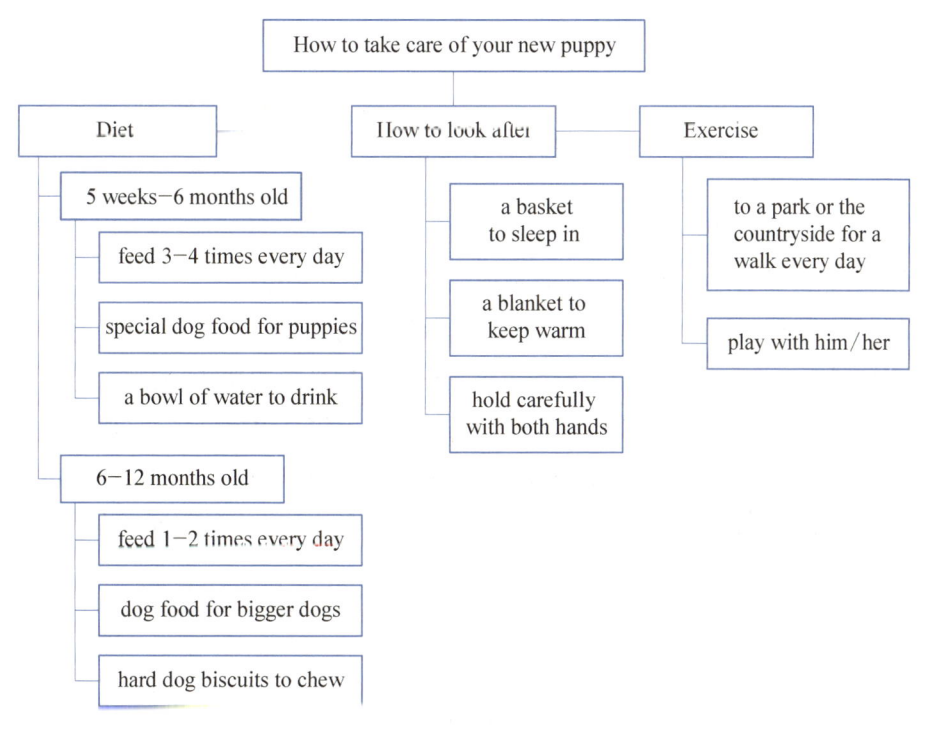

```
                    How to take care of your new puppy
                    /            |              \
                Diet        How to look after    Exercise
                /                |                  \
        5 weeks-6 months old   a basket        to a park or the
                                to sleep in     countryside for a
        feed 3-4 times every day                walk every day
                               a blanket to
        special dog food for puppies  keep warm   play with him/her
        
        a bowl of water to drink    hold carefully
                                    with both hands
        6-12 months old
        
        feed 1-2 times every day
        
        dog food for bigger dogs
        
        hard dog biscuits to chew
```

案例 3-53 树状图

4. 说明类:沪教版 9B Unit 1 The green consumer

内容简介:首先描述现象:地球环境受到威胁;接着具体解说地球面临的四大问题:温室效应、臭氧层破坏、森林砍伐、人类的不良习惯;结尾呼吁做一名更环保的消费者。

设计说明:语篇是向读者提供客观信息的专业性科普说明,结构潜势的成分为现象和解释,写作目的是解释一果多因。根据图形组织器因果类——鱼骨图的功能,教师可指导学生设计下图(案例 3-54)将主要问题(环境恶化成因分析)可视化,整理思维。

77

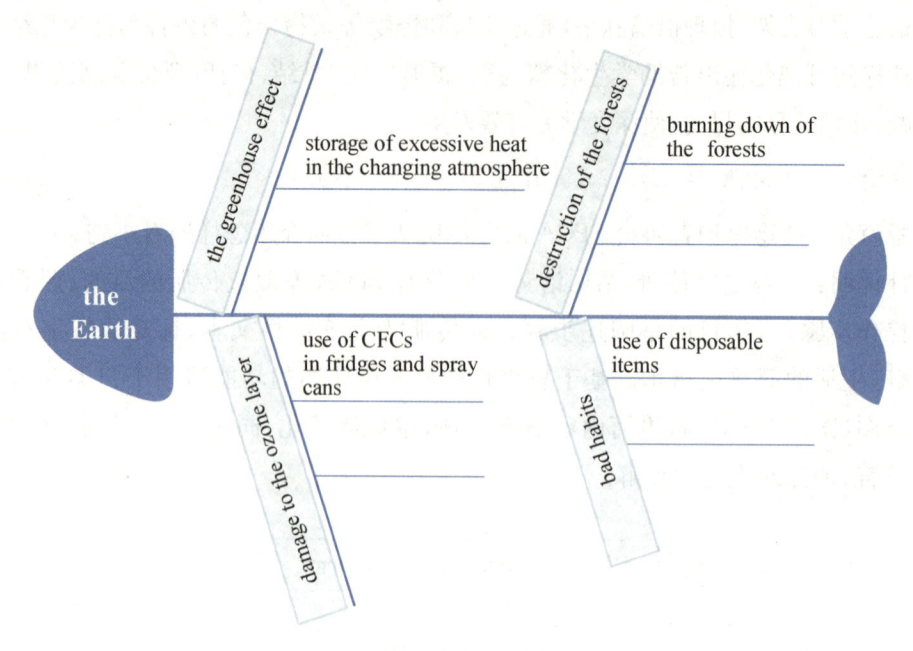

案例 3-54　鱼骨图

5. 论说类：沪教版 9A Unit 3 Head to head

内容简介：正反双方围绕话题"养宠物狗好不好？"展开辩论。

设计说明：语篇属从单一视角阐释争议性话题，结构潜势的成分由论点、论据和重申构成，写作目的是为一个立场而争论。根据思维地图——括号图的功能，教师可引导学生设计下图（案例 3-55），从图片、小标题、段首句和关键词汇等信息中提炼主题，理清各论点和论据之间的逻辑关系，同时可结合写作手法、语言知识等进行读、写、说等融合训练。学生从中也学会如何表达自己的观点，并在"观点对碰"过程中学会欣赏他人的不同观点。

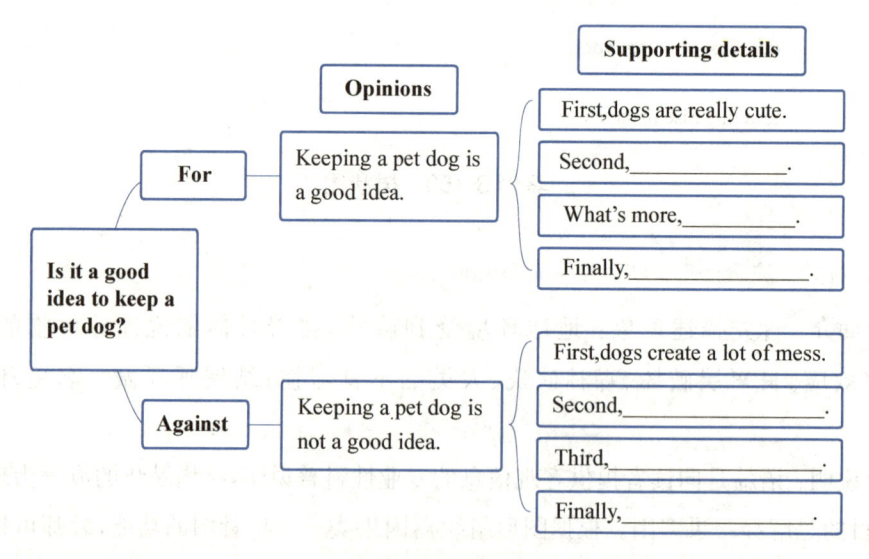

案例 3-55　括号图

6. 多模态类：沪教版 7B Unit 8 My ideal school

内容简介：师生畅谈想看到学校有哪些变化。

设计说明：语篇属图文组成的静态多模态，结构潜势的成分有文字和图像、出现频率的排序和成分的布局位置，写作目的是表达对事情的立场和态度。语篇有语言、图片、对话、调查(含条形图)等多种手段和符号资源，内容排序依次为 Look and read、Ask and answer、A survey 和 A report，其中 Look and read 布局为核心位置，由六幅不同的配图构成，影响整个语篇的意义。鉴于语篇内容涉及面广且布局排列无逻辑，根据思维导图的功能，教师适合设计下图(案例 3-56)引导学生进行类别归并、主次区分，将碎片化、无序化的信息有序化、结构化。同时，可以小组合作进行发散思维，增加建议并评价，培养学生初步的批判性思维能力。在此过程中，教师将学习理解类活动和应用实践类活动进行可视化呈现，并引导学生在迁移创新类活动中解决现实生活中的问题。

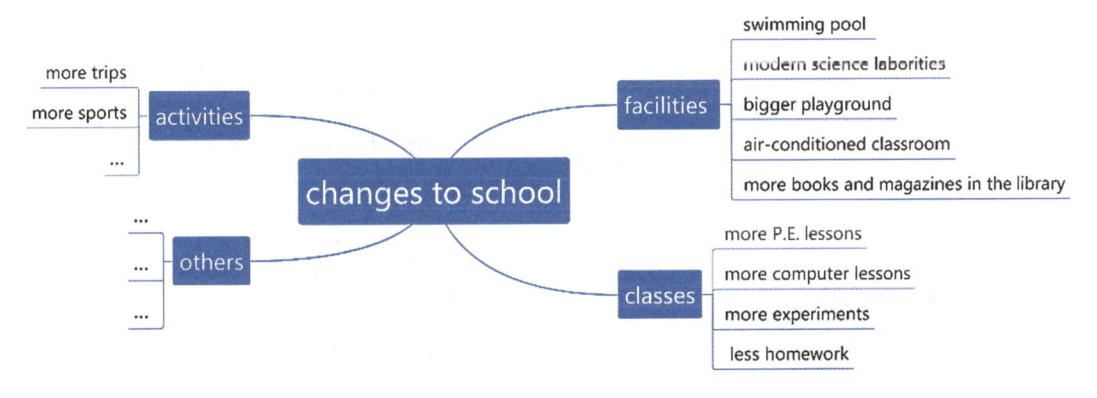

案例 3-56　思维导图

需要指出的是，同一语篇类型可以有多种思维可视化工具，具体要基于学情、语篇内容等多种因素。以一节初三英语拓展阅读课《Michael Jordan's Open Love Letter to Basketball》为例，该语篇是叙事类，是乔丹写给篮球的一封公开信，当年在乔丹退役之日发表于各大报纸。信中乔丹按时间顺序，记录了他眼中与篮球的重要时刻，并采用拟人的修辞手法，饱含深情地描述了与其相识、相知、相恋的心路历程；在信末的部分，更是采用了大量的排比句抒发感情。整封信语言含蓄优美，感情真挚、打动人心。在阅读教学过程中，为了帮助学生更好地理解乔丹的情感，教师可以提供时间轴与情感折线图(案例 3-57)两项思维可视化工具。学生可以自主选择，生成两者结合的全新工具，完成文本分析。由此，教师不但可以检验学生的阅读理解是否充分、到位，还可以基于主题语境达成"文本与我"的联系，将文本内容问题化，问题思维化，思维可视化，育人价值明显。

当然，不同的语篇类型也可用同一种思维可视化工具。例如，思维地图之括号图可以用于论说类语篇(案例 3-58)，也可用于说明类语篇(案例 3-59)、指示类语篇(案例 3-60)或叙事类语篇，等等。

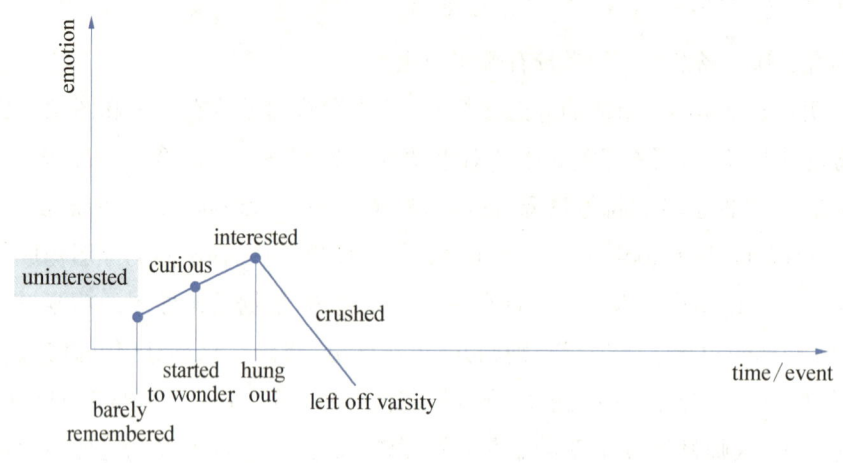

案例 3-57　时间轴与情感折线图

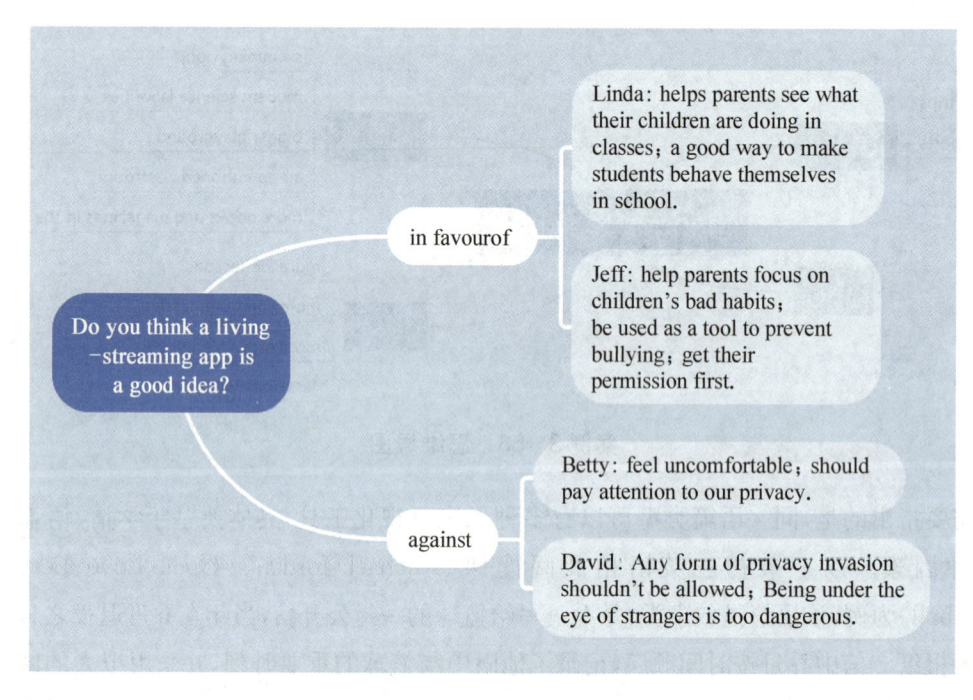

案例 3-58　论说类(括号图)

7. 非连续性文本

《义教课标》中专门提出非连续性文本(non-continue texts)的语篇类型,如图表、图示、网页、广告等。[①]

非连续性文本可能是单一的说明文、记叙文、议论文、应用文等语篇类型,也可能含说明文、记叙文、议论文、应用文、多模态等多种语篇类型。

[①] 教育部. 义务教育英语课程标准(2022 年版)[S]. 北京:北京师范大学出版社,2022:17.

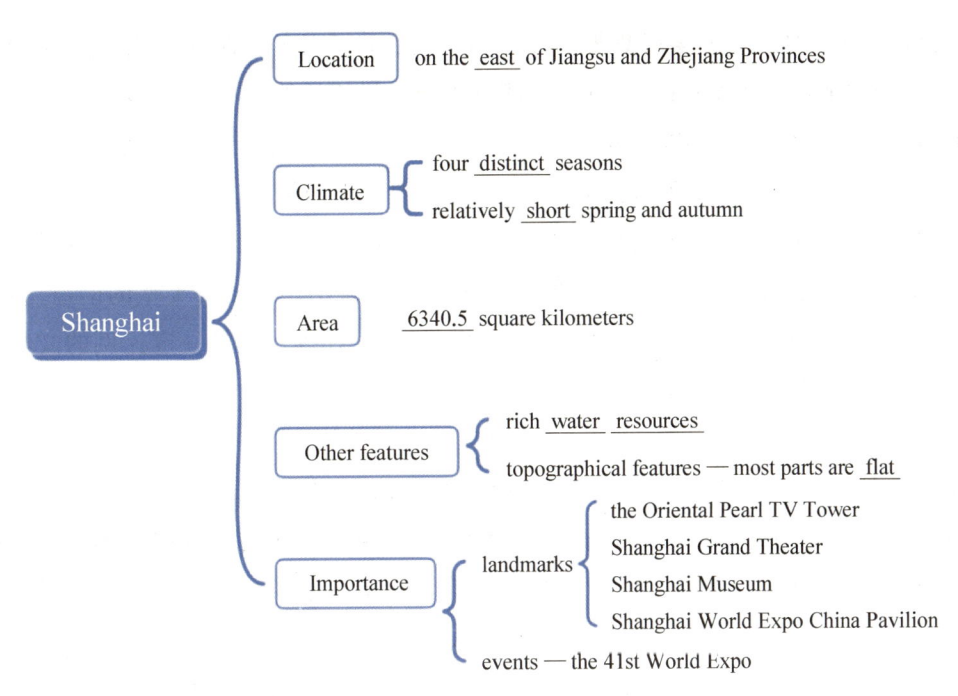

```
                    ┌─ Location ───── on the east of Jiangsu and Zhejiang Provinces
                    │
                    │              ┌─ four distinct seasons
                    ├─ Climate ────┤
                    │              └─ relatively short spring and autumn
                    │
   Shanghai ────────┼─ Area ──────── 6340.5 square kilometers
                    │
                    │                   ┌─ rich water resources
                    ├─ Other features ──┤
                    │                   └─ topographical features — most parts are flat
                    │
                    │                   ┌─ landmarks ┌─ the Oriental Pearl TV Tower
                    │                   │            ├─ Shanghai Grand Theater
                    └─ Importance ──────┤            ├─ Shanghai Museum
                                        │            └─ Shanghai World Expo China Pavilion
                                        └─ events — the 41st World Expo
```

案例 3-59　说明类(括号图)上外教版 Book 3 Shanghai

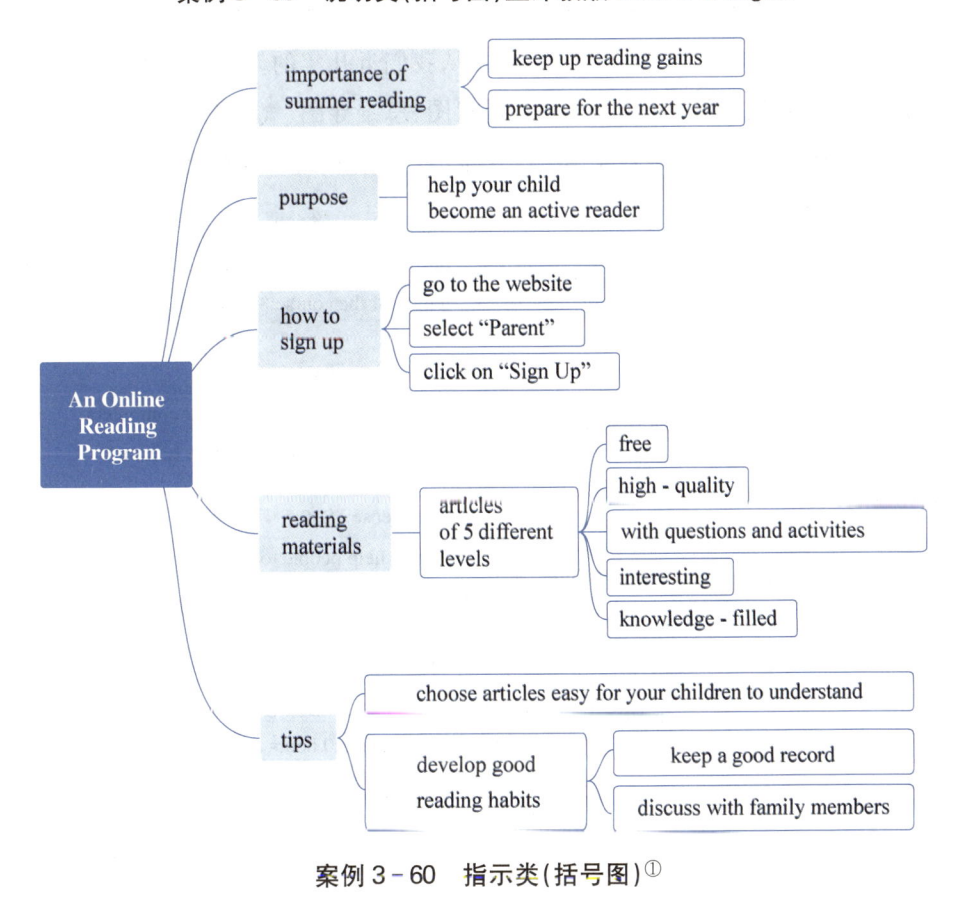

```
                         ┌─ importance of ──┬─ keep up reading gains
                         │  summer reading  └─ prepare for the next year
                         │
                         ├─ purpose ──── help your child become an active reader
                         │
                         │                 ┌─ go to the website
                         ├─ how to ────────┼─ select "Parent"
                         │  sign up        └─ click on "Sign Up"
   An Online ────────────┤
   Reading               │                                      ┌─ free
   Program               │                  ┌─ articles         ├─ high-quality
                         ├─ reading ────────┤  of 5 different ──┼─ with questions and activities
                         │  materials       └─ levels           ├─ interesting
                         │                                      └─ knowledge-filled
                         │
                         │           ┌─ choose articles easy for your children to understand
                         └─ tips ────┤
                                     └─ develop good ──┬─ keep a good record
                                        reading habits └─ discuss with family members
```

案例 3-60　指示类(括号图)①

---

① 芮学国. 中考英语深度阅读 20 周[M]. 上海：同济大学出版社，2021：99.

非连续性文本作为一种运用型文体，更为真实地反映了现实生活，最初出现在2000年的"学生国际测评项目"PISA测试中。PISA测试中是这样描述的："与'连续文本'形式不同，它不是以句子为最小单位，需要不同于'连续性文本'的阅读策略的文本，也可看作是由表单构成的文本。"《义务教育语文课程标准（2011年版）》要求第四学段（7—9年级）学生能"阅读由多种材料组合、较为复杂的非连续性文本"。[①] 随后，高中课标指出：教师和教材编写者在选择语篇时，应注意长短适中，由易到难，尽量涵盖实际生活中的各种类型的语篇，包括多模态语篇，还应注意文学性和非文学性语篇的合理比例，在确保选择一定比例的文学性语篇的同时，注意为学生提供体验非连续性文本的机会，提高他们对非连续性文本的解读能力。[②]

综合文献研究和《义教课标》、高中课标等，我们认为，非连续性文本分为图（图表）文结合和同一主题下的纯文本材料的信息组合体，即按照某个话题或事物来展开，多角度、多方面，即使分散开来依然能在一定的逻辑方式下拼凑起来，顺序上不完整，但仍旧能表达主题意思。

2009年，上海市部分学生参加PISA测试夺得全球第一，但非连续性文本分量表与连续性文本分量表成绩差异高达25分，这值得我们反思。从近些年的情况来看，非连续性文本阅读一直是学生的薄弱环节，需要教师引起重视。从我们近几年的教学实践来看，适用于非连续性文本的思维可视化工具主要有括号图、树状图、思维导图、气泡图、表格等，以下为基于近年上海市中考和相关区模拟试题非连续性文本语篇制作的思维可视化工具。

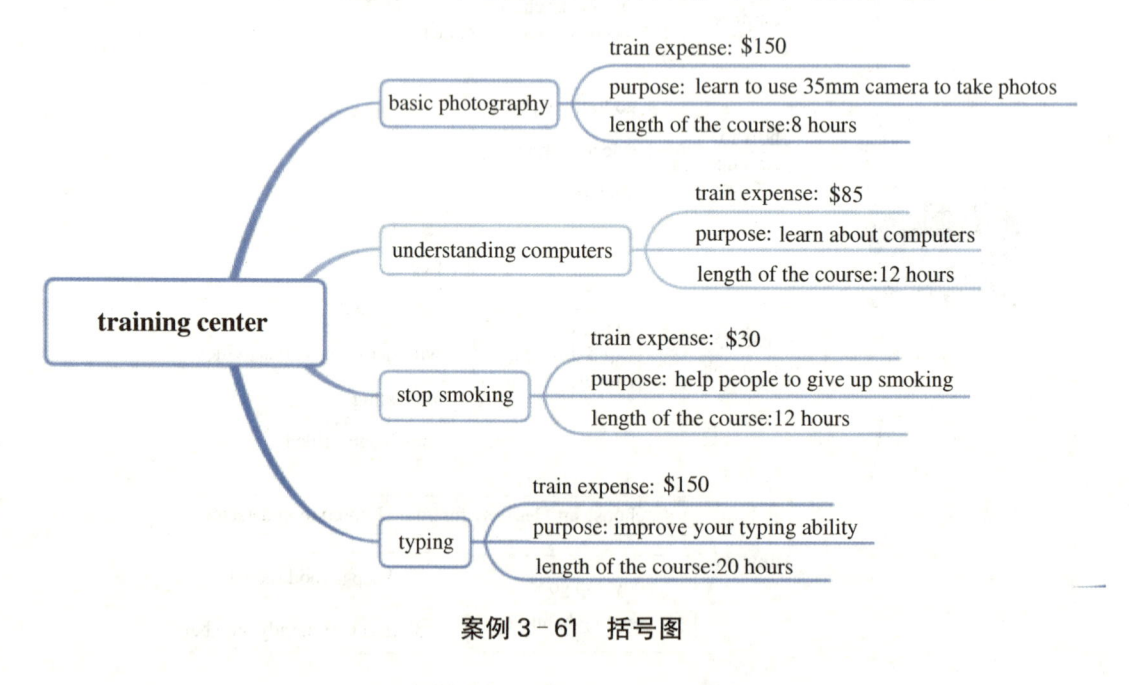

training center
- **basic photography**
  - train expense: $150
  - purpose: learn to use 35mm camera to take photos
  - length of the course: 8 hours
- **understanding computers**
  - train expense: $85
  - purpose: learn about computers
  - length of the course: 12 hours
- **stop smoking**
  - train expense: $30
  - purpose: help people to give up smoking
  - length of the course: 12 hours
- **typing**
  - train expense: $150
  - purpose: improve your typing ability
  - length of the course: 20 hours

案例 3-61　括号图

[①] 教育部.义务教育语文课程标准（2011年版）[S].北京：北京师范大学出版社，2012：15.
[②] 教育部.普通高中英语课程标准（2017年版2020年修订）[S].北京：人民教育出版社，2020：18.

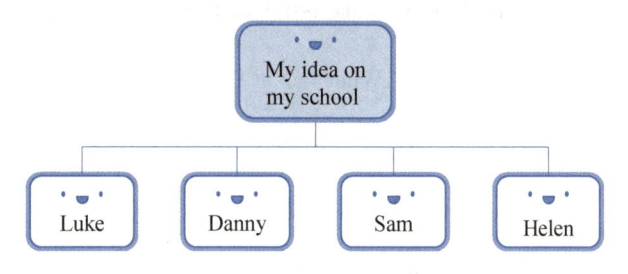

案例3-62　树状图

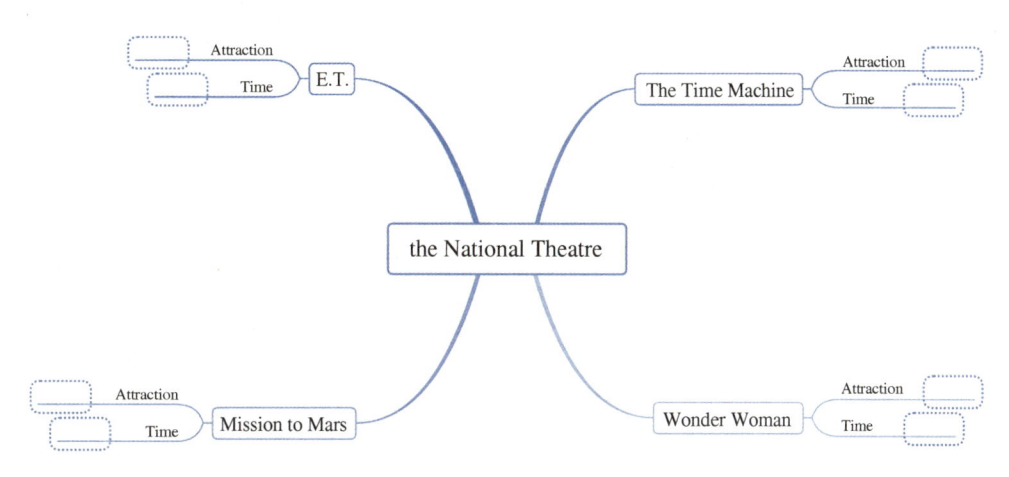

案例3-63　思维导图

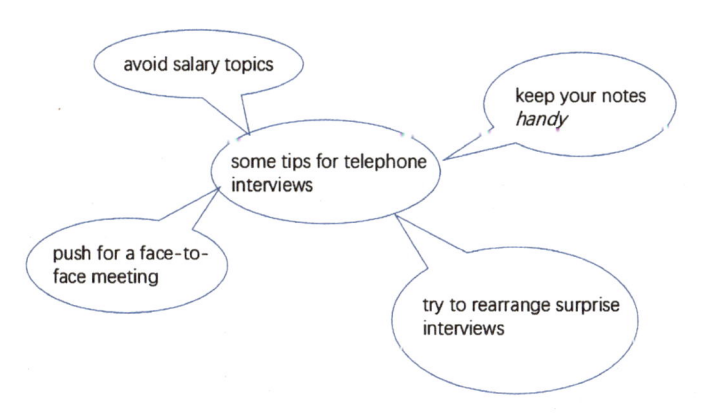

案例3-64　气泡图

How to Have a Successful Teenage Life?		
How	What	Why
Do well at school	listen to teachers carefully	enter a better university
	do homework seriously	get a great job in the future
	face difficulties bravely	
Find your goals and work towards them (work towards non-job-related goals first)	get good grades at school	know yourself better
	join a team sport	be surprised at what you can do
	take up a hobby	
Have good friends	create a group of supportive loving friends	support you and lift your spirits
		help you succeed in life and live your dreams
Help out in your community	find volunteer opportunities that interest you	improve yourself and make you happier
		taste different parts of life
		make a big difference in the world

案例 3-65　表格

第三节　分析七种语篇模式来促进有效的理解与迁移

一、语篇模式的内涵

语篇模式不同于语篇。由于不同的交际目的，人们在长期的应用过程中逐渐形成了具有特定形式和功能的语篇模式。每种语篇模式都是一个关于该类型语篇的意象图式（Image Schema），它是这种类别的语篇的认知模型，某一个类别的语篇的多个类似的认知模型的概括，构成该类语篇的理想化的认知模型（Idealized Cognitive Model）。理想化的认知模型是人们在认识事物、理解世界的过程中对某领域中经验和知识所形成的抽象的、统一的、理想化的组织和表征结构。① 语篇模式（textual pattern）是通过语言社团长期的积累并在以往经验

---

① Lakoff, G. Cognitive models and prototype theory [A]. In Neisser, Ulric (ed.). Concepts and Conceptual Development: Ecological and Intellectual Factors in Categorization [C]. New York: Cambridge University Press, 1987: 63-100.

的基础上形成的一些程式化或定型的语篇组织形式或策略。① 语篇模式是语篇中各个主要部分的组合结果,句际关系注重的是语篇的微观结构,而语篇模式关心的是语篇的宏观结构。② 语篇模式是篇章深层次的寓意结构,能体现篇章的主要思想和脉络,决定着篇章整体语义连贯,控制篇章各部分之间的关联。③

综上所述,语篇模式是一种宏观的组织结构,是基于语篇的整体性、层级性和连贯性特征对其内部结构的宏观描写,是语篇知识的主要内容。语篇模式教学可以弥补传统教学中文本微观教学(字、词、句)的不足,改变学生阅读中见树不见林的阅读习惯。④ 对于语篇模式的分析有助于提高学生的篇章意识和阅读效果,从而提升学生的阅读能力。⑤

二、语篇模式的分类

以霍依(Hoey)为代表的语言学家对语篇模式做了较为深入的研究,总结出了常见的七种语篇模式。⑥

1. 叙事模式(Narrative Pattern)

叙事模式由拉波夫(Labov)根据随意谈话的自然叙事顺序提出,整个叙事结构包含六个环节,常用来分析含有较多叙事成分的语篇。⑦ 叙事模式包含点题、定位、进展、评价及结尾(结局和回应)等部分。点题即所描述事情的简要概括。定位是故事发展的脉络和走向,交代事件、地点及人物(有的语篇也将两部分放在一起描述,可称为开端或背景信息)。进展是叙事内容的主体部分,由故事的主要事件组成。评价包括故事中角色对发生事情的评价,也包括文章作者的评价。结尾即作者对故事给出的结果。

2. 问题—解决模式(Problem-Solution pattern)

问题—解决模式由比尔兹利(Monroe C. Beardsley)于 1950 年首次提出,霍依(Hoey)在此基础上进一步发展,认为在较复杂的语篇中分析步骤可重复或循环使用。⑧ 语篇起始部分的设问通常充当语篇的主题句,起着统领整个语篇的作用。此类型的语篇模式有多种变体,

---

① Hoey, M. On the Surface of Discourse[M]. London: George Allen & Unwin, 1983. Textual Interaction: An Introduction to Written Discourse Analysis[M]. London: Routledge, 2001.
② 黄国文. 语篇分析概要[M]. 长沙:湖南教育出版社,2001.
③ 翟学凤. 基于语篇模式理论的语篇分析与阅读理解:兼谈对大学英语阅读教学的启示[J]. 学术探索,2015(12):147-152.
④ 杨丽纳. 语篇模式视域下的英语阅读教学[J]. 郑州铁路职业技术学院学报,2014(04):89-91.
⑤ 苗兴伟. 语篇结构研究:理论与模式[J]. 中国外语研究,2017(09):3-13.
⑥ Hoey, M. On the Surface of Discourse[M]. London: George Allen & Unwin, 1983. Textual Interaction: An Introduction to Written Discourse Analysis[M]. London: Routledge, 2001.
⑦ Labov, W. Language in the Inner City: Studies in the Black English Vernacular[M]. Philadelphia University of Pennsylvania Press, 1972.
⑧ Hoey, M. On the Surface of Discourse[M]. London: George Allen & Unwin, 1983.
Hoey, M. Textual Interaction: An Introduction to Written Discourse Analysis[M]. London: Routledge, 2001.

呈现出不同层级间的问题—解决模式,体现在段内小句之间或者段落与段落之间的关系,也可能是标题与正文的关系或者是文字与图表的关系。此外,该模式还可以进行层级迭代,产生新的包含问题—解决模式的语篇模式。问题—解决模式最常见的表征方式为提问,其变体为对事物的叙述或对现象的描述。该模式通常包含如下部分:S[situation(情景)]-P[problem(问题)]-R[response(解决)反应]-E[evaluation(结果/评价)]。这个序列可能在顺序上会有所调整,也可能会缺少某个环节,也有可能会出现多个不同层级的"问题—解决、问题—解决"的模式。

3. 概括—具体模式(General-Specific pattern)

概括—具体模式又称为一般—特殊模式或总说—分说模式。模式通常由三部分组成:概括陈述(GS-General Statement)、具体陈述(SS-Specific Statement)、总结陈述(GS-General Statement)。也就是说,文章是先概括,后举例;或先整体,后细节。结构上也称为"总—分—总"。不完整的情况下,可能只有"总—分"或"分—总"。这种模式常见于自然科学、社会科学等的论说文中。说明方法多样,如举例子、作比较、分类别、析因果、列数字、作诠释、打比方、下定义、列图表、作引用、作假设等。

4. 机会—获取模式(Opportunity-Taking pattern)

机会—获取型多用于商务交际、广告、报刊启事、叙述语篇中,往往有明显的标志词汇,其宏观结构由情景、机会、获取、结果组成,其中情景可以根据实际列为或不列为考虑因素。在此模式中,终极结果是肯定或不可弥补的否定,否则模式就会循环运作(假如结果是可循环结果,即可弥补,可再商量的否定)。

5. 主张—反应模式(Claim-Response pattern)

主张—反主模式又称主张—反主张模式(Claim-Counterclaim pattern)或假设—真实模式(Hypothetical-Real pattern)。该模式的宏观结构有情景、主张、反应三个组成部分,其中情景为语篇提供背景信息,而情景很多情况下是可有可无的(optional)。所以说该模式的核心成分就是主张与反应。在主张部分,作者陈述他人或自己的已经说过的但没有认同其真实性的观点或情况,有时可根据需要同时提供该观点或情况的理由;在反应部分,作者对主张部分中的观点或情况的真实性阐明自己的看法或观点,即支持或反驳、肯定或否定(修正)主张部分提出的观点或情况,并一般给出相应的理由。当然,反应有时不一定是作者本人的看法或观点,而是作者提出另一方的主张或者是描述真实的情况。主张和反应是整个语篇的核心组成部分,不可缺失。

6. 匹配模式(Matching pattern)

匹配模式是指在同一语义范畴内两个或两个以上的语义单位的比较,或者同一语义单位下各个层面的比较。如果语义单位之间呈现出重复性和对应性,这种关系模式就被称为相容匹配;如果语义单位之间呈现出对立性和异质性,这种关系模式就被称为对立匹配。匹配语篇模式的标识是重复或结构上的平行关系,包括句法结构与语义上的重复。此外,词汇标识、释义和问题回答等也可用来识别匹配模式。

7. 提问—回答模式(Question-Answer pattern)

提问—回答模式与问题—解决模式最大的不同之处是提问—回答模式会在开头设置问题,语篇的发展主要是寻求对这一问题的满意答案。这种模式通常出现在演讲、小说和说明文等文体中。作者采用自问自答的形式展开说明,通过问句引起听众和读者的注意。一般来说,它由情境(S-Situation)(不一定出现)、提问(Q-Question)、回答(A-Answer)这三部分组成。以说明文为例,提问部分就是等待被解决的困难。

结合《义教课标》对语篇类型内容的要求和初中英语教材,教师在思维可视化阅读教学设计时,可先熟悉霍依(Hoey)(1983,2001)提出的七类常见的语篇模式的特点。当然,一个语篇不一定只有一个语篇模式,有时较长的语篇可能含有几个不同的语篇模式,如:叙事型常被嵌入议论文,作为论据支持作者的观点。[1]

二、语篇模式的标志词汇

教师应引导学生关注语篇模式的标志词汇,它们既是分析段落内部句子间关系的依据,又是指示较长语段和整个语篇的内在组织逻辑的标记。[2] 下表为我们基于国内外专家的研究成果梳理的初中英语语篇模式的主要特点和常见标志词汇(如表3-5所示)。

表3-5 初中英语语篇模式的主要特点和常见标志词汇

语篇模式	构 成	主要特点	常见标志词汇
叙事型 (Narrative pattern)	点题、定位、进展、评价及结尾	点题为事情的简要概括;定位是故事发展脉络,交代事件、地点及人物(有时两部分放一起称为开端或背景);进展是主体,由主要事件组成;评价含角色对发生事情的评价,也含文章作者的评价;结尾即作者给出的结果。	as soon as, as a result, finally, it happened (that), in the end, luckily, long ago, once upon a time, once, one day, one winter morning, on a freezing day, since then, successfully, then, unfortunately, when, v + ed 等。

---

[1] McCarthy, M. & Carter, R. Language as Discourse: Perspectives for Language Teaching [M]. London & New York: Longman Group Ltd., 1994: 62.
[2] Hoey, M. On the Surface of Discourse[M]. London: George Allen & Unwin, 1983.
　　Hoey, M. Textual Interaction: An Introduction to Written Discourse Analysis[M]. London: Routledge, 2001.

续 表

语篇模式	构 成	主要特点	常见标志词汇
问题—解决型 (Problem-Solution pattern)	情景、问题、回答、评价或结果	问题是主题句,统领语篇;还可产生新的问题—解决模式,其变体是对现象的描述或对事物的叙述。	adventure, answer, change, come up with, consequence, concern, drawback, difficulty, find, dilemma, drama, develop, difficult, effective, escape, freedom, measure, manage, obstacle, outcome, overcome, problem, poor, reply, respond, suddenly, safe, safely, solution, succeed, solve, safety, sensible, trouble, trap, way, wise, work 等。
提问—回答型 (Question-Answer pattern)	情境(可无)、提问、回答	开头设置问题(疑问句),语篇的发展是寻求对问题的满意答案。	How do youths spend their incomes? How to solve it? Too expensive? What's the problem? What would you like? contact, information, look forward to, would like 等及问与答之间的重复。
一般—特殊型 (General-Specific pattern)	概括陈述、具体陈述、总结陈述(可无)	又称概括—具体型或总说一分说型。先概括后举例或可先整体后细节。	for example, for instance, idea, opinion, reaction, such as, take … for example, the case in point is, thought 等及重复。
机会—获取型 (Opportunity-Taking pattern)	情景(可无)、机会、获取、结果	从机会出现开始,结果或是肯定或否定,若为可弥补的否定结果,模式就会循环。	chance, fill out the form, gift, membership, opportunity, offer, outstanding, once in a lifetime, once in a blue moon, prize, rare, register, sale, spend, special, unique, unusual, win 等。
主张—反应型 (Claim-Response pattern)	情景(可无)、主张、反应	又称假设—真实型、主张—反主张型。主张部分陈述自己或他人说过的但未认同其真实性的情况或观点;反应部分为肯定或否定、支持或反驳,并进一步阐明理由。	accept, acknowledge, appear, affirm, agree, assertion, assumption, according to, belief, could, correct, claim, confirm, consider, contradict, challenge, deny, dismiss, disagree, dispute, expect, evidence, fact, feel, false, guess, hold, in fact, in reality, imagine, illustration, know, look, lie, likely, mistake, might, opinion, object to, prove, perhaps, probably, real, right, reason, say, state, suggestion, should, seem, suppose, think, true, theory, would, wrong 等。

续 表

语篇模式	构 成	主要特点	常见标志词汇
匹配型 (Matching pattern)	比较事物之间的异同,包括对立匹配或相容匹配	重复或结构上的平行关系,含句法结构与语义上的重复。	and, also, additionally, besides, but, different, however, in contrast, instead, in other words, while, in addition, what's more, on the other hand, similarly, that's to say, the other way round, on the contrary, same, whereas 等及同义词替换、反义词的对应或重复相同词汇。

四、语篇模式、语篇类型与思维可视化工具的选择

语言教师的首要任务是帮助学生识别教学中的语篇类型及语言特征。[①] 接触和学习不同类型的语篇,熟悉常见的语篇形式,把握不同语篇的特定结构、文体特征和表达方式,不仅有助于学生加深对语篇意义的理解,还有助于他们使用不同类型的语篇进行有效的表达与交流。[②] 语篇类型不同,建构的语篇模式也不相同。《义教课标》的"英语学习活动观"涉及学习理解、应用实践和迁移创新三个层次。因此,思维可视化阅读教学设计应从语篇理解的三个层次展开,包括基于语篇、深入语篇和超越语篇。思维可视化程度越高,越有利于学生更好地理解语篇,阅读教学的学习支持设计关键之一是思维可视化工具的选择与运用。[③] 因此,明晰思维可视化工具适用的语篇类型和语篇模式,有利于思维可视化阅读教学设计。

基于上述七类语篇模式和四类思维可视化工具的功能,根据《义教课标》"一至三级+语篇类型内容要求"[④]和教学实践,我们完成了初中英语常见语篇模式、语篇类型与思维可视化工具表(如表3-6所示)。教师进行阅读教学设计时,应根据语篇模式的特点和不同语篇类型的内容要求,结合学情、思维可视化工具的功能等开展教与学的活动。

表3-6 初中英语常见语篇模式、语篇类型与思维可视化工具表

语篇模式	语篇类型		思维可视化工具
	Hoey,1983/2001	教育部,2022	
叙事型	含有较多叙事成分的各类语篇	配图故事、叙事性日记、人物故事、幽默故事、寓言、童话、简版小说、人物传记、简讯、专题报道等	故事情节图、五指图、时间轴、轴形图(时钟图)、流程图、感官图、气泡图、KWL、任务单、阅读日志

---

① Martin, J. R. & Rose, D. Interacting with text: The role of dialogue in learning to read and write[J]. Foreign Languages in China, 2007(05): 66—80.
② 教育部. 普通高中英语课程标准(2017年版2020年修订)[S]. 北京:人民教育出版社,2020:17.
③ 徐继田. 以大观念为核心的高中英语单元学习设计范式[J]. 基础外语教育,2022(05):9—17.
④ 教育部. 义务教育英语课程标准(2022年版)[S]. 北京:北京师范大学出版社,2022:18.

续 表

语篇模式	语 篇 类 型		思维可视化工具
	Hoey,1983/2001	教育部,2022	
问题—解决型	广告、说明文、科技文章、实验报告、故事、短篇小说和戏剧等	广告、介绍类短文、科普类短文、专题报道、人物故事、简版小说、童话、剧本等	任务单、阅读日志、故事情节图、时间轴、流程图、气泡图、蛛形图、鱼骨图、树状图、复流程图、要点图
提问—回答型	演说、说教、政论、报道等较长的语篇	日常对话、独白、操作程序、程序或现象说明、事理阐释、专题报道、简单的说理类文章等	思维导图、鱼骨图、锚图(要点图)、气泡图、T行图
一般—特殊型	说明文、自然科学和社会科学的论说文、百科全书、其他参考、文学作品等	规则、书面指令、操作指南、使用手册、工具书(词典、语法书)、简单的说理类文章、人物介绍等	思维导图、表格、流程图、鱼骨图、圆圈图、复流程图、OREO、方案规划图
机会—获取型	商务、广告、报刊启事、叙述语篇等	活动通知、操作指令、邀请卡、启事、活动安排与计划、宣传海报、宣传册、菜单、购物单、广告等。	树状图、锚图(要点图)、流程图、层级图、金字塔
主张—反应型	辩论、评论、政治新闻、报纸杂志的读者来信等	简单的说理类文章、常见的网络媒体语篇、社交媒体信息、新闻报道等	括号图、韦恩图、思维导图、双气泡图、对比矩阵、OREO、桥型图
匹配型	说明文、议论文、书信、叙事结构、诗歌等	人物介绍、物品介绍、地点介绍、简单的说理类文章、书信、配图故事、歌曲、韵文、诗歌等	表格、KWL、双气泡图、对比矩阵、象限图、扇形图、蟹爪图、人形图

五、案例分析

1. 叙事型模式

语篇来源:沪教版 7B Unit 5 The happy farmer and his wife

内容简介:幸运女神因农夫夫妻善良勤劳,想帮他们实现三个愿望,但被婉拒。

设计说明:语篇类型为含有较多叙事成分的童话故事,属"人与自我"主题范畴"生活与学习"主题群中的子主题——丰富、充实、积极向上的生活。语篇包括点题、定位(事件、地点及人物)、进展、评价及结尾;标志词汇有 Long ago, One winter night 等,且有大量的动词过去式;为"叙事型"语篇模式。根据思维可视化工具——图形组织器之五指图的功能,教师适合设计下图(案例 3-66)帮助学生掌握五大要素,分析文章脉络,培养观察与辨析的思维品质和独立解决问题的能力。同时,教师还可借助五指图让学生复述,以读促说,以丰富学生的语用经历,并将主题意义潜移默化地迁移至现实生活,认识幸福的真正含义。

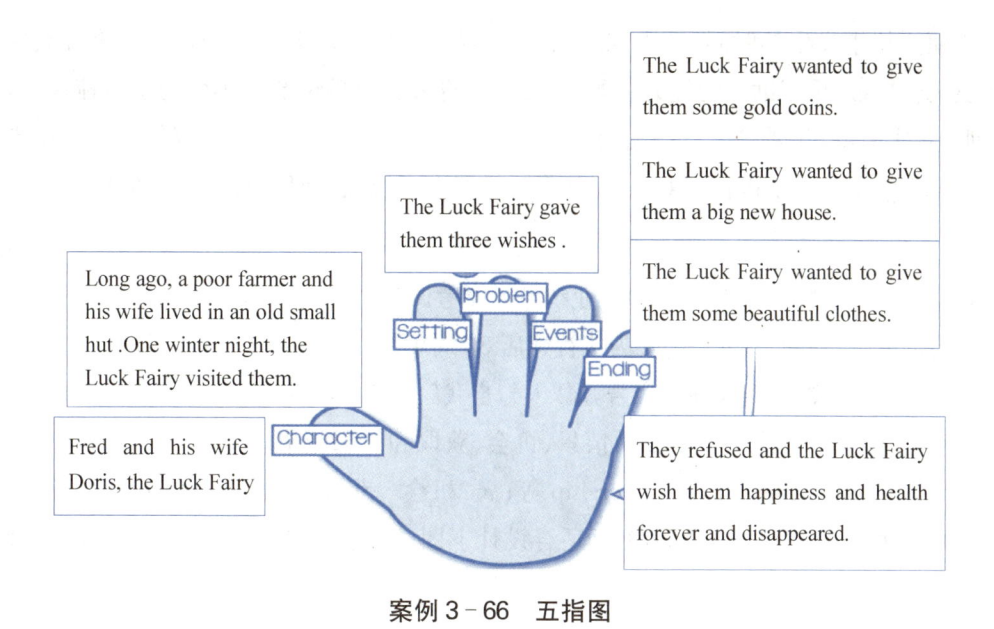

案例 3-66　五指图

2. 问题—解决型模式

语篇来源：上海外语教育出版社全国外国语学校系列教材《英语综合教程》（以下简称上外教版）八年级 Unit 4 Item 2 Ma Liang — A Traditional Story from China

内容简介：马良在获得神笔后不断克服障碍和困难，帮助他人和自己脱困。

设计说明：语篇类型为记叙文中的童话故事，以第三人称进行叙述，属"人与自我"主题范畴"做人与做事"主题群中的子主题——问题和解决方式。语篇包括情景、问题、回答、评价或结果等要素，标志词汇有 poor, suddenly, change, reply, escape 等；为"问题—解决型"语篇模式。根据思维可视化工具——图形组织器之故事情节图的功能，教师适合设计下图（案例 3-67）引

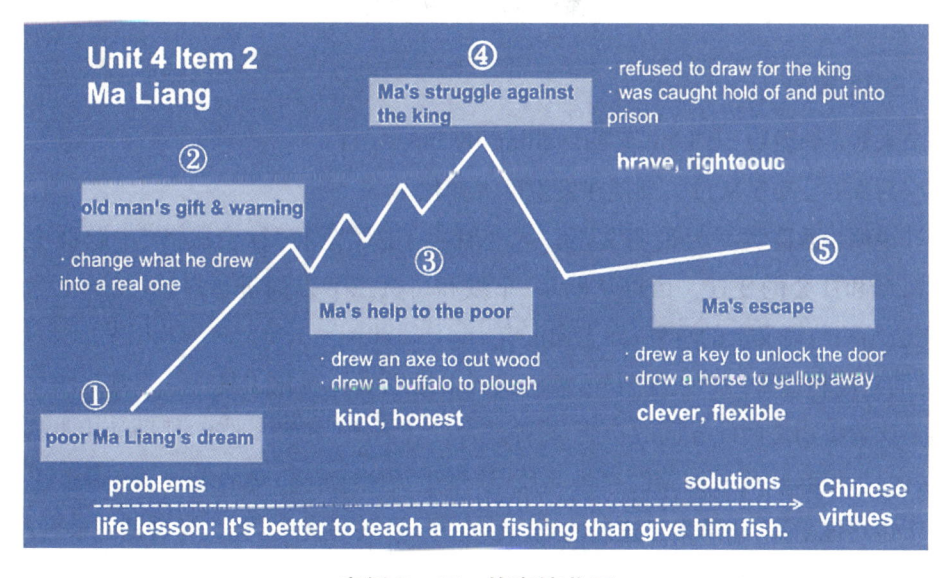

案例 3-67　故事情节图

导学生厘清故事发生的时间、地点、起因、发展、高潮、结局，培养观察与辨析的思维品质，展现马良聪明勇敢、乐于助人的优秀品质，体现学科育人。故事情节图不仅为学生梳理语篇信息，创设真实情境，开展评价，还为学生在内容、语言、思路、学习方法、心理等方面提供支架，有助于学生将课堂所学进行有效迁移，让深度学习在可视化支架作用下有效发生。

3. 机会—获取型模式

语篇来源：2017年上海市初中毕业统一学业考试英语阅读A篇

内容简介：Nobel Book Store为庆祝建店30周年做"四月热销"促销广告。

设计说明：语篇类型为商业广告，属"人与自我"主题范畴"生活与学习"主题群中的子主题——合理消费、节约意识。语篇由情景、机会、获取和结果组成；标志词汇有opportunity，sale，register，gift，prize，win，membership等；属"机会—获取型"模式。根据思维可视化工具——思维地图之树状图的功能，教师适合设计下图（案例3-68）将语篇内容清晰呈现，避免语篇理解的碎片化，培养归纳与推断的思维品质。

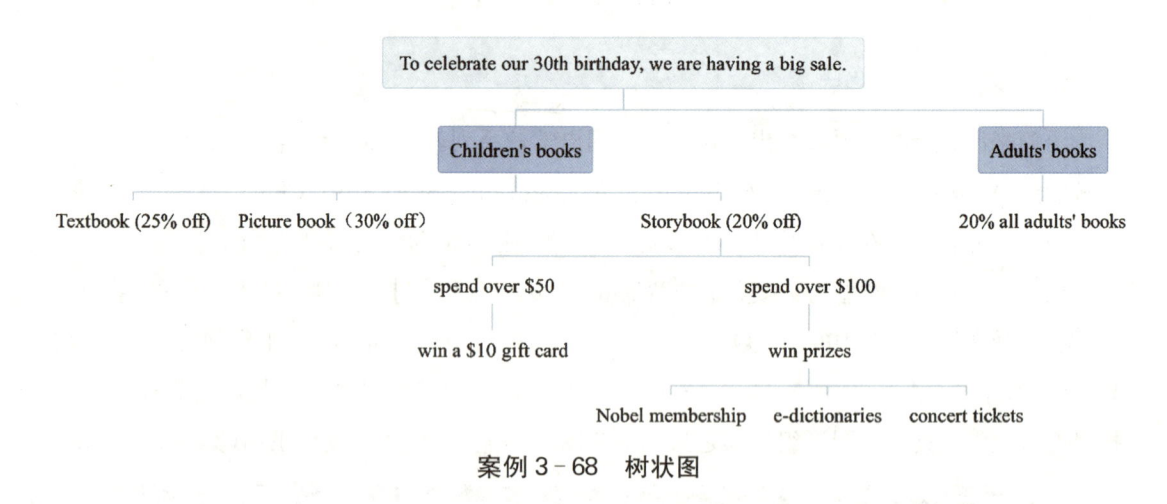

案例3-68 树状图

4. 匹配型模式

语篇来源：沪教版6B Unit 7 Travelling by bus

内容简介：公交车从过去到现在发生巨大变化。

设计说明：语篇类型为说明文，属"人与社会"主题范畴"社会服务"主题群中的子主题——家乡和社会的变迁。语篇从购票、车型和司机三个方面进行对比，结构上为平行关系，含句法结构与语义上的重复；标志词汇有and，but，instead，in the past以及nowadays，all与none的对应和重复；为"匹配型"语篇模式。根据思维可视化工具——思维地图之双气泡图可用于比较事物之间的异同的功能，教师适合设计下图（案例3-69）帮助学生掌握语篇结构，加深记忆，培养归纳与推断的思维品质，让学生清晰感受公交的发展和变化。之后教师还可再次运用该工具，让学生复述课文或以读促写，强化对文中词汇、句型的正确使用，为后面的写作教学打下基础。

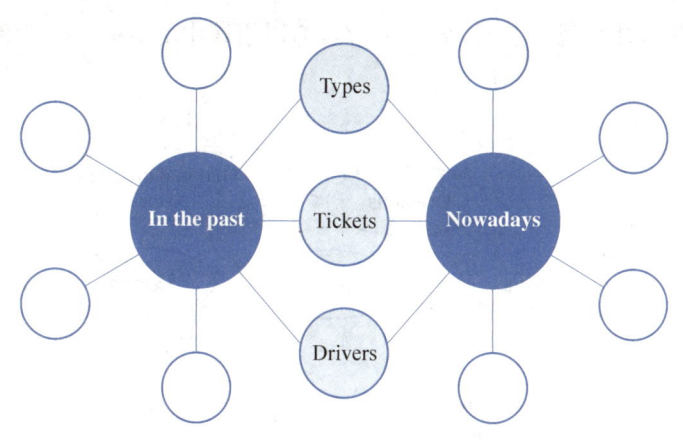

案例 3-69 双气泡图

5. 主张—反应型模式

语篇来源：2018年上海市初中毕业统一学业考试英语阅读B篇

内容简介：同学们就教师课堂上是否可直接使用相关教材和报纸的复印资料作为教学材料，以讨论群的形式呈现不同观点和理由。

设计说明：语篇类型为议论文，属"人与社会"主题范畴"社会与文化"主题群中的子主题——公共秩序与法律法规。语篇包括情景、主张和反应三部分，开头由主持人介绍背景和讨论主题，接下来每位的发言都由论点和论据构成；标志词汇有 think, expect, imagine, discussion, opinion, right 等；为"主张—反应型"模式。根据思维可视化工具——图形组织器之韦恩图的功能，教师适合设计右图（案例3-70）引导学生整理和归纳，使大家的态度（赞成、中立或反对）一目了然，促进学生思维从低阶到高阶稳步发展，培养批判与创新的思维品质。

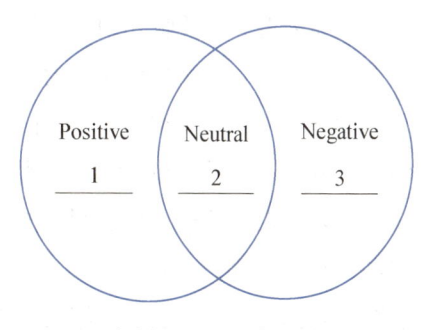

案例 3-70 韦恩图

6. 提问—回答型模式

语篇来源：上海教育出版社《中学生英语阅读新视野（第三版）》Reading Advantage 3 Unit 19 Paper Products

内容简介：从名称、功能和特性三个方面介绍了三个不同的纸制品。

设计说明：本文是基于沪教版 8B Unit 2 More practice：More Information about Water 的拓展阅读，主题范畴为"人与自然"，主题群为"环境保护"，涉及子主题内容：环保意识和行为。语篇类型为说明文；语篇模式为提问—回答型，首段问题为 But did you know paper can also be used to make toys, clothes, and even furniture? 为了进一步培养学生的语篇意识，识别说明文结构，认知新事物，并产生初步的批判性思考，可以运用思维地图之括号图来帮助学生理解分析三种不同类型的纸制品，培养学生的自主阅读能力，体现《义教课标》提出的三个层次的英语学习活动观。下图(案例 3-71)为以语篇中 paper toys 为例的括号图(绘制方法有所变异)。

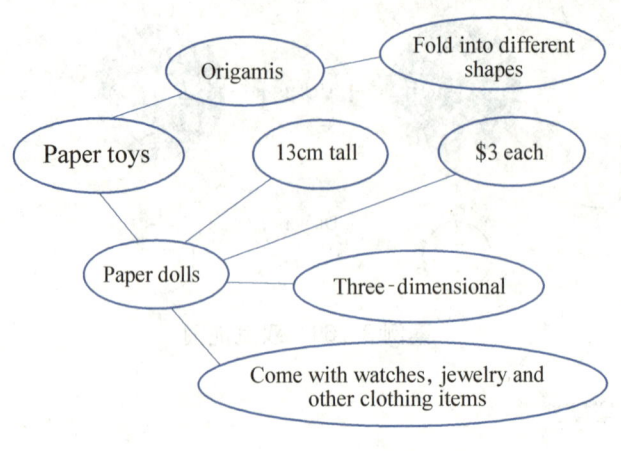

案例 3-71　括号图

7. 一般—特殊型模式

语篇来源：沪教版 6B Unit 1 Great cities in Asia

内容简介：分别介绍亚洲大城市北京、东京、曼谷的一些信息。

设计说明：语篇类型为说明文，属"人与自然"主题范畴"自然生态"主题群中的子主题——世界主要国家(城市)的名称、地理位置与自然景观。语篇由三部分组成：概括陈述—具体陈述—总结陈述；从语言标志来看，主体部分虽未有明显 for example，但都是举例，且文中词汇和句型都是大量的重复。根据思维可视化工具——思维导图的功能，教师适合设计下图(案例 3-72)引导学生重新组织信息，利用文字和非文字信息在零散的信息和新旧知识之间建立关联，建立语篇脉络，培养观察与辨析的思维品质。学生在自主阅读中通过思维导图中的关键词获取并处理信息，还可以培养英语思考和表达能力，调动学习的积极性和主动性。

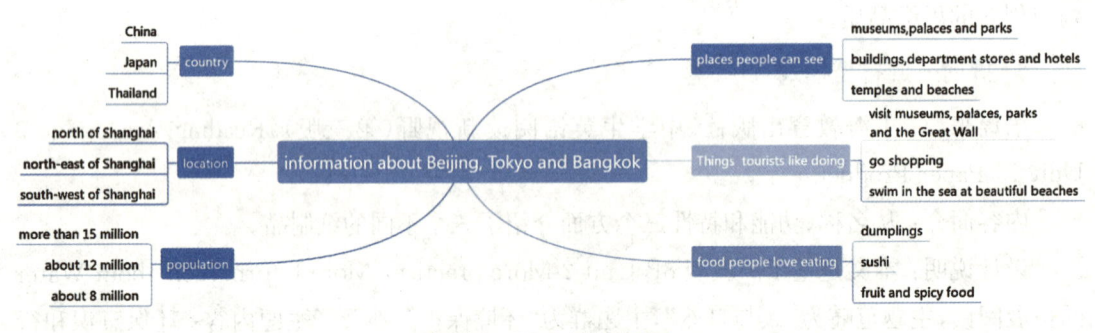

案例 3-72　思维导图

当然，同一语篇的模式可能有多种，一种语篇模式也可用多种思维可视化工具进行阅读设计，这要基于学情、教情、年级和语篇特征等。如除思维导图外，上述沪教版 6B Unit 1 Great cities in Asia 语篇也可以用图形组织器之对比矩阵进行设计(见前文对比矩阵介绍)。

再以沪教版 8A Unit 5 Look it up! 为例,语篇是非连续性文本,依次介绍 Dinosaurs、Diogenes 和 Disney,体现百科全书的编排特点。每个主题段落旁配有插图,有助于学生预测段落内容。教师可设计思维地图——树状图开展阅读教学,引导学生在寻找关键信息的基础上独立思考,快速锁定文本主要信息。同时,可视化也赋予学生趣味性和充实感体验。

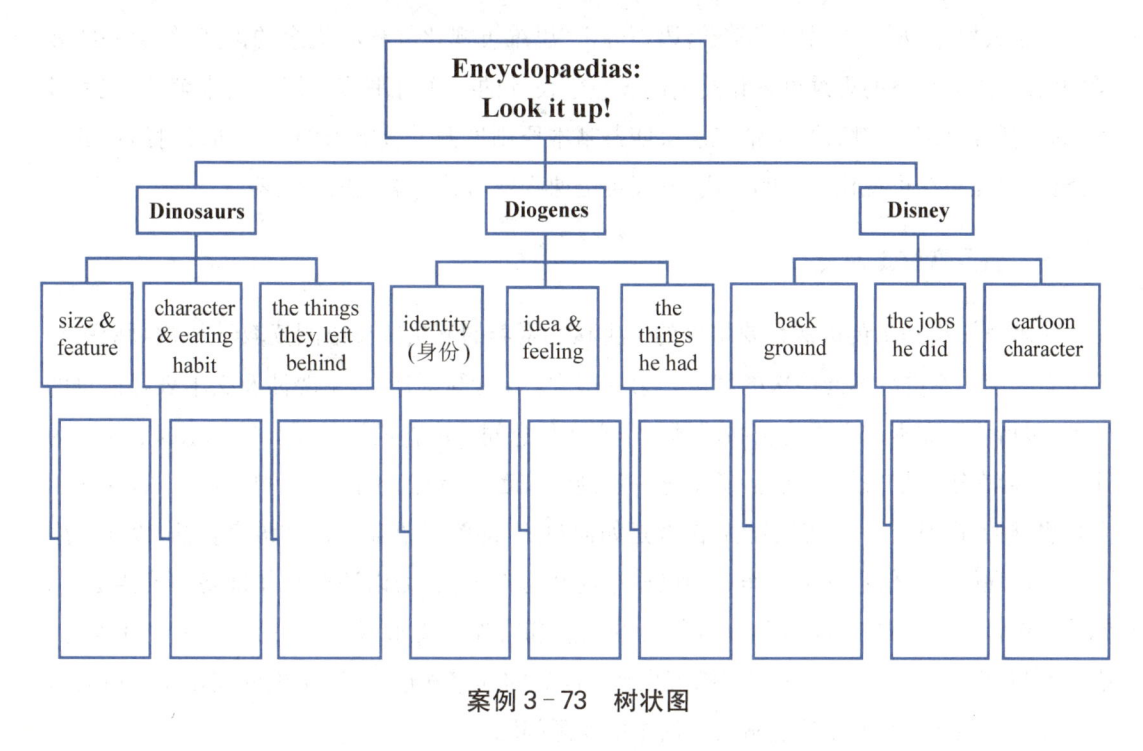

案例 3-73　树状图

教师也可以使用圆圈图,通过 Question Map 引导学生思考问题和 Answer Map 让学生阅读 Dinosaurs 后记录关键信息;再阅读 Diogenes 收集和运用信息;最后独立完成 Disney 并运用信息,结合自己的观点尝试做演讲。

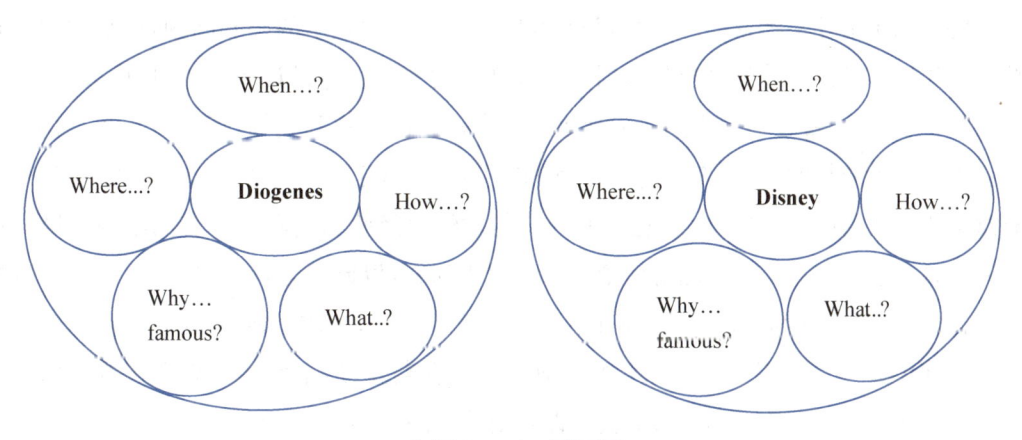

案例 3-74　圆圈图

以上任务难度坡度递增,教师的作用从演示到指导,学生的学习从倾听到实践。通过完成任务,学生逐步理解三节短文内容;知道如何使用百科全书查找信息。圆圈图让学生学习、体验并实践，以读促写，以读促说，读后分享，充分体现三个层次的英语学习活动观。

第四节　基于四条操作原则来促进有效的理解与迁移

基于大概念教学、英语阅读教学、语篇分析、思维可视化等核心概念的论述，结合一线教学的实际，大概念下的思维可视化英语阅读教学设计的操作可围绕五层次文本解读、三类基本问题、任务型阅读三阶段、学情三层次四条基本原则展开。教师引领学生通过对语篇的深度阅读，聚焦思维可视化工具的运用，发展英语课程要培养的学生核心素养。

一、五层次文本解读

张献臣提出基于英语课程要培养的学生核心素养的五层次英语阅读教学[①]，教师应引导学生对阅读文本进行不同层次的解读。第一层次：作者写了什么，主要涉及文本表层信息的处理，包括获取文本的主要信息和理解文本主要信息间的内在逻辑关系。第二层次：作者为什么写，即在第一层次的基础上，学生进一步判断作者的观点、价值取向和写作意图，这属于高阶思维的深层阅读。第三层次：作者是如何写的，即解析语篇特征和语言特征，以便学生更深入地理解文本信息并了解作者的谋篇布局和写作手法，为以读促写作准备。第四层次：你认为作者写得怎样，即欣赏和评价作者的观点和写作表现形式，这包括读者的文化参与、语言参与、思维参与和情感参与。第五层次：读后的迁移和运用，即学生读完该文章后对自己有什么影响或利用所读信息解决生活中的实际问题。

二、三类基本问题

大概念本身不具备操作性，大概念应分解成子概念，再由子概念分解成基本问题（又称关键问题），用于指导实际教学。因此，基本问题是语篇阅读教学的核心问题，也是学生理解语篇意义和迁移目标的关键。教师根据基于大概念的教学目标设计逻辑连贯、由表及里、由浅入深的教学活动，带领学生水到渠成地生成对大概念的理解和把握，形成对自我、对他人、对社会和对世界的新的认知、态度与价值判断。[②] 同时，基于大概念的基本问题需要教师创设有意义的问题情境，促进学生对意义的理解与对学习经验的迁移。真实的问题情境与现实世界相关。学生在真实的问题情境中，分析、解决问题，以此接触该学科，甚至是跨学科的主要概念。[③] 在真实的问题情境中，学生在实践中产生认识，生成大概念；又在实践中改造世界，检验大概念。为了解决问题，学生主动地调动已有经验，运用所学知识和技能，去分析、探究、挑战，在解决问题的过程中形成英语课程要培养的核心素养。

---

① 张献臣.基于英语学科核心素养的中学英语阅读教学[J].中小学外语教学(中学篇),2018(06)：1-5.
② 王蔷,周密,蒋京丽,闫赤兵.基于大观念的英语学科教学设计探析[J].课程·教材·教法,2020(11)：99-108.
③ 王荣生.略述"问题情境"中的探究学习——基于相关译著的考察分析[J].中国教育学刊,2021(03)：71-76.

基本问题与非基本问题的根本区别在于目标不同,基本问题是和大概念目标相配套的,指向于理解专家思维方式,而非基本问题则和知识与技能目标配套,指向于记忆已有专家结论(如表 3-7 所示)。

表 3-7 基本问题和非基本问题的区别[①]

基 本 问 题	非 基 本 问 题
与真实世界相关联。	与教科书的特定内容相关。
答案是开放性的,并且这些答案会引发新的思维。	答案是唯一或有限的,并且这个答案常常是教师预先准备好的。
反映专家思维方式,因此可以被反复讨论,在学习中不断被提及。	揭示已有专家结论,常常只局限在某个内容里,后面的学习不再提及。
能引发学生的好奇心,吸引学生主动参与到学习中来。	学习常常是被教师表扬、同学羡慕等外在动机所驱动。
需要掌握不同的观点和视角,查阅课内外的各种材料。	只要掌握特定内容就可以回答,不需要查额外的资料。

英语阅读教学是学生获得阅读技能、培养思维方式并完善思维结构的主要途径之一。提问是课堂教学活动的重要手段。问题是思维的起点,问题的合理设计是激活学生思维的关键之一。教师以什么类型的问题启发对话、在什么时机下以什么方式引发、问题的清晰度,以及合适的追问等决定了课堂对话的品质,影响着学生思维的活跃度和深度。基于思维可视化的英语阅读教学既要帮助学生对文本的语言和信息等进行表层的理解,也要帮助学生对文本进行深层次的理解。为此,英语阅读教学中向学生提出的基本问题可以有三类[②]:一类是直接源于原文或对已知信息的提问即展示性问题;另一类是间接源于原文,需要逻辑推理、归纳等的参考性问题;还有一类是超越原文的问题,如作者的意图或态度等评估性问题。相比参考性问题和评估性问题,展示性问题的答案唯一或固定。因此,在阅读教学中,我们应当提高参考性问题和评估性问题的比例,让学生在多角度和多维度思考问题的过程中,提升分析问题和解决问题的能力,拓宽思维。这三类问题的层次从易到难,由低阶思维向高阶思维发展,从封闭性问题到开放性问题,层层推进,帮助学生深层次地理解语篇内容,提升思维的广度和深度,培养学生分析和解决问题的能力,促进学生阅读素养的发展。以沪教版 7B Unit 9 Reading: Mr Wind and Mr Sun 为例,首先我们可以让学生快速浏览全文,对文本段落进行排序和分段,获取文本大意和发展线。随后,我们可以通过设问对文本进行层层剖析,帮助学生积累阅读体验。如:展示性问题: What did Mr Wind like doing?

---

① 刘徽,俞建华. 大概念教学中基本问题的设计[J]. 上海教育,2020(11): 61-64.
② 芮学国. 关于阅读那些事儿[M]. 上海: 上海教育出版社,2021: 116-121.

What kind of person was Mr Wind? How did Mr Wind and Mr Sun show their strength? 参考性问题：Who was stronger, Mr Wind or Mr Sun? Why? What would you say if you were Mr Wind? 评估性问题：What have you learnt from the story? 等等。在此基础上，我们可以运用鱼骨图或思维导图等思维可视化工具开展教学，提升英语课程要培养的学生核心素养。在此篇寓言故事中，Mr Wind 的态度在比赛前和比赛后出现了转变。因此，借助案例 3-75 的鱼骨图，学生能自行归纳总结和把握 Mr Wind 这一人物的性格特征，为之后的表达（表演）中的角色体会做了准备工作。同时，在寓言中的 Mr Wind 和 Mr Sun 比赛不仅仅是语篇的重点，也是寓言中的高潮部分。为了让学生更好地体验和理解这场比赛，教师在阅读教学设计时可将案例 3-76 思维导图引入活动中，这样能使学生理解更生动、直观，也让学生能够自主分析这场比赛的进程，更好地理解和把握文章主旨。

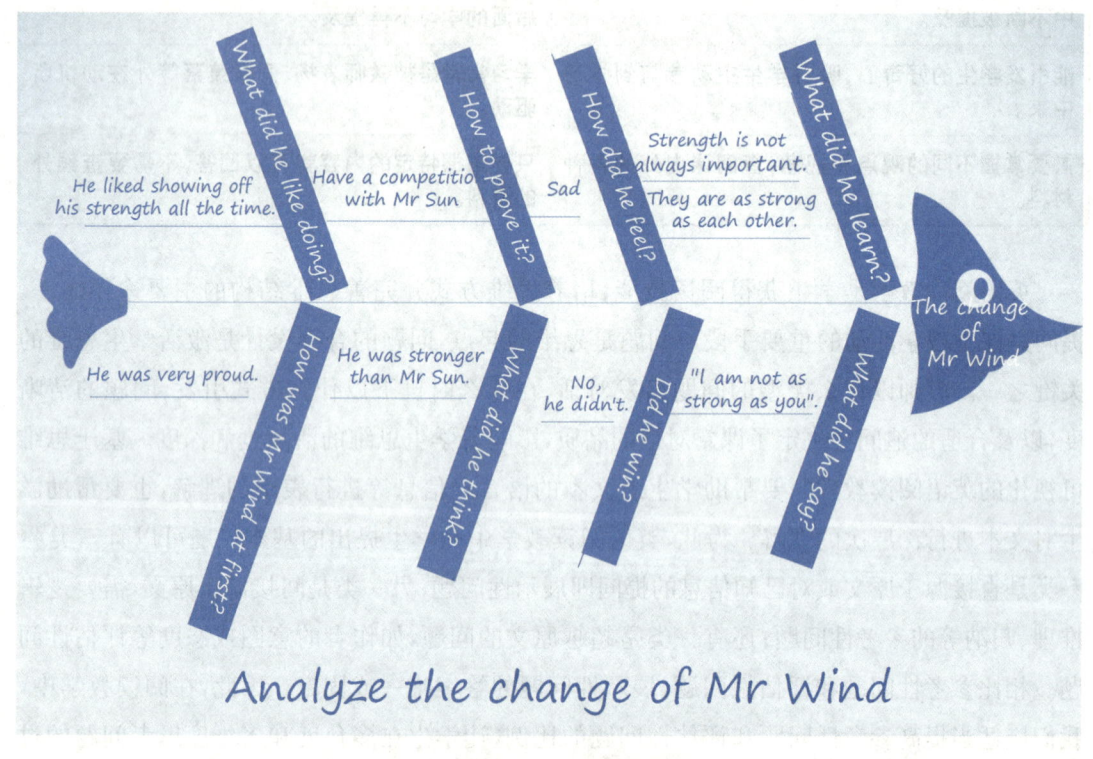

案例 3-75　鱼骨图

提问是课堂教学活动的重要手段。教师提问要体现以人为本，要让学生真正感觉到自己是学习的主人，是课堂的参与者，是解决问题的先锋。教师的课堂提问与学生思维品质的培养有着密切的联系，不同的提问可以培养不同的思维品质。问题的设计要考虑到学生的认知水平、学习方式和梯度，让学生认识到问题本身的价值和意义。在初中英语阅读教学的过程中，设计不同程度、不同类型的提问不仅能够发散学生的思维，培养学生分析和解决问题的能力，还能激发学生的学习积极性，增强学生学习英语的兴趣，提升学生的思维品质。教师应为学生提供自主思考和小组讨论的时间和空间，适时培养发展其批判性思维和创新

The competition

Mr Wind 🌪️ 🏆 ☀️ **Mr Sun**

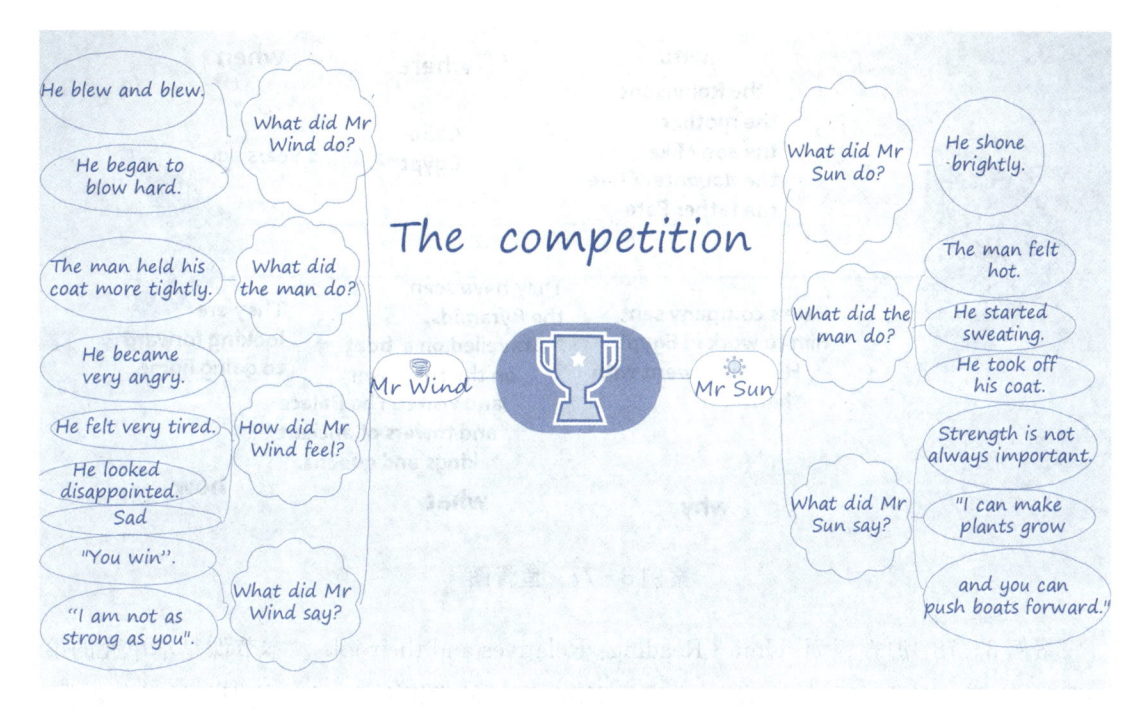

- What did Mr Wind do?
  - He blew and blew.
  - He began to blow hard.
- What did the man do?
  - The man held his coat more tightly.
- How did Mr Wind feel?
  - He became very angry.
  - He felt very tired.
  - He looked disappointed. Sad
- What did Mr Wind say?
  - "You win".
  - "I am not as strong as you".
- What did Mr Sun do?
  - He shone brightly.
- What did the man do?
  - The man felt hot.
  - He started sweating.
  - He took off his coat.
- What did Mr Sun say?
  - Strength is not always important.
  - "I can make plants grow and you can push boats forward."

案例 3-76　思维导图

性思维等高阶思维能力。

三、任务型阅读三阶段

根据上文提到的任务型阅读教学的三阶段：读前、读中、读后，教师可根据学生的思维方式，合理运用思维可视化工具，构建基于思维可视化的英语深度阅读教学模式，实现深度阅读，建构大概念，达到英语课程要培养的学生核心素养的终极目标。

1. 读前导入阶段

教师可以结合相关的音频、视频、热点新闻、时政等，通过图文并茂的思维导图、气泡图、五指图、要点图等思维可视化工具激活学生头脑中的课文背景知识，聚焦标题，引发学生的预测和思考，调动学生的语言图式和内容图式，激活学生的思维，为接下来的阅读奠定基础。这一阶段，教师主要是借助思维可视化工具激活学生的背景知识、阅读动机和阅读兴趣，导入时宜短、平、快，这样学生就能与所要读的语篇内容建立联系，并预测内容，尽快进入主题语境。需要注意的是，在此阶段，对于语篇中的生词宜抓住少量的核心词，为学生进一步阅读扫清语言障碍，切不可将所有生词直接灌输给学生或花太多的时间处理生词。

案例 3-77：六年级第二学期拓展阅读。语篇讲述美国小孩迈克和妹妹随父亲在埃及的生活见闻和收获。阅读前，教师可以在鱼骨图上罗列出以下几个细节问题激发学生阅读兴趣。此外，这种方式大大降低了问题的难度，将文章的脉络结构以及大体内容清晰地展现在学生面前，给学生们搭建了一个解决问题的基本框架，帮助学生梳理文章脉络，有助于学生理解中心主题，加深对文本内容的理解与记忆，提升学生的学习和思维能力。

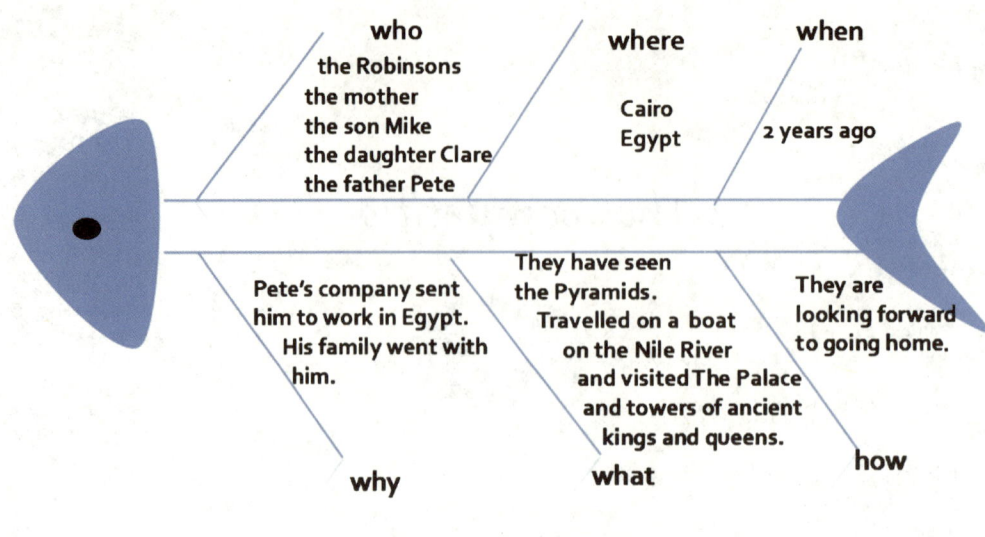

who
the Robinsons
the mother
the son Mike
the daughter Clare
the father Pete

where
Cairo
Egypt

when
2 years ago

Pete's company sent him to work in Egypt. His family went with him.

They have seen the Pyramids. Travelled on a boat on the Nile River and visited The Palace and towers of ancient kings and queens.

They are looking forward to going home.

why **what** **how**

案例 3-77　鱼骨图

案例 3-78：沪教版 7B Unit 3 Reading：Relatives and their jobs。本节课是本单元的第一课时，语篇类型是对话，结构清晰，内容是 Kitty 和她的堂姐 Lucy 谈论他们父母亲的职业。文章生词不多，运用思维地图（括号图）可以激发学生的阅读兴趣，帮助学生定位具体信息，拓宽学生的思维空间。

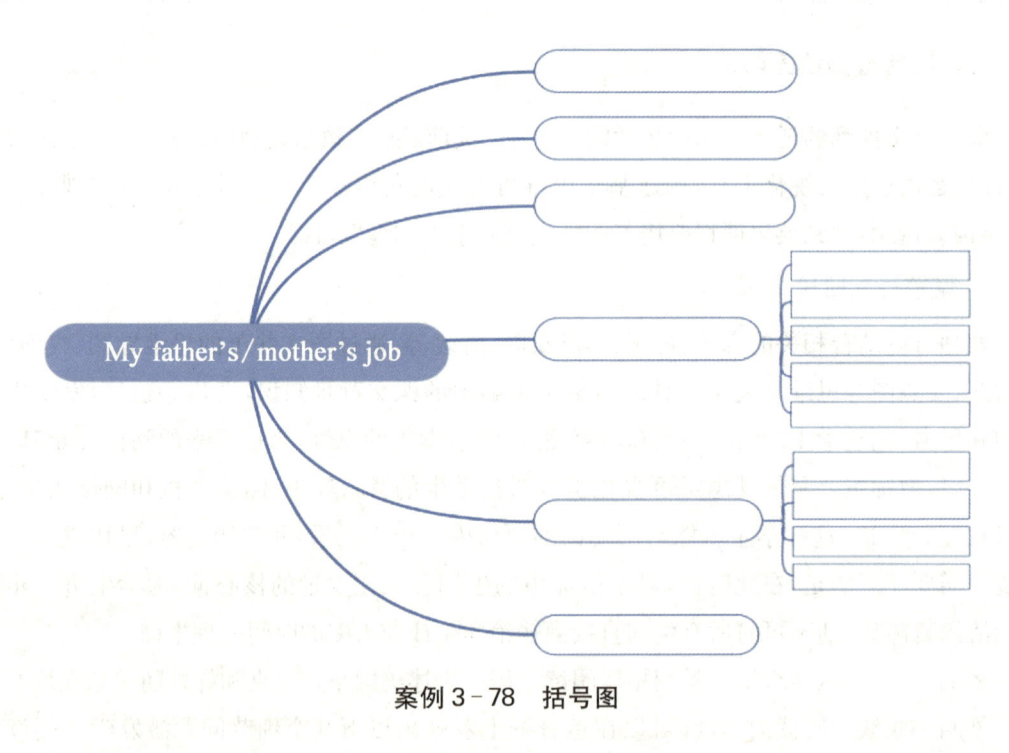

My father's/mother's job

案例 3-78　括号图

案例 3-79：沪教版 8B Module 1 Unit 3 Electricity 的 Reading：A dangerous servant。教师可引导学生利用标题通过气泡图来预测判断文本的主要内容。标题是对文章内容的提炼与概括，从标题中读者不仅能揣测作者的写作意图，也能预测文章的主题和大致框架，还

案例 3-79　气泡图

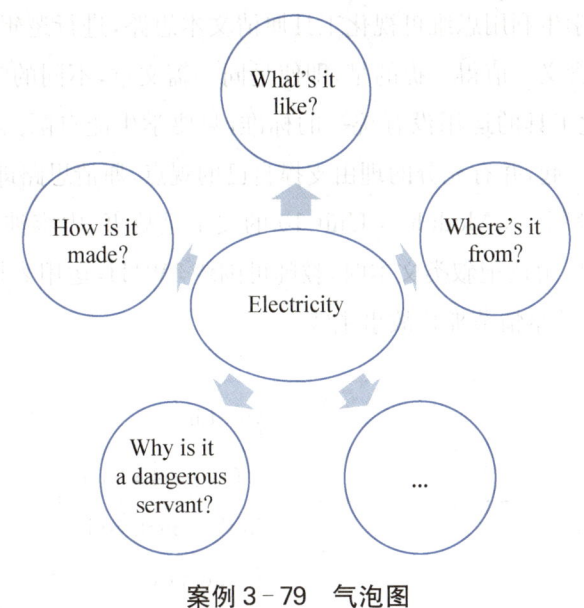

能获得更多的文本隐含信息。标题有助于引导学生抓住文章主线,而抓住了主线,在解读文本时就会准确把握方向。①

案例 3-80：初三拓展阅读 Outpouring of grief after death of celebrated martial arts novelist Louis Cha。语篇类型为新闻稿,标题为《金庸,他日江湖相逢,再当杯酒言欢》。语篇共分三个部分：第一部分为金庸的生平；第二部分为他生前的贡献和成就；第三部分为民众对他的悼念行动。一开始,教师可以让学生运用快速阅读的方式,通过时间轴勾勒出金庸的生平,帮助学生梳理阅读思路,了解新闻稿的写作方法。

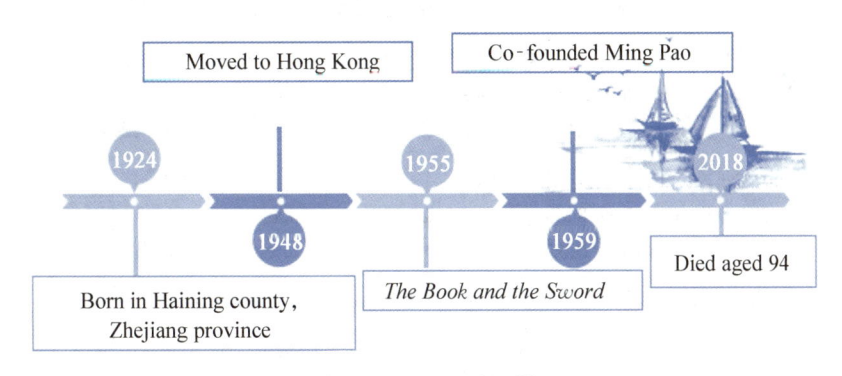

案例 3-80　时间轴

2. 读中展示阶段

初中英语语篇类型众多(详见第三章第二节),在这一阶段,教师可以基于语篇分析,指导学生运用不同的思维可视化工具进行有效阅读,构建文本框架,训练思维能力,提升学生

---

① 芮学国. 基于思维品质培养的初中英语阅读文本解读策略[J]. 中小学英语教学与研究,2020(05)：39-43.

核心素养。教师要让学生利用思维可视化工具厘清文本思路,进行逻辑性思考,挖掘隐藏在关键信息背后的深层含义。值得一提的是,即使是同一篇文章,不同的学生往往有不同的思考。因此,思维可视化工具的运用没有统一的标准,只要学生能自圆其说,将有关零散或无序的语篇知识组织在一起,并有充分的理由支撑自己的观点,厘清思路即可。

案例3-81:沪教版6A Module 3 Unit 10的文本是故事,内容涉及5W1H,围绕Mr. Lin的健康问题而展开,解读记叙类文本时,教师可围绕5W1H,运用表格作为思维可视化工具,引导学生通过分析故事情节抓住故事主线。

Who	Mr. Lin	
When	in the past	a few weeks later
Where	in the city	in the countryside
How	fat and unhealthy	fit and healthy
Why	had an unhealthy diet; did no exercise	had a healthy diet; worked in the garden
What	ate some pizza, some chips, some ice cream …	ate a lot of rice, plenty of fresh fruit and vegetables …

案例3-81 表格

案例3-82:江苏译林出版社牛津初中英语(八年级上册)Unit 5 Wild animals—

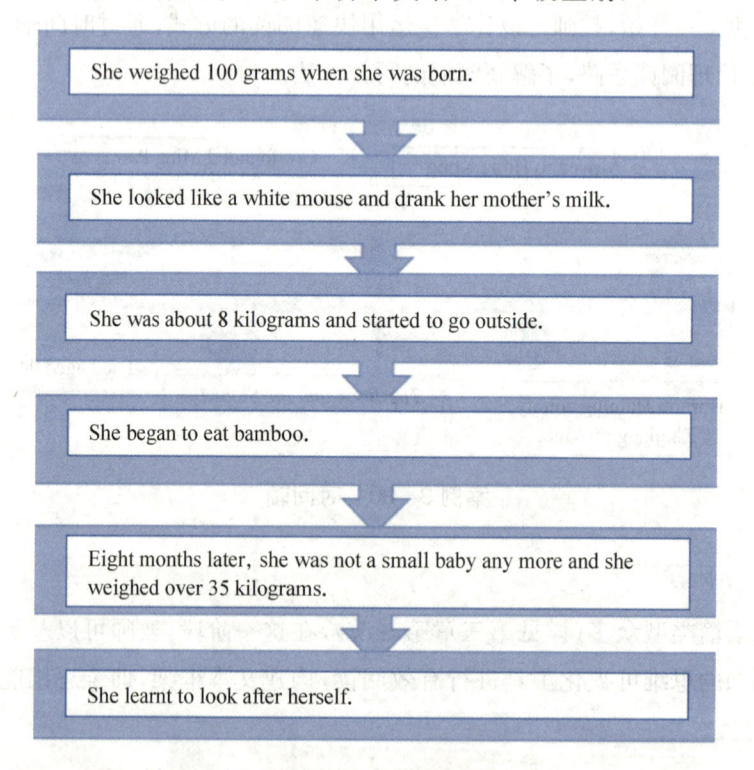

- She weighed 100 grams when she was born.
- She looked like a white mouse and drank her mother's milk.
- She was about 8 kilograms and started to go outside.
- She began to eat bamboo.
- Eight months later, she was not a small baby any more and she weighed over 35 kilograms.
- She learnt to look after herself.

案例3-82 流程图

Reading：The story of Xi Wang。为了让学生能更好、更形象地理解语篇中关于熊猫从出生到一岁半的情况，教师可以设计流程图，让学生对熊猫的成长有更为直观的印象，并为能顺利完成课后的产出环节"口头复述熊猫的成长过程"起到铺垫作用。

案例 3-83：沪教版 8A Unit 7 More Practice：Nobody knows。语篇类型为非连续性文本，主要记录了五个目击者关于罗斯威尔事件（Roswell Incident）的陈述。相对于其他语篇类型，学生对文本理解有一定难度，这时教师可以利用树状图（案例 3-83A）和思维导图（案例 3-83B、案例 3-83C、案例 3-83D）引导学生梳理文本信息，培养学习能力，提升推理、总结、概括、创新等高阶思维品质。

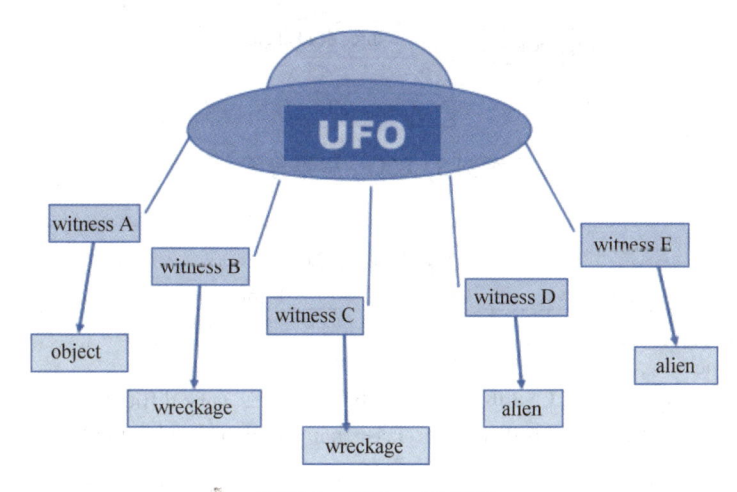

案例 3-83A 树状图

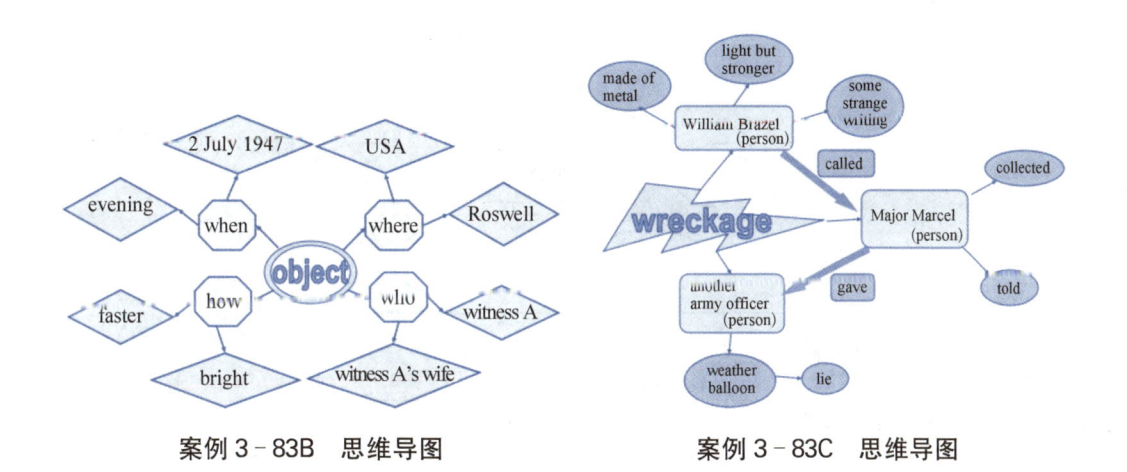

案例 3-83B 思维导图

案例 3-83C 思维导图

案例 3-84：沪教版配套拓展阅读教材《怎样学好牛津英语之阅读篇》8A Unit 6 More practice：A pilot's survival。语篇讲述了一位飞行员自救的故事。通过阅读，学生能理解如何冷静面对困境，积极处理危机，形成居安思危、未雨绸缪的意识，从而感受到生命的意义。作为泛读篇目，文本的阅读量较大，信息量较为丰富。因此，教师需引导学生自主使用阅读策略，通过对语篇进行分析和解读，读懂文本内容，感知语篇内涵。在阅读过程中，教师引导

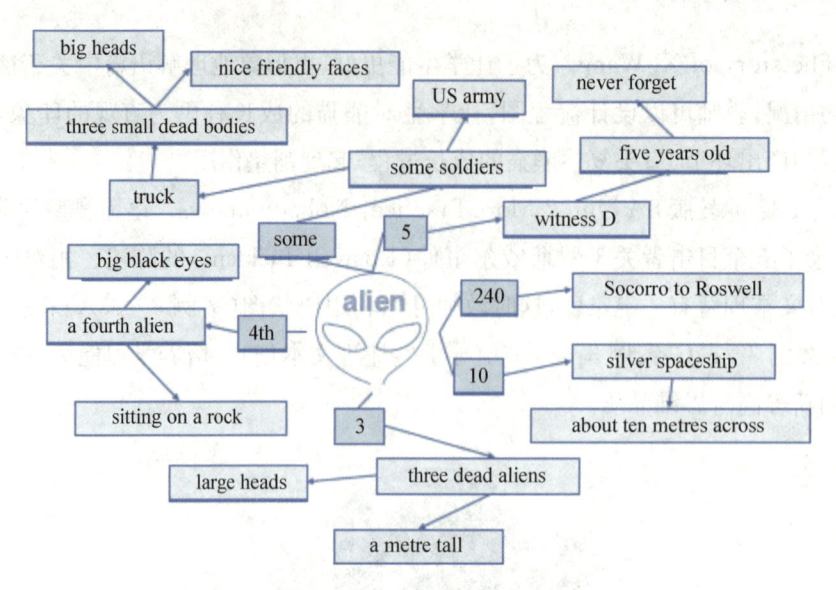

```
                big heads
                   │
                   ▼      nice friendly faces
        three small dead bodies     │      US army      never forget
                   │                ▼         │             │
                   ▼          some soldiers ──┘             ▼
                 truck              │                  five years old
                                    ▼                       │
                                   some    5                ▼
         big black eyes             │      │           witness D
                │                   ▼      ▼                │
                ▼                  alien  240 ──→ Socorro to Roswell
          a fourth alien ── 4th ──→ │      │
                │                   │     10 ──→ silver spaceship
                ▼                   ▼                       │
         sitting on a rock          3                       ▼
                                    │            about ten metres across
          large heads ──→ three dead aliens
                                    │
                                    ▼
                              a metre tall
```

案例 3‑83D　思维导图

My Reading Log

Student: _____ Date: _____ Class: _____ Time: _____ min

Text Type: _____

1. I think this article is...
   A. very easy   B. easy   C. OK   D. difficult   E. very difficult

2. My puzzle（困惑）：(List the words or sentences that you don't understand.)
   Words: _____
   Sentences: _____

3. My anchor chart（要点图）：

   ```
         ( ? )      (When?)
            \        /
             \      /
      ( ? ) ──[story]── ( ? )
             /      \
            /        \
         ( ? )      ( ? )
   ```

4. Character analysis（分析）：
   I think the pilot was _____ because _____.

5. Self-evaluation（课后自评）

Accuracy of word guessing	☆☆☆☆☆
Anchor chart drawing	☆☆☆☆☆
Analyzing the characters' personalities through details	☆☆☆☆☆
Participation in group work	☆☆☆☆☆

案例 3‑84　阅读日志

学生通过整体阅读，自主完成 reading log(案例 3-84 阅读日志)，分享读后困惑并解决生词及难句；同时利用 Anchor Chart(要点图)，梳理故事的几个要素，把握文章主旨大意。

3. 读后拓展阶段

此阶段可从书中文本迁移到学生的生活实际，教师引导学生对阅读文本进行育人价值的思考和总结，要求学生对文本中发生的事件发表看法，对作者观点的合理性和客观性提出疑问，进一步探究阅读文本的写作风格等，通过对整个语篇的学习产生自己的感悟和思考，引导学生树立正确的世界观、人生观和价值观，拥有正确的情感态度和深层的思维能力。从操作路径来说，教师可以基于思维可视化设计，以读促说，以读促写，以读促演，听、说、读、看、写融合发展，不仅可检验学生对于文本的理解是否准确，还可让学生以评促思，以评促学。教师应引导学生深入理解文本内容，内化所学知识，提高语言输出能力。

教师在思维可视化读后活动设计时应丰富多样，基于大概念教学，尽量创设真实的语境和情境，结合学情，为学生提供语言、内容、结构、思维、心理等支架。

常见的形式有：

(1) 复述：较适合记叙文或说明文，可基于关键词，让学生用自己的语言进行大致内容的讲述，可以由学生单独或小组完成或改变人称进行转述等。

(2) 表演：对话、采访和短剧都属于此类活动。此类活动中，教师引导学生借助思维可视化设计将文本中所学的语言和内容结合熟悉的生活场景合理呈现，或做一定程度的拓展，将文本以新的形式呈现，有利于学生更深入理解文本内容，把握文本内涵。

(3) 续尾：即根据文本中的内容，让学生发挥想象力续编结尾，这有利于培养学生的逻辑思维能力和整体性思考的能力。

(4) 讨论：较适合于有思想内容可挖、观点性较强的文本，以小组合作式的讨论居多。通过鼓励学生获取、处理和使用信息，进一步分享、讨论，学生能从同伴的反馈中完善自己的认知，培养团队合作能力。开展此类活动，教师需要基于"人与社会""人与自然"和"人与自我"的热议点，关注对学生的思维和语言的发展和培养，培养学生用英语解决实际问题的能力，并注意引导学生树立正确的世界观、人生观和价值观。

(5) 写作：这是一种典型的读后活动，教师可以在上述几类活动基础上，设计语言输出的笔头表达活动。

案例 3-85：沪教版 6B Unit 11 Reading：Talking about fire。语篇类型为说明文。在阅读教学中，教师更应该通过反复的文本细读来充分挖掘文本内涵，训练学生写作逻辑并做到以读促写。学生通过"一读"文本后，便顺利地归纳出三段的段意。在"二读"文本后，学生找出了作者对火的评价及其细节支撑。同时，教师可以要求学生说出更多火的用途和导致山火的原因。根据他们的回答，教师根据人为原因和自然原因进行分类，让学生有初步的分类意识。然后，教师顺着学生的思路，通过括号图，帮他们厘清火的古今用途和山火形成的因果关系。这样能帮助学生理解作者的行文思路，为之后的读写奠定扎实的基础。

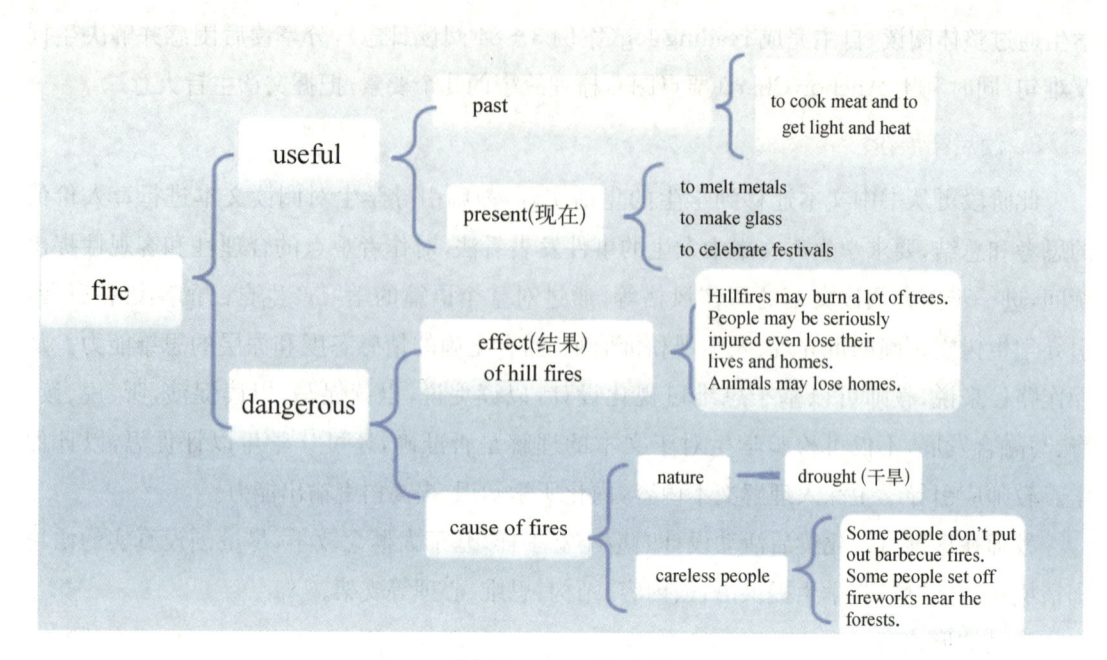

```
                                    ┌ past ─────── { to cook meat and to
                                    │                get light and heat
                    ┌ useful ───────┤
                    │               │                ┌ to melt metals
                    │               └ present(现在) ─┤ to make glass
         fire ──────┤                                └ to celebrate festivals
                    │
                    │                                   ┌ Hillfires may burn a lot of trees.
                    │              ┌ effect(结果) ──────┤ People may be seriously
                    │              │  of hill fires    │ injured even lose their
                    │              │                   │ lives and homes.
                    └ dangerous ───┤                   └ Animals may lose homes.
                                   │
                                   │                  ┌ nature ─── drought(干旱)
                                   └ cause of fires ──┤
                                                      │                    ┌ Some people don't put
                                                      │                    │ out barbecue fires.
                                                      └ careless people ───┤ Some people set off
                                                                           │ fireworks near the
                                                                           └ forests.
```

案例 3-85 括号图

案例 3-86：八年级拓展阅读 Four endangered natural and cultural treasures。该语篇类型为说明文，介绍了四个濒危的自然文化宝藏。教师可引导学生设计思维导图，帮助学生在大脑中初步建构本文图示信息，从 cause、problem 和 effect 三方面梳理每个宝藏濒危的原因、现状和影响。在思维导图的绘制过程中，学生不仅能更好地理解和梳理语篇内容，了解

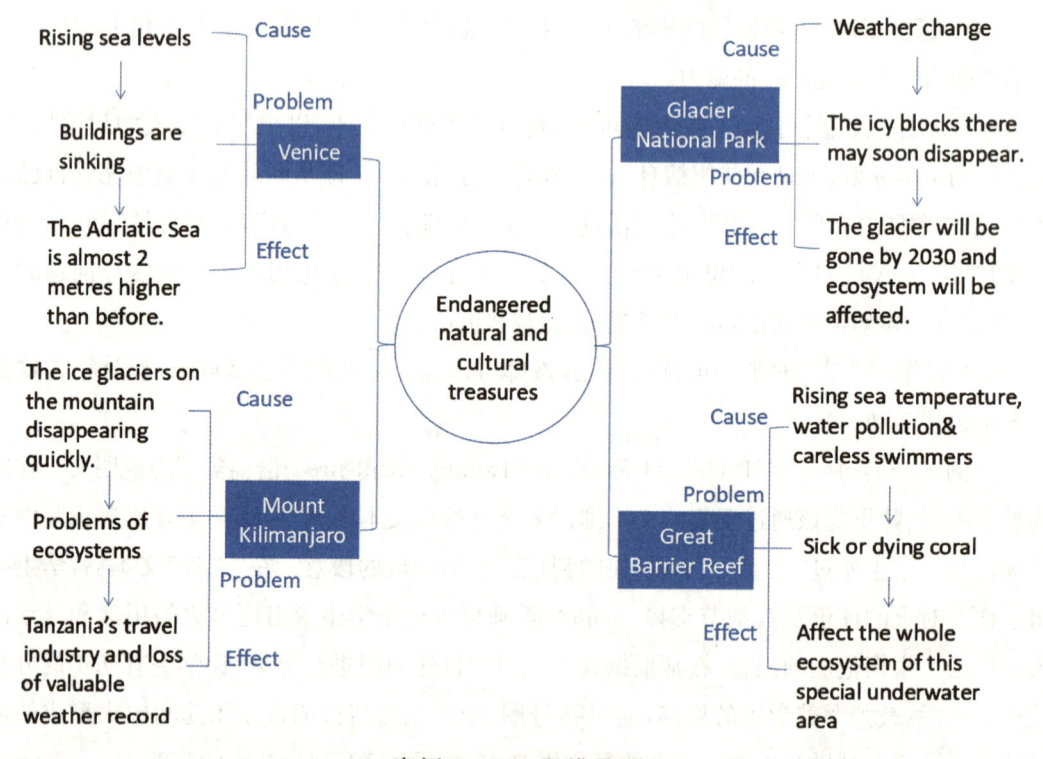

Rising sea levels — **Cause**
↓
Buildings are sinking — **Problem** → **Venice**
↓
The Adriatic Sea is almost 2 metres higher than before. — **Effect**

The ice glaciers on the mountain disappearing quickly.
↓   **Cause**
Problems of ecosystems — **Mount Kilimanjaro**
↓   **Problem**
Tanzania's travel industry and loss of valuable weather record — **Effect**

Cause — Weather change
↓
Glacier National Park — The icy blocks there may soon disappear.
Problem
Effect — The glacier will be gone by 2030 and ecosystem will be affected.

Endangered natural and cultural treasures

Cause — Rising sea temperature, water pollution & careless swimmers
↓
Great Barrier Reef — **Problem** — Sick or dying coral
↓
Effect — Affect the whole ecosystem of this special underwater area

案例 3-86 思维导图

三个方面之间的逻辑关系,也有利于为以读促写、以读促说作铺垫。同时,还可以通过挖掘文本内涵,围绕"人与自然"的主题范畴培养迁移创新的意识和能力。

案例 3-87:沪教版八年级 8B Unit 3 Electricity 的 More practice:Electricity works everywhere。该语篇是一篇科普的说明文。语篇内容主要围绕电在我们日常生活中的应用展开,着重介绍了电在城市和乡村的多种用途。教师可以运用韦恩图让学生对电在城市和乡村的用途进行对比。在最后的输出环节,教师可以组织学生以小组的形式口头汇报电在不同场所的用途及相应的节电小妙招。这样不仅巩固学生本节课所学的内容,操练了口头表达能力,而且探讨过程中学生积极参与,小组合作,调适学习策略,有利于提升英语学习效率。此外,这个活动挖掘了该语篇的内涵,更让学生增强节电意识。在作业布置环节,教师还可以要求学生以作文的形式完成一篇聚焦电的用途和节电的文章,引导他们进行书面表达,从而提高学生的理解与表达能力,进一步牢固树立节电意识。

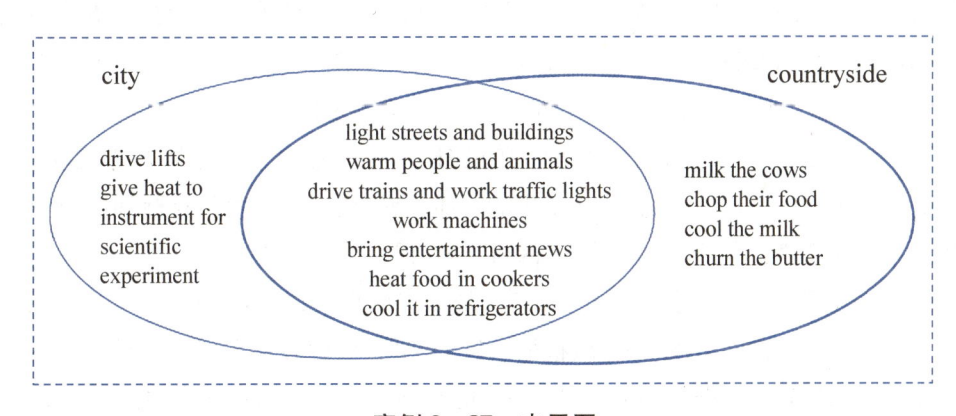

city | countryside

drive lifts
give heat to
instrument for
scientific
experiment

light streets and buildings
warm people and animals
drive trains and work traffic lights
work machines
bring entertainment news
heat food in cookers
cool it in refrigerators

milk the cows
chop their food
cool the milk
churn the butter

案例 3-87　韦恩图

案例 3-88:沪教版 9A Module 3 Unit 6 More practice:An extract from The Further Adventures of Sherlock Holmes。文本是原版小说神探夏洛克《归来记》的节选。小说叙述的是 1894 年的春天,整个伦敦都在关注一起对可敬的罗纳德·艾德尔十分不寻常而神秘的

Opinion	I think Adair was killed by_____.
Reason	It's because_____.
Example	My conclusions are based on the following facts and details.
First,_____.	What's more,_____.	Last but not least,_____.
Opinion	In my opinion, the most important thing is that_____.

案例 3-88　OREO

谋杀事件,上流社会的人们更因此事丧胆,神探夏洛克对此案也感觉十分难处理。学生可以通过跳读、扫读和推断等阅读技能读懂小说故事内容,借助思维可视化工具梳理文章结构,如通过表格分析案发的时间、地点、人物、事实和细节。教师通过流程图引导学生从 Sherlock Holmes 的侦探角度思考破案所需要采访的对象和调查的问题,并且演绎故事,进而进一步推测谁是凶手,以帮助学生提高对侦探推理小说的阅读能力,培养对阅读侦探推理小说的兴趣。在读后环节,学生通过演绎当时的案发现场,以 Sherlock Holmes 的视角推测这是一起他杀事件还是自杀事件,及主人公 Adair 被谁谋杀,最后借助 OREO 思维可视化工具(案例 3-88)撰写案情报告。在此过程中,学生的分析、判断、概括、评价等高阶思维品质得到充分的培养。

四、学情三层次

《义教课标》将核心素养的四维度课程总目标细化为一、二、三级(+)"学段目标",各学段目标设有相应的级别,如三级为 7—9 年级应达到的目标。此外,语篇类型、语篇知识和语言技能的部分内容为"级别+"。这些都体现了"分层"要求。分层教学就是根据学生现有知识、能力水平和潜力倾向,结合学生的不同发展水平和发展速度,确立相应的教学层次,科学设定学习目标,以适应学生最近发展区和最佳发展期的教学。分层教学是差异教学(differentiation)的一个部分,旨在关注学生的个体差异,通过调节教学目标和实施分层递进教学策略来适应学生已有的学习可能性,因材施教,促使人人成功。

影响学生英语阅读的因素很多,语言基础是分层的重要依据,但不是唯一的分层依据。教师在思维可视化阅读教学设计时,应根据学生的学情,做到心中有层次,建议为三层(学习上需要教师和同伴较多帮助的 A 层学生;基本能够独立完成教师在课堂中的任务的 B 层学生;有余力,除了课堂中能够出色地完成任务,同时有较好的创新和应用能力的 C 层学生),并根据教学内容,设定分层学习目标,预判不同层次学生的学习困难,给予不同的学习支撑。同时,教师应帮助学生了解自己的英语学习情况,引导学生选择适合自己的学习任务,将显性的学习任务分层和隐性的学生自主择层相结合,以此保护和激发学生的学习积极性。随着英语学习过程的推进,学生接受知识和内化知识的速度在变化,所在层也随时在发生变化。因此,分层是动态变化的。

在阅读教学中,教师可以对同一语篇内容设计有层次性的阅读任务,通过相应的信息支撑和方法指导,运用不同的思维可视化工具帮助学生理解语篇内容。教师可以用星号标注难易程度,学生可以根据自己的情况选择不同的阅读任务,并在梳理文本的基础上,合作讨论,完成深层次的理解或评价。

案例 3-89:沪教版 8A Unit 5 Encyclopaedias:Walt Disney

此语篇讲述了 Walt Disney 的生平。教师通过不同的任务设计帮助学生厘清文本信息,并且教会学生阅读此类文本的技巧。

(1) 针对阅读能力中等偏下的 A 层学生:案例 3-89 A 表格

在表格设计中,教师给予此层学生提示性阅读任务,要求按时间顺序罗列 Walt Disney

生平的主要经历。学生通过阅读,完成相关信息。由于表格中的内容以句子形式出现,提示信息比较多,对于英语基础比较弱的学生而言,既可以帮助他们准确地找到重要信息,也可以培养他们的阅读耐心和信心。

Time	What happened
In 1901	He was _____ in USA.
after school	He _____ newspapers, _____ mail and studied art.
finally	He got a job- _____ (drawing cartoons for films/building the Disneyland).
while	A mouse sat _____ Disney's desk, he _____ the mouse and put it in a cartoon.
soon	Mickey _____ and he became _____.
In 1966	He died.

案例 3-89A 表格

(2)针对阅读能力中等的 B 层学生:案例 3-89 B 流程图

教师给予此层学生导向性阅读任务(Three important things happened to him after he left school. Try to find them.)。学生根据图表不难看出本文阅读的关键点是时间和与其相对应的经历,会自然而然地在完成阅读任务的过程中关注时间和动作。同时,学生在完成流程图的过程中,熟悉此类语篇的阅读方式,并内化阅读策略,在阅读中分辨关键信息。

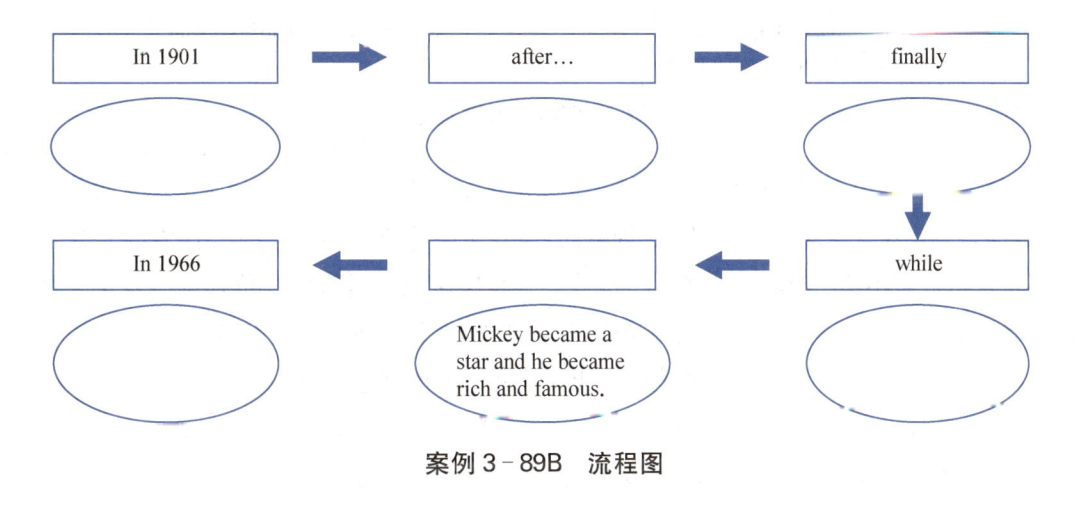

In 1901 → after… → finally

In 1966 ← Mickey became a star and he became rich and famous. ← while

案例 3-89B 流程图

(3)针对阅读能力优秀的 C 层学生:案例 3-89 C 括号图

教师给予此层学生自主性阅读任务(Three important things happened to him after he left school. Try to find them.)。教师按时间线索让学生通过括号图寻找相对应的行为,并且从

Walt Disney 创造 Mickey Mouse 的始末思考 Walt Disney 成功的理由,启发学生关注经历中成功的条件,提出挑战性任务,激发学生的阅读思维深度,也为后面的人物评价作铺垫。

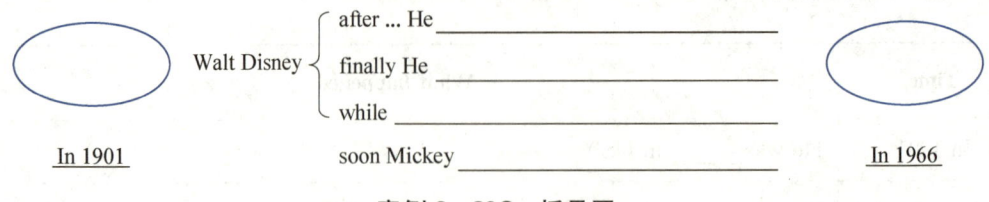

```
                    ┌ after ... He _____
In 1901   Walt Disney ┤ finally He  _____   In 1966
                    │ while        _____
                    └ soon Mickey  _____
```

案例 3-89C　括号图

(4) 针对所有学生 A\B\C 层:案例 3-89 D 思维导图

最后,各小组讨论回答 What made Walt Disney become rich and famous? 对同一语篇的三个不同层次的任务设计满足不同学生阅读需求的思维可视化工具,让每个学生都有条件在相同的时间内完成对文本的信息梳理和理解。这样的阅读设计有效避免学生在阅读中出现内容重复或者分层反馈消耗过多时间而影响阅读课效率的问题。

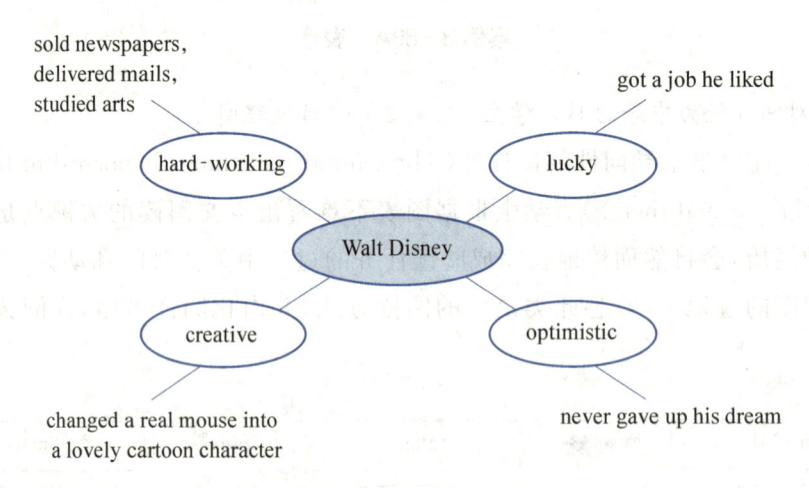

sold newspapers, delivered mails, studied arts — hard-working
got a job he liked — lucky
Walt Disney
creative — changed a real mouse into a lovely cartoon character
optimistic — never gave up his dream

案例 3-89D　思维导图

当然,针对学情,教师在运用同一种思维可视化工具时也可以考虑分层使用。对阅读能力欠缺的 A 层学生多给予一些"支架"和帮助,而对于中等以上 B 层学生和优秀的 C 层学生则尽量少给甚至不给"支架",同时可以和学生一起探讨制定适宜的评价标准激发学生的阅读积极性和运用思维可视化工具的创造性,以真正体现"因人而异""因材施教"。

案例 3-90:2017 年上海中考英语学业水平考试阅读试题语篇

教师可以通过课堂学习活动单,对该叙事类语篇运用的括号图采取不同的使用方法。

(1) 针对阅读能力中等偏下的 A 层学生:案例 3-90A 括号图

(2) 针对阅读能力中等的 B 层学生:案例 3-90B 括号图

(3) 针对阅读能力较强的 C 层学生:案例 3-90C 括号图

(4) 评价标准(如表 3-8 所示)

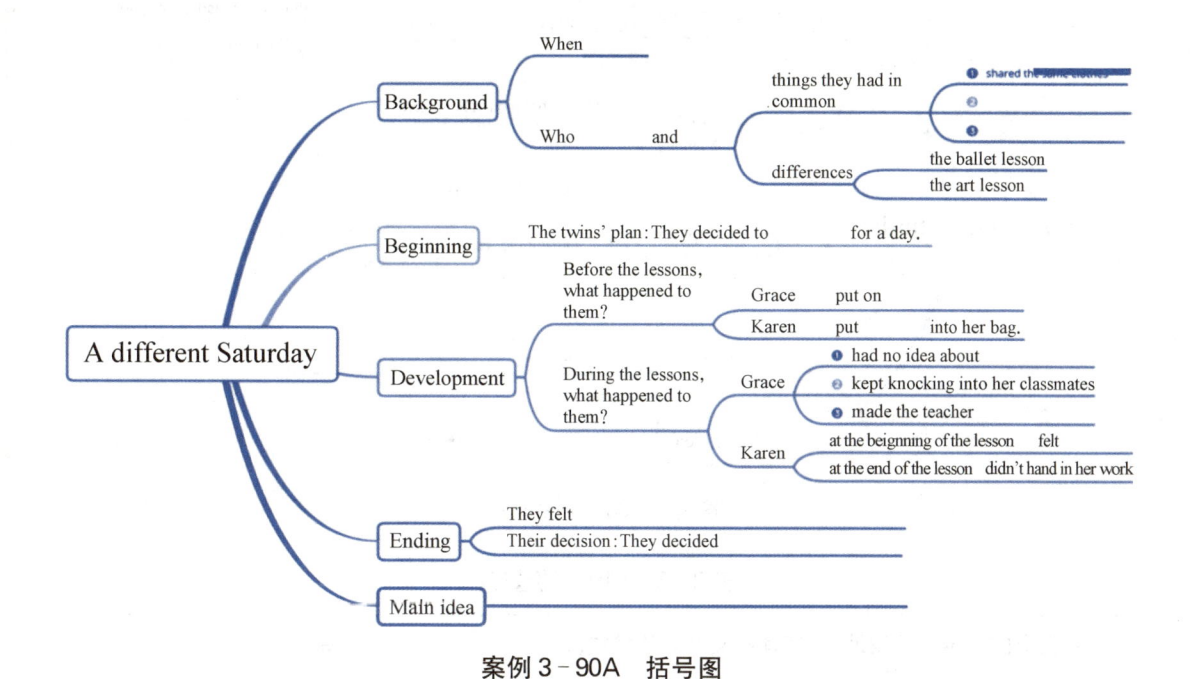

案例 3-90A 括号图

A different Saturday
- Background
  - When
  - Who ___ and ___
  - things they had in common
    - ① shared the same clothes
    - ②
    - ③
  - differences
    - the ballet lesson
    - the art lesson
- Beginning
  - The twins' plan: They decided to ___ for a day.
- Development
  - Before the lessons, what happened to them?
    - Grace put on ___
    - Karen put ___ into her bag.
  - During the lessons, what happened to them?
    - Grace
      - ① had no idea about ___
      - ② kept knocking into her classmates
      - ③ made the teacher ___
    - Karen
      - at the beginning of the lesson felt ___
      - at the end of the lesson didn't hand in her work
- Ending
  - They felt ___
  - Their decision: They decided ___
- Main idea

案例 3-90B 括号图

A different Saturday
- Background
  - When
  - Who ___ and ___
  - things they had in common
    - ① shared the same clothes
    - ②
    - ③
  - differences
- Beginning
  - The twins' plan: They decided to ___ for a day.
- Development
  - Before the lessons, what did they do?
    - Grace
    - Karen
  - During the lessons, what happened to them?
    - Grace
      - ① had no idea about dance steps
      - ②
      - ③
    - Karen
- Ending
  - They felt
  - Their decision:
- Main idea

```
                                  When
                ┌── Background ──┤              
                │                │ Who      and       things they had in common ④
                │                                     differences ②
                │
                ├── Beginning ──── The twins' plan: They decided to         for a day.
                │
A different     │                  Before the lessons ④
Saturday ──────┤── Development ──┤                    Grace ③
                │                  During the lessons ┤
                │                                     Karen ④
                │
                ├── Ending ──────── Their decision:
                │
                └── Main idea
```

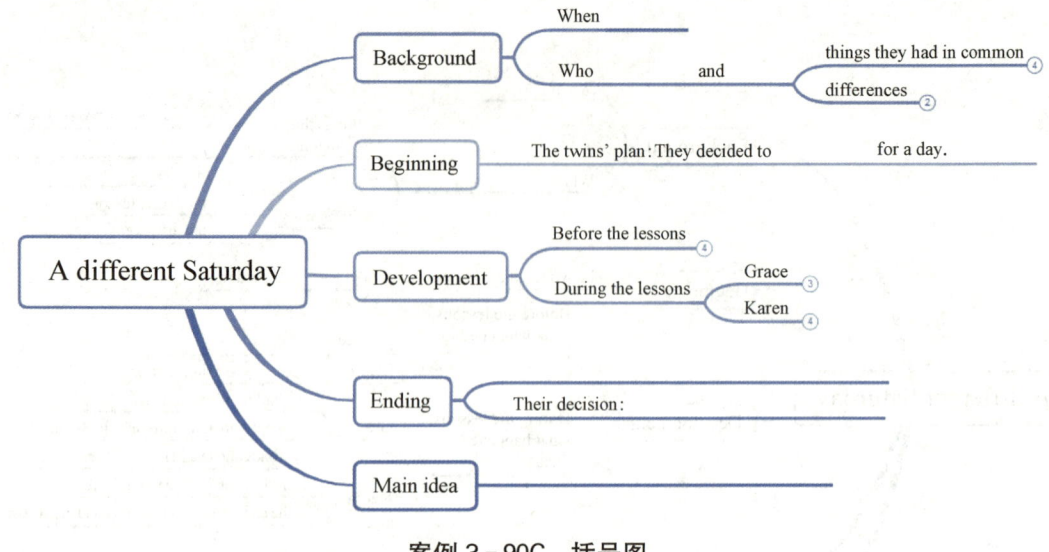

案例 3‑90C　括号图

表 3‑8　阅读评价量规

1. 在已有的思维地图帮助下,能理解文章脉络结构。	□是	□否	
2. 能使用关键词和句子完成思维地图分支内容。	□是	□否	
3. 内容填写基本正确。	□是	□否	
4. 图文结合,体现一定美观与创造力。	□是	□否	
5. 自我评价/同伴评价/小组评价等级。	□A	□B	□C

（5）参考工具：案例 3‑90 D 括号图

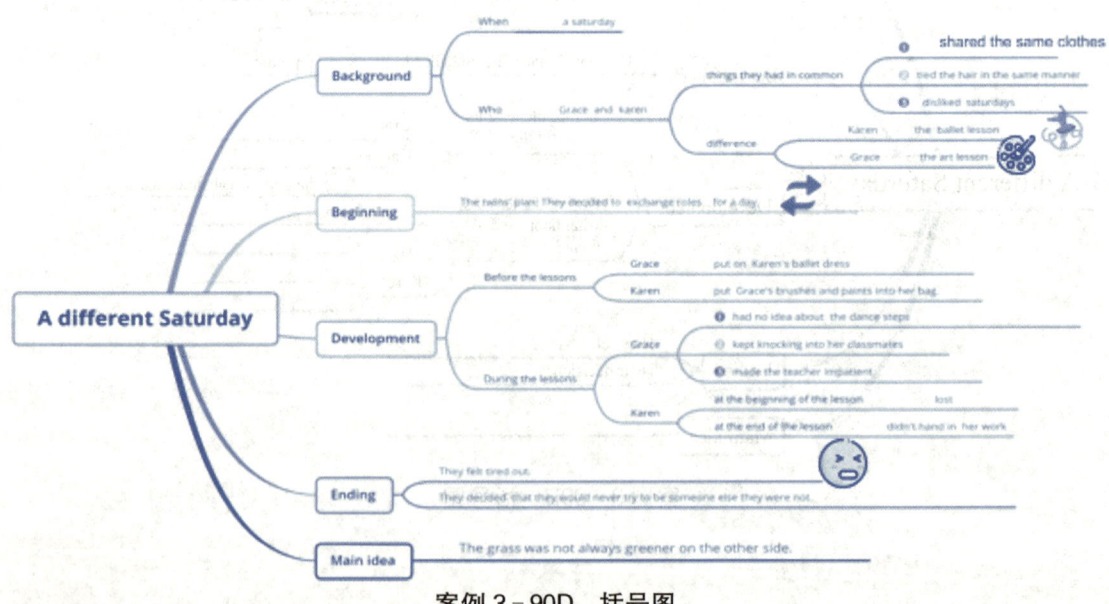

```
                                  When       a saturday
                ┌── Background ──┤                          ① shared the same clothes
                │                │                          ② tied the hair in the same manner
                │                 things they had in common ③ disliked saturdays
                │                 Who   Grace and Karen
                │                                           Karen    the ballet lesson
                │                 difference ──────────────┤
                │                                           Grace    the art lesson
                │
                ├── Beginning ──── The twins' plan: They decided to exchange roles for a day.
                │
                │                                    Grace   put on Karen's ballet dress
A different     │                  Before the lessons ┤
Saturday ──────┤── Development ──┤                   Karen   put Grace's brushes and paints into her bag
                │                  │                         ① had no idea about the dance steps
                │                  │                 Grace ──② kept knocking into her classmates
                │                  │                         ③ made the teacher impatient
                │                  During the lessons ┤
                │                                            at the beginning of the lesson    lost
                │                                     Karen ┤
                │                                            at the end of the lesson    didn't hand in her work
                │
                ├── Ending ──────── They felt tired out.
                │                   They decided that they would never try to be someone else they were not.
                │
                └── Main idea ───── The grass was not always greener on the other side.
```

案例 3‑90D　括号图

附原文：

It was Saturday again. Grace and Karen disliked Saturdays. That was another thing the twins had in common. They shared the same clothes and tied their hair in the same manner. In fact, it was hard for their classmates and teachers to tell them apart sometimes.

Unlike their classmates, they had to get up early at seven every Saturday to prepare for their lessons. Grace had to attend the art lesson and Karen had to attend her ballet lesson. "How I wish I could do something different today." said the twins with one voice. All at once, an idea came to Grace and Karen at the same time. "How would you like to be me for a day?" they asked each other. It seemed like a wonderful plan to them. After giving each other a description of their own friends, Grace put on Karen's ballet dress while Karen put Grace's brushes and paints into her bag. Then they left for their classes.

When the art lesson started, Karen was lost. Unlike Grace, Karen was poor at drawing. When the art lesson finally ended, Karen didn't dare to hand in her work. Meanwhile, Grace was struggling in the ballet class as well. As she had no idea about the dance steps, she had to follow her classmates blindly. As a result, she kept knocking into them. Their ballet teacher became impatient with her, "Karen, you should remember the basic steps. You can't rely on copying what others are doing."

When Karen and Grace got home, they were tired out. They decided that they would never try to be someone else they were not. It seemed that the grass was not always greener on the other side.

第四章 大概念下的思维可视化工具运用于阅读教学课例

"得阅读者得天下"。阅读可以提高学生认知,改变思维结构和模式,但仅仅机械或简单的阅读教学设计很难达到这样的目的。学生自主阅读能力的培养离不开教师的指导,只有建立在分享、思考、分析和输出基础上的阅读教学设计才能真正培养学生的阅读能力。实践证明,思维可视化阅读教学设计不仅利于培养学生阅读习惯、阅读技能,激发阅读兴趣,还利于学生了解文本结构和基本信息,培养观察、对比、分类、推断、总结、建构、辨识、评价、创新等思维品质,从而逐渐提高思维的逻辑性、批判性和创造性,也有助于学生依托不同类型的语篇,在分析问题和解决问题的过程中,培养自主阅读能力和语言表达能力。思维可视化工具的合理运用可以将学生从被动、机械、重复的低效学习模式中解放出来,实现真实高效的探究性学习,进而调动学生自主学习兴趣,促进学生自主学习能力的提升,实现深度学习并促进学生能力向素养转化。教师应以英语课程要发展的学生核心素养为目标,将深度阅读置于目标的中心,在大概念的统领下,以主题意义为引领,通过学习理解、应用实践、迁移创新等一系列体现综合性、关联性和实践性特点的英语阅读教学设计,整合发展学生的语言知识与语言技能,不断增强学生的文化意识和学习能力,提升思维品质,促进语篇知识在真实情境中的迁移。

第一节 运用锚图激发学生的阅读兴趣

案例4-1 八年级沪教版 8A Unit 6 Nobody wins(I)

一、问题的提出

在初中英语阅读教学中,我们发现有以下现象:

(1) 学生阅读积极性不高。有些学生阅读能力较弱,阅读积极性差,导致英语成绩长期徘徊不前。教师虽为了提高他们的成绩付出大量心血,但是效果不佳。此外,学生本身学习盲目,找不到学习方法,自信心下降等,这些直接影响以后的学习。

(2) 缺乏有效的课堂阅读指导方法。"阅读课"一味做阅读题,大规模"题海战术",以练习代阅读,学生的阅读习惯和阅读能力得不到有效培养。

(3) 学生课堂阅读的碎片化、练习化、模式化较严重,很多情况下学生只懂得依据词汇来进行翻译,其结果往往是不能够抓住有效信息,这实际上偏离了阅读教学的初衷。

阅读需要指导,怎样的课堂阅读指导方法才是有效的呢?怎样才能激发学生的阅读兴趣呢?基于上述现象和区域思维可视化英语教研活动的学习,我在英语阅读教学中尝试运用可视化工具——锚图来帮助学生梳理思维,提高理解能力,激发阅读兴趣。

二、理论基础

锚图(Anchor Chart),又称要点图,通常由各种可视化的图形和文字要点组成。Anchor是"锚"的意思,带有导向的含义,锚图最直接的作用就是把知识、逻辑、思维以一种可视化的方式呈现出来,把信息图表化、形象化、要点化,把复杂的事物结构化、形象化,从而更易于学生理解,激发阅读兴趣。

三、实践案例

(1)读前活动——激发阅读动机,交流阅读方法

本课讲述了Captain King和他的全体船员在外太空遭遇怪物(Gork),最终机智逃脱的探险旅程。首先,教师让学生通过猜图的方式引入外太空这个主题,然后向学生提出相关的开放式问题,让他们发表自己的想法,以此进行热身,激发阅读欲望。

(2)读中活动——运用锚图,课内分享阅读成果

学生第一遍阅读文章并完成Reading Log(阅读日志)第一部分的内容:判别文体,记录自己不懂的生词并猜测可能的词义,同时提出一些存在的问题或困惑。然后,学生第二遍阅读,这次要求他们去梳理文章的要点大意,之后完成Reading Log的第二部分,设计自己的锚图。基于本文的语篇类型是记叙文,教师引导学生关注记叙文的基本要素,包括时间(time)、地点(place)、人物(character)、起因(cause)、发展(process)和结果(result)。在这一部分,学生可以以图文并茂的形式多角度展现对文本内容的理解。在完成之后,教师选取部分学生的作品作现场展示,让学生自己介绍设计思路后,再进行师生共同交流、点评,以评促说,以评促思。在点评环节,教师首先肯定学生的创意和努力,如下述两位学生的设计(如图4-1、图4-2所示)。通过对文本故事的要点梳理,故事的情节可以一目了然,这种图文并茂的可视化的内容输出可以帮助学生化繁为简,化零为整,使学生对阅读文本内容记得更牢固,理解更透彻。接下来,教师巧妙衔接,自然过渡,引导全班同学深度挖掘文本,关注Captain King、Gork、Lam、Peters等人物角色的语言和行为动作,思考、分析、总结不同人物角色的不同性格特征。从学生的课堂表现和绘制出的各种锚图来看,成效显著,足见锚图有利于学生对文章主旨内容的准确把握。同时教师指出部分学生对文章主要内容理解的缺失和不足,如有学生过多关注细节,不能凸显"要点",逻辑性不强。然后师生共同总结出阅读该类文章应围绕"Who? What? Where? When?"这几个核心问题进行,引导学生注意锚图的逻辑性。

(3)读后活动——分享交流,深入思考,进行口头表达

阅读完成后,教师要求学生根据自己提炼的文本信息进行口头输出,简单介绍自己阅读

图 4-1　Nobody wins(Ⅰ)　　　　　　　图 4-2　Nobody wins(Ⅰ)

后所得的信息,因为有了锚图的记录,学生的口语输出基本都能做到重点突出,逻辑顺序合理。同时学生还能初步谈谈自己对该人物的简单看法。该环节的目的在于通过师生对话或生生互动分享学习成果,获得语言输出的机会,学习借鉴同伴经验,交流阅读感受。整节课,学生在教师的引导下,充分利用可视化梳理工具进行阅读尝试,独立思考,积极讨论,自由表达,思维被充分激发,阅读兴趣盎然。

(4) 课后活动——拓展阅读资源,深化运用锚图

在作业布置环节,教师要求学生课后阅读沪教版 8A Unit 7 Nobody wins(Ⅱ),根据教师在本节课的阅读指导,鼓励有能力的学生绘制锚图并准备个人口头汇报,鼓励学生在课后阅读中,有意识地使用并深化运用锚图,激发阅读兴趣,培养自主阅读习惯和阅读能力。

四、成效与反思

初中英语阅读教学中有效阅读指导方法的缺乏以及学生阅读积极性不高等现存问题都在很大程度上要求新的、有效的教学工具的加入,因此锚图作为一种可视化的教学工具对于初中英语阅读教学来说有着重要的作用和意义。

(1) 锚图能够增加学生对英语阅读的理解,提高阅读效果。通过锚图,把阅读中出现的关键信息整理出结构框架,使阅读内容更有逻辑感与层次感,同时也增强了学生记忆力,使他们在英语阅读的过程中更加容易理解文本内容。

（2）锚图能够激发学生的阅读兴趣,进而逐渐提高英语学习兴趣。传统的阅读模式较为单一,学生感到枯燥乏味,而在运用锚图后,英语阅读不再拘泥于简单的书面笔记。这样不仅能消除学生阅读的畏难情绪,更激活了学生想读和分享的欲望。

（3）锚图能使课堂教学氛围变得更加活跃,让学生拥有更多"选择权"和"话语权",从而增加课堂乐趣。锚图通常是在课堂教学过程中创建的,教师通过引导学生一起来制作关于课堂内容的锚图,而每个学生的锚图是不同的,这需要学生根据自己英语学习的程度去整理、归纳、绘制,整个环节的竞争性与趣味性活化了阅读课堂。

当然,教师在运用锚图开展阅读教学的过程中,只有让学生内化于心,内化在阅读行为上,才能更好地发挥锚图的作用,让学生保持持续的阅读兴趣,从阅读到"悦读"。

授课教师：上海市江湾初级中学　杨瀛英

第二节　运用表格培养学生的思维品质

案例4-2　八年级沪教版 8A Unit 3 Dealing with trouble

一、问题的提出

在英语教学中,阅读教学是培养学生思维品质的重要部分。但是,现在的部分英语阅读教学中存在着文本信息碎片化,阅读活动思维层次偏低,关注文本表层信息,教学模式僵化等问题,不仅严重影响英语阅读教学效率和质量,也不利于学生的知识构建和思维发展。因此,要在阅读教学中发展学生的思维品质,教师不能单纯地讲授语篇知识,而是需要指导学生在掌握语篇结构和语言特征的基础上,建立文本框架体系,引导学生深入分析和思考问题,表达观点和态度,从而促进学生的理解和思维能力达到更高的层次。

基于上述现象以及要求,我在英语阅读教学中尝试运用思维可视化工具——表格来培养学生获取和处理信息的能力,提升学生的语言能力、归纳能力,以及逻辑思维能力,促使学生思维品质的提升。

二、理论基础

依据认知发展理论,通过将所学的知识以具象的表达方式展示出来,可以降低学生的认知负担,帮助学生发现学习内容的内在逻辑,在理解与运用知识的同时,更好地运用学习策略来解决问题。表格作为图示方式之一,是一种直观的教学和学习策略。表格具有直观、简洁、关联、整合等性能,其最直接的作用就是将文章中以文字形式呈现的信息转换成较直观的形式,使文章所呈现的信息重点突出,条理清楚,层次分明,从而易于学生获取、加工和保存信息,使学生的思考有所指向。

三、实践案例

(1) 读前活动——引入语篇主题,激发阅读兴趣

本课语篇是 Paul 写的一篇日记,描述了他和父亲在乘渡船时遇见的一起盗窃案以及他的父亲是如何巧妙处理这个事件的。首先教师通过上班车坏了的经历引出本课的主题并以谜语引出课文的日记体裁。随后,教师通过引导学生阅读课文的标题和介绍,预测文章可能写的内容,培养学生看和预测的能力,激发阅读兴趣。

(2) 读中活动——运用表格,形成结构化知识

基于本文记叙文的语篇类型,教师运用表格(如表 4-1 所示)引导学生关注记叙文的基本要素,即事件的时间、地点、人物、起因、经过和结果,并结合表格引导学生通过第一遍扫读文章,观察文本结构,将文本的段落按照 introduction、beginning、middle 和 end 分为四个部分。随后,教师在表 4-1 的基础上,引导学生分部分阅读文本,通过扫读掌握事件的基本信息,并通过精读课文,梳理事件发生时不同人物的行为,明确事件发生时的具体情况和细节。

表 4-1 Dealing with trouble

Paragraphs _____	Characters (Who)	
	Setting	When
		Where
		What
Paragraphs _____	Beginning	
Paragraphs _____	Middle	The thief _____ The two women _____ Paul's father's action: waited for the next ferry→_____→_____→_____→took the next ferry
Paragraphs _____	End	

在这一部分,教师首先利用表格帮助学生提取并概括事件的关键信息即 who、when、where 和 what,并通过表格(如表 4-2 所示)引导学生梳理角色的具体行为,推断人物的心理和行为动机。接下来,教师通过问题链和流程图帮助学生将文中零散的信息整合起来,有逻辑地梳理归纳 Paul 的父亲处理问题的过程并关注 Paul 的父亲处理方式的特别之处,为之后深入分析 Paul 的父亲行为背后的原因,探究深层意义做好铺垫。在整个读中活动中,学生在

教师的引导下通过循序渐进的阅读活动完成表格的填写,逐步掌握语篇的表层结构和意义主线,形成结构化的认知,发展了学生理解、分析和推断的思维能力。

表4-2 Dealing with trouble

Characters	What did they do?
Paul & his father	
two women tourists	
the young man	
the crowd	

(3) 读后活动——内化新知,启发深度思考

在完成语篇的阅读之后,教师通过设计Paul和妈妈分享自己的经历的情境,引导学生整合自己所归纳的所有表格内容,完成对于课文内容的复述并利用自评表进行检查,以帮助学生内化、结构化新知和关键语言。因为有了表格这一直观的思维可视化工具的帮助,学生的口语输出基本能做到思维清晰,逻辑顺序合理。最后,教师再次利用表格(如表4-3所示)引导学生在所获信息的基础上进行小组讨论,通过对于不同角色处理问题的方式的对比,分析在这个事件中不同处理方式可能会造成的不同结果,引导学生思考应该如何正确并有效地处理问题的同时还能初步探讨一下人物的性格特征。该活动的目的在于通过生生活动引导学生超越语篇,从不同角度解读语篇,探究语篇的内涵价值与意义,促进学生逻辑思维和辩证思维的发展。整节课中,学生在教师的引导下,充分利用思维可视化工具辅助阅读,独立思考,多角度、辩证地看待事物和分析问题并积极表达,阅读的积极性被激发,思维能力得到了发展。

表4-3 Dealing with trouble

Characters	Paul's father	Two women	The crowd
Action			
Result			

(4) 课后活动——利用教材留白,推动迁移创新

在作业布置环节,教师针对教材中对于Paul的父亲报案信息的留白,设计向警察报案的活动,要求学生基于文本的理解和现实中的生活经验,以警察收到父亲报案的对话情境创造性地产出父亲当时会说到的信息,引导学生利用文中所学的知识创造性地解决问题,促进学生逻辑思维和创新思维的发展。

四、总结与反思

初中英语阅读教学中存在重词汇语法、轻内容逻辑、缺乏阅读策略指导、学生阅读主动性不高等问题，这些问题促使教师不断地探索和实践更加有效的阅读教学手段。而表格作为一种思维可视化工具，将其应用于英语阅读教学，可以帮助学生梳理、概括、整合、比较、分析语篇内容，有效落实英语学习活动观，提高教师的教学效率，促进学生思维品质的发展。

（1）表格可以帮助学生快速获取细节信息，培养学生搜集和处理信息的能力。通过表格，教师可以引导学生系统地、有策略地提取、整理、概括语篇基本的事实性信息，辨别信息之间的相关性，把握语篇的整体意义，从而使学生能够更好地理解文章的主要内容、思想和观点，有效地参与学习。

（2）表格可以通过将语篇化繁为简，帮助学生顺利形成结构化认知。面对较长的语篇，学生容易因为没有头绪而打退堂鼓。表格可以将大段的语篇简单化，学生可以根据表格的内容理解文章，这样不仅降低了学生理解的难度，也加快了学生对文章的记忆，提高了阅读教学效果。此外，表格的使用也可以引导学生关注段落间的逻辑关系，关注结构化知识的梳理和内化，使学生的思维品质得到循序渐进的发展。

（3）表格可以培养学生对比分析与读后综合运用语言的能力。教师可以通过表格对比语篇中人和事物信息的相同点与不同点，引导学生判断各信息的异同和关联，对语篇进行深层分析，促进学生对主题的认识由浅入深。此外，教师还可以利用表格将课文语言知识的教学和语言能力的培养有机结合起来，让学生根据表格内容概括并复述语篇，评价作者的写作意图。

当然，表格作为学生阅读的"脚手架"，需要教师根据语篇类型、语篇模式等适当地采用，并且在设计表格时，表格的内容不宜过细，不然容易扼杀学生的主动性和创造性。此外，教师在让学生熟悉表格这一工具后，可以引导学生自己设计表格，更好地发挥思维可视化工具的作用。

授课教师：上海市丰镇中学　徐惠佳

第三节　运用"已知—想学—学到"（KWL）培养学生的学习策略

案例 4-3　八年级沪教版 8A Unit 5 Look it up

一、问题的提出

英语课程要培养的学生核心素养包括语言能力、文化意识、思维品质和学习能力等，这对初中英语教学提出了更高的要求。此外，新课标提出践行学思结合、用创为本的英语学习活动观,秉持在体验中学习,在实践中运用,在迁移中创新的学习理念。这些要求的提出,体现出英语教学真正由教师的"教"向学生的"学"的转变。因此,教师要帮助学生提高学习能力和学习效率,引导学生开展自主、合作和探究式学习。尤其是针对初中高年级学生,教师要鼓励学生能积极尝试运用不同的英语学习策略提高学习效率。本节课将KWL思维可视化阅读工具(如表4-4所示)应用于初中英语阅读教学活动中,旨在引导学生在阅读过程中体验、感知、学习和运用语言,自主归纳、总结语言规律,培养学生的阅读能力。

表 4-4 Look it up

K (What I know)	W (What I want to know)	L (What I learned)	S (Specialties: Why we choose them?)
Diogenes He was a man living In a jar.	Who was Diogenes? When and where did he live? What's his thought? How did he feel about his life? What happened then?	a famous thinker Greece, two thousand years ago a way happy threw away his cup	important thought
Dinosaurs			unusual forms
Disney, Walt			famous creations

二、理论基础

KWL中的K=know,即what we know,是学习者关于所学话题的背景知识,即图式;W=want,即what we want to find out,是学习者想从该话题了解到什么;L=learned,即what we learned and still need to learn,是指课堂教学后学生的所得。[①] 可见KWL不仅可以记录学习内容,也可以监控学习过程,是促进学生学习、培养学习策略的重要工具。

三、实践案例

1. 读前:"K"激活学生已有知识

单元内容围绕着谈论"百科全书"来展开。因此本课一开始通过广告和图片阅读,帮助学生激活对狄奥根尼、恐龙和迪士尼的已有知识结构。学生在K栏列举出与狄奥根尼、恐龙和迪士尼有关的单词或短语,以便教师了解他们关于这三个词条的知识储备和语言储备,方便教师在后面的环节进行精准指导。

[①] Ogle, D. K-W-L: A Teaching Model That Develops Active Reading of Expository Text[J]. The Reading Teacher, 1986(06): 39, 564-570.

2. 读中：帮助学生排除阅读障碍,提升阅读兴趣

(1)"W"提升学生学习自主性

乍一看这三篇小短文的行文结构和文风截然不同,很难总结共同点。《Dianosaurs》为科普小品文,介绍了恐龙的由来、特点和研究手段。《Diogenes》和《Disney,Walt》是两篇典型的人物传记,《Diogenes》用人物简介结合小故事的形式突出了人物的思想,而《Disney,Walt》则通过罗列方式体现他的贡献和成就。为什么选择这样三篇文章拼凑在一起就很有意思,它与通常的说明文又不同,为非连续性文本。但这样的语篇反而与KWL的运用非常契合。

针对"Dianosaurs""Diogenes"和"Disney,Walt"三个词条,在W栏学生可以根据自己的兴趣爱好,自主选择想要首先了解的词条并进行提问,用5W1H罗列想要了解的信息,这样引导学生自主学习,也符合本单元"百科全书"知识探索的目标。

本节课中,学生在该环节提问踊跃,思维发散但问题集中于恐龙的起源、人物的生平和贡献等常见的知识关注点,可见可视化框架的设计和英语的提问方式的设定帮助学生归拢思想,但语言的限制也一定程度地局限了学生思维活跃度的显化。

(2)"L"内化学生学习内容

一个好的阅读者知道并非所有信息都在文本之中,它能够利用文本提供的线索,进行合理的补充假设和合乎常理的推断。

在该环节中,学生针对自己提出的问题在文中查找相关信息,通过精读抓取细节信息。学生同样可以自由选择阅读的顺序。因为采取自问自答的方式,学生的阅读热情较高,信息提取的准确性更高。通过K到L的环节,帮助学生排除阅读障碍,缓解阅读时的紧张感,提升阅读兴趣。

接着,教师通过which one do you think is the most amazing thing? 的提问,引导学生详读并概括人物特点,拓展KWL使用的外延,增加specialties的讨论和总结,从简入难,层层推进。在此框栏内,学生在学会阅读的基础上提升思维的层次,思考为什么要选择这三类人或物作为 amazing things 的代表,他们的独特之处在哪里? 这帮助他们建立起选材的重要性观念。教师将这一层思考并入 KWL 表格的第四列,并且为其取名为 S(specialties)。也许是因为有前三个环节的铺垫,学生在通过两两讨论中,能较快总结出三个词条不同的特点。

这种阶梯式的阅读活动一脉相承,引导学生在学习理解类活动中获取、梳理语言和文化知识,配合后续的输出活动,形成完整的阅读闭环,建立学习内容之间的关联性,有助于知识的迁移,促进核心素养的形成。

3. 读后：真实情境创设,激发自主学习热情

本课的输出活动借助KWL已列举的信息,基于有趣的访谈情景,激发学生的兴趣和发散性思维,并且为狄奥根尼编写一个开放式结局,在讨论和头脑风暴中激发学生思维,进行互动交谈(如表4-5所示)。

表 4-5 An interview script

An interview script	
Questions	Answers
W(What I want to know)	L(What I learned)
Who	a famous thinker
When and where	Greece, two thousand years ago
What	a way
How	happy
What	threw away his cup

通过 amazing things 的 brainstorm(头脑风暴)和 how to use encyclopeadias 的讨论,学生已经做好了参与 speech competition(演讲比赛)的准备,what I know 引起学生对于阅读素材的兴趣,what I want to know 引发学生对于素材的思考,即我想要阅读什么样的信息?作为这个主题它应该呈现出什么样的内容?而通过 what I learned,学生可以检查并调整自我阅读的预期,加深对于这三篇素材的理解,形成关于 amazing things 的一个初步认识。

四、总结与反思

无论是线上教学还是线下教学,都重在提高教学有效性,解决学生主观能动性不足的问题,体现学生主体意识。以往的教学模式容易形成一言堂,是学生的思维达不到任务要求吗?其实并不是,哪怕是英语学科的学困生也不一定不具备具有创造力的思维,他们的思维活跃度和创造力在某些方面或者某些学科中会产生意想不到的作品。因此更多的还是语言问题制约了他们的思维表达。如何在活动中帮助学生排除阅读障碍,给予足够的语言支撑是减轻学困生阅读紧张的重要抓手。本节课借助策略优势,K 帮助学生总结旧知,使得教师能够第一时间掌握学生的学习基础;W 启发学生思维,建构学生的课堂问题意识与教师的课堂问题之间的联系;L 提供支架保障学习有效性,增加交流互动空间。通过阅读的层层递进,教师帮助学困生解决词汇理解问题,培养阅读能力。教师以学生的基础和能力为前提,依据学习活动观,设计有梯度的教学活动,将提供语言支撑贯穿于各阅读活动中,将知识融入主题学习中,使得学生在阅读活动后能自然而然地记忆并运用语言支撑输出活动。

同时,不同语篇的思维可视化工具不尽相同,在阅读过程中教师要根据语篇的难易程度和学情选择 KWL,也可根据需要设计带有延展性的 KWL 阅读工具,如 KWLS、KWLL、KWLWL 等,提高学生的学习效率和使用意识。

授课教师:上海市霍山学校　何怡沁

第四节　运用思维地图培养学生的文化意识

案例 4-4　七年级上外教版 Nanjing—A City Rich in History and Culture

一、问题的提出

阅读作为理解性技能之一，不仅局限于获取信息。培养学生的阅读能力更应该要关注到引导其发现文中的写作思路和文化内涵等。在初中的阅读教学和评价中，我们发现学生不易关注语篇背后的思维逻辑和蕴藏的文化内涵。阅读文章时，学生更多关注事实信息和数据，而对于行文逻辑并不敏感，同时也鲜少深究其背后的文化知识。

那如何通过课堂教学，引导学生对语篇的隐含信息、写作思路或是文化内涵进行思考，并学会分析呢？基于上述现象和思维可视化理论以及《义教课标》的学习，我在英语教学中尝试使用思维地图——tree map（树状图）（如图 4-3 所示），引导学生梳理语篇写作思路，并发掘其背后的文化内涵。

二、理论基础

思维地图是一种常见的思维可视化工具，它不仅形象直观，可以将抽象的记忆和思维可视化，使记忆内容深刻、快速、有效，还能帮助学生更好地分析、理解文本，也能给学生提供类似题材和题材的行文思路和写作框架。

常见的思维地图共八种。其中 tree map（树状图）有利于将语篇内容进行高度概括，如树冠的形式，逐渐发散开来的树冠图层次清晰，内容全面系统，便于引导学生梳理文本写作内容和写作脉络。

三、实践案例

本节课使用的教学内容是上外教版第三册 Unit 2 的 Item 2；本节课为第二课时。该单元的主题范畴是"人与社会"，属于"历史、社会与文化"的主题群中"中外名胜古迹相关知识"的子主题内容。

该语篇分别从历史、地理位置和景点方面介绍了南京这个城市。文章共有四个段落：第一段描述的是南京的历史——它曾是六朝古都；第二段讲述了南京的现状（包括地理位置等信息）和这个城市富有历史文化景点这么一个事实，并举例明孝陵；第三段重点描述了南京的另一个有名历史景点——秦淮河；最后一段则是对全文的总结。

本课时聚焦于文章第三段——对于一个地点景色的描写。第三段以"ancient"为主题，"river"为线索，详细地从位置和特征描述了三个景物：城墙、古楼和游船。

在读前活动中，主要回顾了前一课时的所学内容（南京的基本信息以及文章的核心词汇），并且让学生快速地进入到课堂中来。

（1）读中活动一——修剪树枝

在读前，我先展示了秦淮河的图片。学生在读图后谈论他们所看到的景色，并将这些所见进行列举，作为第一层"树枝"。接着学生略读文章的第三段，找出作者描述了秦淮河的什么（聚焦于描述的景物）；同时将第一层的"树枝"进行修剪，并结合文章主旨思考作者为何选择这三个景物（城墙、河岸建筑和小船）进行描写。

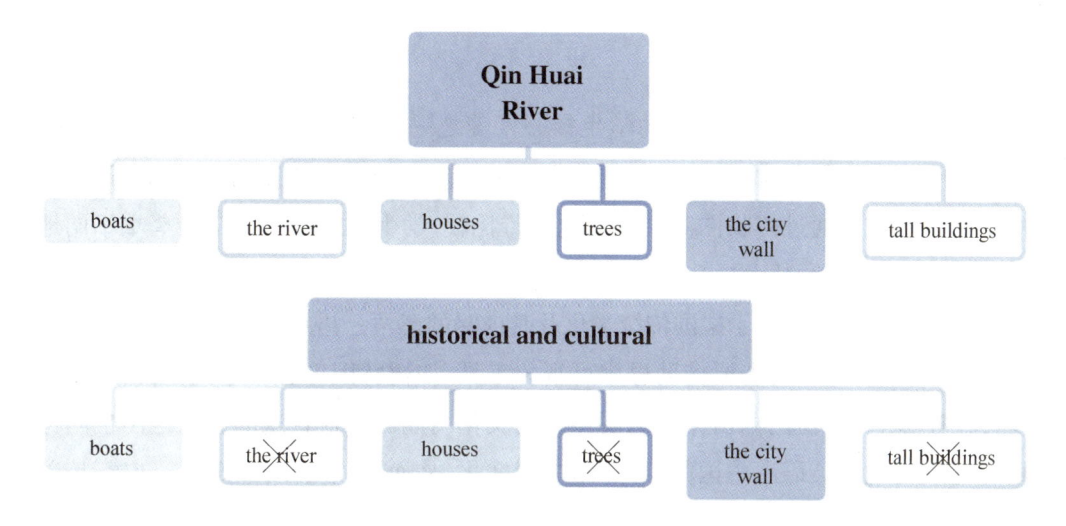

图4-3　Nanjing — A City Rich in History and Culture

本文的标题是"Nanjing — A City Rich in History and Culture"，因而在作者描述秦淮河的过程中，与标题中的"history"和"culture"相呼应，主要描述了河景中富有历史气息的景物——"城墙""红墙绿瓦的屋楼"和"河上船只"。经过读图列举和略读删减两个步骤，学生在可视化工具的帮助下，更好地理解了作者描写时景物选取的考量。

（2）读中活动二——开枝散叶

学生继续细读阅读语篇第三段，找出作者描写这些景物时所描述的内容，如景物的位置和特征等。这一部分是学生所擅长的直接信息的提取。但对于作者在描写景物时的角度和思路学生很难直接获取或归纳总结。这时可借助可视化工具，直观呈现作者的写作思路。

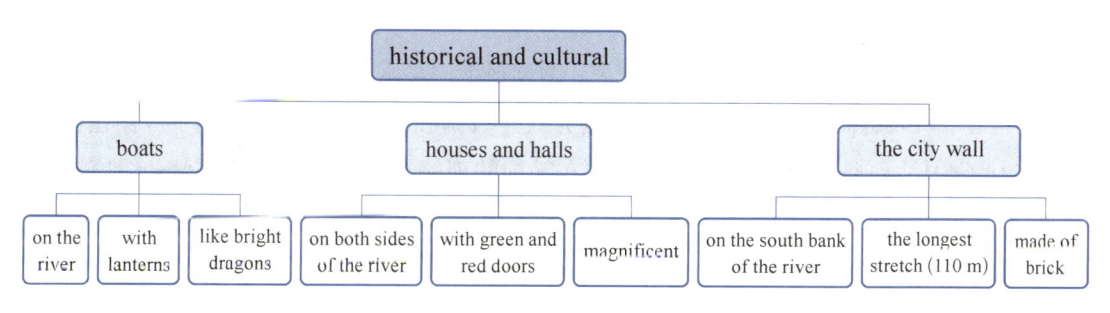

图4-4　Nanjing — A City Rich in History and Culture

结合树状图，学生可以清晰明了地感受到作者是如何描述这些富有历史文化气息的景物的：先讲述景物的位置，再对其特征（如挂件、配饰、大小等）进行描写。不仅如此，若是将这些分支作横向比较，还可以窥探一二作者在描述时的线索——以秦淮河为线索由远及近地描述了这三个景物，从而帮助学生厘清了语段的描述顺序。

在这两个读中活动中，教师引导学生从文本的直接信息出发，借助思维可视化工具（树状图）引发学生进行思考，帮助学生把握语段的线索，从而体会作者在描述景物时想要表达的深层含义——通过对秦淮河景色的描述，体现南京是一座历史悠久、富有文化的城市。

四、总结与反思

文化意识作为英语课程要培养的学生核心素养之一，在英语教学中具有重要的作用。在传授学生语言知识的同时，我们要注重文化知识的渗透，使语言技能的学习和英语文化知识的学习相辅相成。通过树状图对中外文化进行比较，学生能够理解并学会尊重不同地区文化的差异性和多样性，从而提升跨文化交际能力。在学习多样性文化的同时，学生也可以通过课堂学习进一步加深对于中国传统文化及其内涵的感悟。语篇背后传达的文化意义往往不是一目了然的，这时便需要借助思维可视化工具，如树状图等思维地图，对语篇内容进行梳理、归纳、探讨，从而挖掘出作者想要传递的文化内涵。清晰直观的思维地图也同样可以帮助学生更好地用英语讲中国故事，介绍中国文化，从而形成对于国家的认同感，培养文化自信。

授课教师：上海民办克勒外国语学校　魏　然

第五节　运用思维导图培养学生的语言能力

案例 4-5　八年级拓展阅读 Money changes

一、问题的提出

在英语教学中，教师补充与教材单元主题相匹配的素材性资源，能增加英语学习的鲜活性和实用性，有助于培养学生的核心素养。常见的拓展阅读活动有读报、读书、读书的章节节选等。

目前的拓展教学实践中存在这样的现象：阅读报纸语篇常以逐句翻译为学习手段；阅读书籍或节选常以大意概括或读后感作为检测方式。教师在组织拓展阅读教学时，存在以下问题：（1）学习活动形式较为单一，本质停留在字词的理解，导致学生缺乏整合事实性信息、归纳分析的阅读理解能力。（2）由于理解性活动不够深入，学生缺少"读懂"的过程。因此，他们在读后无法就所读内容阐述高质量的个人观点或阅读感想。学生说和写的表达性能力无法在读后活动中得到实质性提高。故而，有时拓展阅读对于学生语言能力的提高效力，相较教师的预期往往大打折扣。

那么,如何组织有效的拓展阅读活动,使学生的语言能力得到培养呢?一次区教研活动中对思维可视化工具的指导启发了我。于是,我尝试在泛读课上运用思维导图,帮助学生转化阅读中的信息,提升学生的理解能力和表达能力。

二、理论基础

信息转换(information transfer)这个概念是由内申(I. S. P. Nation)和牛顿(J. Newton)提出的。阅读活动中的信息转化,就是学生从基本领会大意、把握主要内容,到整合信息、分析语篇结构的过程。思维导图(mind map)是对放射性思考(radiant thinking)的一种视觉化表达,它通过图像符号把人的认知通过一定的内在逻辑整合起来,帮助学习者把握知识之间的关系。在拓展阅读课中,学生可在教师指导下,基于语篇特征制作思维导图,在层层递进的理解性活动中实现信息转换,对所读内容进行从"书本"到"脑袋"的内化。

三、实践案例

(1) 拓展阅读课语篇简介

沪教版八年级第一学期 Unit 5 Encyclopaedias 阅读语篇是一篇说明文。为了进一步帮助学生积累说明文语篇阅读经验,本课语篇改编自原版英语教材 Reading Wonders 系列的《Money Changes》一书(Grade 6 Leveled Readers)。其主题范畴为"人与社会",介绍了不同的货币支付方式,与时代发展密切相关,符合《义教课标》中提出的拓展教学资源要有鲜活性、实用性的特点。教师把原版语料改编为三段文字,制作了侧重点不同的两版阅读材料,并结合了真实生活中的实物语料(如信用卡、纸币、支付宝英语使用说明书等),形成了多模态语篇和说明文语篇相结合的拓展阅读素材。

(2) 读前活动

首先,学生观看一段视频,了解货币从以物换物、贝壳、盐、贵金属等流通货币到现代纸币的演变过程。随后,教师就货币的历史与现状进行提问,帮助学生获取阅读语篇的背景信息。接着,教师引导学生进行读前预测,为读中活动使用的思维导图提供逻辑基础。

(3) 读中活动

学生在读中活动使用了两张思维导图。

第一张思维导图由教师在学案中提供给学生,以 what、how、where 三个关键词为线索。使用思维导图的目的是帮助学生快速抓取事物特点,获取关键信息。学生有充足的时间阅读材料 1 中三种支付方式的介绍和配套图片。阅读时,学生补充完成教师提供的思维导图。在课堂实践中,阅读这三段文字和图片对学生有一定挑战。这样难度较大的多模态语篇模拟了学生在实际生活中可能遇到的情景:在上网查阅某个关键词时,确实会遇到文本较难、承载大量信息的情况。这会导致学生产生畏难心理,最终失去阅读的耐心与勇气。而使用层次鲜明的思维导图作为阅读工具,学生只需抓住某几个关键要素,哪怕所读的说明文语篇较难,也可以快速把握事物的定义与特征。

由此可见,本课中的第一张思维导图(如图4-5所示)培养了学生阅读说明文时的理解能力:能从大量信息中甄别出关键,快速把握某个名词的定义、功能、特点。学生未来在阅读其他说明文时,就能利用本课所学的思维导图经验,实现知识的迁移。

读中活动的第二张思维导图(如图4-6所示)由学生自主设计。学生在略读阅读材料2后,自主探索语篇结构特点,并以小组为单位设计一个合理的思维导图。课堂中,学生通过合作识别出语篇在结构上的特点,制作了以"利弊"为线索的可视化工具。接下来,每位学生选择一种支付方式进行第二次阅读,使用思维导图帮助阅读理解。接着,他们在各自的小组中介绍自己所读的支付方式的利弊。以思维导图为工具,可以提高学生在组内进行信息交换的质量。发言学生需要对阅读语篇进行提炼和归纳。此时,思维导图可以帮助学生归纳所读信息,让学生能顺利地通过口头表达与组员分享信息。而学生在聆听其他组员介绍时,也在锻炼他们对他人所传达的信息的理解能力。此外,学生可以通过边听边读刚才自己没有选择阅读的另外两个段落,实现对语篇的再次阅读。

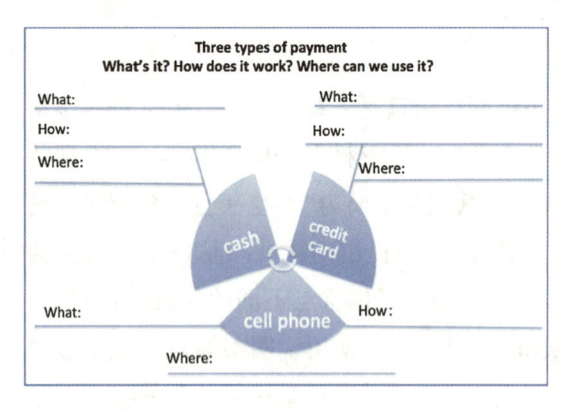

图4-5 Three types of payment

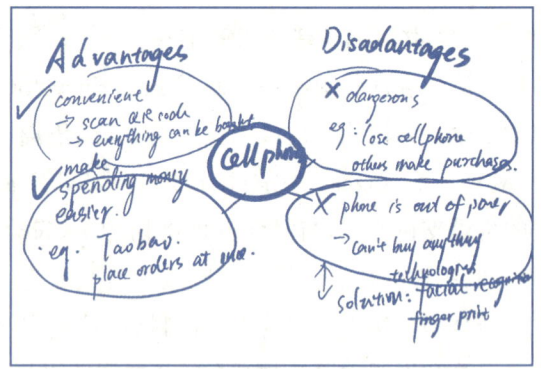

图4-6 Advantages and disadvantages of payment

因此,本课中的第二张思维导图帮助学生提高转述和分享信息的语言表达能力,通过以读促说加深学生对于阅读语篇的理解与内化。

(4)读后活动

在读后活动中,教师指导学生继续沿用思维导图提供的利弊思考结构,在小组内探讨哪种支付方式最适合学生。组员讲述所选支付方式的优势,结合实际生活中的例子支持自己的观点。在讨论中,有的学生还会对他人观点进行反驳,指出对方所选方式的弊端和问题。学生有能力基于阅读材料讲出自己的观点,甚至试图说服他人,这都有赖于思维导图在本课中帮助了他们从理解走向运用。可见,思维导图在拓展阅读课中亦会对学生的表达能力起到促进作用。

四、总结与反思

拓展阅读是基于课本教材语篇的延伸。补充素材性英语课程资源的初衷就是为学生提供丰富、真实的学习语言和使用语言的机会。拓展阅读课堂若缺乏有意义的理解性活动,那学生通过阅读实现语言能力的提高必成为无稽之谈。从我的教学实践来看,使用思维导图作为可视化教学工具,对初中英语拓展阅读教学有以下作用:

(1)思维导图能够教会学生如何读懂语篇,提高学生的阅读理解能力。拓展阅读涉及的语篇往往体量较大,信息较多,因此泛读课不能局限于个别字词的解释,而应重在指导学生读懂语篇。思维导图因为其独特的结构性和发散性,在学生阅读过程中帮助他们梳理脉络,归纳重点,体验高质量的阅读理解活动。

(2)思维导图能够辅助阅读内容的信息转化,促进学生读后语言表达。拓展阅读课的读后活动往往需要学生基于语篇进行口头或者书面表达,谈谈自己对文本的感悟。许多学生会无话可说,或者有话说不出,就是因为从"眼"到"口"的信息转化过程没有落实。思维导图可以打通理解性活动与表达性活动之间的关隘,增加学生对于输入文本的思维加工,帮助学生真正"读懂"文本,最终把所读纳入自己的认知体系,从容地表达观点和读后感受。

(3)思维导图可以培养学生自主阅读的习惯。经过教师的指导和多次拓展阅读课经验的累积,学生可以根据不同的语篇类型、语篇模式等特点,自己制作思维导图,进行自主阅读实践。教师可以把思维导图作为学生长期阅读作业的检测手段和呈现方式,既体现了思维含量,又能切实提高学生自主阅读能力,让学生敢于尝试自主阅读。当学生找到了英语课外阅读的意义和乐趣,他们的语言能力和综合素养也必然会因为课堂之外的自主拓展阅读有所提高。

授课教师:上海民办新华初级中学　杨白蕴

第六节　运用思维可视化工具(OREO)培养学生的学习能力

案例4-6　九年级沪教版 9A Unit 6 More practice 拓展阅读

一、问题的提出

初中英语阅读教学尽管一直备受重视,但教学效果却不甚理想。通过调查,我们发现,学生的学习能力得不到提高和培养,其中最主要的原因是教师对阅读教学先进理念和模式缺乏研究,对学生阅读方法与策略的指导欠缺,使学生在整个阅读过程中始终处于被动接受的地位,导致阅读理解过程中学生自主运用策略和技巧变为空谈,学生学习能力缺失也就自然成为影响学生阅读理解的障碍之一。

《义教课标》指出:核心素养是课程育人价值的集中体现,是学生通过课程学习逐步形成的适应个人终身发展和社会发展需要的正确价值观、必备品格和关键能力。学习能力是核心素养发展的关键要素。在学习能力的学段分项特征 7—9 年级中指出:能在教师引导和协助下,认识到英语学习的重要性;进一步激发英语学习的兴趣,遇到困难时具备一定的抗挫折能力;了解英语学习的特点和规律,积极尝试运用不同的英语学习策略提高学习效率,制订适合自己的学习计划并努力完成;及时反思,并根据学习进展对学习计划和策略进行调整,找到适合自己的英语学习方法并加以运用;能主动利用图书馆和其他资源进行拓展学习,初步具备自主学习、合作学习、探究学习的能力,养成良好的学习习惯。那在英语课堂中教师如何用思维可视化培养学生的学习能力呢?

二、理论基础

OREO 是思维可视化工具的一种,可以表达观点,陈述见解。第一个"O"代表的是"Opinion",也就是观点。所以在 OREO 中,开篇的第一件事是告诉读者自己的观点,而且观点鲜明,表述清楚。如果观点新颖,能引起读者的共鸣,会更好地激发读者阅读的欲望。第二个字母是"R",代表"Reason"。这一部分要表达你持有上面的观点的原因。第三个字母是"E",表示"Examples"或"Evidence",给出相关的例子或证据来支持和证明你的观点。所以,就像有夹心的奥利奥(OREO 谐音)饼干才好吃一样,有饱满的例子或证据来支持观点的文章才能增加说服力和可读性。最后一个字母还是"O",仍然是观点(Opinion)。虽然和第一个字母一样,但是第二个 O 强调的重点是"总结并重申你的观点"。

三、实践案例

教学材料选自沪教版 9A Module 3 Unit 6 More practice:An extract from The Further Adventures of Sherlock Holmes。文本选自小说神探夏洛克《归来记》,语篇类型属于小说(节选),语篇模式是叙事型。这节课的主题范畴属于"人与自我",主题群是"做人与做事",子主题内容是"职业认知,职业启蒙"。小说故事的背景发生在 1894 年的春天,整个伦敦都在关注一起对将军的儿子罗纳德•艾德尔不同寻常而神秘的谋杀案,上流社会的人更因此事闻风丧胆,神探夏洛克对此案也感觉十分难以处理。

本节课型为拓展阅读课,学生需要通过跳读、扫读和推断等阅读技巧读懂小说故事内容,在读后产出环节,我借助思维可视化工具 OREO(如图 4-7 所示)帮助学生梳理文章结构,调查案件及推理出谋杀案的凶手。

学生以福尔摩斯的视角,运用 OREO,先口头表述案件的推理报告。学生的观点是推测凶手是谁,然后给出理由,并且通过事实细节和推断来证明自己的观点。最后,重申自己的观点。学生完成之后,教师选择一些学生做口头汇报,采用生生点评和师生点评相结合,以评促说,以评促思。从学生的课堂表现和书写的 OREO 来

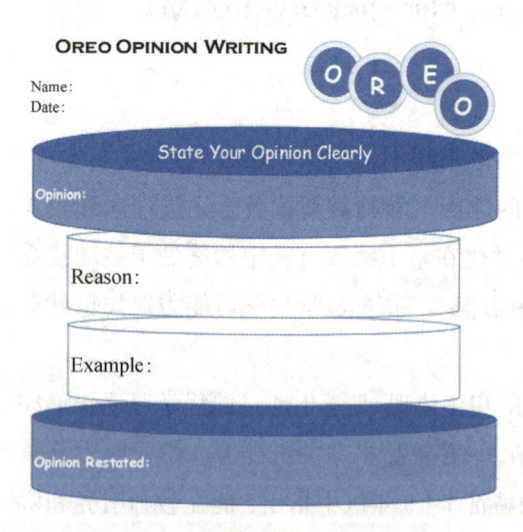

图 4-7 Who is the murderer?

看,效果显著,可见学生在使用OREO后,能输出一篇优秀的说服性报告,论点突出,逻辑清晰,论据充分。同时,针对有的学生在表达论据时,论据与论据之间缺少标志性语言的连接,教师也对此进行了补充,引导学生注意OREO的逻辑性。

四、总结与反思

初中英语阅读教学缺乏对学生学习能力的培养,教师缺乏对学生阅读方法及策略的指导,因此使用阅读思维可视化工具OREO,对初中英语阅读教学有着十分重要的作用和意义。

(1) OREO 培养学生深度学习

理解和思考是深度学习概念的核心,通过思维可视化工具OREO,让思维的过程在课堂上展开,更好地促进理解和思考,可以让学生在激发探索的同时培养他们处理复杂事物的能力,实现知识的内化,促进深度学习。当学生开始内化和应用这些思维工具的时候,好奇心和激情为更深层次的学习注入动力。

(2) OREO 培养学生高度参与性

学习是在与他人的相处中展开的,在与他人的交往中学习,从他人的身上学习,与群体一起学习。实践思维可视化流程,可以促进学生之间的交流,实现相互学习,提高学生在群体中的参与度。此外,学习需要个人的参与与思考,虽然我们可能会被动地接受新信息,但建立理解是一个积极主动的过程。思维可视化的流程可以促进学生对想法的认知参与,激发学生探索的动机,实现对课堂的高度参与。

(3) OREO 加强形成性评价的实践

如果我们不仅想知道学生知道什么,还想知道他们是如何知道的,那么我们必须让他们的思维可视化。因此,让学生的思维可视化是一种形成性评价方式。真正的形成性评价是持续嵌入式的努力,了解学生的学习。思维可视化的运用可以加强形成性评价实践,让学生和教师积极参与对话学习。

总之,当教师运用方法使思维可视化成为课堂的一个常规部分时,便向学生传递了"思考是有价值的"这样一个信息。学生逐渐认识到思考的价值,变得更倾向于把思考作为学习的重要部分,这改变了他们作为学习者的身份。"思维可视化"的目标就是通过培养学生的思维倾向来培养学生成为思考者和学习者。

授课教师:上海市丰镇中学 朱 佩

第七节 运用思维可视化工具培养学生的德育素养

案例 4-7 八年级外研版英语整本书阅读 The Piano

一、问题的提出

《义教课标》中明确指出将课堂教学的立德树人作为根本任务。在此背景下,教师应发挥英语课程工具性和人文性的特点,引导学生了解不同文化,树立国际视野,坚定文化自信,成为有理想、有本领、有担当的时代新人。

对于情感综合类主题的教学,教师首先需要有更多维、更高位的理解,才能对学生的情感和认知进行有价值的互动与引导,才能更智慧地捕捉生成性主题。然而,学生的思维认知有其局限性,往往不能一下子达到教师要求的思维高度。如果教师为了达到德育目标,急于求成,那么容易诱发学生说出没有真情实意的空话。因此,为了引导学生向内容的更深层次探索,教师应该采用多种手段,为学生搭建教学支架,将德育目标有机地串联进教学设计中。

我在整本书阅读"The Piano"这节课中尝试运用思维可视化工具——情节折线图、树状图、鱼骨图来对学生的情感和认知进行有价值的引导,帮助他们自主形成道德认知和道德判断,以达到"学科育人"的目标。

二、理论基础

思维可视化是学生进行思维活动时,通过外显的方式把思维的过程呈现出来,其对应的英文为"thinking visualization"。从本质上来讲,阅读的过程就是思维的过程,因此英语阅读的思维可视化就是用外显的方式呈现英语阅读的过程及阅读结果。本节课中运用的三种思维可视化工具分别为情节折线图、树状图、鱼骨图。

情节折线图是梳理小说起因、过程和结果的常用工具,折线图由故事开始或情节交代、动作上行、高潮、动作下行、冲突解开或结尾构成。

树状图的造型灵感源于自然界枝干层叠的树木,形式特征决定了其在信息分类上的优势,因此教学中的树形图常用于知识点的分类和文本结构的疏通。

鱼骨图因其状如鱼骨而得名,其鱼头部分是要解决的问题,主骨是一条横向延伸的水平线,大、中、小骨分别对应按关联性与重要性列出的大、中、小要因。

三、实践案例

1. 读前活动——借助情节折线图,挖掘教材的德育价值

(1) 赏析第一课时优秀作业(情节折线图,如图4-8所示),回顾故事主要情节。

(2) 根据情节折线图,发现主人公身份的巨大转变,确定本课探究主题"成功"。

第一课时激趣导读课后,学生的回家作业为完成情节折线图。这不仅可以帮助他们复习故事情节,也可以考察他们对故事情节发展的理解。

本节课为第二课时讨论交流课。在本节课读前活动中,教师展示不同学生的情节折线图,并请其他同学点评优缺点。接着教师引导学生关注情节折线图开端和结尾主人公的身份,引导学生注意到主人公身份的巨大转变——从贫穷的农场打工仔到受人尊敬的钢琴家。这一身份转变暗含着成功这一主题,因此教师借助情节折线图引导学生自主生成了本课的探究主题"成功"。本课的授课对象是八年级学生,他们思维日渐成熟,自我意识加强,渴望

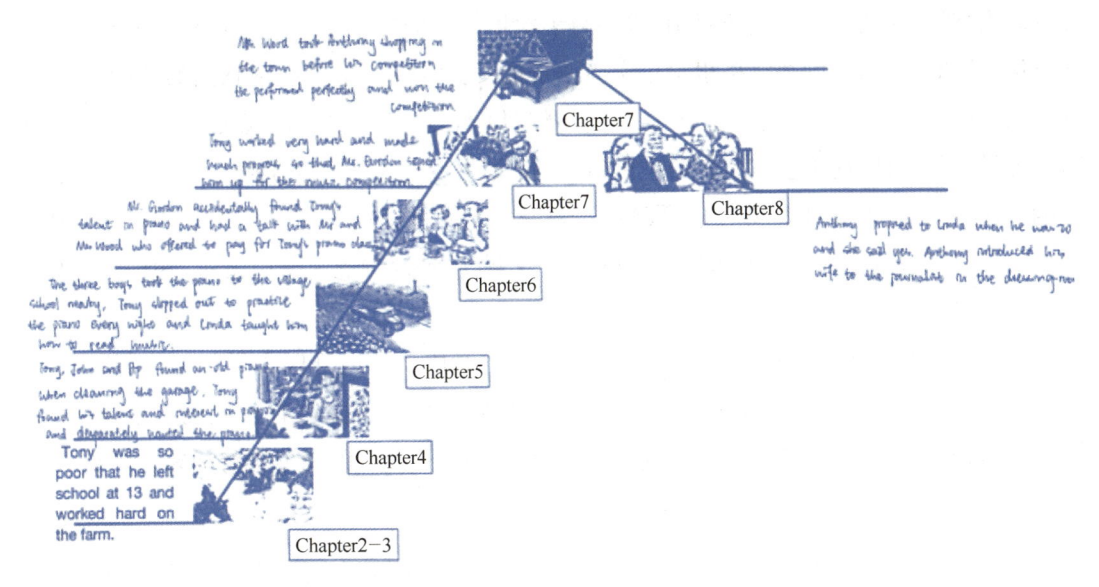

图 4-8 Plot Review

成功。对成功这一主题的探究有助于学生正确认识成功,达到读书育人的目的。

2. 读中活动——借助树状图、鱼骨图,总结主人公成功的因素

(1) 分析 Tony 成功的重要因素——幸运,利用树状图(如图 4-9 所示)进行归纳总结。

图 4-9 Why Tony is lucky

(2) 学习并利用人物性格分析方法,推断主人公的性格品质。并借助鱼骨图,总结归纳主人公成功的所有因素。

在读中第一个教学活动中,教师利用树状图总结主人公成功的外部因素——运气。由于本小说共八个章节,与一般的课堂材料相比,文章长,内容多,让学生泛读全文总结成功的

外部因素,难度比较大。通过树状图,教师给予学生一定的提示,让学生有了抓手,降低了任务难度。同时,树状图中的空格也给了学生一定的发挥空间。学生在树状图的帮助下,认识到主人公的成功离不开好运气。如果运气不佳,他不会发现钢琴,也就无法知晓自己的天赋。如果运气不佳,他不会遇到生命中的贵人,帮助他完成音乐的求学路。运气就是人们常说的"天时地利人和",对于成功至关重要。学生由此懂得成功不仅仅是一个人能够完成的事情,对于帮助过自己的人,要永远心怀感恩。如果有能力,对他人施以援手,为他人的成功助力,是值得自豪的事情。

除了树状图之外,教师还使用鱼骨图,引导学生对成功的内外因素进行整合,从而使学生对主人公的成功有了整体认知。通过此活动,教师希望学生能够有意识地将零碎的信息归纳总结,形成整体化理解,从而在今后的学习生活中以更全面的角度看待问题。

3. 读后活动——根据鱼骨图,对成功进行读后反思

(1) 根据鱼骨图(如图 4-10 所示)进行读后反思,辨析影响成功的不同因素,认识到要获得成功,运气和个人品质缺一不可,成功来之不易。

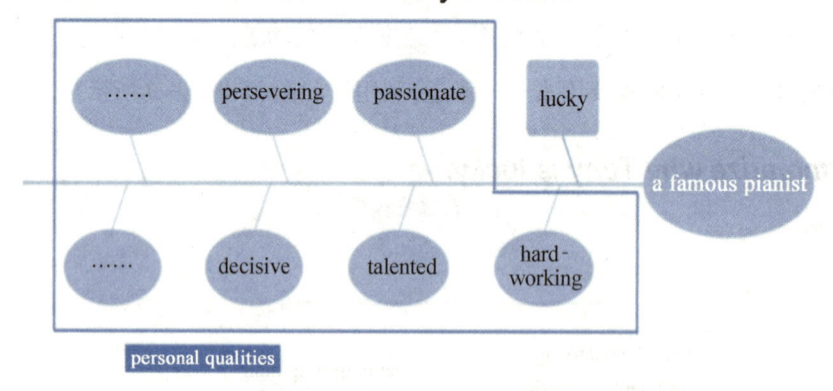

图 4-10 Reasons for Tony's success

(2) 联系自身,思考阅读小说后的所得与收获,为之后撰写 Tony 的成功故事作准备。

通过设计鱼骨图上不同的空格形状,将成功的内外因素进行区分,引导学生思考"哪种因素对于成功最为重要,内因还是外因?"。通过此活动,学生明白影响成功的因素有很多,不同因素的影响程度不同,可谓"天时地利人和"缺一不可,成功实属不易。思考该评价类问题的过程中,学生通过分析鱼骨图,逐渐意识到应用辩证的思维看待问题,非黑即白的态度是不可取的。同时,学生对于成功的认识也得到加深。正如罗曼·罗兰所说:"世界上只有一种真正的英雄主义,就是认清了生活的真相后,还依然执着地热爱它。"希望这节课能够让学生正确看待自己,为了成功不断努力,同时也能直面失败,永不言弃,永远怀着乐观的心态面对人生。

4. 作业——借助思维可视化工具,撰写人物报道

融合第一课时和第二课时所学内容,借助情节折线图、树状图及鱼骨图,写一篇人物报

道来介绍 Tony 的成功故事并发表评论和感悟。思维可视化工具能有效整合新旧知识,让学生对小说产生整体认知,并就此进行知识的迁移创新。

四、总结与反思

1. 教师利用思维可视化工具,为学生搭建教学支架,引导学生学会在零散的信息和新旧知识之间建立关联,帮助学生自主构建和内化新知,一步步对学生的情感和认知进行有价值的引导,避免诱发学生说出没有真情实意的空话,使他们真正对成功这一主题形成多维的理解。

2. 教师利用思维可视化工具,引导学生以全面辩证的角度看待问题,摒弃非黑即白的思维模式,形成整体意识,有利于促进他们形成健全的世界观和价值观。

3. 教育的真正目的在于培养"道德良善,智性发达,对他人敏感,具有探究精神,致力于度过完整充分、令人满意的生活"的人。对于学生而言,经历的每一节课不仅是知识层面的学习与提高,更是滋养生命开阔视野的历程。教师在追求学科知识的高效传递的同时,更应该关注课程道德性内容的渗透,充分发挥思维可视化工具"润物细无声"的功能,真正实现教育的意义。

授课教师:上海民办克勒外国语学校　吴　越

第五章　大概念下的思维可视化运用于课内阅读教学设计课例

现结合教学实践案例,探讨如何基于不同类型语篇和语篇模式等,进行大概念下的思维可视化阅读教学设计,以更有效地培养学生的自主阅读能力,促进深度阅读,提升英语课程要培养的学生核心素养。本书中可视化(含观课)设计包含教师的教学活动和学生的学习活动、教师的板书、学生课堂学习活动单、师生评价、课堂练习和家庭作业等。

布卢姆教育目标分类的修订版提出了六种学习水平,分别是记忆、理解、应用、分析、评价和创造。[①]

《义教课标》践行学思结合、用创为本的英语学习活动观,提出学习理解、应用实践、迁移创新三个层次的目标。[②]

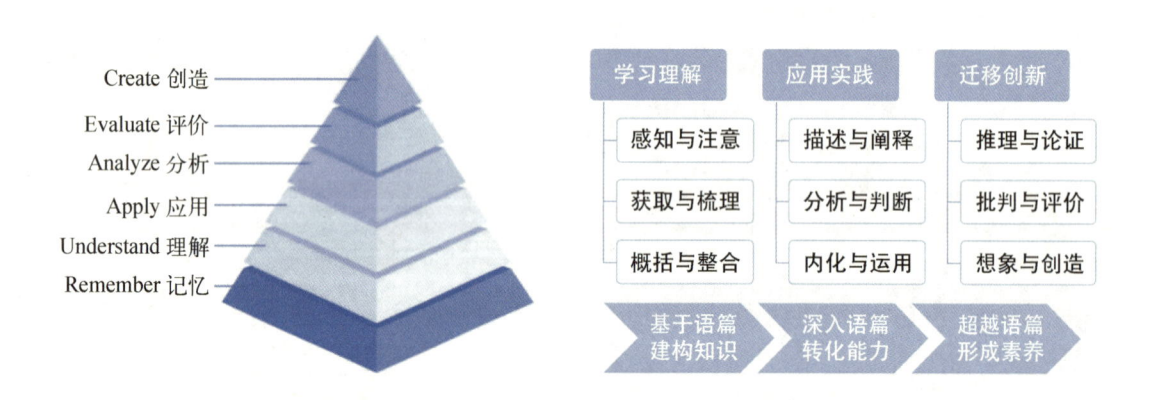

但是在实际教学活动中,我们觉得采用布卢姆教育目标分类的六种水平和《义教课标》的三个层次来设计和实施课堂阅读教学不够便利。

基于此,为了操作方便,便于教师理解,本书此部分实践案例主要依据盛群力的三种层次的学习水平进行划分。[③] 其中,第一个层次是"了解水平",分为"再认"和"再现";第二个层次是"理解水平",分为解释、举例、分类、总结、推断、比较、说明(论证)、区分、组织和归属;第

---

① Anderson, L. W., Krathwohl, D. R., Airasian, P. W., et al. A Taxonomy for Learning, Teaching, and Assessing: A Revision of Bloom's Taxonomy of Educational Objectives[M]. London: Pearson Education, 2000.
② 教育部. 义务教育英语课程标准(2022年版)[S]. 北京:北京师范大学出版社,2022:3.
③ 盛群力. 核心素养落地呼唤"新课型"——兼论教策略越教越聪明[J]. 中国电化教育,2023(02):29-39.

三个层次是"应用水平",涉及使用"规则"("程序"或"步骤")和"策略"来完成练习或解决问题。

特别需要说明的是,本书采取这种划分方式,主要是基于年级特征、语篇内容的文字量、难易度、语篇类型、学情等因素考虑,为了更好地方便一线教师操作。毕竟,每一个案例体现的不一定只有一个层次,也可能含有其他层次,只是该水平层次体现得更明显而已。

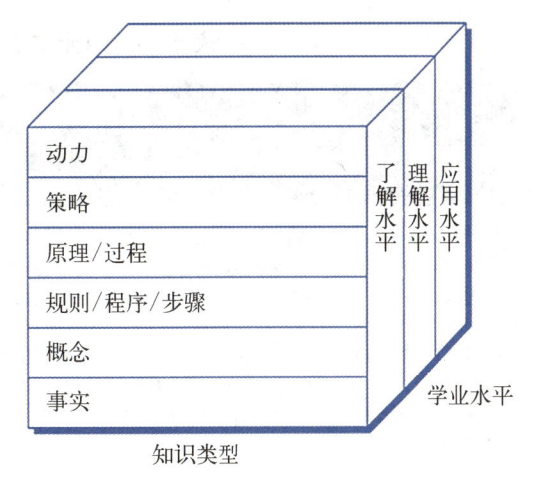

第一节 了解水平

案例 5-1 多模态(六年级)

一、单元内容分析

本单元为第二模块 Places and activities 第六单元。单元内容围绕通勤方式展开,涉及四个语篇,包括一个配图报告、两组对话和一篇独白。

语篇一是一篇关于"上学通勤"的配图调查报告,由四个平行段落组成,讨论了交通方式、通勤距离和时间。该语篇旨在引导学生了解调查报告的信息获取方式。

语篇二是一组日常对话,Kitty 询问父母去不同地方的交通出行所花费的时间。这一语篇延续了交通方式和时间的主题,在回答中呈现了表达时间长度的句型。该语篇旨在引导学生通过提问获取时间信息并且制成汇总表格进行汇报。

语篇三是一篇独白,Simon 介绍了自己去学校的交通方式以及沿途看到的风景、人物。该语篇添加了连接动词的连词和表示数量的不定代词。

语篇四是一组填空对话,增加了交通方式和地点的词汇表,引导学生选取合适的交通方式和地点,进一步学会仔细观察自己的生活,并且通过绘画的方式展现出来。

表 5-1 为学生在本单元学习的核心语言知识和技能与策略。

本单元的四个语篇从不同视角说明"通勤"这个话题,单元内各语篇与单元主题之间,以及各语篇之间相互关联,构成三个子主题(如案例 5-1 所示)。通过阅读课 Travelling time to school,学生知道交通方式、通勤距离和时间;在听说课中借助记忆技巧;在听力中获取表达时间长度的句式;通过阅读课,获取介绍沿途风景的句型;梳理连接动词的连词和表示数量的不定代词;最后,通过选取合适的单词完成对话;进一步学会观察并表达自己的日常的通勤状态。

表 5-1 单元核心语言知识和技能与策略

单元主题：Going to school			
语 篇	核 心 短 语	核 心 句 式	技能与策略学习要点
1. Reading: Travelling time to school	远近：near, far away from 时间：half an hour	介绍通勤时间：It takes him about ten minutes.	• 掌握本单元核心词汇； • 运用访谈提问方式获取相关信息并绘制统计柱状图。
2. Listening and Speaking: Going to different places	地点：supermarket, post office, park, library	提问通勤时间的句式：How long does it take you to get to the supermarket?	• 在听对话的过程中获取并梳理提问和回答通勤时间的语句； • 在情境中恰当回答花费的时间； • 通过提问获取时间信息并且制成汇总表格进行汇报。
3. Reading: Simon's way to school	不定数量：a lot of, some, a few	表达看见路上风景的句式：I see some restaurants, a few shops and a lot of people when I'm on the bus.	• 使用恰当的表示数量的不定代词来修饰名词； • 描述沿途看到的风景。
4. Writing: On the way to school	交通方式：by bus	提问和回答学校通勤方式：How do you go to school? I go to school on foot.	• 通过阅读词汇表，选取合适的单词完成对话； • 进一步学会表达自己的日常的通勤状态，并且通过绘画的方式展现出来。

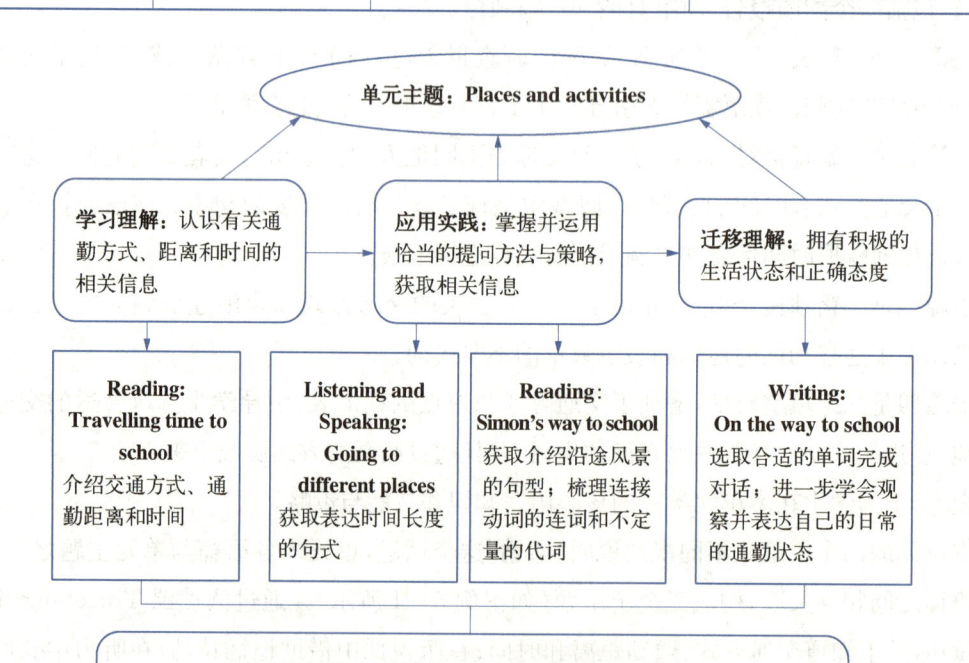

单元主题：Places and activities

学习理解：认识有关通勤方式、距离和时间的相关信息 → 应用实践：掌握并运用恰当的提问方法与策略，获取相关信息 → 迁移理解：拥有积极的生活状态和正确态度

Reading: Travelling time to school
介绍交通方式、通勤距离和时间

Listening and Speaking: Going to different places
获取表达时间长度的句式

Reading: Simon's way to school
获取介绍沿途风景的句型；梳理连接动词的连词和不定量的代词

Writing: On the way to school
选取合适的单词完成对话；进一步学会观察并表达自己的日常的通勤状态

合理安排行程，合理选择出行方式，树立时间管理观念
用所学语言介绍自己日常上学的交通方式、距离和时间，分享自己在上学路上的所见所闻，表达进一步思考合理的时间规划和行程安排的意愿

案例 5-1 单元主题内容框架图

二、单元教学目标

表 5-2 单元教学目标和语篇

单元教学目标	语　　篇
本单元学习后,学生能够: 1. 运用所学语言与小组成员交流,搜集信息设计数据统计表。	介绍 "Travelling time to school" (1 课时)
2. 通过使用提问、访谈等策略收集和统计家庭成员去不同地点的通勤时间,并在班级中汇报。	对话 "Going to different places" (1 课时)
3. 与同伴交流和分享自己上学路上看到的风景。	独白 "Simon's way to school" (1 课时)
4. 通过与同伴交流了解彼此在上学路上的所见所闻。 5. 将上学路上的所见所闻画出来并写成文字进行分享。	对话 "On the way to school" (1 课时)

三、语篇研读

表 5-3 语篇简介

主题范畴:人与自我	主题群:生活与学习	子主题内容:生活与学习的自我管理
语篇类型:多模态	语篇模式:匹配型	思维可视化工具:KWL
授课内容:沪教版六年级 6A Unit 6 Going to school 中的 Reading:Travelling time to school		

What：本课为多模态语篇,主阅读是有关四位学生上学之路的配图故事。语篇由 Look and read(其呈现形式是四段落的平行文本)和 A survey(其呈现形式是访谈文稿和调查数据柱状图)两个部分构成,前者主要为"图片和文本阅读",后者则是在"对话"获取信息的基础上解决现实学习生活中的实际问题,并通过访谈搜集相应的数据形成柱状图表。

Why：在语篇知识方面,学生需要理解配图故事图文间的关系,把握文本特征;在语言知识方面,学生将借助语篇理解 How 和 How long 引导的从句,以及表达路途时间的语法知识,并使用其谈论上学的通勤方式和时间。通过语篇学习,启发学生对于交通方式和路程之间关系的思考,引导学生在生活中学会选择合适的交通工具,树立合理管理时间的理念。

How：本课教学活动设计以英语学习活动观为指导,引导学生在学习理解类活动中积累语篇知识,在应用实践类活动中初步运用语言知识,在迁移创新类活动中进一步运用所学图形组织器 KWL 将学习理解类活动和应用实践类活动进行可视化呈现,层层递进,从复习和总结通勤方式和时间的旧知入手,而且涉及了语言运用——时刻的表达法,实现对于"How"句型的理解与掌握。由此,学生能够互相询问通勤方式和时间并写出简单的交通情况报告,加深对语篇主题的理解。本课时输出活动基于学校小组组织"上海地标一日游"的真实情景,激发学生的兴趣和发散性思维。最后,学生通过讨论,依据地图和图表数据,撰写"我最喜欢的交通方式"的简短报告。这种具有开放式结局的表达,引起学生参与的兴趣,并且在讨论和头脑风暴中激发学生思维,进行互动交谈。同时,本课将语法教学融入平常的学习生活中,让学生通过参与课堂活动来学习、归纳和巩固特殊疑问句 How 这一语法功能,使语法与交际情景自然结合。

四、学情分析

授课对象为六(1)班的学生,该班共有 25 名学生。六年级处于低年级阶段,教材以短文本为主,课堂中综合学习、运用两种及以上技能(如"读"和"写")符合该年级学生的特征。学生的学习积极性比较高,对课堂活动很感兴趣,喜欢表达。学生有一定的语言基础,但由于处于中小学衔接阶段,他们还不能独立阅读或正确选择阅读策略。虽然他们学习到很多新单词、短语和句子,但当他们需要使用它们时,会感到困惑,主要原因之一是缺乏语言支持。因此,我运用 KWL 设计阶梯式的课堂活动,结合小组活动,力求让每名学生都参与到课堂中。

此外,就本单元的话题、语言、句法、功能而言,该班学生进行本课时学习的基础和可能存在的困难分析如表 5-4 所示。

表 5-4 学生学习基础和可能的学习困难统计

项目	内　　容	学 习 基 础	可能的学习困难
话题	在上学路上的情境下,通过通勤方式和通勤时间的分享,进行时间管理。	学生对单元话题较为熟悉,具备一定的学习体验和生活经验。	
句法	正确运用"How long"进行时长提问,运用"It takes"描述上学路上所花时间。	在 6A Unit 3 已经接触到一些方位和距离的表达,比如 near 和 far away from。5A Unit 1 已经学习了用 How do you …? 和 When do you …? 进行提问,以及 by bus/on foot 等通勤方式和 at + 时间的表达。	用特殊疑问句"How long"进行提问和"It takes"回答的理解和应用。
功能	阅读策略:KWL 的使用。	在各单元的教材中都涉及各种表格的填空练习,比如 6A Unit 4 的 Read and write。	数据柱状图的阅读具有一定难度和挑战性。此外,如何鼓励学生主动运用 KWL 展示不同的思维过程,并帮助他们更好地巩固旧知,掌握新知,实现知识的迁移和运用,这些都值得探索。

五、教学目标与重难点

（一）教学目标

通过本课的学习，学生能够：

1. 通过阅读图片，理解核心词汇 travel、ferry、about、minute、hour 的意思和用法，并正确朗读。

2. 通过运用 KWL，预测文本主旨，读懂文章结构。

3. 根据柱状图读懂上学所花时间的相关表达，正确运用"How long"进行时长提问，并运用"It takes"描述上学路上所花时间。

4. 培养在不同情况下选择适当公共交通工具的意识和树立合理时间管理的理念。

（二）教学重难点

1. 教学重点：帮助学生正确运用句式获取信息。
2. 教学难点：学生可能难以提出合理的通勤时间。

六、教学过程

表 5-5 教学过程

教学目标	学习活动	效果评价
1. 通过阅读图片，理解核心词汇 travel、ferry、about、minute、hour 的意思和用法，并正确朗读。	1. 学生观看短视频，思考并表达视频的主题是什么。之后通过头脑风暴活动，说出上学的交通方式有哪些。 2. 阅读图片，用学生所知道的所有交通工具完成"What I Know"。	观察学生回答问题的表现，根据说出的具体单词，了解其关于交通方式的词汇储备。
设计意图：导入主题，创设情境，激发学生参与的兴趣，激活学生关于交通方式的词汇，帮助学生学习和理解新词汇。		
2. 根据柱状图，读懂上学所花时间的相关表达，正确运用"How long"进行时长提问，并运用"It takes"描述上学路上所花时间。（学习理解）	3. 学生阅读图片，进行预测，列出对于该图片"我想知道"的问题。 4. 阅读时钟和相应的柱状图，并用"How long"进行提问，用"It takes"回答，描述所花时间。	观察学生列出的问句，把握学生对于该主题的了解是否全面。 观察学生回答问题的表现，了解其对于图片和数据阅读的掌握是否全面具体，使用语言是否正确，把握学生内化所学内容和语言的情况，朗读和模仿表达是否正确。
设计意图：通过提问，培养学生预测课文大意的能力；引导学生转述文本的核心内容，梳理、学习和内化关键句型语言点，为进一步在现实生活情境中运用作铺垫。		

续 表

教学目标	学习活动	效果评价
3. 通过运用思维可视化工具 KWL,预测文本主旨,读懂文章结构。(应用实践)	5. 略读文本,并将段落与相应的柱状图进行匹配。 6. 阅读段落1—4,选择距离近或距离远来完成"What I learned"中的段落。 7. 再次阅读段落,讨论学生选择适当交通工具的原因,并找出这些段落的相似之处。	观察学生填写的结果,把握学生对于文章段落结构和内容的理解是否正确,了解学生对于重点语言表达的学习和内化情况。
设计意图:引导学生运用阅读策略梳理文章结构,获取关键信息,理解文章主旨。		
4. 培养在不同情况下选择适当公共交通工具的意识和树立合理时间管理的理念。(迁移创新)	8. 借助KWL复述段落。 9. 小组讨论:"假设你们正在计划一次'上海地标之旅'。选择你最喜欢的交通工具,并根据地图和图表撰写并表达理由。" 10. 根据写作互评表进行评价和反馈。	观察小组讨论和小组展示中学生能否说出交通方式的选择与路程时间、地点间的关系以及选择的理由等信息,根据需要给出必要指导和反馈。
设计意图:引导学生进行超越语篇、联系实际生活的活动,用所学语言做事情。根据新情境整合运用相关语言表达,模拟电话通话,完成交际任务,学以致用,培养学生在真实情境中运用所学语言和文化知识解决实际问题的能力,推动迁移创新。		
作业: 1. 阅读P39 Look and Read 三遍。 2. 用所学短语和表达方式独立完成"上海地标一日游计划"。(Complete the "Shanghai Landmark Tour Plan" independently according to the questions as follows.)		

七、英文教案

Teaching Objectives:

By the end of the class, students are expected to:

- Understand the meanings and usage of new words like *travel*, *ferry*, *about*, *minute*, *hour* and so on.
- Predict the general idea and gain the structure with the help of the visualization tool *KWL*.
- Ask questions about travelling time with *How long* and answer with *It takes* correctly according to the bar chart.
- Enhance the awareness of choosing proper means of public transportation under different circumstances.

Teaching Focus:

- To help students guess and gain the general idea and the structure with the help of *KWL*.

Potential Learning Difficulty:

- Students may find it difficult to explain the reasons of choosing proper means of public transportation under different circumstances accurately.

Teaching Procedures:

表 5-6　Teaching Procedures

Stages	Learning Activities	Teaching purposes
Pre-reading	1. Watch a video clip and get to know the topic of this lesson.	To arouse Ss' interest and elicit the topic
While-reading	2. Look at the pictures and brainstorm "What I know" with all the means of transport students have known.	To help Ss learn new word *ferry* and guide Ss to list what they have known about means of transport
	3. Look at the pictures and list questions in "What I want to know".	To develop Ss' skills of predicting the main idea of this text
	4. Read clocks and corresponding bar charts and describe travelling time.	To help Ss ask questions about travelling time with "*How long?*" and answer with "*it takes*" correctly according to the bar chart
	5. Skim the text and match paragraphs with the bar charts.	To help Ss gain the structure of this text
	6. Read paragraphs and choose **near** or **far away from** to complete "What I learned".	To help Ss get detailed information of this text
	7. Read paragraphs again to discuss the reasons why students choose the proper means of transport and find out the similarities of these paragraphs.	
Post-reading	8. Retell the paragraph with the help of *KWL*.	To review and consolidate what Ss learned from the lesson and to practise their ability of retelling the story
	9. Work in groups: Suppose our school is planning a "Shanghai Landmark Tour". Choose your favorite destination and means of transport, then explain the reasons according to the map and chart.	To encourage Ss to put what they have learned into practice and enhance Ss' awareness of choosing proper means of public transportation under different circumstances
	10. Evaluate according to the checklist.	

续 表

Stages	Learning Activities	Teaching purposes
Summary	1. Sum up *KWL*.	To consolidate what Ss have learned
Assignments	1. Read *Look and Read* on P39 3 times. 2. Complete the "Shanghai *Landmark*（地标）Tour Plan" independently according to the questions as follows.	

八、教学流程图

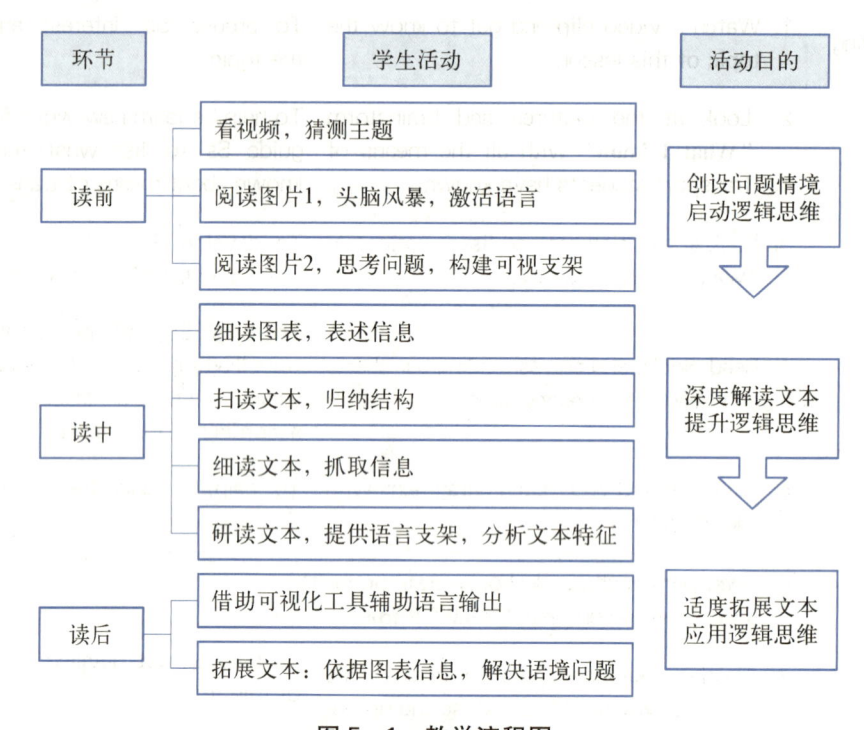

```
环节            学生活动                              活动目的

              ┌─ 看视频，猜测主题 ─┐
读前 ─────────┼─ 阅读图片1，头脑风暴，激活语言 ─┤    创设问题情境
              └─ 阅读图片2，思考问题，构建可视支架 ─┘  启动逻辑思维

              ┌─ 细读图表，表述信息 ─┐
读中 ─────────┼─ 扫读文本，归纳结构 ─┤              深度解读文本
              ├─ 细读文本，抓取信息 ─┤              提升逻辑思维
              └─ 研读文本，提供语言支架，分析文本特征 ─┘

读后 ─────────┬─ 借助可视化工具辅助语言输出 ─┐      适度拓展文本
              └─ 拓展文本：依据图表信息，解决语境问题 ─┘ 应用逻辑思维
```

图 5-1 教学流程图

九、关键问题解决策略

（1）运用英语阅读策略，提高学习效率

根据《义教课标》要求，尽可能引导学生用英语做事情，并运用预测、略读等阅读技巧，将KWL应用于本堂课教学，在此过程中体验、感知、学习和运用语言，自主归纳、总结语言规律，有效培养学生的思维能力和阅读兴趣，提高学习效率。

（2）践行阶梯式的英语学习活动观，培养阅读能力

本课运用KWL，正是一种符合层层递进的阶梯式英语学习活动观的阅读工具，将学习

理解类活动和应用实践类活动进行可视化呈现,层层递进。教师从复习和总结通勤方式和时间的旧知入手,且涉及语言运用——时刻的表达法,实现对于"How"句型的理解与掌握。学生进而能互相询问通勤方式和时间并写出简单的交通情况报告,加深对语篇主题的理解。学生激活已知,学习新知,在迁移创新类活动中解决现实生活中的问题。

(3)创设真实情境,激发自主学习热情

本课时输出活动基于学校小组组织"上海地标一日游"的真实情境,激发学生的兴趣和发散性思维。学生通过讨论,依据地图和图表数据,撰写"我最喜欢的交通方式"的简短报告。这种具有开放式结局的表达,引发学生参与的兴趣,并且在讨论和头脑风暴中激发思维,进行互动交谈。Post-reading 中学生需要涉及的选择的依据和喜欢的理由都在 While-reading 中给予语言支撑,将情境内化于知识的教学过程中。

(4)注重"教—学—评"一体化,发挥学生主观能动性

坚持以评促学,以评促教,坚持形成性评价与终结性评价相结合。授课过程中教师针对学生表现及时给予反馈与帮助,在 Post-reading 的评价环节设计以教学目标主导的教学评价 Checklist 引导低年级学生建立评价标准意识,从评价的参与者逐步向设计者转变。

十、课堂学习活动单

1. Complete KWL chart.

表 5-7 KWL chart

K (What I know)	W (What I want to know)	L (What I have learned/What I need to learn)
		near　far away from ( ) Simon lives ＿＿＿＿ school. He goes to school by bus. It takes him about ten minutes. ( ) Jill lives ＿＿＿＿ school. She goes to school by ferry. It takes her about forty minutes. ( ) Joe lives ＿＿＿＿ school. He goes to school by underground. It takes him about half an hour. ( ) Alice and Kitty live ＿＿＿＿ school. They go to school on foot. It takes them about five minutes.

2. Think and write.

Our school is planning a "Shanghai Lankmark Tour". Work in groups, look at the map, choose your favorite means of transport and describe the reasons.

We will go to _____ by/on _____.

Because _____

_____.

表 5-8 Checklist

Checklist	
Contents	Stars ☆☆☆
1. Did you choose a proper means of transport according to the map?	
2. Did you use phrases like "It takes" "near/far away from"?	
3. Did you describe the reasons logically including distance and travelling time?	

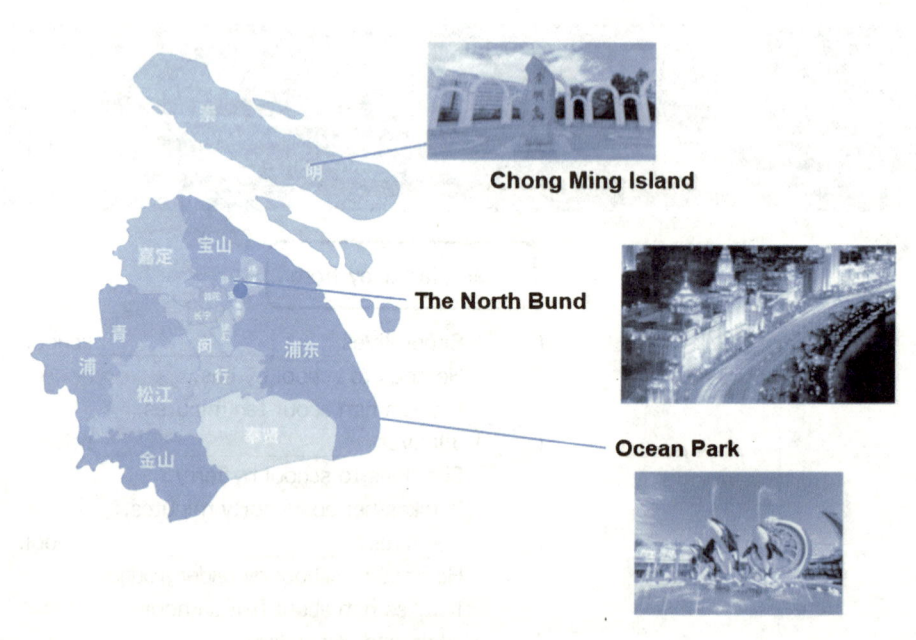

Chong Ming Island

The North Bund

Ocean Park

图 5-2 Travelling Time Bar Chart

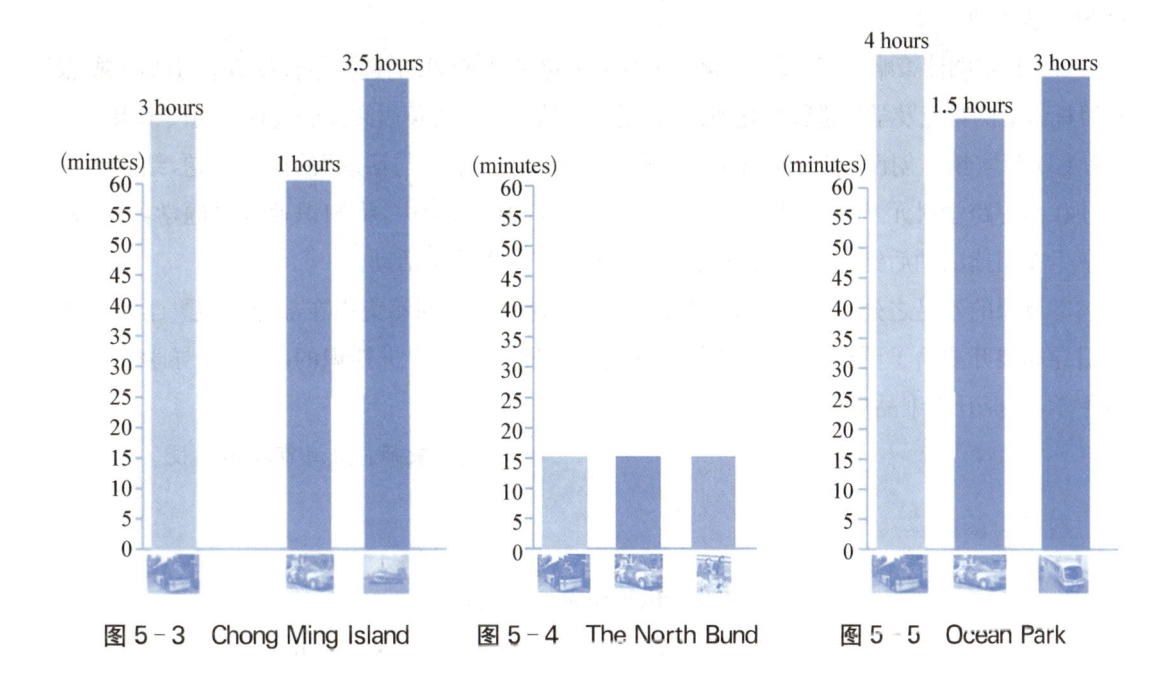

图 5-3　Chong Ming Island　　图 5-4　The North Bund　　图 5-5　Ocean Park

十一、教师板书

Unit 6 Reading: Travelling time to school

New words: travel、ferry、about、minute、hour

表 5-9　KWL chart

K	I go to school on foot/by underground /by ferry ...
W	When does he leave home? When does he get to school? – How long does it take you to get to school? – It takes me about ...
L	near/far away from Reasons: cheap/beautiful view/interesting ...

十二、教学反思

本节课教学内容符合学科育人目标，我认为本节课在这些方面达成了自己的设想：

（1）有效设计活动，排除阅读障碍。通过从文本语篇的输入到初步输出，再到话题、意图、主旨的超越文本的高级输出，引导学生实现充分利用语篇知识有效传递信息。通过阅读的层层递进，解决学困生词汇理解问题，培养阅读能力，并根据学生的基础和能力设计有梯

147

度的教学活动。

（2）特定阅读策略，辅助阅读内化。思维可视化工具KWL的选择结合英语学习活动观，根据目标语篇的特点及学情进行优化或重构，用外显的方式呈现英语阅读的过程及阅读结果。

（3）真实情境创设，催生知识迁移。本节课我立足"地点与活动"的单元主题，结合地图和柱状图等跨学科元素，将提供语言支撑贯穿于各阅读活动中，将知识融入主题学习中，使得学生在阅读活动后能自然而然地记忆并运用语言支撑输出活动。

本节课的不足之处：问题设计有待深入研究，避免出现回答集中在部分学生。学生互评的引导和展开要给予更充分的思考时间，能进一步通过评价促进知识的内化，引导学生开展自主学习，提升思维品质。

授课教师：上海市霍山学校　何怡沁

附　语篇内容

Travelling time to school

Simon lives near school. He goes to school by bus. It takes him about ten minutes.

Jill lives far away from school. She goes to school by ferry. It takes her about forty minutes.

Joe lives far away from school. He goes to school by underground. It takes him about half an hour.

Alice and Kitty live near school. They go to school on foot. It takes them about five minutes.

专家点评

1. 优点和特色

（1）教学设计基于教师对《义教课标》理念的认识与理解，规范、用心。

（2）整节课年级特征明显并基于学情，补充资源选择比较用心并且扣题。

（3）教师在教学实施过程中能引导学生使用KWL，从学生已知出发，学习新知，探索未知，激发学生的思维能力，使思维可视化。

（4）创设"上海地标一日游"的情境鼓励学生实践和迁移阅读内容，并具有一定的多元评价意识。此外，教师有耐心和包容心来鼓励学生在语言水平不高的情况下努力进行个性化的产出，难能可贵。

2. 问题和建议

（1）读后活动Group work可进一步有效展开，利用Checklist开展互评时不能仅满足于询问"给了几颗星"，更重要的是引导学生依据标准，用语言表达对同伴表现的评价。

（2）对KWL教学进一步深入，拓展使用范围，发挥学生的自主学习。

案例 5-2　多模态(七年级)

一、单元内容分析

本课为沪教版 7A Module 3 Diet and health 模块中的第一个单元。从单元内部纵向的内容结构关联上看，涉及四个语篇，包括三组对话、一张健康信息单和一份习惯报告。

语篇一是师生在参加健康营时关于活动规划的一组对话讨论。老师带领学生漫谈在营地中将要参加哪些活动，学生通过表达赞成或反对来推进讨论，继而定下在健康营里的活动规划。该语篇旨在引导学生能根据口头交际的具体情境，正确使用表达"赞同"So do I 和表达"反对"Neither do I 的语言形式，得体地表达自己的情感、态度和观点。阅读对话后紧跟着 Ask and answer，要求学生模仿新授文本开展对话，继而产出以 Programme of activities for our outing 为主题的编写创作。

语篇二是一篇关于"如何成为一个健康的孩子"的信息单，搭配四幅图，分别从睡眠、运动、健康饮食和不健康饮食四个模块向学生展示了成为健康孩子的方法。该语篇旨在引导学生全面知晓健康和不健康的生活习惯，并能根据具体情况提出相应的健康建议。

语篇三是围绕关于 Things Joe did last week 的作息习惯表展开的一系列听说活动。首先，学生根据一周的作息时间表客观地用过去时描述行为活动，继而通过思考，归纳出好的生活习惯和不好的生活习惯，最后提出健康建议。该语篇旨在引导学生认真观察生活实际，对健康的和不健康的生活习惯有辨别能力，并通过深入思考，针对每一项不健康的生活习惯进行改进，逐步养成健康的生活习惯。

语篇四是一组师生间关于过去的坏习惯和现在的好习惯的对话，紧跟着一组对话讨论，引导学生由此及彼，启发学生学以致用，联系自身的生活实际做模仿性的对话操练，进而总结出自己过去的种种不良生活习惯，写成一篇报告。该语篇旨在引导学生由文本引申到自己的生活实际，学以致用。

以下为学生需要在本单元学习的核心语言知识和技能与策略。

表 5-10　单元核心语言知识和技能与策略

单元主题：Growing healthy, growing strong			
语　篇	核 心 短 语	核 心 句 式	技能与策略学习要点
1. "To be a healthy child"	健康活动： go swimming in the swimming pool, play badminton, read magazines in the reading room, watch DVDs in the hall	表达赞同与反对的句式： So do I. Neither do I. 表达提建议的句式： Shall we …? Let's …	• 询问和应答有关参加活动的信息； • 根据图片和标题，推测对话的主题、语境，事件的发生、发展和结局； • 在听对话的过程中获取并梳理表达赞同和反对的语句。

续 表

语 篇	核 心 短 语	核 心 句 式	技能与策略学习要点
2. "How to be a healthy child"	健康建议： go to bed early, exercise regularly, eat a lot of healthy food, drink at least eight glasses of water, (not) eat too much sweet food, (not) drink too many soft drinks	提出健康建议： If ..., you should (not) ...	● 准确地表达健康建议； ● 运用匹配模式语篇阅读策略，把握文体结构特征，归纳主旨，获取细节信息。
3. "Good habits and bad habits"	健康习惯： watch TV for three hours, eat three packets of crisps, (not) watch too much TV, (not) eat too many crisps	归纳梳理习惯： too many ... too much ... 提出健康建议： should ... should not ...	● 在看图、阅读的过程中，提取、归纳好习惯和坏习惯； ● 有针对性地提出健康建议。
4. "A report on habits"	习惯对比： smoke, watch a lot of TV, drink a lot of soft drinks, go to bed late	过去的习惯和现在的习惯的对比： used to ... not ... any longer ...	● 结合多模态类语篇、匹配模式语篇和同伴采访，提取、梳理、归纳、对比过去的习惯和现在的习惯。

单元主题：Growing healthy, growing strong

本单元的四个语篇从不同视角谈论"成长得健康又强壮"这一主题，单元内各语篇与单元主题之间，以及各语篇之间相互关联，构成了三个子主题，即"认识成为健康孩子的意义与价值""知晓成为健康孩子的方法"和"享受成为健康孩子的快乐"（如案例 5-2 所示）。各课

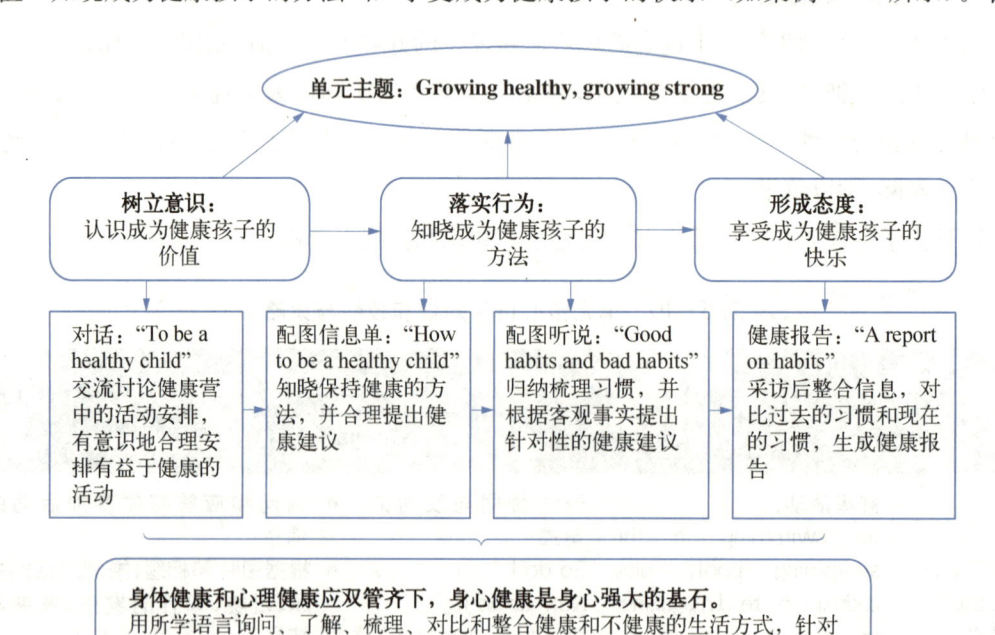

单元主题：Growing healthy, growing strong

树立意识：认识成为健康孩子的价值

落实行为：知晓成为健康孩子的方法

形成态度：享受成为健康孩子的快乐

对话："To be a healthy child"
交流讨论健康营中的活动安排，有意识地合理安排有益于健康的活动

配图信息单："How to be a healthy child"
知晓保持健康的方法，并合理提出健康建议

配图听说："Good habits and bad habits"
归纳梳理习惯，并根据客观事实提出针对性的健康建议

健康报告："A report on habits"
采访后整合信息，对比过去的习惯和现在的习惯，生成健康报告

身体健康和心理健康应双管齐下，身心健康是身心强大的基石。
用所学语言询问、了解、梳理、对比和整合健康和不健康的生活方式，针对性地提出切实可行的健康建议。

案例 5-2 单元主题内容框架图

围绕单元主题展开,各课之间既相互独立,又相互关联。学习活动按照学习理解、应用实践和迁移创新三个层次逐步展开,循序渐进,螺旋式上升。

二、单元教学目标

表 5-11 单元教学目标

单元教学目标	语 篇
本单元学习后,学生能够: 1. 运用所学语言与小组成员交流,正确表达提出建议以及赞成和反对这一建议。	1. 对话 "To be a healthy child" (1课时)
2. 知晓成为一名健康孩子的方法,并针对坏习惯提出相应的健康建议。	2. 配图信息单 "How to be a healthy child" (1课时)
3. 根据同伴作息表和采访信息,判断健康和不健康的生活习惯,并给出相应建议。	3. 配图听说 "Good habits and bad habits" (1课时)
4. 与同伴交流,提取、梳理、归纳、对比过去的习惯和现在的习惯。	4. 健康报告 "A report on habits" (1课时)

三、语篇研读

表 5-12 语篇简介

主题范畴:人与自我	主题群:生活与学习	子主题内容:饮食与健康
语篇类型:多模态	语篇模式:匹配型	思维可视化工具:表格
授课内容:沪教版七年级 7A Unit 8 Reading: Growing healthy, growing strong		

What:本课语篇由读和写两部分组成。Read 部分是比较典型的低年级多模态语篇,对话旁边还配有形象生动的彩色插图,对学生预测文本内容和文本题材起到了辅助作用。在 Write, ask and answer 这一环节中,学生根据对话模板询问彼此过去的坏习惯和现在的好习惯,并用书本上提供的思维可视化工具(表格)进行详细记载。在此基础之上,学生基于调查数据,独立完成 Writing: A report on habits。

Why:本课语篇通过师生间的对话,对比了四位师生健康和不健康的生活习惯。在此样板基础之上,引导学生通过采访,更加全面地了解和对比健康和不健康的习惯,从而倡导健康的饮食作息,理解中外饮食文化差异,拓宽国际视野,提升跨文化交际能力、思辨能力和学习能力。学生通过对比,懂得成为健康孩子的重要性。通过相互帮助和团队合作,提出针对改善彼此坏习惯的合理建议。学生在收到来自同伴的建议后,能正确认识到自身的坏习惯和不足,坚持克服困难并尝试改变,从而体现学科育人的德育目标。

How: 本课语篇是比较典型的师生间的对话,阅读涉及三个层次。

(1) Read the lines

从文本语言来看,Read 这一板块由四名师生的对话组成,每位说话者都运用了相同的句型结构 used to do sth. 来描述自己过去的一个不良生活习惯,并运用句型结构 not ... any longer 来和现在好的生活习惯作对比,体现出了明显的语义上的重复和句法结构上的平行,是一个典型的匹配模式(Matching pattern)语篇。

文本既包含了同一语义范畴内两个语义单位的比较,又包含了同一语义单位下各个层面的比较。一方面,文本语义单位间呈现了明显的重复性和对应性,在四位师生的阐述中,句型结构 used to do sth. 和 not ... any longer 分别出现了四次,在这一层面上,文本包含了相容匹配的关系模式;另一方面,语义单位之间呈现出了同一说话者过去和现在的对立性和不同说话者之间的异质性,在这一层面上,本文又包含了对立匹配关系模式。

(2) Read between the lines

从本课在整套教材中纵向的内容结构关联看,早在沪教版 6A Module 3 Food and drink 中就已经教授过食物的表达法(6A Unit 8 The food we eat)以及好的饮食习惯和坏的饮食习惯(6A Unit 10 Healthy eating)。作为 Module 3 Diet and health 的第一单元,教材中复现了大量 6A 已授词汇与句型,如 *packets of*,*crisps*,*exercise*,*plenty of*,*you should ...*,*you shouldn't ...* 等,本节课起到了复现进而复习已授语法点的功能。

从本课在整个模块中纵向的内容结构关联看,本单元后面紧跟第九单元 International Food Festival、第十单元 A Birthday Party 以及第十一单元 My Food Project,是整个 Module 3 Diet and health 的引领。

从本课在整个单元中纵向的内容结构关联看,前面的三课分别完成了读、听、说的训练,这节课整合了前面三节课的内容,新授课内容为采纳意见后做出积极的行动从而变得更加健康、更加强大的采访文本。

(3) Read beyond the lines

本课始于阅读,终于写作,由理解到表达,衔接自然,构思精巧。通过由此及彼、由浅入深、由易到难的教学活动,文本呼吁更多的师生与家长关注健康,学会坚持,勇于尝试改变,实现了学科德育的深入和推广。

四、学情分析

七年级(8)班学生对英语学习兴趣浓厚,通过一年的引导和培养,学生养成了良好的学习习惯。大部分学生基础较好,课余时间喜欢观看原声影片,对于课外拓展以及能力提升有强烈的需求。与此同时,小部分学生基础较为薄弱,缺乏自信,渴望表达却害怕犯错,课上经常摇摆不定,不敢表达自己的观点,独立完成任务的能力较为薄弱。因此,在教学设计时既要夯实基础,满足基础较弱的学生;又要满足部分学生提升思维和语言综合运用能力的要求,以满足不同层次的学生需求,达到分层教学的目的。与此同时,为了培养基础较薄弱学生的能力,教师需在课堂上设置小组活动以鼓励这部分学生潜移默化地向高标准靠拢,由学习能力强的学生带领着完成任务。本篇语篇是一名老师与三名学生的对话,谈论了彼此的坏习惯以及之后的改变。因此,本课结合学生平时的兴趣点,加入了与课文主题相关的课外拓展活动,旨在满足不同学习层次学生的需求。根据拓展活动中的求助式提问,引领学生以解决生活实际问题为导向,主线清晰,逻辑明确,共同合作学习,帮助身边的师生解决实际问题;同时,也贯穿了倡导健康生活的德育目标。

五、教学目标与重难点

(一)教学目标

通过本课的学习,学生能够:

1. 多维度地利用思维可视化工具(表格)处理整合匹配模式语篇;
2. 构建思维可视化工具(表格)梳理多模态类型语篇;
3. 运用思维可视化工具(表格)生成完整的健康报告。

(二)教学重难点

1. 教学重点:引导学生用目标语言 *used to* 和 *not . . . any longer* 对比过去的生活习惯和现在的生活习惯。

2. 教学难点:用目标语言 *used to* 和 *not . . . any longer* 描述习惯的改变。

六、教学过程

表 5-13 教学过程

教学目标	学习活动	效果评价
1. 多维度地利用思维可视化工具(表格)处理整合匹配模式语篇。(学习理解)	1. 浏览 Joe 的生活作息表,复习其坏习惯,谈论自己的坏习惯。	观察学生回答问题的表现,根据其说出的具体单词,了解学生关于习惯的词汇储备。
	2. 学生观察课本上的图片,猜测文本体裁、人物、主题与大意,之后阅读完整文本并验证预测。	根据学生猜测出的内容的合理程度,评价其利用情境线索推断对话内容的能力。
	3. 学生通过略读,通览全文,选择最适合文本的标题并阐述理由。	观察学生对文本的整体感知,评价其对文本主题的理解能力。
	4. 学生通过查读,圈画出匹配模式语篇中语义和句法的平行结构。	观察学生在文中圈画的要点,了解学生对匹配模式语篇中语义单位之间的重复性和对应性的敏感度。
	5. 学生通过跳读,完成表格。	观察学生完成的表格,判断其获取信息并记录信息的全面和准确程度。

续 表

教学目标	学 习 活 动	效 果 评 价
1. 多维度地利用思维可视化工具(表格)处理整合匹配模式语篇。(学习理解)	6. 学生跟读课文录音,重点模仿语句的语音、语调和节奏,感知、体会和明确其表意功能。	观察学生朗读和模仿表达是否正确,把握其对重点语言表达的学习和内化情况。
	7. 学生在表格的帮助下完整地复述全文。	观察学生复述的情况,掌握其对表格不同功能的运用能力。
	8. 学生在表格的帮助下进行角色扮演。	观察学生表演的情况,掌握其对表格不同功能的运用能力。
设计意图:导入主题,创设情境,激发学生参与的兴趣,激活学生关于习惯的词汇。通过预测任务引发学生思考,培养学生利用情境线索进行推断预测的能力,帮助学生整体感知对话内容。通过略读、查读、跳读和齐读文本,层层深入,逐步搭建脚手架,引导学生基于文本内容,逐步构建和完善思维可视化工具(表格),培养学生准确获取、梳理和记录关键信息的能力。创设真实情境,启发学生感知文本语言特征,大胆运用表格,合理开发其多项功能,拓宽学生对表格的认知和实践操作能力。(描述与阐释,分析与判断,感知与注意,获取与梳理,概括与整合,内化与运用)		
2. 构建思维可视化工具(表格)梳理多模态类型语篇。(应用实践)	9. 学生浏览英语老师的朋友圈,合理运用不同阅读策略,构建新的思维可视化工具(表格)。	观察学生针对课外多模态类型语篇的描述是否全面、具体,使用语言是否正确,观察学生是否会合理运用表格,把握学生内化所学内容和语言的情况。
设计意图:由书本迁移至真实生活,由对话文本推进到多模态类型语篇,逐步引导学生在实际生活中和不同语篇类型中灵活应用思维可视化工具(表格),提升学生高阶思维能力。(判断与评价,内化与运用)		
3. 运用思维可视化工具(表格)生成完整的健康报告。(创新迁移)	10. 学生进行同伴调研进而完成关于习惯改变的报告。	观察学生在小组调研和小组展示中能否灵活运用表格,完整客观地描述同伴们的习惯改变,是否能针对每个成员的具体情况提供切实可行的健康建议。教师根据具体情况给予必要的指导和反馈。
设计意图:引导学生进行超越语篇、联系实际生活的活动,用所学的语言做事情。借助思维可视化工具(表格)解决实际问题,学以致用,实现创新迁移。(想象与创造)		

作业:
必做:
1. 听录音跟读课本第 63 页。(Read after the recording of the text on page 63.)
2. 完成练习册第 55 页的 Look and write。(Complete Look and write on page 55, Workbook.)
选做:
采访你的家人、朋友并完成关于他们习惯改变的报告。(Interview your relatives and friends and report their good and bad habits.)

七、英文教案

Teaching Objectives:

By the end of the class, students are expected to

- use *Table* comprehensively to analyze a matching pattern text;
- categorize the information in a multimodal text by constructing *Table*;
- write a health report with the help of *Table*.

Teaching Focus:

- Guiding Students to make a comparison between the life in the past and the life at the present with the sentence patterns *used to* and *not ... any longer*.

Potential Learning Difficulty:

- Describing the changes of habits in the past and at present with *used to* and *not ... any longer*.

Teaching Procedures:

表 5-14 Teaching Procedures

Steps	Learning Activities	Teaching purposes
Lead-in	1. Review Joe's calendar and talk about the bad habits.	To lead in the topic *Growing healthy, growing strong* and to review the phrases which have been taught in the last period
Pre-Reading	2. Observe the picture which is provided beside the text.	To guide Ss to get information through the given picture
While-Reading	3. Choose a proper title for the reading material and state the reasons.	To train Ss to read for general idea
	4. Find out the repetitive phrases in the text.	To lead Ss to be aware of the targeted languages through the context
	5. Scan the text and fill in the table.	To improve Ss' abilities to find out specific information by scanning
	6. Read the text sentence by sentence after the tape.	To help Ss imitate the pronunciation and intonation
	7. Retell the text with the help of the table.	To enhance Ss' ability of using the targeted languages properly in different personal pronouns thus to make preparation for the after-reading tasks
	8. Role play the interview with the help of the table.	To develop Ss' communication skills
Post-reading	9. Browse English teacher's Moments on WeChat and find out her bad and good habits and give suggestions to her accordingly.	To categorize the information in a multimodal text by constructing the Thinking Visualization Tool (*Table*)
	10. Conduct a survey and make a written report.	To train Ss to write a health report with the help of *Table*

续 表

Steps	Learning Activities	Teaching purposes
Assign-ments	1. Read after the recording of the text on page 63. 2. Complete *Look and write* on page 55, Workbook. 3. Optional: Interview your relatives and friends and report their good and bad habits.	1. To help Ss form the habit of reading after the tape and imitating the pronunciation and intonation 2. To enhance Ss' ability of using *Table*

八、教学流程图

```
                    ┌─────────────────────────────┐      ╱ 创设 ╲
                    │   复读生活作息表，引出主题    │     ⟨  情境， ⟩
                    └─────────────────────────────┘      ╲ 启动  ╱
   读前                          ↓                        ╲ 思维 ╱
                    ┌─────────────────────────────┐
                    │      研读图片，预测大意       │
                    └─────────────────────────────┘
                                 ↓
                    ┌─────────────────────────────┐
                    │      略读文本，选择标题       │
                    └─────────────────────────────┘
                                 ↓
                    ┌─────────────────────────────┐
                    │  查读文本，感知匹配模式语篇特点 │
                    └─────────────────────────────┘
                                 ↓
                    ┌─────────────────────────────┐      ╱ 一表 ╲
                    │ 跳读文本，完成思维可视化工具（表格）│   ⟨  多用， ⟩
                    └─────────────────────────────┘      ╲ 学习 ╱
   读中                          ↓                        ╲ 理解 ╱
                    ┌─────────────────────────────┐
                    │      朗读文本，模仿语音语调    │
                    └─────────────────────────────┘
                                 ↓
                    ┌─────────────────────────────┐
                    │  运用思维可视化工具（表格）复述文本 │
                    └─────────────────────────────┘
                                 ↓
                    ┌─────────────────────────────┐
                    │  运用思维可视化工具（表格）角色扮演 │
                    └─────────────────────────────┘
                                 ↓
                    ┌─────────────────────────────┐      ╱ 绘制 ╲
   读后             │运用思维可视化工具（表格）分析多模态类型语篇│ ⟨ 表格， ⟩
                    └─────────────────────────────┘      ╱ 创新 ╲
                                 ↓                        ╲ 迁移 ╱
                    ┌─────────────────────────────┐
                    │运用思维可视化工具（表格）生成健康报告│
                    └─────────────────────────────┘
```

图 5-6 教学流程图

九、关键问题解决策略

(一) 读写整合

1. 阅读与写作的关系

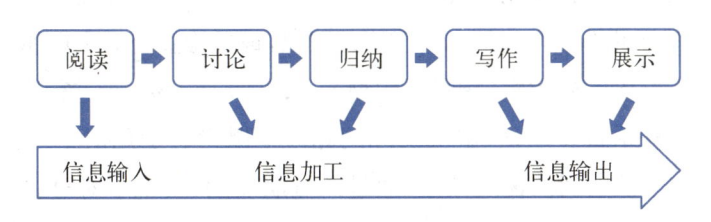

图 5-7 阅读与写作的关系

美国作家德尔文·G. 舒伯特在其《阅读即写作》(Reading is writing)中指出:"教科书所编写的阅读文章是写作素材的集散地,是语言的展示厅,是语法规则的剖析室,是文章载体的示范本。"教师可以充分利用教科书中的阅读材料,引导学生进行写作的积累,把阅读技巧运用到写作之中。与此同时,学生可以通过写作对所阅读文章的内容有更深的理解,从而拓展思维,提高语言的运用能力。读为写的铺垫,是积累语言和理解语言的过程,是接受输入语言信息的过程。写为读的结果,是对获取的语言信息进行整理组织和实际运用的过程,是表达和输出语言的过程,两者相辅相成。在本节课的教学中,学生把在阅读中获得的零散知识进行整合,再从篇章结构出发,利用所学的目标句型进行组编,进而通过一系列环环紧扣的教学活动,不断从多模态语篇和采访中获取、梳理和对比信息,最后生成一篇完整的报告。

2. 单元视角下的读写整合

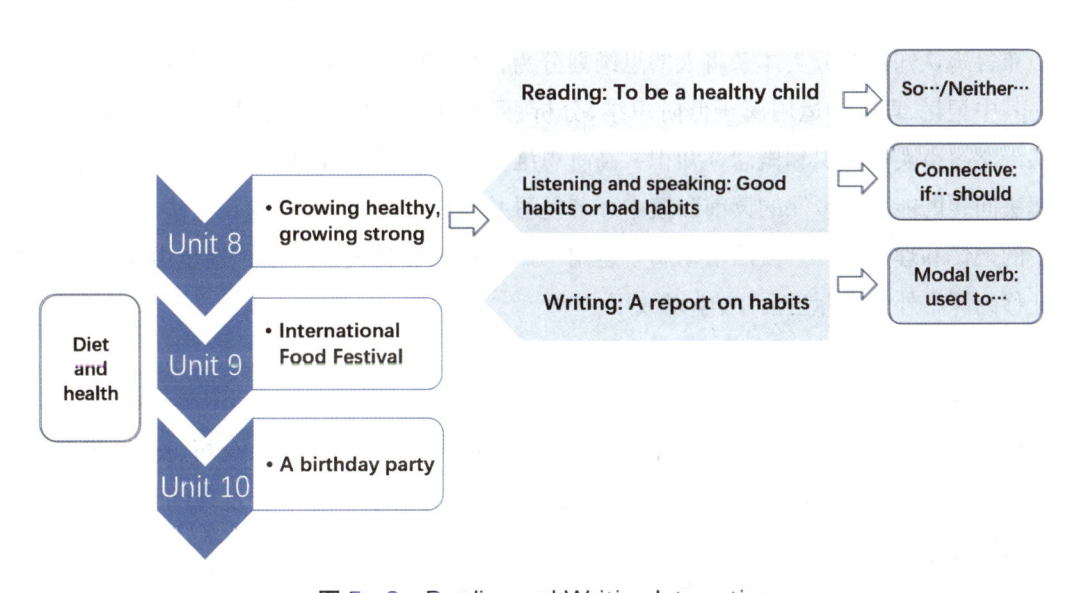

图 5-8 Reading and Writing Integration

基于班级学情,立足于教材,我对单元的教学内容进行了创新性的整合,以培养学生解决实际生活问题能力和思维品质为主线,在学习完教材中针对过去的坏习惯和现在的好习惯的采访后,我采用了情景教学法,以学生熟悉的同学和教师为依托,巧妙构建了真实情景,带领学生一步步帮助身边的师生解决自身问题,找出他们过去的坏习惯,并用目标句型 used to do sth. 准确地表达出来。在此基础上,应用上一课中已教授的 should do sth. 和 should not do sth. 来表达基于此坏习惯应该如何改正的建议,最后检查身边的师生是否已改正过去的坏习惯,归纳新培养出的好习惯,用目标句型 not ... any longer 进行准确的表述。从而由此及彼,引导学生联系自身生活,解决实际问题。本课大胆运用时下热门的应用软件微信,搭建了真实人物与学生间的沟通渠道,通过浏览朋友圈,实现了对过去时和现在时的巧妙转换与对比;同时,模拟真实生活场景,引导学生针对他人的朋友圈和视频号进行留言评论,使得知识点的操练水到渠成,自然巧妙。

(二)布鲁姆认知目标分类体系

表 5-15 布鲁姆认知目标分类体系

知识维度	认知过程维度					
	记忆	理解	运用	分析	评价	创造
事实性知识						
概念性知识						
程序性知识						
元认知知识						

布鲁姆认知目标分类体系将人的思维划分为记忆、理解、运用、分析、评价和创造六大级别。其中记忆、理解和运用属于低阶思维,分析、评价和创造属于高阶思维。低阶思维主要落实于学习事实性知识和概念性知识。高阶思维更加注重学生评判性地评价所接收的信息和解决问题的能力。本课的读前和读中环节复习并新授了好、坏习惯的表达法,属于知识维度中的记忆和理解维度。读后活动属于运用、分析、评价和创造的维度。逐步由课本内的知识迁移到课本外的实际生活中,学以致用。

(三)思维品质

根据《义教课标》,思维品质指人的思维个性特征,反映学生在理解、分析、比较、推断、批判、评价、创造等方面的层次和水平。思维品质的提升有助于学生学会发现问题、分析问题和解决问题,对事物作出正确的价值判断。

思维品质学段目标主要从逻辑思维、辩证思维、创新思维三个方面对教学目标进行了深入阐述,三个维度的描述次序体现出信息输入与理解、信息加工与处理以及信息整合与输出的整个过程。各学段差异体现在难易程度、自主程度、深度和广度上。

1. 观察和辨析维度

根据七年级思维品质学段目标,学生在观察和辨析维度上应能发现语篇中的事件的发生和变化,辨识信息之间的关联性,把握语篇的整体意义。本课中学生通过语篇学习,要感知到每位说话者是否围绕关于过去的坏习惯和现在的好习惯来描述。通过引导学生读图来预测阅读内容,自然引入阅读情景,用图片来辅助阅读;继而快速对匹配型语篇进行整体感知,掌握主旨大意。和本单元其他语篇的阅读不同,本课教材的阅读并没有标题。因此,教师可以引导学生通过快速阅读来为本采访拟一个适当的标题。学生在学习了本单元前几节课时已对各自标题展开过解析,正好可以利用这一课来让学生模仿运用,并展开评价。这体现出布鲁姆认知过程维度中由记忆事实性知识到理解,由理解到运用的逐步上升的过程。

2. 归纳与推断维度

根据七年级思维品质学段目标,在归纳与推断维度上,学生应能多角度、辩证地看待事物和分析问题,能提取、整理、概括语篇的关键信息、主要内容、思想和观点,判断各种信息的异同和关联;推断信息之间简单的逻辑关系,作出正确的价值判断。本课中学生要灵活模仿语篇中的采访形式,利用对话采访来获得外界信息,归纳与判断他人和自己的坏习惯和好习惯,并运用新授的 *used to do sth.* 和 *not ... any longer* 来准确表述。同时,本课创造性地引入了观察教师朋友圈动态这一活动,强化了学生针对多模态语篇获取信息的能力。学生获取信息的渠道不再仅限于传统的读对话或是段落,而是搭建了真实的生活场景,引导学生对比微信动态中的图片、文字和视频,学会通过观察身边的信息传播载体来输入信息,并对信息进行整合和梳理,归纳出他人过去的坏习惯和现在的好习惯。与此同时,整合单元教学内容,承接上一节课中针对他人不好的生活习惯提出自己的建议,运用 *should do sth.* 和 *shouldn't do sth.* 来给出针对性的建议,使得思维逻辑更加顺畅。最后,再让学生通过采访和观看微信朋友圈视频动态提取相关信息,归纳出他人现在好的生活习惯。这节课的思维主线是先通过各种语篇类型,如日常对话、图片和视频来观察问题(observe the problem),归纳出他人过去的坏习惯;然后,通过高阶思维分析问题(analyze the problem),给出相对应的解决建议;最后通过信息采集和归纳,检查问题是否解决,达到解决问题(solve the problem)的

Observe the problem 观察问题	Analyze the problem 分析问题	Solve the problem 解决问题
Bad Habits in the Past	My Suggestions	Good Habits Now

图 5-9 思维主线

目的。这一思维模式体现了布鲁姆认知目标分类体系中分析、评价和创造的高阶思维,注重学生多维度、多渠道地获取信息,继而评判性地评价所接收的信息,进而解决生活实际问题。

3. 批判与创新维度

根据七年级思维品质学段目标,学生在批判与创新维度上,应能依据不同信息进行独立思考,能根据语篇内容或所给条件进行改编或创编。在这一维度上,本课引导学生对新授的采访文本进行了复述,教授了如何将一篇采访对话转化成为一篇完整的报告。教师在读中(while-reading)环节中引导学生对采访进行了人称转换后的复述,为后续读后(after-reading)中的根据对组员的采访进而如实报告他们的好、坏习惯的教学活动打下了坚实基础,搭建了稳步上升的脚手架。学生可以通过操练,掌握如何提取对话信息、如何转换人称、如何调整时态,进而客观阐述搜集到的信息数据。

(四)整体阅读

为了强化整体阅读设计,避免学生碎片化阅读,减少对学生的控制,本节课尝试使用"一三五"模式。①

"一"即一个核心目标,本节课指向的是通过多元化的信息采集渠道"达到思维品质的目标",即分析和对比曾经的坏习惯和现在的好习惯,给予适当的建议。这就要求学生能在理解文本的基础上把握两种时态,一个是一般过去时,另一个是一般现在时;并且,还要有清晰正确的价值评判系统,能正确分辨出好的和不好的生活习惯。在此基础上,还要有解决问题的能力,能针对具体问题进行分析,提出相关建议。

"三"即三遍阅读,要求学生完整地将文本阅读三遍,每一遍由不同的任务构成。本节课中,学生先读前读图,预判出文本的形式和对象。然后对文本整体进行把握,通过判断文体、话题和大意后归纳出本采访的主题。第二遍阅读是获取重要信息,通过浏览全文,学生们对每个受访对象的坏习惯和好习惯进行信息截取,填写思维可视化工具(表格)。第三遍阅读是全程跟着录音一句句仿读,学生通过模仿语音语调,正确掌握目标语言的读音,继而在表格的帮助下进行全文复述,通过转化人称来生成一篇完整的健康报告。最后,将已完成的表格作为文章提纲,在此基础上进行角色扮演(role play)。

"五"指的是读前的一个活动,读中的三个活动以及读后的一个活动。"读前的一个活动"在本课中指通过头脑风暴(brain storming)来熟悉上节课中教授过的Joe的坏习惯来引入主题,为新授课文打下基础。"读中的三个活动"刚刚在上一段已作详细阐述,在此不再赘述。"读后的一个活动"分为两步:第一步,通过浏览老师过去的朋友圈动态(独白和图片),归纳老师的坏习惯并给出相对应的解决措施,并通过观看老

---

① 赵尚华. 初中英语课堂教学关键问题研究[M]. 上海:上海教育出版社,2020.

师现在的朋友圈动态（视频），归纳老师新养成的好习惯；第二步，通过采访，归纳出同伴的坏习惯，并针对性给出建议，继而总结归纳新的好习惯。这两步由易到难，由针对老师一人到针对同伴多人，实现了思维品质的跃升。并且，将本单元中已学过的知识点，如 *should do sth.* / *shouldn't do sth.*，通过观察问题、分析问题继而解决问题这一主线一起串联起来。

十、课堂学习活动单

Task 1　Scan the dialogue and fill in the table.

	Bad habits in the past	Good habits now
Mr. Hu		
Joe		
Jill		
Kitty		

Task 2　Summarize the English teacher's habits after browsing her WeChat Moments and give her a suggestion accordingly.

Bad habits in the past	My suggestions	Good habits now

Task 3 Interview your group members and find out the changes of their habits.

Name	Bad habits in the past	Good habits now
1.		
2.		
3.		

Changing Habits of My Classmates
Beginning:
Body: 1. Classmates' bad habits in the past 2. My suggestions 3. Classmates' good habits now
Ending:

Evaluation Form		
Aspects	Yes	No
1. Did I complete the beginning, body and conclusion?		
2. Did I use *used to do sth.* to describe the habitual activities in the past?		
3. Did I use *not ... any longer* to describe the changes nowadays?		

【家庭作业】Interview your relatives or friends and find out the changes of their habits.

十一、教师板书

Title (Students' summary)

Observe the problem — Analyze the problem — Solve the problem

Bad habits in the past   Health Suggestions   Good habits now
↓   ↓   ↓
used to do sth.   should/shouldn't do sth.   not… any longer
↓   ↓   ↓
He used to drink too much coffee.   He should drink more water.   He doesn't drink too much coffee any longer. He drinks a lot of water every day.

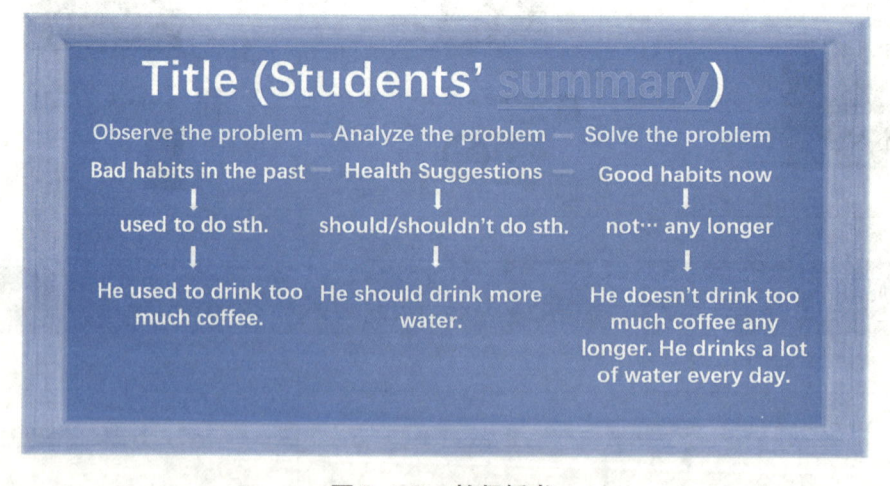

图 5-10 教师板书

十二、教学反思

这节课的所做的探索有：

(1) 本节课教学内容为一篇典型的匹配模式型语篇，既包含了相容匹配又包含了对立匹配。本节课基于文本进行教学设计，构思精巧，挖掘并突出了该类型语篇的鲜明特点。围绕"读"，按照学生的思维发展规律，设计了复读、研读、略读、查读、跳读、朗读、复述和课本剧，层层推进，夯实学生对文本的理解。此外，我利用"一三五"模式，强化整体阅读，使学生充分感受到匹配模式语篇的特点。

(2) 本节课多维度地开发利用了思维可视化工具(表格)，从读中逐步引领学生完善基于语篇内容的表格，到一表多用，紧扣读的活动，完成课内的学习理解；随后，巧用微信朋友圈，搭建真实情境，引导学生超越语篇，在生活实际活动中合理利用表格，完成多模态类语篇内容的梳理、提取、对比和整合，勇于应用实践。最后，将思维可视化工具(表格)运用到创新迁移的活动中，引导学生自发设计调研，应用表格工具汇总梳理调研数据，完成完整的书面报告，实现出课本到教师再到自身的灵活运用，多维度地利用表格达到多层次的语义输出目的。

(3) 本节课以读促写，读写结合，语言的输入和输出紧密结合。在教学活动中，学生遵循发现问题——分析问题——解决问题的思维路径先后帮助课文主人翁、教师、同伴和自己解决生活实际问题，实现了知识的学习理解——应用实践——创新迁移，通过环环紧扣的活动，学生完成了体验——参与——自主发现——合作探究——解决问题的完整学习过程。

还可以从这几个方面进行改进：

(1) 在书写健康报告时除了如实反映客观数据以外，还可以鼓励学生加入开放性的总结，比如在充分的小组讨论后，陈述你通过你的数据发现了什么规律，得出了什么结论，你对这些现象有何评价……引导学生基于客观的数据进行进一步的深入思考，提升学生的思维含量。

(2) 在以读促写完成后，还可以加入更多元化的评价体系，不仅仅停留在报告内容是否客观、报告结构是否完整以及语言表达是否正确上，还可以加入更为细致的评析，如表 5-16 所示，完善"教—学—评"一体化。

表 5-16 同伴评估表

Peer-evaluation Form				
	Structure	Excellent	Good	Poor
Beginning	clear and concise sentences			
Body	examples to support ideas			
Ending	strengthens the topic sentence			

续 表

Peer-evaluation Form				
	Language	Excellent	Good	Poor
Spelling	correct spelling			
Punctuation	correct punctuation			
Capitalization	correct capitalization			
Tense	correct tense			
Sentences	various sentence structures			
	Organization	Excellent	Good	Poor
Logic	Transitional words and phrases to connect everything in a clear and reasonable way to convey the main idea.			
My favorite:				
Suggestions:				

授课教师：上海市民办新北郊初级中学　任慧康

附　语篇内容

Mr. Hu：I used to smoke. I don't smoke any longer. Now I do a lot of exercise. Children, what bad habits did you have?

Joe：I used to watch a lot of TV. I don't watch too much TV any longer. Now I study hard.

Jill：I had a bad habit, too. I used to drink a lot of soft drinks. I don't drink too many soft drinks any longer. Now I drink a lot of water.

Kitty：I used to go to bed late. I don't go to bed late any longer. Now I go to bed early.

专家点评

1. 优点和特色

（1）教案和设计说明翔实用心，读写结合的课型设计思路明确。教师为学生精心搭建了层层递进的脚手架，由易到难，由浅入深，贴合学生思维发展规律，逐步引领学生利用思维可视化工具（表格）学习理解、应用实践和迁移创新。课堂活动中，教师巧妙地开发了表格的多项用途，带领学生不断实践，呈现了一系列探究主题意义、逻辑连贯、可操作性强、可检测的教学活动。德育价值的出现不生硬，非常自然；活动创设情境花了心思，贴近生活，极具巧思。

(2) 课堂设计凸显关键问题解决。整体阅读，避免碎片化阅读。教学目标设置合理，阅读过程中能激发学生思维。阅读教学活动形式丰富多样，围绕"读"设计出了层次分明的教学活动。

(3) 课堂教学采用观察问题——分析问题——解决问题的思路，引导学生读懂文本，并合理创设情境，学生从书本到老师再到自己，谈论坏习惯及其所带来的健康隐患以及提出养成健康生活好习惯的建议。整堂课从阅读到写作，主线清晰，逻辑性强，较好地达成了教学目标。

2. 问题和建议

(1) 教师努力创设情境实现能力迁移，但活动着眼于知识点的运用多，从评价量表也可以体现出来，可以试着用《义教课标》的素养理念使课堂的思维含量再高些。

(2) 请个别学生发言（如 Retell the text）之前最好留点时间让他们自己先练一练，以使所有学生都有机会参与到语言实践活动中。

(3) 写作结构可以设计得更加开放，给予学生更多的发展空间。

第二节 理 解 水 平

案例 5-3 议论文（七年级）

一、单元内容分析

本单元是第二册第一单元，指向"人与社会"主题语境中的"人类发明与创新"。主题意义在于人类的文明与进步是由无数重大以及细小的发明及创新所推动，鼓励青少年进行发明创造。本单元以"Great Idea"为主题，引导学生围绕"生活中有哪些小发明？""如何成为一名发明家？""发明如何演变？""如何介绍一名发明家？"等主要问题进行探究性学习。学生在了解不同的发明创造及发明家的创造历程中，激发自己的创造灵感，了解创造所需的必备素养，增强创新意识，并为未来做好准备。

以下为学生在本单元学习的语篇类型、内容以及主题（如案例 5-3 所示）。

本单元的学习目标是落实《义教课标》中培养学生核心素养的四个维度。

语言能力方面：在听、说、读、看、写的过程中，针对发明创造的单元主题作整体理解并简要概括主要内容；根据所了解的发明对发明家以及发明过程等事件进行推断；根据相关解释观点的连接词，分析文本的结构特征。

文化意识方面：通过对中外不同发明家的创造、发明历程的了解以及对人类进步的贡献，领会其中的创新探索以及科学精神；通过学习他们积极向上的精神品质，内化创造精神，鼓励想象力的萌芽，并将想法落地。

思维品质方面：根据发明创造的演变，辨识语篇的整体意义，能多角度、辩证地看待如何成为发明家；从发明家的行为以及发明意图推断创造者所具备的精神品质，并作出正确的价

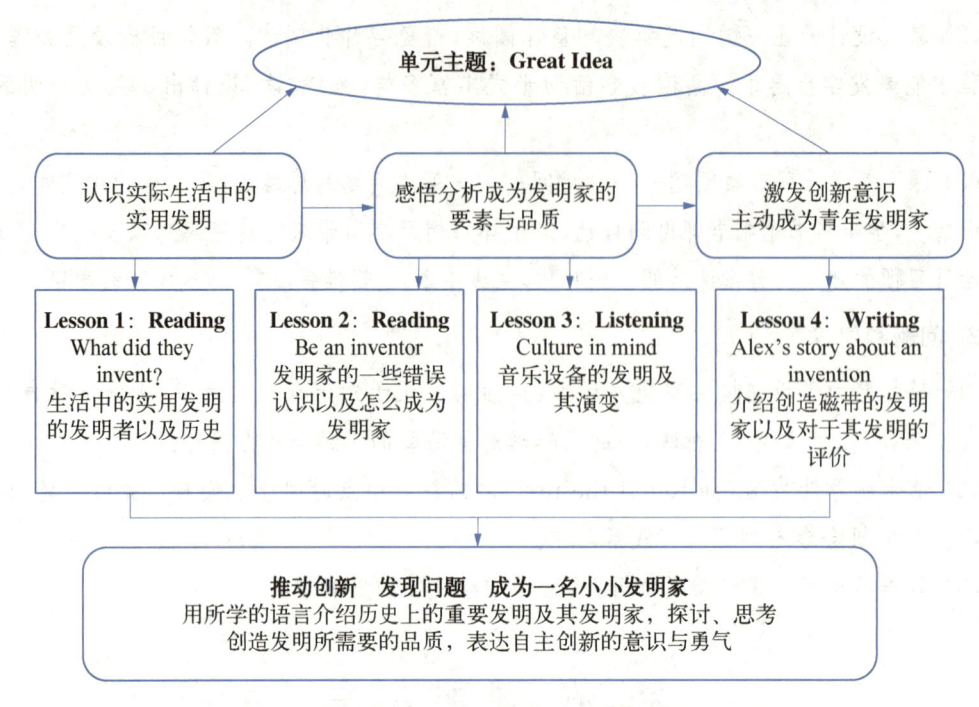

```
                    单元主题：Great Idea
        ┌──────────────┬──────────────┐
        │              │              │
  认识实际生活中的   感悟分析成为发明家的   激发创新意识
    实用发明          要素与品质        主动成为青年发明家
        │              │        │              │
Lesson 1: Reading  Lesson 2: Reading  Lesson 3: Listening  Lessou 4: Writing
 What did they     Be an inventor    Culture in mind    Alex's story about an
   invent?        发明家的一些错误    音乐设备的发明及         invention
 生活中的实用发明   认识以及怎么成为        其演变        介绍创造磁带的发明
 的发明者以及历史      发明家                             家以及对于其发明的
                                                           评价
```

            推动创新　发现问题　成为一名小小发明家
        用所学的语言介绍历史上的重要发明及其发明家，探讨、思考
        创造发明所需要的品质，表达自主创新的意识与勇气

案例 5-3　单元主题内容框架图

值判断；表达对于不同发明的看法及观点。

文化意识方面：通过本单元对英语学习有持续的兴趣，依靠现代信息技术，积极主动地去了解著名发明家的事迹；在学习中积极地与他人合作，通过对于发明家的理解，积极将自己的创新理念进行拓展性运用。

二、单元教学目标

表 5-17　单元教学目标

单 元 教 学 目 标	语　　篇
本单元学习后，学生能够： 1. 通过精读及阅读日志填写，了解不同发明家创造生活中的小发明的过程。	1. 阅读 应用文 "What did they invent?" （1 课时）
2. 通过树状图及了解逻辑连接词来分析如何成为一名发明家。 3. 内化发明家的品质，并通过角色扮演对自己的生活作出改变。	2. 阅读 议论文 "Be an inventor" （1 课时）
4. 通过完成时间轴了解不同时期的音乐设备的构成、演变原因以及发明目的。 5. 通过讨论及辩证思考，积极地对不同发明提出自己的见解及认识。	3. 听力 "Culture in mind" （1 课时）
	4. 写作 "Alex's story about an invention" （1 课时）

三、语篇研读

表 5-18　语篇简介

主题范畴：人与社会	主题群：科学与技术	子主题内容：人类发明与创新
语篇类型：议论文（论说类）	语篇模式：概括—具体模式	思维可视化工具：树状图
授课内容：外语教学与研究出版社（北京）（以下简称外研版）English in Mind 第二册 Unit 1 Great Idea! Reading：Be an Inventor!		

What：阅读语篇"Be an Inventor"作为本单元的第二课时，是一篇议论文，依托"人与自然"主题语境中的"人类发明与创新"。文本主题探讨成为发明家的三个错误认识，并通过不同的杰出发明家的事例来阐述、解释主要观点。

Why：本篇课文在单元中起到承上启下的作用。作者通过大众对成为发明家的错误认识，让读者能批判性地思考如何成为一名发明家。此外，作者还通过著名发明家的创新事例来激发青少年培养发明家精神，并相信每一个人都能成为发明家。

How：阅读语篇的类型为论说类，整篇文本以平行结构分成三个部分，结构清晰，为总分结构。每个部分都通过子标题说明核心观点，并通过举例（包含个人案例以及名人名言）来解释主要观点。文本的结构非常清晰，有助于学生的理解以及模仿。

四、学情分析

表 5-19　学情分析

What they know（已知）	What they wonder（未知）	What they will learn（将知）
• 七(3)班学生对一些知名发明家及其事迹已有所掌握，通过课前阅读了解文中所提到的五位发明家的背景知识。 • 已了解在观点阐述中可使用举例的方式来加强佐证。 • 在前一册书中，已了解书中 Debbie 的人物性格特征，并具备小组共同学习协作能力。	• 难以熟练运用不同连接词以及举例方式来解释主要观点。 • 对如何成为一名发明家，以及发明家需要具备哪些条件缺乏认识。 • 缺乏对自身创新创造和改变能力的认识。	• 通过熟练运用不同连接词来举例，使得观点更有说服力。 • 了解成功发明家的共同品质以及发明背后的所需条件。 • 内化发明家的品质，并鼓励创新创造，成为一名青少年发明者。

五、教学目标与重难点

（一）教学目标

通过本课的学习，学生能够：

1. 通过略读与连线，能够整理成为发明家的错误概念，理解和简要概括主要内容，并通过连接词来分析语篇中举例的结构特征。

2. 打破成为发明家的错误认识，并判断、领会成为发明家的条件及品质，将创新自信内化于心，外化于行。

3. 通过语篇中的人物举例分析来推断如何成为发明家，作出正确的价值判断。同时通过课本中人物角色的案例分析，进行分析批判，说明理由。

4. 能够在读后环节的角色扮演活动中积极地与小组成员合作，能在活动中积极思考，主动探究，践行发明家的品质精神，解决迁移案例中的问题。

（二）教学重难点

1. 教学重点：鼓励学生通过对发明家事迹的深层解读来分析如何成为一名发明家。

2. 教学难点：学生可能在挖掘总结发明者品质上有困难，同时较难将其迁移到 Debbie 的案例分析以及现实生活中。

六、教学过程

表 5-20　教学过程

教学步骤	教与学的活动	设计意图	效果评价
新课预习	阅读课前材料并完成阅读材料后的问题，了解在文中所提到的五位伟大发明家的背景。	通过阅读了解发明家的基本信息并为本节课作铺垫。	
启动课堂	活动1：导入 通过图片展示五位发明家，并让学生说出对应的名字以及他们的创造发明。 问题设计： 1. Who can you see in the pictures? 2. What are their greatest achievement? 3. What do people usually call them?	检查学生对于课前阅读的理解，并激发阅读兴趣，导入阅读主题——发明家。	观察学生回答问题的情况，了解并判断学生对于课前阅读材料的理解程度。
	活动2：读前讨论 通过爱迪生的案例引导学生给出他们对于发明家的理解。学生需要提出自己的看法以及给出原因。 问题设计： 1. Is it difficult or easy to be an inventor? Why?	引导学生对于发明家的初步认知，并为后续的阅读文本做好准备。	根据学生的回答情况，了解学生对本课主题的理解判断，激发思考。

续　表

教学步骤	教 与 学 的 活 动	设 计 意 图	效 果 评 价
呈现新知	活动3：略读，基于文本提取主题观点 基于第一遍阅读，让学生将对应的三个核心错误观点与解释段落相匹配。学生在给出答案之后通过教师引导找到文中举例的连接词并做补充。 问题设计： 1. What are the three wrong ideas of being an inventor? 2. In what ways does the author prove all these three ideas are wrong?	帮助学生对文章整体有初步的理解，并补充文本中举例的语言知识。	判断学生对文章结构的分析能力和分析的准确程度。
	活动4：精读深入文本理解 基于第二遍阅读，让学生通过连接词的引导，以及完成树状图找出对应观点的具体信息。通过板书的思维可视化呈现以及问题链的引导，批判性地探讨如何成为一名发明家。 问题设计： 1. Where did their ideas come from? 2. What are the factors to make innovation possible? 3. Which factors are the most important? 4. How to be an inventor? 5. What is the biggest secret of inventing?	构建思维可视化工具（树状图），帮助学生挖掘支撑性的例子，通过例子引导如何成为发明家的逻辑辨识。	观察学生完成的树状图，引导学生基于思维地图进行逻辑分析。
产出迁移	活动5：文本重构（个人演讲） 通过鼓励Debbie参加学校发明社团的背景，重构文本内容中主要核心观点（1至2个）以及相关举例。	帮助学生重新组织文本语言，充分理解如何成为一名发明家，并为后期的角色扮演搭支架。	观察学生准备过程，根据学生复述内容给出引导和反馈。学生也需根据checklist给予点评。
	活动6：小组活动（角色扮演） 分析Debbie案例中社团招新者的错误认知，通过给出原因说服招新者给予Debbie参加的机会。在准备过程中，通过思维可视化工具将思维过程进行呈现，同时根据评价表进行自我评价。在小组呈现后，听者根据评价表对不同小组的表现进行点评。 活动要求：两人一组，一人为Debbie的朋友，另一人为社团招新者，找出招新者的错误认知，通过给出原因及解释说服招新者。	帮助学生将对如何成为一名发明家的认识迁移到解决实际案例上，内化对于发明家品质的认识，并勇于打破成为发明家很难的认知，对自己的创新意识作出探索及改变。	观察学生小组讨论情况、学习单上的问题解决方案和展示中学生根据checklist中的三个要点罗列情况，同伴和教师给予点评。

作业：
1. 基础性作业（必做）：为我校发明者社团写一封招新信，举例说明身边的同学共同参与发明创新的情况。给出相关的理由并给出不同例子进行支撑。
   设计目的：通过书信的写作，检验学生是否能通过不同的举例方式解释观点，同时是否理解以及感悟课中所学的发明家品质。
2. 创新性作业（选做）：通过演讲的方式，介绍自己的一个小发明或一个创造发明的点子，其中包括你发明了什么/你想要发明什么、发明的过程/发明的计划等。在班级中找到你的同伴，给你的发明提供建议或一起加入设计创造。
   设计目的：通过分享自己的发明作品及想法，鼓励学生的创新创造力发展，并将成为小小发明家付诸现实。

七、英文教案

Teaching Objectives:

By the end of the class, students are expected to

- grasp the three main misconceptions of being an inventor through skimming and matching;
- identify supporting examples of each main idea by blank filling with the help of signposting words;
- analyze the qualities of being an inventor by guided questions and individual speech;
- perceive how to be an inventor and encourage themselves to cultivate the traits of an inventor by case analysis.

Teaching Focus:

- Encouraging students to analyze how to be an inventor through inquiring into different examples in the text.

Potential Learning Difficulty:

- Students may find it hard to infer from the qualities of an inventor and motivate themselves to be a little inventor in life.

Teaching Procedures:

表 5-21 Teaching Procedures

Steps	Learning activities	Teaching purposes
Preview homework	1. Read the background information of five inventors mentioned in the text before the class to get the general idea of their life experience and great inventions.	To let Ss build prior knowledge of the inventors and prepare for the further reading comprehension in class
Lead-in	2. Look at the pictures of five great inventors in the text and identify their names and their achievements.	To check Ss' understanding of the pre-reading material and activate their schema of the targeted topic
Pre-reading	3. Discuss the understanding of being an inventor.	To share and access their prior knowledge about being an inventor and get prepared for the reading material
While-reading	4. Skim for main ideas: Match each part with the main ideas based on the first reading.	To help Ss have a general understanding of the text and grasp the purpose of writing
	5. Scan for supporting details: Identify supporting examples by tree map filling with the help of signposting words. Further analyze how to be an inventor through question chains.	To help Ss analyze different forms of supporting examples and the qualities of being an inventor

续 表

Steps	Learning activities	Teaching purposes
Post-reading	6. Individual speech: Ask Ss to encourage Debbie to join the Inventor's Club with one to two main ideas and supporting examples.	To help Ss reorganize and thoroughly understand how to be an inventor
	7. Pair work: Analyze the wrong ideas of the club recruiter and persuade him to take Debbie as a club member with supporting reasons and examples in the pair work.	To help Ss transfer the qualities of an inventor to reality and encourage themselves to break the misconceptions and be an inventor in their life
Homework	1. Write a recruiting letter for the Young Inventor's Club in our school. Try to encourage your fellow classmates to be a club member with reasons and supporting examples.	To check whether Ss can use examples to support their ideas and learn from the qualities of an inventor
	2. On the Invention Day, please introduce your own creations or some great ideas of inventing to class. Make a presentation and try to motivate your classmates to create an invention with you! (Optional)	To develop Ss' inventive thinking and encourage themselves to be a little inventor in real life

八、教学流程图

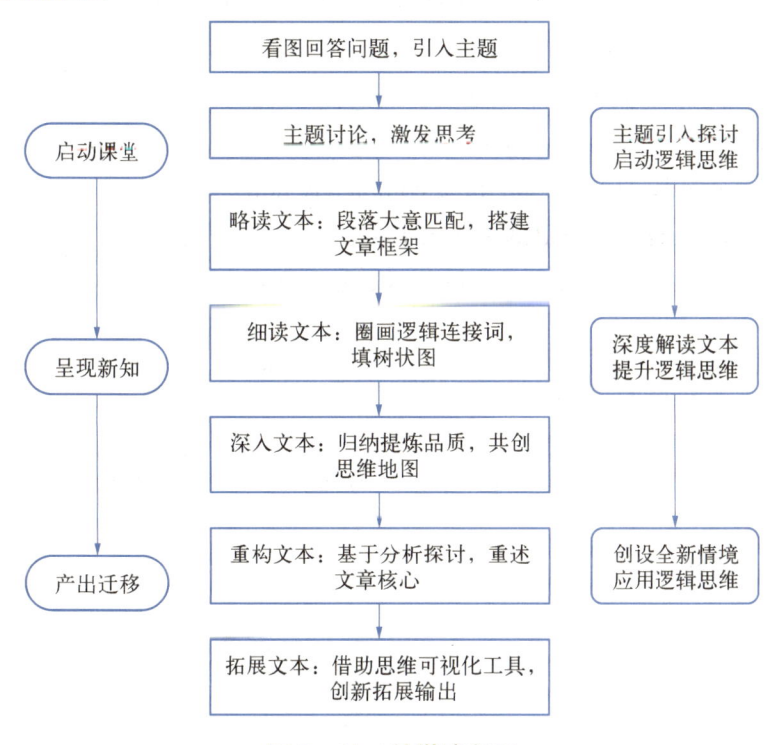

图 5-11 教学流程图

九、关键问题解决策略

1. 以英语学习活动观为指导，注重"教—学—评"一体化设计，借助对论说类语篇进行学习，指导学生通过整体阅读梳理文章"总分"的平行结构，借助思维可视化工具树状图来把握观点与例证的逻辑关系。

2. 通过思维可视化工具树状图、批判讨论以及小组活动引导学生打破很难成为发明家的错误认识，并以名人事例的深度剖析以及案例综合分析，鼓励学生培养创新发明思维，激发自身灵感，实现育人价值。

3. 通过问题链引导学生对主题的认识由远及近，由浅入深，层层领悟语篇的深层价值。

4. 引导学生利用文本结构提炼逻辑表达方式，并以此作为支架进行产出与衍生，能够做到迁移，利用逻辑思维解决真实生活中的类似问题。

5. 通过板书的即时生成帮助学生对文中已获得的内容进行多角度、辩证的分析。

十、课堂学习活动单

Pre-lesson learning task

Learn about the background of inventors mentioned in the text through pre-reading materials.

While-lesson learning task

【Task 1 — Reading for main ideas】

Read the text and put each wrong idea on the lines of your text.

- Inventors are born, not made
- Inventors are always old people
- Inventors should be intelligent
- An invention has to be something completely new

【Task 2 — Reading for detailed information】

- Fill in the tree map with the help of signal words.

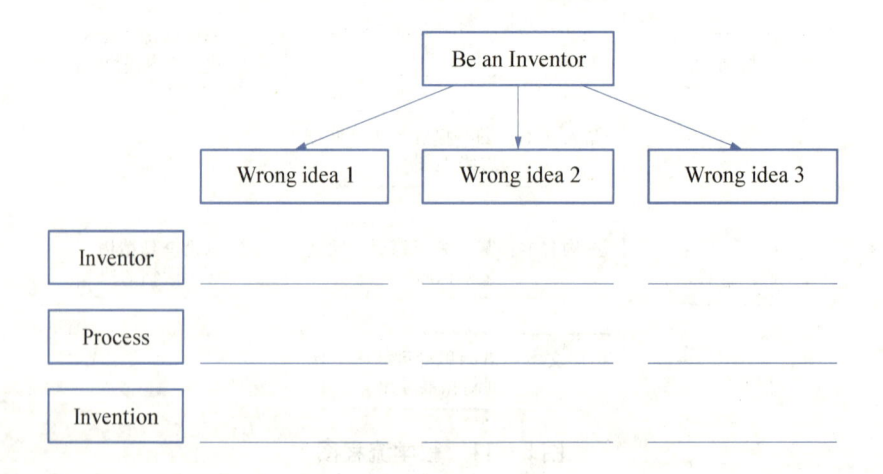

```
                    Be an Inventor
             ┌──────────┼──────────┐
       Wrong idea 1  Wrong idea 2  Wrong idea 3

Inventor    _____  _____  _____
Process     _____  _____  _____
Invention   _____  _____  _____
```

【Task 3 — Individual speech】

Instruction: Debbie is not confident enough to join the Young Inventor's club. As one of Debbie's friends, please encourage her to have a try by using the examples and summarizing the contents we learned in class.

【Task 4 — Pair Work】

Instruction: Debbie took your advice and went for the club's interview, but she failed in the recruitment. She shared with you the reasons given by the recruiter about why she didn't succeed in the end. Please persuade the club recruiter and help Debbie to get another chance. In the pair work, you should analyze wrong ideas of the recruiter and give proper reasons supported by examples.

Pair Work — Everyone can be a little inventor

Your friend Debbie went for the recruitment of the Young Inventor's Club, but she failed in the interview. The recruiter told her that she was inexperienced to join the club since she has barely created any inventions before. He doubted whether she had some innovative ideas. Besides, most of the members are high school students. For the first timers, they are easy to give up and quit the club in the middle of the semester. Furthermore, the recruiter thought Debbie didn't have the technical skills like coding or data analysis ...

> **Wrong ideas:**

> **Reasons with supporting examples:**

Checklist:

Criteria	Yes	No
1. Did the group explain wrong ideas from the recruiter?		
2. Did the group provide good reasons with different examples to support his/her ideas?		
3. Did the speaker use different signal words to connect his/her speech?		

Homework:

1. Write a recruiting letter for the Young Inventor's Club in our school. Try to encourage your fellow classmates to be a club member with reasons and supporting

examples.

2. Optional homework

On the Invention Day, please introduce your own creations or some great ideas of inventing to class. Make a presentation and try to motivate your classmates to create an invention with you!

In you presentation, you should include:

➢ What did you invent? / What great ideas did you have?

➢ Why did you invent? / Why did you come up with such ideas?

➢ How did you invent? / What is your inventing plan?

Guidelines: Look around your daily life. See if you have any inventing ideas to solve the problems around you.

a. Heavy backpacks with loads of books in it.

b. Class blackboards with words and paintings hard to erase.

c. Piles of used scratch paper…

十一、教师板书

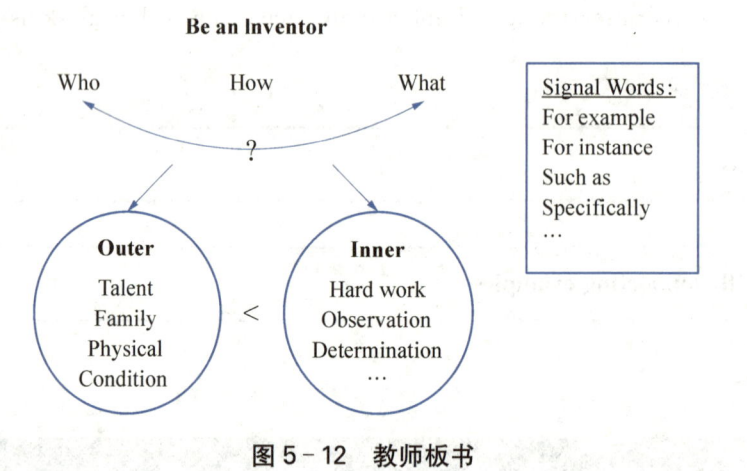

Be an Inventor

Who　　　How　　　What

?

Outer
Talent
Family
Physical
Condition

<

Inner
Hard work
Observation
Determination
…

Signal Words:
For example
For instance
Such as
Specifically
…

图 5-12　教师板书

十二、教学反思

本课授课的内容为论说类语篇，文本本身带有思辨的主题，引领学生思考如何成为一名发明家。通过反思本节课的授课过程，我认为优点与亮点在于：

（1）课程的输入与产出相匹配，课前、中、后的设计衔接性强。在本课的设计中，我从如何成为发明家的语篇分析入手，使学生打破错误认知想要成为一名发明家，有明确的教学目标达成，以及创新精神的内化。同时，请学生课前阅读了解历史上的发明家到课中分析发明家的品质，再到课后学生自己尝试成为发明家，完成有依次的递进以及向实际生活拓展的搭建。

（2）运用思维可视化工具，激发学生的逻辑思维能力。通过树状图的设计，引导学生剖析文本结构、逻辑关系以及逻辑表达。同时，板书的思维显化设计引导学生的思考，培养学生表达、归纳以及总结的能力。

本节课也有不足之处：

（1）问题的设计需要简化且层层递进。根据学生的未知及想要知道的内容来引导他们进行思考，同时可以在课堂中发现问题并予以解决，提升学生主动思考的能力。

（2）大活动的产出设计应更贴合学生生活的情境。书中人物的情境创设与实际生活还有距离，因而宜让学生自己讨论解决学习生活中常见问题的发明创造。

授课教师：上海外国语大学附属外国语学校东校　叶　紫

附　语篇内容

Be an inventor!

The biggest secret about inventing is that anybody can do it!

Perhaps this sounds crazy, but it's true. Maybe you have the wrong idea about inventing, so read on to discover the truth.

Wrong idea number 1: An invention has to be something completely new.

Well, inventing means creating something "new", but the idea could come from something that already exists. The Wright brothers, for example, got the idea for building a "flying machine" from watching birds.

Wrong idea number 2: Inventors are born, not made.

There are a lot of factors that make innovation possible. Take Mozart, for example. He was born with a unique talent for musical composition. But other factors were also important for his creativity. His father was a music teacher, and Mozart practised for hours every day, from the time he was in kindergarten. Thomas Edison said that being an inventor was "99% hard work and 1% inspiration"! Very successful creators don't give up when they get something wrong. As one inventor said, "A failure is the right answer to the wrong question!"

Wrong idea number 3: Inventors are always old people.

Don't believe that you can't invent something when you are young. Here are two examples of young inventors: Louis Braille went blind when he was a child. When he was 15, he invented a system of reading and writing for blind people that is still used in most countries today. As a young man, George Nissen was watching trapeze artists in a circus. He watched how they fell into the safety net and then bounced back up again. This gave him an idea and he invented the trampoline.

专家点评

1. 优点和特色

(1) 教师设计说明和教案详尽,学情分析和语篇研读认真仔细,课程内容鼓励批判思维,并从英语课程要培养的学生核心素养的角度制定单元教学目标,思路清晰,逻辑性强。

(2) 课堂运用树状图引导学生逻辑分析阅读,完成不同任务,深入理解文本,并有应用实践和迁移创新的表现,教学过程中问题设计环环相扣,板书清晰明了,学生思维容量大。

(3) 教师语言素养好,教学指令清晰,学生积极参与各项语言活动,观点表达及生生互评质量较高。

2. 问题和建议

(1) 最后输出活动的角色扮演,建议优化。在案例分析过程中需要较长的时间且太繁琐,可以考虑更贴近学生实际生活的情境设置来做产出。

(2) Checklist 应尽可能突出本课重难点,不必面面俱到,且学生应在课堂中根据评价维度进行互评及解释。在教案中提出要解决的关键问题是"问题链",但问题如果不能层层深入,那只是问题的罗列,应为"问题群"或者"问题单"。问题的设计需要进一步思考如何有层次地深入以及学生思考维度的深入。

案例 5-4 非连续性文本(八年级)

一、单元内容分析

本单元为第二模块 Amazing things 第五单元。单元内容围绕"Encyclopaedias"这一主题展开,涉及五个语篇,包括三篇介绍类说明文、一组对话和一个配图故事。

语篇一是一篇有关"百科全书"的说明文,该非连续性文本由三则词条组成,分别介绍了恐龙、狄奥根尼以及华特·迪士尼的基本信息。该语篇旨在引导学生了解少儿百科全书类语篇常用的说明方法,理解百科全书词条的文体特征,并提升运用工具书的意识。

语篇二是一篇有关"中山陵"的介绍类说明文。语篇以听力填词的形式呈现,内容包括南京的简介、建造中山陵的原因、中山陵的细节信息以及其他相关信息等。该语篇旨在引导学生运用听力策略,把握景点介绍的主要内容和关键信息。

语篇三是一组朋友间的日常对话,内容是关于谈论最喜爱的卡通角色。该语篇旨在引导学生通过提问和追问,对最喜爱的卡通角色进行描述。

语篇四是一个配图故事,将阅读语篇中涉及的恐龙、狄奥根尼以及华特·迪士尼整合为一篇想象作文。语篇为学生提供了语言实践的空间,并提升学生创新的思维品质。

语篇五是一篇有关"大熊猫"的介绍类说明文,内容包括大熊猫的定义、居住地、外貌、行为、饮食习惯和现状等。该语篇旨在引导学生掌握说明文的阅读策略,提升保护濒危动物的意识。

以下为学生在本单元学习的核心语言知识和技能与策略。

表 5-22 单元核心语言知识和技能与策略

单元话题：Encyclopaedias			
语 篇	核 心 短 语	核 心 句 式	技能与策略学习要点
1. Reading：Look it up!	恐龙： die out suddenly, know about, leave behind, etc. 狄奥根尼： a famous thinker, the way to be happy, see … doing 华特·迪士尼： a famous amusement park, be famous for, become rich and famous	介绍人物和动物： This was a long time before people existed. Some were as small as chickens. They were fiercer than tigers and ate meat. He taught the way to be happy was to own as few things as possible.	● 利用说明文文体特征，运用阅读策略理解语篇主旨大意，获取关键信息。
2. Listening：Dr Sun Yat-sen's Mausoleum	孙中山： a great pioneer in China's history, help bring China into a new age, etc. 中山陵： look after, pay an entrance fee, be used for, take a cable car	介绍景点： In Nanjing, you can visit Dr. Sun Yat-sen's Mausoleum. Behind the mausoleum is the famous Zijin Mountain. A beautiful place to visit, and to remember this great man.	● 运用听前预测、听中记笔记等听力策略，理解语篇主旨大意，获取关键信息。
3. Speaking：Discussing your favourite cartoon character	最喜爱的卡通人物： favourite cartoon character, one of the characters from …, make … into, turn … into	谈论最喜爱的卡通人物： Who is your favourite cartoon character? I like the Monkey King best. What do you know about him? Why do you like this character?	● 了解动画角色的介绍方法，能就自己最喜欢的动画角色进行描述。
4. Writing：Dudley went to Disneyland	动作描写： go for a walk, take it home, put it by his window, hear a noise, climb out, read about, phone sb., come to sp. with sb.	撰写想象故事： One day, Sammy went for a walk in the hills. One morning, Sammy heard a noise from the stone and saw a hole in it. That night, Sammy had a dream.	● 根据图片提示，基于记叙文的基本要素完成故事主要情节的撰写； ● 通过合理想象，为故事补充恰当的结尾。

续 表

单元话题：Encyclopaedias			
语 篇	核心短语	核心句式	技能与策略学习要点
5. *More practice*：The giant panda	大熊猫：an Asian animal, a large, black and white bear-like animal, a chubby white body, a black patch around each eye, weigh from …, stand up on its hind legs, give birth to	介绍动物：It lives in the bamboo forests of south-western China. The giant panda is like a bear in shape and size and walks in the same slow, clumsy way. It can eat as much as 9 kilos of food a day.	● 利用说明文文体特征，运用阅读策略理解语篇主旨大意，获取关键信息。

本单元的五个语篇与单元主题之间，以及各语篇之间相互关联（如案例5-4所示）。学生通过阅读语篇的学习，了解动物描述和人物生平介绍的一般方法。在听力和写作课中，学生进一步了解景点和卡通人物介绍的方法，并运用所学对具体景点和最喜爱的动画人物进行介绍。最后，在写作课中，学生综合运用本单元所学，撰写想象故事，并补充恰当的结尾。本单元各课时学习内容循序渐进，螺旋上升，为学生构建了基于主题的结构化知识，以提升英语课程要培养的学生核心素养。

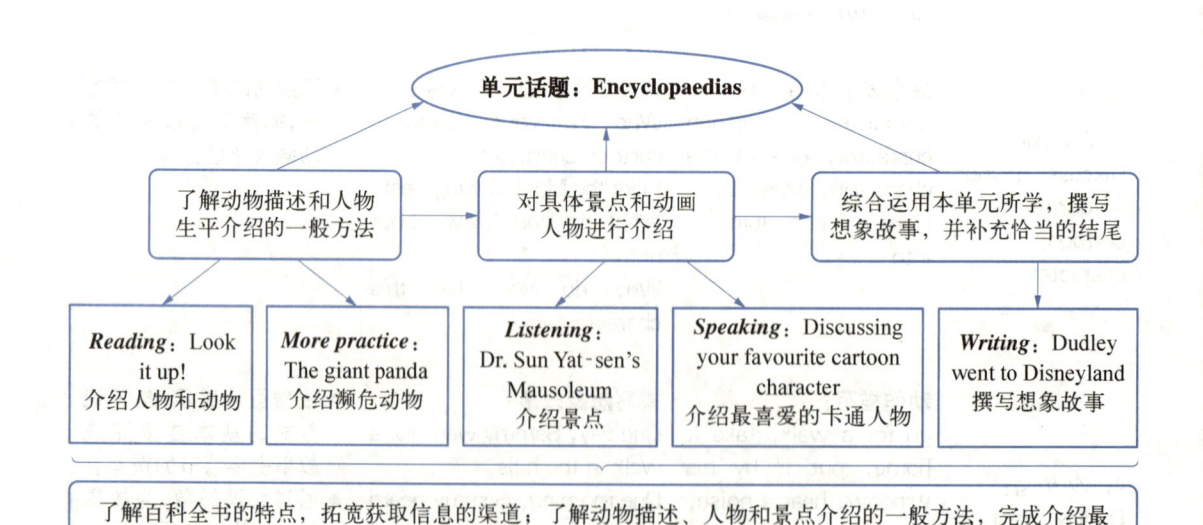

```
                单元话题：Encyclopaedias
      ┌─────────────────┼─────────────────┐
了解动物描述和人物     对具体景点和动画     综合运用本单元所学，
生平介绍的一般方法     人物进行介绍         撰写想象故事，并补充恰当的结尾
   ┌────┴────┐        ┌────┴────┐              │
Reading：Look  More practice： Listening：   Speaking：Discussing  Writing：Dudley
it up!         The giant panda Dr. Sun Yat-sen's your favourite cartoon went to Disneyland
介绍人物和动物 介绍濒危动物    Mausoleum    character            撰写想象故事
                              介绍景点      介绍最喜爱的卡通人物
```

了解百科全书的特点，拓宽获取信息的渠道；了解动物描述、人物和景点介绍的一般方法，完成介绍最喜爱的动画人物和撰写想象故事等交际任务，提升获取信息和表达的能力。

案例5-4 单元主题内容框架图

二、单元教学目标

表 5-23　单元教学目标

单元教学目标	语　　篇
本单元学习后,学生能够: 1. 了解百科全书类语篇的一般特征,对动物描述和人物生平介绍的一般方法有所了解。	1. 说明文(非连续性文本) Look it up! 2. 说明文 The giant panda
2. 了解著名景点的一般介绍方法,并按照一定的说明顺序对具体景点进行介绍。	3. 说明文 Dr. Sun Yat-sen's Mausoleum
3. 了解动画角色的介绍方法,能就自己最喜欢的动画角色进行描述。	4. 对话 Discussing your favourite cartoon character
4. 根据所给图片,基于记叙文的要素,完成故事主要情节的撰写,并通过合理想象,为故事补充恰当的结尾。	5. 配图故事 Dudley went to Disneyland

三、语篇研读

表 5-24　语篇简介

主题范畴:人与社会	主题群:历史、社会与文化	子主题内容:对世界、国家、人民和社会进步有突出贡献的人物
语篇类型:非连续性文本(说明文)	语篇模式:概括—具体模式	思维可视化工具:任务单
授课内容:沪教版八年级 8A Module 2 Unit 5 Encyclopaedias Reading: Look it up!		

What:阅读语篇内容为三则百科全书词条,分别介绍了恐龙、狄奥根尼以及华特·迪士尼的基本信息。其中,恐龙词条的主要内容包括年代、体型、种类、饮食习惯、遗留痕迹等;狄奥根尼词条的主要内容包括身份、国家、年代、主要思想、轶事等;华特·迪士尼词条的主要内容包括主要创作、人生经历、轶事等。

Why:在前一单元学习了"Numbers — everyone's language"这一阅读语篇后,学生对说明文的基本特征有了一定的了解。本课将在此基础上引导学生了解百科全书词条的基本要素以及文体特征。通过本课语篇的学习,学生将提升运用工具书的意识,会根据需要查阅百科全书,并从中获取信息。

How:阅读语篇由导入部分及三个词条构成,语篇类型为非连续性文本(说明文),结构清晰。

本课语篇包含了本单元语法板块的语言现象,即可数名词与不可数名词以及不定代词(如 others)的用法。由于词条内容关于历史上的人物和动物,因此,语篇主要使用了一般过去时态。除此之外,语篇中包含了人物和动物介绍的主题词汇,如 harmless, harmful, thinker, character 等,以及描述人物和动物特征的语言表达,如"They were as gentle as sheep and ate plants"等。

四、学情分析

授课班级为八(1)班。学生对本课时三则词条的内容有一定的理解基础:他们大致了解恐龙的基本情况;对华特·迪士尼有所了解,但对其生平并不清楚;对希腊哲学家狄奥根尼则知之甚少,尤其是关于他对快乐意义的理解,可能存在观念上的冲突。基于上述情况,教师首先利用思维可视化工具任务单(task list),结合图片,帮助学生理解语篇中的生词含义;同时,该任务单也用于引导学生获取各项词条的主要内容;最后,教师在读后活动中创设真实情境,引导并鼓励学生合理选取词条内容,表达个人观点。

此外,学生在六、七年级接触的主要是故事类、对话类的文本材料,对于非连续性文本的说明文了解不多。此外,由于百科全书的话题在初中属首次出现,学生可能存在下列问题:在阅读百科全书的词条时,学生可能会在理解百科全书文体特征方面存在困难。因此,在学生罗列词条的主要内容后,教师将引导他们进一步分析词条的文体特征,并鼓励他们运用所学来评价词条。

五、教学目标与重难点

(一)教学目标

通过本课的学习,学生能够:

1. 了解百科全书的定义和词条的基本要素和特征;

2. 借助思维可视化工具(任务单),通过略读、扫读和分析语篇,理解三则词条的主要内容;

3. 提升阅读说明类语篇类型(非连续性文本)的能力,提升运用工具书的意识。

(二)教学重难点

1. 教学重点:帮助学生理解三则词条的主要内容。

2. 教学难点:学生可能难以理解百科全书词条的主要特征。

六、教学过程

表 5-25 教学过程

教学目标	学习活动	效果评价
1. 了解百科全书的定义。	1. 学生通过阅读标题"Look it up!",谈论信息检索的方式;通过阅读导入部分,思考"What is an encyclopaedia?"这一问题。	教师根据学生回答问题的表现,判断其对本课主题的初步理解程度。
设计意图:本阶段学习活动旨在激活学生的背景知识,并导入本课主题。学生在教师指导下,通过语篇的标题和导入部分,形成对本课主题的初步理解。		
2. 了解百科全书的定义、词条的基本要素和特征。	2. 学生略读语篇,感知百科全书的定义和词条的基本要素。	教师根据学生回答问题的表现,判断其对本课主题的理解程度。
3. 借助思维可视化工具(任务单),通过略读、扫读和分析语篇,理解三则词条的主要内容。	3. 在"What can we learn from an encyclopaedia?"这一问题引导下,学生细读语篇,利用思维可视化工具(任务单)获取词条的主要内容,在语境中理解生词的含义;之后与同伴交流任务单上的信息,并进行评价。	教师观察学生填写的任务单,判断其对语篇主要内容的理解程度。
	4. 学生研读语篇,了解百科全书词条的文体特征;学会辨别事实信息与个人观点。	教师根据学生回答问题的表现,判断其对文体特征的理解程度。
设计意图:本阶段学习活动旨在引导学生在理解语篇内容的基础上,把握百科全书词条的基本要素和特征。学生在教师指导下,运用思维可视化工具(任务单)梳理词条中的主要内容。之后,学生开展互评,并运用评价结果改进学习,以提升批判与创新的思维。		
4. 提升阅读说明类语篇类型(非连续性文本)的能力,提升运用工具书的意识。	5. 学生思考"Why does May look up information in the encyclopaedia?"这一问题;之后,学生在真实情境中,谈论如何运用百科全书完成任务。	教师观察学生在小组内运用所学交流想法的情况,给予鼓励或帮助。
	6. 学生综合运用所学,分析、评价 May 所撰写的词条。	教师根据学生对问题的回应与反馈,引导其讨论和正确评价。
设计意图:本阶段学习活动旨在创设真实情境,引导学生运用词条的主要内容完成交际任务,以培养学生使用工具书查找信息的元认知策略。学生在教师指导下,运用所学评价词条,加深对百科全书的理解。		
作业: 1. 在听说网络平台上听读第 75 页课文。 2. 完成本课时作业单,其中包含词汇和阅读的巩固练习。		

七、英文教案

Teaching Objectives:

By the end of the class, students are expected to

- know what an encyclopaedia is and the basic elements and features of an entry;
- understand the key points of the entries through skimming, scanning and analyzing;
- improve reading ability, with particular focus on reference books such as encyclopaedias.

Teaching Focus:

- Guiding students to understand the key points of the three entries.

Potential Learning Difficulty:

- Understanding the features of an encyclopaedia entry.

Teaching Procedures:

表 5-26　Teaching Procedures

Stages	Learning activities	Teaching purposes
Pre-reading	1. Talk about the title and the introduction.	To prepare Ss for the topic
While-reading	2. Skim the text and think about what an encyclopaedia is and what the three entries have in common.	To guide Ss to know what an encyclopaedia is and the basic elements of an entry
	3. Scan the three entries and make lists of the key points in them.	To help Ss understand the key points of the three entries
	4. Read and analyze the features of the three entries.	To help Ss understand the features of the three entries
Post-reading	5. Talk about how to use an encyclopaedia in a real-life situation.	To encourage Ss to apply what they have learnt in a real-life situation
	6. Read an entry independently and give comments according to the checklist.	To encourage Ss to apply what they have learnt to evaluating an entry
Homework	1. Read the text on page 75 after the audio on the online platform. 2. Complete the homework sheet given at the end of the lesson.	

八、教学流程图

```
读前  →  阅读标题和导入部分，引入话题
          ↓
读中  →  第一遍读：略读语篇，感知百科全书的定义和词条的基本要素
          ↓
         第二遍读：细读语篇，获取词条的主要内容，理解生词的含义
          ↓
         第三遍读：研读语篇，了解百科全书词条的文体特征
          ↓
读后  →  在真实情境中，谈论如何运用百科全书完成任务
          ↓
         综合运用所学，分析、评价May所撰写的词条
```

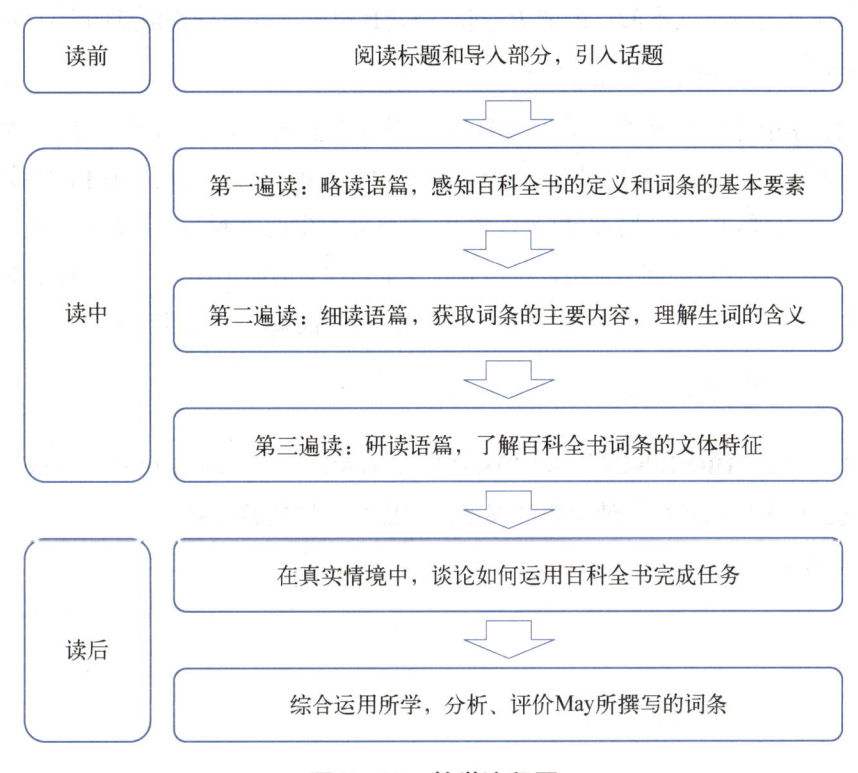

图 5-13 教学流程图

九、关键问题解决策略

1. 主题引领下的单元整体教学设计

在主题引领下，注重单元整体设计，在语篇分析和学情分析的基础上确定单元教学目标以及分课时教学目标，进而开展课时教学设计和评价设计。在本课时教学中，教师引导学生在学习过程中逐步建构对"百科全书"的认知，教学设计从点到线，由线及面，铺设出一个立体的语言课堂，帮助学生在学习语篇的同时，获得核心素养的提升。

2. 基于语篇研读的阅读教学设计

教师通过问题导向，注重激活学生的思维，引导学生关注语篇特征，从而更好地理解语篇内容。同时，充分挖掘教材留白，引导学生关注语篇未做解释的部分，如 Walt Disney 名字在标题中的编排方式，补充词条的功能等，帮助学生养成善于观察、勤于思考的阅读习惯。此外，教师有效利用语篇的配图，将配图结合在教学活动中，帮助学生理解词条图片和主要内容的相关性，提升学生观察与辨析的能力。

3. 秉持英语学习活动观的学习活动设计

教师引导学生在学习理解类活动中了解百科全书的定义、词条的基本要素和特征，理解

词条的主要内容;在应用实践类活动中运用词条内容,在真实情境中完成任务;在迁移创新类活动中进一步运用所学评价词条,同时加深对百科全书的理解。三类学习活动的设计和实施提升学生非连续性文本阅读的能力,同时培养其使用工具书查找信息的元认知策略。

4. 指向核心素养发展的评价设计

在课堂教学中,注重发挥学生的主观能动性,引导学生成为课堂评价活动的主体。教师引导学生运用思维可视化工具,自主阅读并梳理词条中的关键信息。之后,利用信息技术投屏任务单,鼓励生生互评,并运用评价结果改进学习,以培养学生的批判与创新思维。此外,在本课时作业单中,教师设计核心词汇的巩固练习和百科全书词条的阅读任务。本课时作业单的设计既帮助学生巩固语言知识和技能,又促进学生综合运用阅读策略,以提升探究的学习能力。

十、课堂学习活动单

Task 1: Read "DIOGENES" and "DISNEY, WALT". Make lists of the key points in them. 阅读狄奥根尼和华特·迪士尼的词条。列出其中的关键信息。

DIOGENES

-
-

DISNEY, WALT

-
-

Task 2: Read the entry written by May and give comments. 阅读 May 所撰写的词条并作出评价。

ABACUS

Long before the invention of the electronic calculator or the computer, people counted and did calculations with a device called an abacus.

The abacus was probably invented by an ancient group of people known as Sumerians in Mesopotamia. The ancient Egyptians, Greeks, Romans, Indians and Chinese all used the abacus as well.

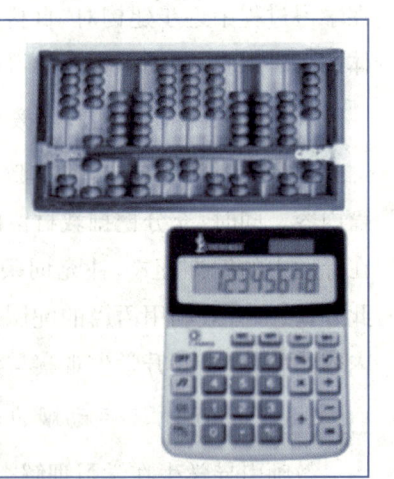

There are different types of abacuses, such as Roman Abacus, Chinese Abacus (also called *Suanpan*), Japanese Soroban Abacus and so on.

I've learned how to do math with the ancient abacus. What a helpful device it is!

① device *n.* 设备 ② Sumerian *n.* 苏美尔人 ③ Mesopotamia *n.* 美索不达米亚

Checklist

What basic elements does the entry include?

☐ a title   ☐ detailed information

☐ relevant illustration(s)   ☐ a related entry

Is it a good entry? Give your reason(s).

十一、教师板书

Unit 5 Reading   **Look it up!**

An encyclopaedia entry has { a title / detailed information / relevant illustration(s) / a related entry } introduces facts instead of opinions

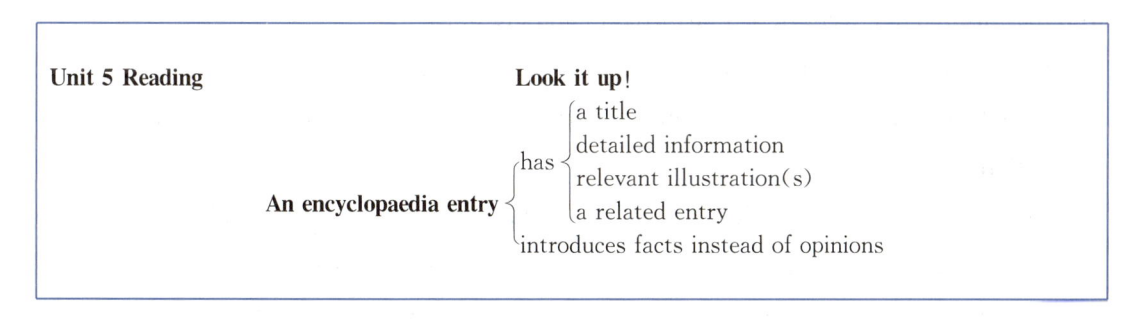

图 5-14　教师板书

十二、教学反思

反思本节课,在《义教课标》指引下,我通过优化课堂教学设计,努力提升英语课程要培养的学生核心素养,从以下两方面"优化"了现有的教学模式:

(1) 优化教师的课堂教学。本节课我深入学习、理解、应用《义教课标》提出的基本理念和要求,转变传统教学模式,在教学目标、教学内容、教学方式、教学手段等方面作了新的选择和尝试,进一步优化了课堂教学环节。特别是,我以三类问题引导学生阅读,提升学生的思维品质。这三类问题是教研员芮学国老师经常说的展示性、参阅性和评估性问题。

(2) 优化学生的学习方式。在《义教课标》背景之下,英语教学必须打破原有的灌输式教学方法。本节课,我充分发挥学生的主体作用,通过思维可视化工具(任务单)的运用,引导学生乐学、善学，使语言学习的过程成为学生语言能力发展、思维品质提升、文化意识建构和学会学习的成长过程。

当然，本节课还存在需要改进的地方。对于需要深入思考的问题，我应给予学生充足的准备时间，并关注学生的个体差异，使教学活动真正地面向全体学生。

授课教师：华东师范大学第一附属初级中学　陈　琳

附　语篇内容

Look it up!

May's father bought her an encyclopaedia. Here are three articles she found in it.

DINOSAURS

Dinosaurs lived on the Earth over sixty million years ago. This was a long time before people existed. Dinosaurs lived everywhere. Some were as small as chickens. Others were as big as ten elephants. Some dinosaurs even had wings and could fly.

Many dinosaurs were harmless. They were as gentle as sheep and ate plants. Others were harmful. They were fiercer than tigers and ate meat.

Dinosaurs all died out suddenly. Nobody knows why. We know about the lives of dinosaurs from the skeletons, eggs and footprints they left behind. (See *Earth History*)

DIOGENES

Diogenes was a famous thinker. He lived in Greece about two thousand years ago. He taught that the way to be happy was to own as few things as possible. All he owned was a big jar that he lived in, a coat, a bag and a cup. He was very happy. One day, Diogenes saw a boy drinking water from his hands by a fountain, so he threw away his cup and became even happier. (See *Greece*)

DISNEY, WALT

Disneyland is a famous amusement park in the USA. Disneyland was created by Walt Disney (1901 - 1966), who is famous for his cartoon characters: Mickey Mouse, Donald Duck, Goofy, Snow White and many others.

Disney was born in the USA. After leaving school, he sold newspapers and delivered mail. At the same time, he studied art at night. Finally he got a job that he really liked — drawing cartoons for films.

Disney's most famous cartoon character, Mickey Mouse, was a real mouse. It sometimes sat on Disney's desk while he was working. Disney drew the mouse and put it in a cartoon. Soon Mickey became a star and Disney became rich and famous. (See *Cartoons*)

专家点评

教师从百科全书词条的文体特征入手,引导学生进行整体阅读,并借助思维可视化工具"任务单"帮助学生理解语篇的主要内容,完成语言交际任务。

1. 优点和特色

(1) 通过问题导向,逐步引导学生分析文本。本课时围绕"百科全书是什么?""从百科全书中获取什么?"以及"为什么阅读百科全书?"三个核心问题,引导学生通过阅读活动,了解百科全书的定义和词条的基本要素,获取词条的主要内容,理解与单元主题相关的语汇,以及百科全书词条的文体特征,从而提升学生阅读说明类问题的能力,并提升他们运用工具书的意识。

(2) 通过创设真实情境,提高学生的语言运用能力。在读后活动中,教师通过设置"Make a speech about an amazing person in the history"这一交际任务,引导学生筛选任务单上的信息,并拓宽学生获取信息的渠道。之后,教师引导学生对 May 撰写的词条进行评价,将语言实践的主动权还给学生。学生在真实情境中获得核心素养的提升。

2. 问题和建议

课堂活动的开展方式可以多样化。本堂课主要以学生独立活动为主,建议增加结对活动和小组活动的次数,以使教学活动面向全体学生。

第三节 应 用 水 平

案例 5-5 神话故事(八年级)

一、单元内容分析

本单元话题为 Telling Tales,涉及五个语篇,包括两组对话、一个寓言故事、一个中国神话故事和一个西方童话故事。

语篇一是一组有关不同故事文体的对话。总结了寓言、童话和神话在文体上的区别,寓言故事会在结尾给出寓意,教会读者一些道德准则;童话故事与精灵有关;神话则是古时候人们对于无法解释的现象所编造的答案,富有想象色彩。该对话帮助学生学会辨析有关故事的不同语篇类型,为学习本单元具体的故事奠定基础。

语篇二是一组有关童话故事 Tom Thumb 的情节简介,一对夫妇一直希望有一个孩子,一天,魔法师给了他们一个拇指大小的孩子,名叫汤姆,汤姆经历了很多危险,比如被乌鸦叼走,被大鱼吃掉,最终在与蜘蛛搏斗的过程中汤姆牺牲了,该语篇以复述主要情节的方式,理出了故事的一般发展结构,为分析其他故事结构奠定基础。

语篇三是寓言故事 The Crafty Fox。饥饿的狐狸看到树上的乌鸦正叼着一块奶酪,为了得到这块奶酪,狐狸开始用花言巧语欺骗乌鸦,它假意夸赞乌鸦的歌声好听,乌鸦一开心便开始唱歌,奶酪从乌鸦嘴里掉到地上,狐狸成功拿到奶酪。这则寓言的寓意是要小心假意的恭维,这时可能有人企图从你身边拿走重要的东西。学生在分析乌鸦和狐狸行为的过程中,进一步理解赞美和恭维有何不同,在平时生活中应该怎样赞美别人,形成正确的价值观念。

语篇四是中国神话故事 Ma Liang。介绍了马良如何利用神奇的画笔帮助穷人,启发学生思考马良身上具备哪些优秀的品质,这些品质能否代表中华民族的优秀品质?应当怎样帮助别人?是授人以鱼还是授人以渔?语篇为学生提供了深度思考和语言实践的空间。

语篇五是西方童话故事 The Rain Angel。介绍了精灵是怎样在不伤害云朵的情况下让它们产生雨水,该语篇有助于引发学生思考:在遇到问题时是否应该向他人寻求帮助?怎样寻求帮助不会伤害到他人,又能解决问题?从而形成积极的情感体验。

表 5-27 为学生在本单元学习的核心语言知识和技能与策略。

表 5-27 单元核心语言知识和技能与策略

单元主题:Telling Tales				
语 篇	核 心 短 语	核 心 句 式	技能与策略学习要点
1. Fables and Fairy Tales	故事: tale, figure out the moral, moral lessons, make up, weave ... into ..., convince ... of/that ...	介绍故事相关信息: ... is a short tale/fairy tale / fable about ... . Every man tries to convince readers that ... This is the moral of ... It was published in ...	● 理解和复述寓言故事、童话和神话三种文体的相同与不同之处。
2. Tom Thumb	大拇指汤姆故事梗概: cottage, magician, raven, swallow, cut ... open, attack, spider, bite	叙述故事梗概: There lived a ... sb named ... sb fought with ... What happened to sb?	● 在听对话的过程中获取并梳理故事的主要情节; ● 抄写和背记叙述故事的动词短语,复述故事的主要情节。
3. The Crafty Fox	动作描写: put on one's best smile, nod, sing sb to sleep, praise, flatter, let go of, gobble up, annoy, beware of	寓言故事: One day sb was doing ... when ... , When the crow heard ... she was flattered ... As she began to ... it fell to the ground ...	● 理解和应用寓言故事的文体结构; ● 理解和应用如何在故事中加入外貌、心理和环境等细节描写。
4. Ma Liang	中国神话故事: once upon a time, change into, throw sb in prison, catch hold of, gallop, chase, unlock the door, plough, buffalo	表达愿望: If only ... If I had a ..., I could ... 写作提纲: Does the group use the common structure of fairy tales to tell a detailed story? Are the solutions effective and creative?	● 理解和应用寓言童话故事的文体结构; ● 通过小组讨论分析主人公的性格品质,批判性评价故事中主人公的行为; ● 小组合作自主创编寓言和童话故事。

续 表

单元主题：Telling Tales			
语　篇	核 心 短 语	核 心 句 式	技能与策略学习要点
		Does the solution follow the rule — it's better to teach people fishing? Does the group add some detailed descriptions?	
5. *The Rain Angel*	西方童话故事： angel, spread, raindrop, pinch, heaven	表达解决问题： in charge of, try doing sth., make sb. do ...	● 探究和总结寓言、中外童话故事的主题意义和文化内涵； ● 比较和分析中国童话故事和西方童话故事在结构和主题上的异同。

本单元教学内容融合于同一个主题范畴——人与自我，主题群为"做人与做事"，从不同类型的故事寓意出发探讨应该怎样为人处世，有丰富的育人价值，各课型指向不同的能力培养，按照学习理解、应用实践、迁移创新的英语学习活动观递进，既相对独立，又相互关联，学生将零散的知识内容有意义地联系起来，发展语言能力，构建和丰富主题意义，形成正确的价值判断（如案例5-5所示）。

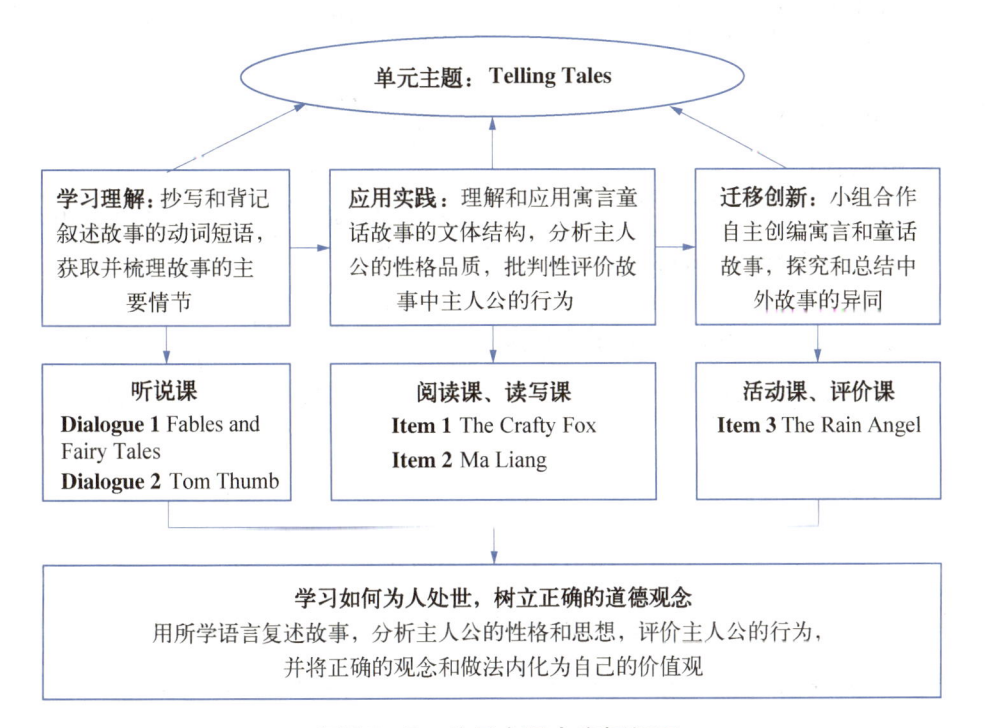

```
                    单元主题：Telling Tales
         ↗                    ↑                    ↖
学习理解：抄写和背记      应用实践：理解和应用寓言童      迁移创新：小组合作
叙述故事的动词短语，      话故事的文体结构，分析主人      自主创编寓言和童话
获取并梳理故事的主        公的性格品质，批判性评价故      故事，探究和总结中
要情节                  事中主人公的行为              外故事的异同
         ↓                    ↓                    ↓
    听说课                 阅读课、读写课              活动课、评价课
Dialogue 1 Fables and    Item 1 The Crafty Fox      Item 3 The Rain Angel
Fairy Tales              Item 2 Ma Liang
Dialogue 2 Tom Thumb
                              ↓
          学习如何为人处世，树立正确的道德观念
      用所学语言复述故事，分析主人公的性格和思想，评价主人公的行为，
              并将正确的观念和做法内化为自己的价值观
```

案例5-5　单元主题内容框架图

二、单元教学目标

表 5-28　单元教学目标

单元教学目标
1. 抄写和背记有关 fiction 的术语，如 narrator, protagonist, setting, plot, moral 等； 2. 抄写和背记叙述故事的动词短语，复述故事的主要情节； 3. 在主题语境中理解和应用过去完成时、过去将来时和情态动词的形式和用法； 4. 理解和复述寓言故事、童话与神话三种文体的相同与不同之处； 5. 理解和应用寓言故事与童话故事的文体结构； 6. 理解和应用如何在故事中加入外貌、心理和环境等细节描写； 7. 探究和总结寓言、中外童话故事的主题意义与文化内涵； 8. 比较和分析中国童话故事与西方童话故事在结构和主题上的异同； 9. 通过小组讨论分析主人公的性格品质，批判性评价故事中主人公的行为； 10. 小组合作自主创编寓言和童话故事； 11. 通过自评、同伴互评、教师点评等多种方式评价小组创编的故事。

课　时	话　题	课　型	对应单元目标
1	Data Bank：What is a fiction? Dialogue 2：Tom Thumb	听说课	1、2
2	Getting Started Structures：Past Perfect 　　　　　　Past Future 　　　　　　Modal Verbs	语法课	2、3
3	Dialogue 1： Fables and Fairy Tales	听说课	4
4-5	Item 1：Fable — The Crafty Fox DIY Lab：A Tiger in Tow	读写课	5、6、7、9、10
6	Preview： Additional Reading — Fairy Tales Item 2： A Traditional Chinese Story — Ma Liang	阅读课	5、7、9、10
7	Item 3： Western Fairy Tale — The Rain Angel	拓展活动课	5、7、8、9
8	Whose story is the best?	评价课	10、11

三、语篇研读

表 5-29　语篇简介

主题范畴：人与自我	主题群：做人与做事	子主题：问题和解决方式
语篇类型：神话故事（记叙文）	语篇模式：问题—解决型	思维可视化工具：叙事结构图
授课内容：上外教版 Book 4　Unit 4 Item 2 Ma Liang — A Traditional Story from China		

What：本语篇 Ma Liang 属于人与自我主题范畴中"做人与做事"主题群下的主题群——问题和解决方式。主要讲述了出身贫寒的男孩马良酷爱画画，但是他买不起画笔，一天一位白胡子老人送了他一支神笔，并叮嘱他只能为穷人画画。这支神笔可以将画的东西变成实物，马良用这支笔帮助了穷人解决生活困难，很快国王也知道了马良的神笔，他命令马良为自己画一棵摇钱树，马良拒绝了，国王将他关进监牢，马良用神笔的力量逃出了监牢，摆脱了国王的追捕。

本故事叙述了马良在获得神笔后不断克服障碍和困难，帮助他人和自己脱困的精彩故事，展现了马良聪明勇敢、乐于助人的优秀品质，歌颂了中华民族勤劳、善良、勇敢、智慧的民族精神，有较高的德育价值。

Why："立德树人"是我国教育的根本任务，本课德育的内涵具体表现在两个方面：一是培养学生的家国情怀；二是弘扬中华优秀文化。《义教课标》提出要培养学生的核心素养，在文化意识方面要充分学习中华优秀文化，培养家国情怀，增强本民族文化自信。

本语篇通过对马良这个人物的行为分析和评价，可以充分挖掘以马良为代表的中国人民具有哪些优秀品质，如机智勇敢、积极帮助生活困难的人、面对威胁始终诚实地履行承诺等。此外，本语篇也旨在引导学生批判性思考如何对待需要帮助的人，是授人以鱼还是授人以渔，从而挖掘本民族文化和精神的内涵，学习中国人为人处世的智慧，帮助学生增强文化自信，提升中国文化传播力，在挖掘和构建主题意义的过程中实现育人的目标。

How：课文的语篇类型为记叙文神话故事，以第三人称进行叙述，采用了童话故事的典型叙事结构（见图 5-15），即主人公一开始生活在一个贫苦的环境里（Para 1），某一天他得到了神力的帮助（Para 2-3），接着他利用神力不断克服困难（Para 4-9），最终重获自由（Para 10），过上了更好的生活。

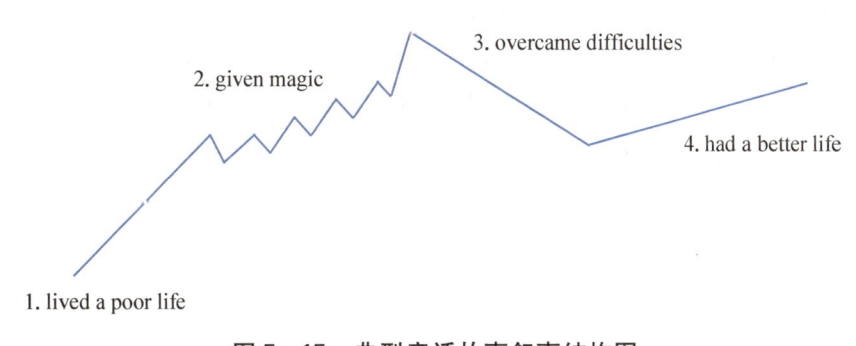

图 5-15 典型童话故事叙事结构图

本语篇模式为问题解决型，以暗线——发现问题、解决问题的思路来推进故事情节的发展，使用了较多的动词短语来叙述故事，还穿插了直接的语言描写，营造了故事的画面感，也能够体现马良勇敢、善良、不畏苦难的优秀品质，同时语篇中也引入了定语从句、名词性从句、虚拟语气的使用，长句与短句相结合，叙事的节奏张弛有度，学生在学习完语篇后，可以根据文章的明线和暗线，利用文中的动词短语进行故事复述，巩固在语篇内容、结构和语言上的学习成果。

此外,本语篇主要由大量的动词和部分直接语言描写来推动情节,缺少形容词和副词的使用,缺少外貌描写、环境描写和心理描写,而如何描写也是单元学习内容之一,在上一课时学生已经有所学习。因此,本节课教师可以在作业中提醒学生关注到语篇这一方面的空白,以课后选做作业的形式鼓励学生尝试进一步的细节描写,从而有效增强文章的生动性,并在此过程中巩固单元所学,达成单元目标。

四、学情分析

《义教课标》指出:核心素养是课程育人价值的集中体现,英语课程要培养的学生核心素养包括语言知识、文化意识、思维品质和学习能力。以下我将从核心素养的四个方面来分析任教的八年级(1)班学生的学情,分析学生的已知和需求,从而确立教学的起点。

学生的语言综合能力较强,参考《义教课标》的7—9年级学段目标,语言知识方面,学生词汇量较大,熟练掌握基本时态的语法知识,对于定语从句、名词性从句和虚拟语气有一定的了解,学生能够围绕语篇理解和概括主要内容,但熟练度仍需要通过训练和评价反馈来提升,同时需要在老师的帮助下分析和梳理语篇的基本结构特征。

文化意识方面,学生了解和阅读过许多中国和西方传统故事,但在文化和精神内涵的挖掘上仍需进一步引导和帮助,学生在用英语讲好中国故事、传播中国传统文化上还有待进一步提升能力和水平。

思维品质方面,学生能够发现语篇中事件的发展和变化,辨识信息之间的相关性,能够对人物的特征和品质有一个基本的观点和态度,但学生在根据语篇分析人物思想和动机,推断语篇深层含义上仍缺少辩证思考,在语篇改编或创编上仍需支架和训练。

学习能力方面,学生对于英语学习、故事阅读、文学作品赏析都有持续的兴趣,能积极主动参与课内外各种英语实践活动,能主动预习和复习单元内容,能在活动中积极地与他人合作完成任务,但在分工合作、运用策略解决问题和拓展性运用上仍需进一步的指导,特别是在评价环节上,学生缺少策略和标准来有效开展评价活动,不善于指出具体的优势和不足。

五、教学目标与重难点

(一)教学目标

通过本课的学习,学生能够:

1. 在语言学习、人物分析和主题意义探究的基础上,利用语篇的叙事结构图理解和复述马良的故事。

2. 通过分析马良的行为,总结中华民族的优秀品质,以及中国人有关如何帮助他人的价值观念——授人以渔。

3. 迁移语篇中的语言知识、主题意义、叙事结构等课堂所学,小组合作创造21世纪马良的新故事。

（二）教学重难点

1. 学生迁移和应用课文的叙事结构与主题意义，来创造新的故事。
2. 学生根据评价标准，对同伴小组的口语故事进行评价。

六、教学过程

表5-30　教学过程

教学目标	学习活动	效果评价
1. 在语言学习、人物分析和主题意义探究的基础上，利用语篇的叙事结构图（即思维可视化工具）理解和复述马良的故事。（学习理解）	1. 学生回顾补充文本的主要内容，总结童话的典型叙事结构。 2. 学生根据故事中的图片，预测故事内容，提出问题——想要了解有关故事的什么内容。 3. 学生略读语篇，将打乱的小标题按顺序正确地填入情节结构图中。 4. 学生扫读语篇，回答问题链中的展示性问题，总结马良碰到的问题和解决方法，厘清语篇的暗线。	观察学生回答问题的表现，了解其对于叙事结构是否有清晰的概念。 根据学生的提问，了解其对故事内容的猜测程度，评价其利用图片进行观察和推理的能力。 根据学生的回答，判断其厘清语篇叙事结构的准确程度。 根据学生的回答，判断其获取信息的全面和准确程度。
设计意图：通过复习，帮助学生厘清一般童话故事的叙事结构，为学生厘清本语篇结构打下基础；通过预测任务引发学生思考，培养学生的观察、推测和提问能力；帮助学生整体感知故事内容，利用思维可视化工具把握语篇结构和模式，并培养学生准确获取和梳理关键信息的能力。（感知与注意，获取与梳理）		
2. 通过分析马良的行为，总结中华民族的优秀品质，以及中国人有关如何帮助他人的价值观念——授人以渔。（应用实践）	5. 学生回答问题链中的参阅性问题，分析马良的行为，总结中华民族的优秀品质。 6. 学生回答问题链中的评估性问题，分析马良行为背后的动机，是授人以鱼还是授人以渔？评价马良的行为是否明智，讨论应该怎样更好地帮助别人。	根据学生的回答，评价学生利用情节进行价值判断的能力。 根据学生的回答，判断其构建主题意义的准确程度，评价学生的分析推理、批判思考和总结归纳的能力。
设计意图：通过集体讨论的形式，帮助学生构建和深化主题意义，引导学生联系自身实际进行批判性思考，为进一步在现实情境中运用所学做好铺垫。（描述与阐释，内化与运用）		
3. 迁移语篇中的语言知识、主题意义、叙事结构等课堂所学，小组合作创造21世纪马良的新故事。（迁移创新）	7. 学生小组合作，在新情境中创造21世纪马良的故事，马良成为了一名村支书，该村在振兴的道路上遇到了经济、资源、环境、教育等方面的问题。学生应用语篇中所总结的语言知识、叙事结构、主题意义等，创造新的故事。 8. 学生评价该小组是否符合评价标准，包括是否运用语篇的叙事结构，是否运用授人以渔解决实际问题，是否表达清楚而流利。	观察小组讨论和小组展示的过程中学生能否分工合作，利用叙事结构讲述新故事，利用主题意义创造问题的解决办法。 根据学生的评价，判断其是否运用评价标准分析小组产出，评价其分析、判断和提建议的能力。

| 教 学 目 标 | 学 习 活 动 | 效 果 评 价 |

设计意图：引导学生超越语篇，联系实际的学习生活，整合课堂所学，在新情境中解决实际问题，推动迁移创新。（想象与创造）

作业：修改小组的口语作业，并写成文字稿，可以适当添加描写性文字，增加故事的生动性，完成作文后给其他小组和教师进行评价。

七、英文教案

Teaching Objectives：

By the end of the class, students are expected to

- understand and retell the whole story of Ma Liang with the help of language expressions, text structure, character analysis and thematic meaning;
- conclude the Chinese moral values about how to help others by analyzing Ma Liang's behavior and qualities;
- cooperate and create a new story *Ma Liang in 21st Century* by transferring and applying what has been learned from the text.

Teaching Focuses：

- Helping students apply the common structure of fairy tales to retell and create the new story;
- Helping students analyze Ma Liang's behavior, qualities and motive to conclude moral lessons behind the story.

Potential Learning Difficulties：

- Students may have difficulty in creating a new story by transferring and applying the structure and thematic meanings learned from the text;
- Students may have difficulty in evaluating the oral story from the peer group by applying the evaluation standards.

Teaching Procedures：

表 5-31　Teaching Procedures

Steps	Learning Activities	Teaching Purposes
Lead-in/ Revision	Review the common theme and structure of fairy tales in the additional reading.	To be ready to apply the knowledge reviewed
Predicting	Describe what happened in the picture.	To capture the main features in the picture
	Raise questions about what you want to know about the story.	To predict the content of the story according to the features in the picture

续 表

Steps	Learning Activities	Teaching Purposes
Skimming	Skim the text and match the headings of main story parts to the correct positions in the common structure of fairy tales.	To understand the main plot, the order of events and the general structure of the story
Scanning	Read in details and find out the answers to the detailed questions.	To summarize the problems Ma Liang met and his solutions
Discussion	Analyze what kind of person Ma Liang is based on what he did.	To summarize good qualities of the main character and virtues of Chinese people
Discussion	Discuss Ma Liang's motive behind what he did — It's better to teach a man fishing rather than give him fish.	To construct the thematic meaning of the text
Discussion	Express own opinions on whether Ma Liang's solutions are wise and how we can better help people.	To deepen the construction of thematic meanings by stimulating critical thinking
Retelling	In the form of puppet show, make up a dialogue between Ma Liang and his friend to retell the story.	To apply the language, structure, character analysis and thematic meaning to production
Creating	Read a letter to Ma Liang written by children from the village and choose two of the problems to solve.	To relate the story to the problems in the real life by being immersed in the real problem situation — promoting prosperity for the villages proposed during the 20th CPC National Congress
Creating	Make up a story in groups about Ma Liang solving problems in 21st century by using the structure and moral lessons summarized in this class.	To create a new story by applying what has been learned and discussed in class
Evaluating	Comment on other groups' work in terms of structure, thematic meanings, effectiveness of solutions and delivery.	To evaluate peers' work by applying what has been learned and discussed in class
Ending	Answer the question — If you had the magic paintbrush, what would you do?	To summarize Ss' own opinions and feelings after learning the lesson
Assignments	1. Polish your group's oral story and write it down. Check your writing according to the standards of the checklist on the assignment sheet. Send it to the peer group and the instructor for further evaluation. 2. *Optional: Add some detailed descriptions to your story.	

八、教学流程图

阶 段	活 动	目 的
复习、 预测、 阅读 （学习理解）	**复习**：回顾补充阅读文本上有关童话故事的一般结构	为本节课应用此结构做好准备
	预测：根据图片特点提出问题：想要了解故事的哪些内容？	根据图片特征预测故事内容
	略读：将小标题与故事结构图中的位置配对	理解故事的主要情节、事件顺序和语篇结构
	精读：通过问题链梳理马良解决问题的过程	总结语篇暗线、重要细节和相关语言表达
讨论和复述 （应用实践）	**讨论**：分析马良的品质以及帮助他人的方式，对其行为进行评价	构建和深化主题意义
	复述：以对话的形式，从马良的视角出发复述故事	将课堂所学内容应用到产出实践中
创编和评价 （迁移创新）	**创造**：以马良在21世纪作为村支书为情境，创造马良帮助村民解决问题的新时代故事	迁移课堂所学 小组合作解决实际问题
	评价：从结构、主题意义、措施有效性和表达上评价同伴小组的创编故事，并给出理由	应用评价标准，结合课堂所学，评估同伴产出

图 5-16 教学流程图

九、关键问题解决策略

1. 通过问题链探究主题意义，挖掘语篇育人价值

本课问题链的设计遵循：展示性问题——参阅性问题——评估性问题的顺序，先厘清语篇中的重要细节，然后进一步分析总结马良的动机和品质，最后深入思考马良行为背后所暗含的主题意义和价值观念。

2. 创设真实问题情境，有效促成内化和迁移

在语篇学习和主题意义构建完成之后，教师结合当前热议话题——乡村振兴，创设村支书马良想要帮助乡村解决经济、环境、资源和教育等方面问题的情境，情境中所提到的各类问题，均是新闻报道或纪录片中所描述的乡村发展问题，具有很强的现实意义。而在推进乡村振兴的过程中更倡导将"扶贫"与"扶智"相结合，而"扶智"的理念与"授人以渔"有较高的契合度，因此该问题情境可以启发学生在解决问题时迁移语篇中总结的主题意义——授人以渔，利用该条法则来思考解决乡村问题的办法，这一任务有效激发学生思考的积极性和创造欲，有利于将语篇所学运用到实际生活之中。

3. 设立各类支架化解产出困难，达成深度学习目标

根据教学目标，本课主要设计了两个产出活动，一个为转换视角复述故事主要内容，一个为在新的真实情境中创造21世纪马良解决问题的故事。为帮助学生完成这两个产出任务，达成教学目标，本课设计了各类支架来化解产出困难，主要包括：问题支架（问题链、引导性问题）、图表支架（情节折线图实现思维可视化）、情境支架（真实问题情境）、语言支架（对话模板和例句）、同伴支架（小组分工合作）和评价支架（评价标准、师生共评、生生互评），这些支架给学生在内容、语言、思路、学习方法、心理等方面提供了支持，启发学生思考更为具体和合适的解决办法，充当着课堂上无声"教师"的角色。教师在课堂教学的过程中，也提醒学生关注支架的作用，从而将自己的课堂所学更有效地进行应用、迁移和创造，让深度学习在支架作用下有效发生。

4. 从课堂到课后教会学生如何评价，实现"教—学—评"一体化

根据前述的学情分析，学生在评价上面临困难，需要教师分步进行指导，课堂上教师首先带领学生在产出前解读评价标准，并鼓励学生通过分工合作的方式进行产出和自评，教师提醒学生在自评和共评时记笔记，根据笔记给出具体的理由和事例，将同伴小组的产出与评价标准一一对应，教师根据学生的回答判断学生是否学会了如何评价，并作出点评，学生的回答也会给其他同学以示范，从同伴的做法中学会如何评价。

此外，评价活动从课堂延伸到了课后作业中，在作业中开展小组间的生生评价，首先是将课堂上的口头故事进行互评，在得到改进意见后进行书面写作，写作完成后再次进行自评、互评和教师评价，从而让学生不断巩固评价的操作方法，内化和迁移课堂所学，有效实现"教—学—评"一体化。

十、课堂学习活动单

Ⅰ. Revision

Review the additional reading material assigned last time and answer the following questions:

1. What is the most popular theme in fairy tales?

2. Does the main character succeed without any difficulties?

3. What is the common structure of fairy tales? Can you draw the chart of the structure?

Ⅱ. Reading

Activity 1 — Predicting:

Think about the questions:

1. What happened in the picture?

2. What do you want to know about the story?

Activity 2 — Skimming:

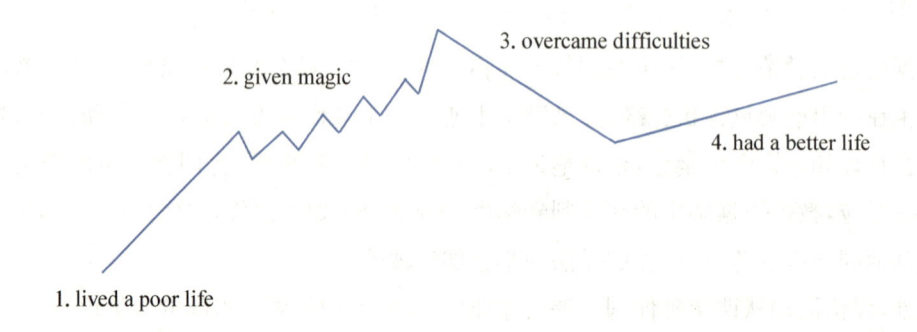

1. lived a poor life
2. given magic
3. overcame difficulties
4. had a better life

Match the headings to the correct positions in the picture:

A. Ma Liang's escape

B. an old man's gift and warning

C. poor Ma Liang's dream

D. Ma Liang's help to the poor

E. Ma Liang's struggle against the king

Activity 3 — Scanning + Discussion:

Read the text in details and answer the following questions:

Find out the Details:

1. What was Ma Liang's dream?
2. What was special about the old man's gift?
3. How did Ma Liang help the poor solve their problems?
4. What did the king ask Ma Liang to do? Did Ma Liang help the king?
5. How did Ma Liang escape from the prison?

Analyze and Summarize:

6. What kind of person is Ma Liang?
7. Why didn't Ma Liang help the king?
8. Why didn't Ma Liang directly give the poor food or money?

Comment and Create:

9. Do you think Ma Liang's solutions are wise?
10. If your friends ask you for help, how can we better help them? Can you give us an example?

Activity 4 — Retelling:

Work in pairs. Make up a dialogue between Ma Liang and his friend Tie Shu to retell the story. You can use puppets to better play the roles. The dialogue is supposed to include:

A. Ma Liang's life change

B. his problems and solutions

C. his qualities

D. life lessons or values

Ⅲ. Post Reading

Activity 5 — Creating

If Ma Liang comes to 21st century, what problems will he help people solve?

In response to national plans of *the 20th CPC National Congress* (党的二十大), college graduate Ma Liang decides to work as a *village chief* (村支书) in the northwest of China and *promote prosperity for the village* (乡村振兴). One day, he received a letter from the children in the village.

Work in groups of 4. Read the following letter. **Choose two of the problems in the letter and make up a new story — *Ma Liang in 21st century*.**

Dear Chief Ma,

When we heard that you would come to our village, we were really happy. We really want to go out and study in college like you. However, we are always worried about life here:

- Our family don't have a high income. Our village has several fields and a long history. We try to sell produce and handmade traditional artworks in the nearby town. But they don't sell well. Our parents don't know other ways to earn money.
- There used to be lots of trees in our village. However, villagers decided to cut down trees in exchange for money. Now there are fewer trees and sandstorms sometimes occur.
- We live on the mountain. And we sometimes suffer from water shortage. We walk down the mountain and use buckets to carry water up to the mountain top. We wish we could get water from the lake at the foot of the mountain easily!
- We want to learn how to make our village wealthy and also know more about the outside world. But we have few teachers who know a lot and sometimes we find it difficult to have access to Internet.

We are writing to you to share with you our worries and hopes. We really hope there will be big changes in our village. Please give us a helping hand!

Yours sincerely,

Kids from the Village

You can write down keywords on the chart (Each group member is responsible for telling one part of the story):

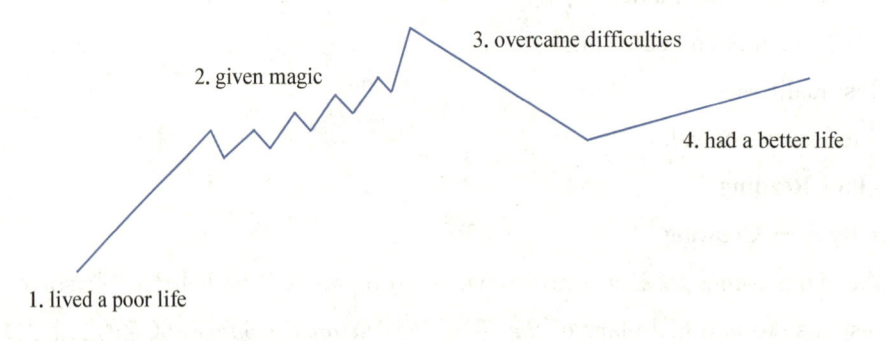

1. lived a poor life
2. given magic
3. overcame difficulties
4. had a better life

Checklist (Each group member is responsible for one aspect):

☐ Standard 1. Did the group use the common structure to tell the main story?

☐ Standard 2. Did the solutions follow the rule — it's better to teach people how to fish rather than give fish?

☐ Standard 3. Did the solutions help solve problems?

☐ Standard 4. Did the group tell the story fluently and clearly?

十一、教师板书

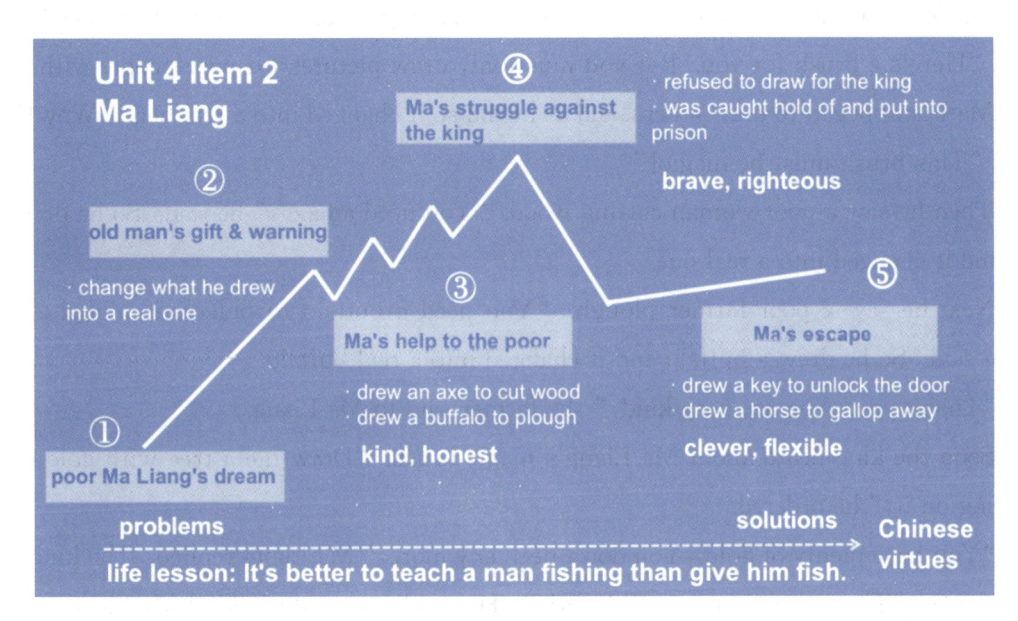

图 5-17　教师板书

十二、教学反思

本课设计问题链：展示性问题——参阅性问题——评估性问题的顺序，先厘清语篇中的重要细节，然后分析总结马良的动机和品质，最后思考马良行为所暗含的主题意义，在文本理解和探究的过程中，学生能够学习到中华传统文化背后为人处世的智慧，提升本民族文化自信，从而彰显语篇的育人价值，达到学科育人。

本节课的设计也有需要改进之处，课堂中学生展示环节需要多预留时间，一共有四个问题要解决，学生在有限的时间内只能解决其中两个问题，如果再留出时间让学生展示剩余两个问题的解决方法，课堂呈现将更完整。

授课教师：上海外国语大学附属外国语学校东校　王　序

课例视频：神话故事（八年级）

附　语篇内容

Ma Liang

Once upon a time there was a boy who liked drawing but he was too poor to buy a brush. One night he said to himself, "If only I had a brush, I could draw pictures for the poor people in my village."

Suddenly an old man with a long white beard appeared. "Don't be frightened," he said. "Here's a brush for you. But you must only draw pictures for poor people with it."

Ma Liang began to draw a hen, and as he did so it changed into a real hen. "Wow!" he said. "This brush must be magic!"

Then he saw a poor woman cutting wood. "You need an axe," he said. So he drew an axe and it changed into a real one.

Next he saw a poor farmer plough. "You need a buffalo to pull your plough," Ma Liang said. So he drew a buffalo and it changed into a real buffalo.

"Thank you. You are very kind," the farmer said to Ma Liang.

Soon the king heard about Ma Liang's magic brush. "Draw me a tree with gold coins hanging on it," he ordered.

"You have plenty of gold. You don't need any more," Ma Liang replied. The king was very angry. "Throw him in prison!" he cried. His soldiers caught hold of Ma Liang, threw him in prison and locked the door.

"If I had a key, I could unlock the door," Ma Liang said. So he drew a key and it changed into a real key. He opened the door quietly and escaped. When the king discovered that Ma Liang had got away, he got on his horse and chased him with his soldiers.

Ma Liang said, "I need a horse." So he drew one and it changed into a real horse. He jumped on it and galloped away.

A traditional story from China

专家点评

1. 优点和特色

（1）教师精心设计问题链引导学生探究主题意义，搭建思维可视化支架化解语用难点，巧妙设计情境使语言学习向内化和迁移发展，提出解决生活中实际问题的设想，促进学生深度学习。课内学生投入度高，教学目标达成度好。

（2）教学关键问题很清晰：问题链设计、真实性情境创设、设计支架促成深度学习。选材和对文本的挖掘都很优秀，并基于学情将学生的思维推向高峰。

(3) 课堂教学设计有创意。教师巧妙利用阅读文本《神笔马良》将党的二十大精神引入课堂（马良变身村支书，引领振兴乡村大业），"授人以渔"的提炼和"马良在21世纪"的活动设计令人忍不住赞叹。

2. 问题和建议

(1) 搭设支架是为教学目标的达成，针对学生的程度，对问题链的设计可稍作优化。

(2) 时间上略超时。

案例 5-6　说明文（九年级）

一、单元内容分析

本单元为第二模块 Computers *vs* humans 第五单元。单元内容围绕 The human brain 这一主题展开，涉及四个语篇，包括两篇专题类说明文、两组对话和一个配图故事。

语篇一是一篇有关"记忆"的专题类说明文，由五篇小短文组成，分别说明了有关记忆的种类、记忆的重要性、提高记忆力的方法和一些与记忆有关的趣事。该语篇旨在引导学生了解有关记忆力的相关信息，掌握说明文阅读策略。

语篇二是一组朋友间的日常对话，亚瑟（Arthur）和彼特（Peter）相约看电影，但亚瑟当天因记性差忘带票而迟到了，该语篇延伸了记忆力这一主题内容，在具体语境中呈现了"道歉"和"接受与拒绝道歉"的基本句式。

语篇三是配图故事，语篇描绘了故事主人公珍（Jane）的一段特别的回忆。该语篇旨在引导学生基于记叙文的基本要素，添加动作、语言等细节描写，描述记忆中一段特别的经历。

语篇四是一篇有关"如何提高记忆力"的专题类说明文。语篇拓展和延伸了记忆这一主题内容，介绍了多种提升记忆力的方法，旨在传达给学生积极的学习体验，引导学生把握恰当的学习方法与策略。

表 5-32 为学生在本单元学习的核心语言知识和技能与策略。

表 5-32　单元核心语言知识和技能与策略

单元主题：The human brain			
语　篇	核心短语	核心句式	技能与策略学习要点
1. Reading：Memory	记忆力：have a short-term and a long-term memory, go wrong, injure his brain, use the link method to memorize, something dramatic happens	介绍记忆相关信息：Memory is essential for life. Memory is connected with our feelings. One basic way of improving your memory is to use the link method.	● 掌握本单元核心词汇； ● 运用说明文阅读策略，把握文体结构和特征，归纳主旨，获取细节信息，判断说明方法。

续 表

单元主题：The human brain			
语 篇	核 心 短 语	核 心 句 式	技能与策略学习要点
2. *Speaking*: Making apologies and excuses; Talking about daydreams	道歉： terribly/awfully sorry 接受/拒绝道歉： forget it, no problem	表达道歉、接受与拒绝道歉的句式： I am terribly sorry … That's all right. It doesn't matter. Don't worry about it. Accidents/Things happen. 表达"白日梦"： if 条件状语从句	● 在听对话的过程中获取并梳理表达道歉、接受与拒绝道歉的语句； ● 在情境中恰当表达道歉、接受与拒绝道歉，并阐述理由。
3. *Writing*: Memory corner	动作描写： come out, begin to make a funny noise, pick up the notes, count the notes, thank us and fix the machine	描述一段特别的回忆： This is a special memory for me. 写作提纲： When and where did it happen? What special experience? What did you hear/see/do? How did you feel?	● 在看图、读故事和填空的过程中，提取和梳理故事中的动作和语言描写； ● 基于记叙文的基本要素，添加细节描写，描述记忆中的一段特别的经历。
4. *More practice*: How to improve your memory	提升记忆力的方法： use various memorizing methods, take special care of your health, stimulate your brain, focus your attention, link information with pictures, have enough sleep and rest, have regular health check	提建议的句型： You should/can … You'd better … Why not do …? What/How about doing? 逻辑关联词： as well as, in addition, also, as well …	● 阅读专题类说明文，利用思维可视化工具归纳整理提升记忆的方法； ● 根据具体情况，为同伴提出合理的提升记忆力的建议。

　　本单元的四个语篇从不同视角说明"记忆"这个话题，单元内各语篇与单元主题之间，以及各语篇之间相互关联，构成三个子主题（如案例 5-6 所示）。通过阅读课 Memory 知道记忆的种类、重要性和方法；在听说课中借助记忆技巧，在听力中获取并梳理表达道歉、接受与拒绝道歉的句式，并正确运用 if 条件状语从句谈论自己的"白日梦"；通过写作课，把握描述一段特别经历的基本要素；最后，通过补充阅读文本传达给学生积极的学习体验，引导学生把握恰当的学习方法与策略。

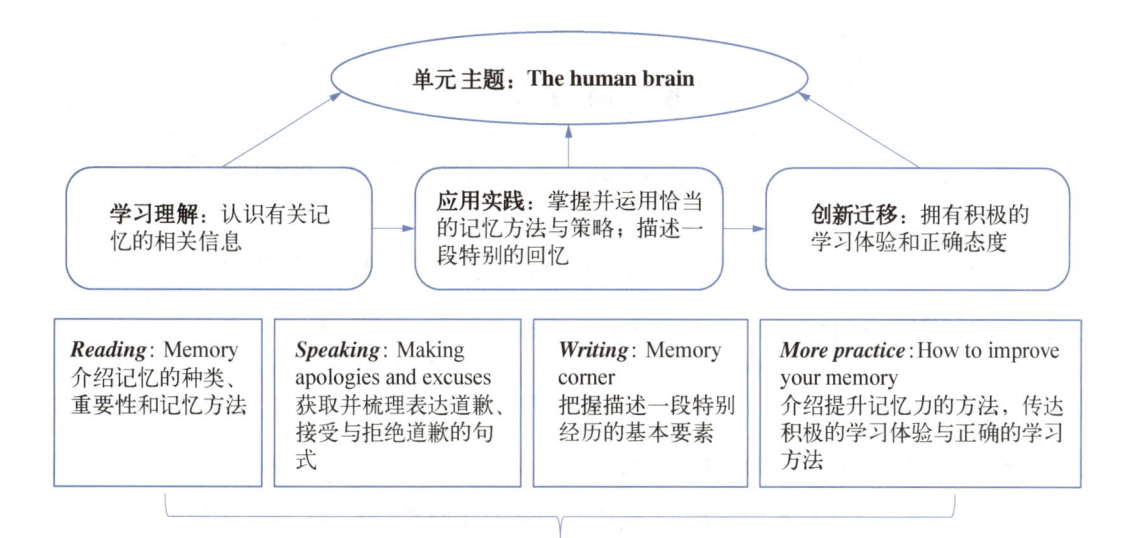

```
                    单元主题：The human brain
                    ↑        ↑         ↑
         ┌──────────┘        │         └──────────┐
   学习理解：认识有关记        应用实践：掌握并运用恰        创新迁移：拥有积极的
   忆的相关信息              当的记忆方法与策略；描述一      学习体验和正确态度
                           段特别的回忆
```

| *Reading*: Memory 介绍记忆的种类、重要性和记忆方法 | *Speaking*: Making apologies and excuses 获取并梳理表达道歉、接受或拒绝道歉的句式 | *Writing*: Memory corner 把握描述一段特别经历的基本要素 | *More practice*: How to improve your memory 介绍提升记忆力的方法，传达积极的学习体验与正确的学习方法 |

认识记忆，提升记忆，把握正确的学习方法与策略
用所学语言说明"记忆"相关信息，归纳整理并介绍提升记忆的方法，把握正确的学习方法，形成积极的学习态度与学习体验

案例 5-6　单元主题内容框架图

二、单元教学目标

表 5-33　单元教学目标

单元教学目标	语　篇
本单元学习后，学生能够： 1. 掌握本单元话题"记忆"相关的核心词汇； 2. 运用说明文阅读策略，把握本文文体结构和特征，归纳主旨，获取有关记忆力的信息，判断说明方法。	1. *Reading*：Memory （2课时）
3. 在情境中恰当表达道歉、接受与拒绝道歉，并阐述理由； 4. 在语境中，理解并运用 if 及 unless 引导的条件状语从句谈论自己的"白日梦"。	2. *Listening & Speaking*：Making apologies and excuses; Talking about daydreams （2课时）
5. 基于记叙文的基本要素，添加动作、语言等细节描写，描述记忆中的一段特别的经历。	3. *Writing*：Memory corner （1课时）
6. 运用专题类说明文阅读策略，构建思维可视化工具梳理文章内容，分析结构与逻辑关系； 7. 运用思维地图，根据情境要求，从不同方面给同学提出提高记忆力的合理建议。	4. *More practice*：How to improve your memory （1课时）

三、语篇研读

表 5-34　语篇简介

主题范畴：人与自我	主题群：生活与学习	子主题内容：积极的学习体验和恰当的学习方法与策略
语篇类型：说明文	语篇模式：提问—回答型	思维可视化工具：思维地图之括号图
授课内容：沪教版九年级 9A Module 2　Unit 5 The human brain　More practice：How to improve your memory		

What：阅读语篇介绍了如何提升记忆力的方法。第一段点明本文所要说明的两种提升记忆力的方式；第二段包含刺激大脑和集中注意两部分内容；第三段包含联系记忆法、记笔记、有条理和记日记四部分内容；第四段包含健康饮食和充足睡眠两部分内容；第五段包含放松方式、保持健康、常规体检三部分内容。

Why：本文详细介绍了提升记忆力的方法，为目标读者，即想要提高记忆力的人群，提供了应对学习生活问题的切实可行的方法。文本有关"记忆"的话题能够补充学生关于提升记忆力的知识，帮助其把握恰当的学习方法与策略，促使其联系自身学习经历，解决实际问题。

How：阅读语篇的类型为说明文，文本共分五段，结构清晰，为总—分结构，在说明方式上以逻辑顺序为主，例证、因果关系为辅。第一段点明本文所要说明的两种提升记忆力的方式，第二至第三段展开说明第一种记忆方法，第四至第五段展开说明第二种记忆方法，这两部分为平行结构，文章结尾处留白。文本语言和主题内涵有一定挖掘空间，有助于学生联系自己实际生活，提升思维品质。

四、学情分析

九(1)班学生英语基础较好，但性格较内向，不善表达。就九年级学生的心智特点而言，大部分学生对"记忆"这个话题较感兴趣，在本单元的阅读语篇 Reading：Memory 中，学生已学习了有关记忆的种类、记忆的重要性、提升记忆的一种方法(link method)和一些关于记忆力的趣事儿。

就其认知能力而言，学生已掌握基本阅读技能，也已经接触过一些说明文，如 8B Unit 5 Writing：Describing a hotel room 和 9A Unit 3 Reading：Computer facts，能够识别基本的说明方法，同时，在听说与语法板块，学生已学习 if 条件状语从句和提建议(had better)的表达。但在逻辑思维方面还有待提升，学生不清楚如何梳理文本结构与分析因果关系，不清楚如何有逻辑地提出令人信服的建议，故本课重难点聚焦于学生思维品质——逻辑思维的培养，借助思维可视化工具引领学生完成可视化的文本解读和语言输出。

五、教学目标与重难点

（一）教学目标

通过本课的学习，学生能够：

1. 获取、归纳并整理提升记忆力的多种方法；
2. 构建思维可视化工具（思维地图之括号图）梳理文章内容，分析结构与句际逻辑关系；
3. 运用思维地图，根据情境要求，从不同方面有逻辑地给同学提出提高记忆力的建议。

（二）教学重难点

1. 教学重点：帮助学生探究文章结构并分析句际逻辑。
2. 教学难点：学生可能难以有逻辑地提出建议并展开论述。

六、教学过程

表 5-35　教学过程

教学目标	学 习 活 动	效 果 评 价
1. 获取、归纳并整理提升记忆力的多种方法。	1. 学生通过看一段 Emma 同学的视频，发现 Emma 的问题和诉求并引出主题——给 Emma 一些提升记忆力的建议。	观察学生回答问题的情况，根据学生发现的 Emma 的问题，判断其对本课主题的理解能力。
	2. 学生浏览文章标题和插图，猜测文章主题与大意。	根据学生猜测的内容，评价其对文本答题的推断能力。
设计意图：读前创设真实情境，启动学生逻辑思维，导入本课主题；通过预测任务引发学生思考，培养学生推测文章大意的能力。		
2. 构建思维可视化工具（思维地图之括号图）梳理文章内容，分析文章结构与句际逻辑关系。	3. 学生共同解读第一段，将文章的主体段落划分为两部分，归纳搭建出文章结构："总—分"关系；学生略读全文，分析篇章结构，初步构建思维地图。	观察学生初步构建的思维地图，判断其对文章结构的分析能力和分析的准确程度。
	4. 学生寻读第二、三段中的记忆方法，在分析关键词与支撑性信息之间的逻辑关系后，感知说明文的说明方法与语言特征，完成部分思维地图。	观察学生在文中圈画的要点，判断其获取并记录信息的全面性与准确性。
	5. 学生自主阅读第四、五段，独立绘制思维地图，并讨论分析句际"因果"逻辑关系，提炼说明文逻辑表达，以此驱动学生借助课文留白推测并解读原因。	观察学生绘制的思维地图，评价学生对文本要素的提炼能力与句际逻辑分析能力。
	6. 学生纵观全文，小组讨论并归纳出各要点，梳理文本逻辑并说明顺序。	观察学生小组讨论，根据学生讨论结果和归纳内容，给出引导和反馈。

教学目标	学习活动	效果评价
设计意图：读中深度解读文本，从略读、寻读到品读文本，从教师引导概括，帮助学生建构可视化结构，到引导学生感知文本语言特征，填补可视化思维地图，再到学生自主绘制思维地图，分析因果逻辑，层层深入文本，逐步提升学生逻辑思维能力，并提炼提建议时的表达策略。		
3. 运用思维地图，根据情境要求，从不同方面给同学提出提高记忆力的建议。	7. 学生回到本课开始时教师创设的情境，基于文本内容，实施拓展性话题表达，借助思维可视化工具将逻辑思维应用于读前待解决的问题——给 Emma 提出建议，帮助她提高记忆力。	观察学生小组讨论情况、活动单上的要点和展示中学生根据 checklist 中的三个要点罗列情况，同伴和教师点评学生所提出的建议。
设计意图：读后适度拓展文本，引导学生运用逻辑思维，基于文本内容，实施拓展性话题表达，借助思维可视化工具将逻辑思维应用于读前待解决的问题——给 Emma 提出合理建议，帮她提高记忆力。		
作业： 1.（必做）你的同学似乎很努力，但在学习上有一些问题。请找出他们的问题，给他/她提出有说服力的建议和令人信服的理由。(Your classmates seem to work hard but have some problems with study. Please figure out the problems and give him/her useful suggestions logically with *persuasive* examples or reasons.) 2.（选做）搜索更多提高记忆力的科学方法，完善思维地图，准备 2 分钟的演讲。		

七、英文教案

Teaching Objectives：

By the end of the class, students are expected to

● sort out different ways of improving memory by skimming and scanning；

● analyze the structure and logic between lines by constructing a brace map；

● use the brace map to give persuasive suggestions from different aspects logically.

Teaching Focus：

● Helping students discover the structure and analyze the logic between lines.

Potential Learning Difficulty：

● Students may have difficulty in developing various ideas logically.

Teaching Procedures：

表 5-36　Teaching Procedures

Steps	Learning activities	Teaching purposes
Lead-in	1. Watch a video clip and find out Emma's problem.	To lead in the topic and set a real-life problem to be solved
Pre-reading	2. Look at the title and the picture and guess the topic of the text.	To activate Ss' thinking

续 表

Steps	Learning activities	Teaching purposes
While-reading	3. Read Para 1, skim the body and discover the structure.	To lead Ss to read for gist and structure
	4. Scan Para 2-3, sort out various methods and complete part of the brace map.	To guide Ss to construct a brace map, evaluate the language feature, and analyze the logic between lines
	5. Scan Para 4-5, find out logical transitions and construct the brace map.	
Post-reading	6. Improve the brace map and evaluate the logic order.	To guide Ss to discuss the reasons and induce the logic order
	7. Group work: analyze Emma's problems and give persuasive suggestions logically.	To help Ss consolidate and illustrate ideas logically in real-life situation
Assignments	1. Read your classmates' messages and write back to give them suggestions according to their problems.	
	2. (Optional) Search online for more scientific ways of improving the memory, improve your brace map and prepare for a 2-minute speech.	

八、教学流程图

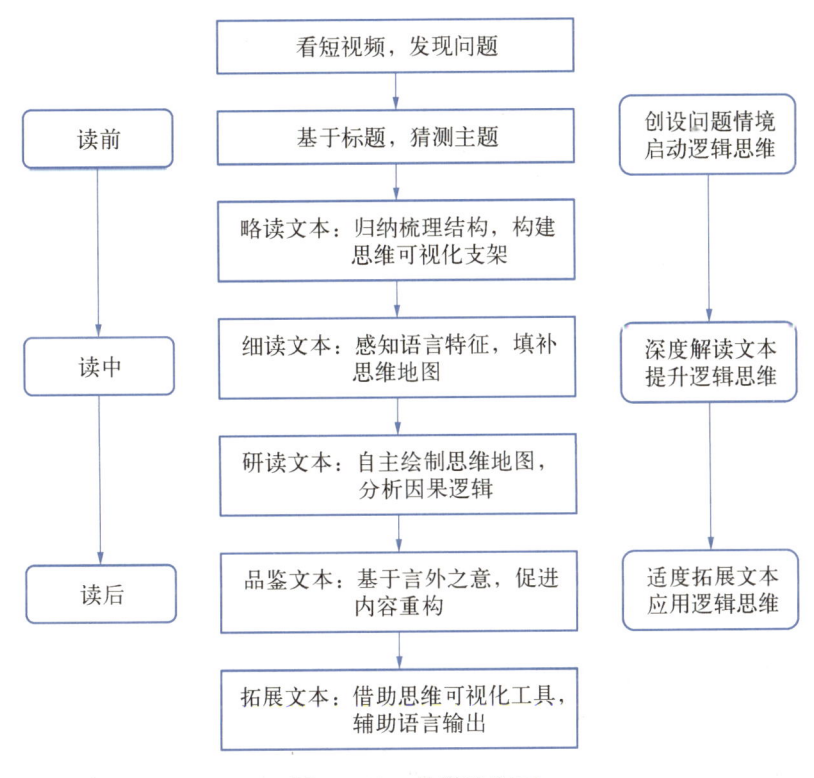

```
                    ┌─────────────────────┐
                    │ 看短视频，发现问题  │
                    └──────────┬──────────┘
                               ↓
                    ┌─────────────────────┐       ┌──────────────┐
       读前         │ 基于标题，猜测主题  │       │创设问题情境  │
                    └──────────┬──────────┘       │启动逻辑思维  │
                               ↓                  └──────────────┘
                    ┌─────────────────────┐
                    │ 略读文本：归纳梳理结构，│
                    │ 构建思维可视化支架  │
                    └──────────┬──────────┘
                               ↓
                    ┌─────────────────────┐       ┌──────────────┐
       读中         │ 细读文本：感知语言特征，│     │深度解读文本  │
                    │ 填补思维地图        │       │提升逻辑思维  │
                    └──────────┬──────────┘       └──────────────┘
                               ↓
                    ┌─────────────────────┐
                    │ 研读文本：自主绘制思维地图，│
                    │ 分析因果逻辑        │
                    └──────────┬──────────┘
                               ↓
                    ┌─────────────────────┐       ┌──────────────┐
       读后         │ 品鉴文本：基于言外之意，│     │适度拓展文本  │
                    │ 促进内容重构        │       │应用逻辑思维  │
                    └──────────┬──────────┘       └──────────────┘
                               ↓
                    ┌─────────────────────┐
                    │ 拓展文本：借助思维可视化工具，│
                    │ 辅助语言输出        │
                    └─────────────────────┘
```

图 5-18 教学流程图

九、关键问题解决策略

《义教课标》提出英语课程要培养的学生核心素养包含语言能力、文化意识、思维品质和学习能力四个方面。思维品质包含逻辑思维、辩证思维和创新思维。其中,逻辑思维是一种认知技能,帮助人们在分析、明确、深入问题的基础上将问题不断拆解,厘清问题产生的原因及各因素之间的关系。

基于英语学习活动观的内涵,本课在"记忆"这个主题的统领下,设置问题情境,引导学生在阅读时利用体裁知识掌握说明文宏观结构,借助思维可视化工具,运用归纳、比较、分类等方法关注说明文内在逻辑关系,利用课文留白启发学生深度思考,以达成"文本与我"的联系。教师将文本内容问题化、问题思维化、思维可视化,实现思维课堂的落地生根,解决关键问题有利于学生形成大概念。

本课时教学引导学生分析框架,教师为学生搭建支架后,引导学生梳理文本结构,提炼逻辑表达方式,在解决实际问题的过程中提升学生逻辑思维。

十、课堂学习活动单

Task 1: Read the passage and draw a brace map

A: Scan Para 2 - 3 and complete part of the brace map.

B: Scan Para 4 - 5 and draw the rest of the brace map.

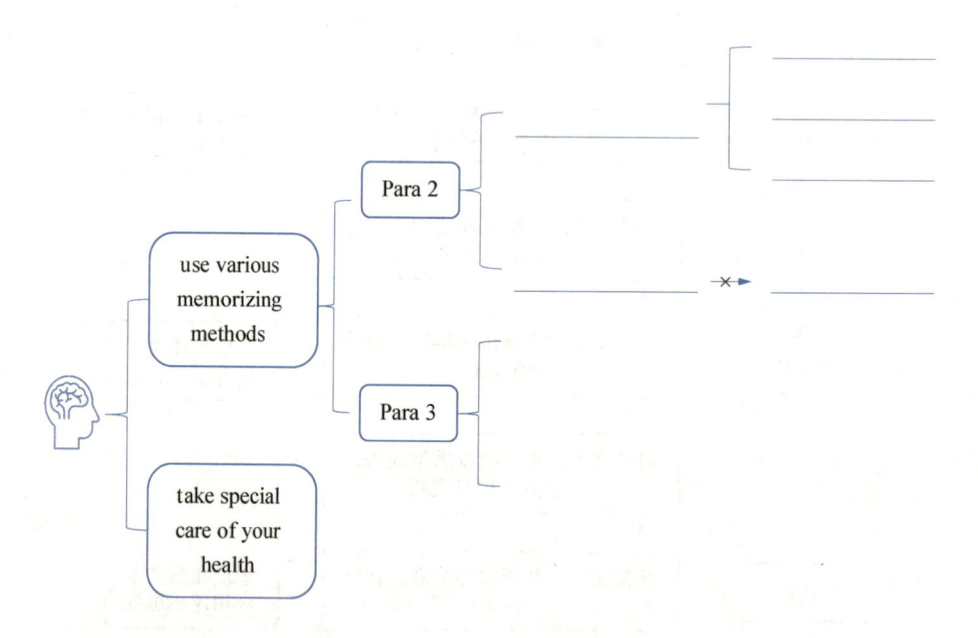

Task 2: Solve Emma's problems

➤ Step 1: Group discussion

Work in group of 4, find out her problems and analyze the reasons.

Emma's problems

Possible reasons

My memory is getting worse.

➤ Step 2：Give Emma suggestions with the help of your brace map.
➤ Step 3：Give some comments.

Checklist	Yes /No
1. Does he/she give suggestions from *different aspects*?	Yes ☐　No ☐
2. Does he/she give proper examples or powerful reasons?	Yes ☐　No ☐
3. Does he/she use *logical transitions* when developing the ideas?	Yes ☐　No ☐

十一、教师板书

use various memorizing methods
- brain
  - do special activities
  - change daily habits
  - learn a new skill
  - X lower chances of remembering things
- study
  - link information with pictures
  - take notes
  - be organized
  - keep a diary

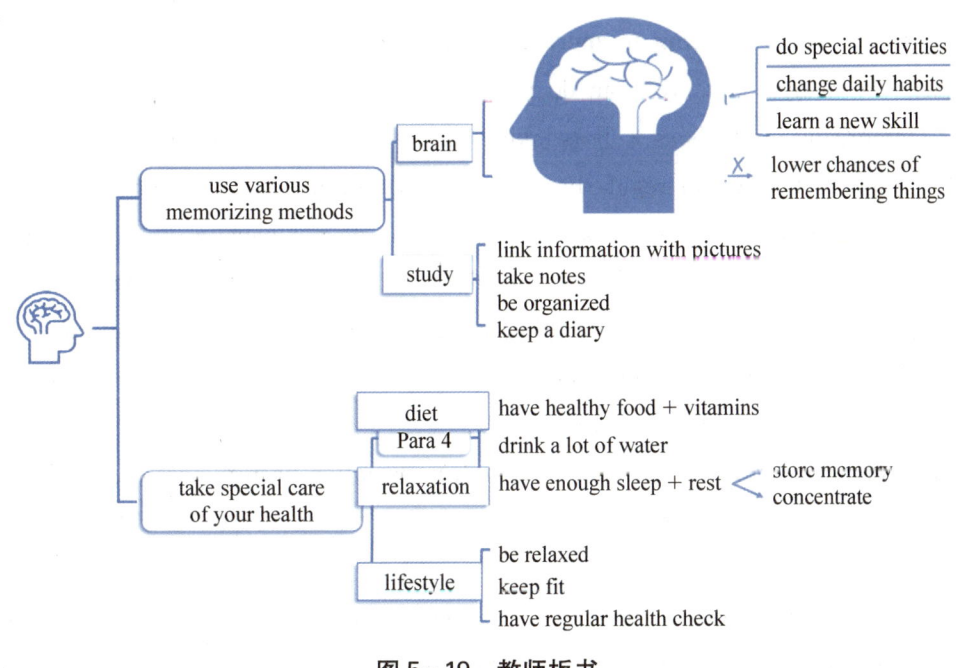

take special care of your health (Para 4)
- diet
  - have healthy food + vitamins
  - drink a lot of water
- relaxation
  - have enough sleep + rest < store memory / concentrate
- lifestyle
  - be relaxed
  - keep fit
  - have regular health check

图 5-19　教师板书

十二、教学反思

本节课内容为教材的补充阅读,为专题类说明文。反思本节课,我认为这些方面达成了自己的设想:

(1) 整合教材内容,链接主题语篇。我根据单元内容确定教学目标与重难点,在课堂活动和作业设计上根据学生的水平差异,采用分层设计,让不同层次学生都能有所收获。教学活动的设计基于教材又高于教材,从语言输入到产出逐渐从课内向课外实际生活拓展。

(2) 联系学生生活,迁移创新运用。本节课的情境设定贴近学生生活,设计交际性强且实用性强的语言活动,促进学生知识的迁移创新和运用;同时,任务的设计基于学生的认知,以整理、归纳、总结的方式引导学生加深对本课语篇知识的理解与掌握,最终实现学以致用。

(3) 运用思维可视化工具,培养学生思维品质。基于本语篇特征,设计思维地图之括号图,在阅读的过程中,引导学生借助思维地图逐步深入剖析文本内容与结构。借助思维可视化工具的运用,不断激活学生思维,帮助学生分析句际逻辑关系,提炼逻辑表达方式。

本节课的不足之处:缺乏更深层次的阅读活动,对于一些开放性问题、需深入思考的问题,回答集中在部分学生身上,在阅读过程中还应注意引导并激发学生阅读的思维含量。同时,对小组活动的引导和帮助仍需加强,要给学生充足的准备时间。

授课教师:上海市曲阳第二中学　朱　琳

附　语篇内容

How to improve your memory

课例视频:说明文(九年级)

There are many things you can do to improve your memory, such as using various memorizing methods as well as taking special care of your health.

It is important that you regularly stimulate your brain to make your memory more efficient. For example, you can do activities that you do not usually do and change your daily habits. Learning a new skill helps your brain develop. When trying to memorize something, you should focus your attention and concentrate on the most important things about it. Do not allow other thoughts to enter your mind because this will lower your chances of remembering things accurately.

An excellent way to help memory is to link information with pictures. Try to see the images in your mind. Taking notes, being organized and keeping a diary will also be useful tools.

Healthy food and plenty of vitamins are essential for your memory to work properly. Drinking a lot of water also helps maintain your memory. You must allow your brain to have enough sleep and rest too. When you are asleep, your brain stores memory. Not enough sleep can, therefore, cause problems with storing information. In addition, being tired will stop you from being able to concentrate well. Caffeine in tea and coffee is very good at preventing sleepiness and helping concentration, but some people believe they may cause problems with memory.

In order to concentrate well, you must be relaxed. Generally keeping fit and having regular health checks are both important as well, and not just for improving your memory.

专家点评

教师从说明文的文体特征入手,引导学生进行整体阅读,并借助思维地图引领学生完成可视化的文本解读和语言输出。

1. 优点和特色

(1) 充分利用文本特点,逐步引导学生深入文本。根据语篇的内容与结构,教师在处理平行段落时采用先示范引领、后自主阅读的方法,完成思维地图,并引导学生填补文本留白,理解因果逻辑关系。整节课的设计具有整体性、系统性和开放性。作业单和任务单设计符合学生认知,体现分层教学理念。

(2) 创设紧扣生活的情境,激发学生参与课堂和用英语表达的兴趣。教师所创设的情境紧扣学生生活实际——解决同伴的学习问题,提出提升记忆力的建议,作为九年级的阅读课比较实在。整节课首尾呼应,条理清晰,学生在真实的情境中感知、归纳、操练并运用,任务设计回应 Lead-in 中的 Emma's problem,用阅读中学到的知识解决实际生活中的身边问题,体现学以致用,体现《义教课标》的"教—学—评"一体化理念。

2. 问题和建议

(1) 教师课堂支架搭设还需优化,要更大胆地放手让学生自主阅读。此外,教师对小组的汇报要加以引导,如小组代表汇报的是小组的意见,而非发言者个人的观点。

(2) 学科关键问题尚需提炼,对于文本的阅读略显程式化,对九年级学生的高阶思维能力培养要再提升。

案例 5-7 说明文(九年级)

一、单元内容分析

本单元内容围绕 Ancient Constructions 这一主题展开,涉及一个语法专题及三个语篇,语篇包括两个对话及一篇说明文。

语法专题旨在帮助学生认识不同建筑,学会长、宽、高的相关表达并掌握被动语态。

语篇一是一组朋友间就雕塑展开的对话,两人讨论了雕塑的基本特征,包括位置、材质、高度、历史背景等。该语篇旨在训练学生在听对话的过程中提取雕塑的特征(位置、材质、办史背景、制作流程），探究其文化内涵。

语篇二同样是一组朋友间的日常对话，对话围绕英国的巨石阵展开，两人讨论了巨石阵的成因。该语篇旨在训练学生在听对话的过程中获取巨石阵成因的不同猜测并引导学生发表关于巨石阵成因的个人见解。

语篇三是一篇关于"长城"的说明文，主要介绍了长城的地理特征、外形特征、历史及作用。该语篇旨在训练学生在阅读过程中获取长城的基本特征及历史信息并探究其象征意义与伟大之处，最终能以演讲的方式向世界介绍长城的伟大。

表 5-37 为学生在本单元学习的核心语言知识和技能与策略。

表 5-37 单元核心语言知识和技能与策略

单元主题：Ancient Constructions			
语 篇	核 心 短 语	核 心 句 式	技能与策略学习要点
1. Listening: "The Statue"	基本特征： at the entrance to, copper, New York Harbour 历史背景： commemorate the victory, transport, reassemble	特征描述： It's made of copper and it stands 93 meters high. 历史背景： It was built to … It was set up to … It was reduced to individual pieces.	• 在听对话的过程中提取雕塑的特征（位置、材质、历史背景、制作流程）。
2. Listening: "Stonehenge"	成因： mysterious, astronomical, observe, eclipse, investigation	成因推测： It might have been built to … A new theory has been put forward.	• 在听对话的过程中获取巨石阵成因的不同猜测； • 发表关于巨石阵成因的个人见解。
3. Reading: "The Great Wall"	地理特征、外形特征、历史及作用： run across North China like a huge dragon, defend the borders of different states, with a history of more than 2000 years	特征描述： It is more than 6000 kilometers long, about 6-7 meters high and 4-5 meters wide.	• 在阅读的过程中获取长城的基本特征和历史信息； • 探究长城的象征意义及伟大之处； • 以演讲的方式向世人介绍长城的伟大。

本单元的三个语篇介绍了世界上三个著名的历史建筑，单元内各语篇与单元主题之间，以及各语篇之间相互关联，构成三个子主题，即"获取历史建筑（说明对象）的特征，如外观、历史、功能等""透过说明对象的特征，探究其蕴含的象征意义及文化内涵"和"学会欣赏不同文化，增强国际视野，提升民族自信"（如案例 5-7 所示）。各课围绕单元主题展开，各课之间既相对独立，又相互关联。学习活动按照学习理解、应用实践和迁移创新三个层次逐步展开，循序渐进、螺旋上升。学生将零散的知识内容有意义地联系起来，构建基于主题的结构化知识，发展语言运用能力，增强文化自信和国家认同感。

```
                          ┌─────────────────────────┐
                          │ 单元主题：Ancient Constructions │
                          └─────────────────────────┘
           ┌──────────────────┬──────────────────┬──────────────────┐
  获取说明对象的特征，如    透过说明对象的特征，探究其   学会欣赏不同文化，增强
  外观、历史、功能等        蕴含的象征意义及文化内涵     国际视野，提升民族自信
```

Lesson 1-2 语法 Getting Started	Lesson 3 对话 The Statue	Lesson 4 对话 Stonehenge	Lesson 5 文章 The Great Wall
认识不同建筑，学会长、宽、高的不同表达并掌握被动语态	1. 在听对话的过程中提取雕塑的特征(位置、材质、历史背景、制作流程) 2. 探究其文化内涵	1. 在听对话的过程中获取巨石阵成因的猜测 2. 发表关于巨石阵成因的见解	1. 在阅读的过程中获取长城的基本特征及历史信息 2. 探究其象征意义及伟大之处 3. 以演讲的方式向世界介绍长城的伟大

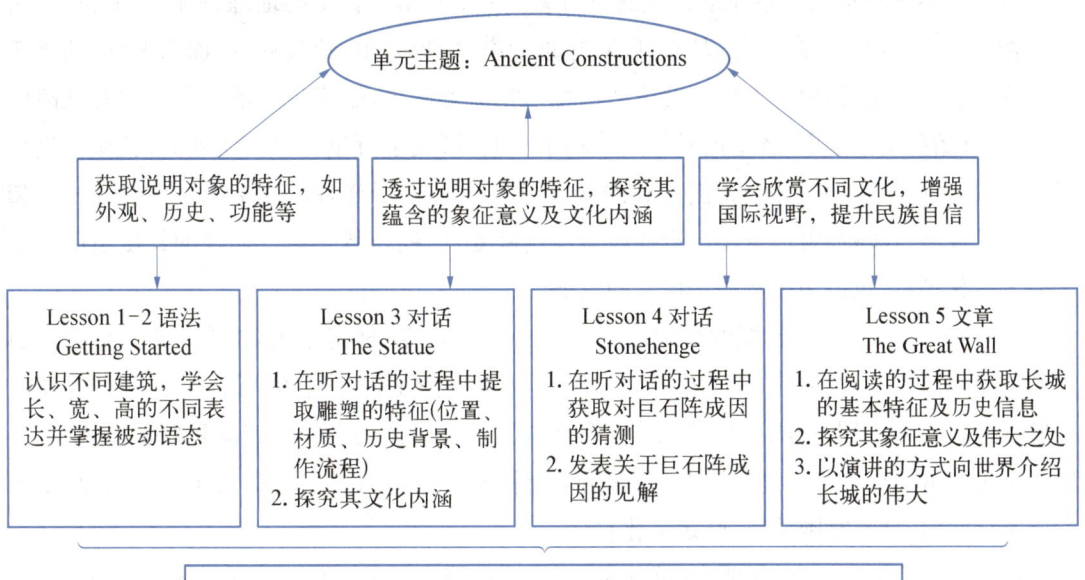

树立文化自信，传播中华文化。用所学语言介绍古代建筑，了解建筑背后的历史文化意义，学会欣赏不同文化，增强民族认同感

案例 5-7 单元主题内容框架图

二、单元教学目标

表 5-38 单元教学目标

单元教学目标	语 篇
本单元学习后，学生能够： 1. 获取说明对象的特征，如外观、历史、功能等。	1. 对话"The Statue" （1 课时）
2. 透过说明对象的特征，探究其蕴含的象征意义及文化内涵。	2. 对话"Stonehenge" （1 课时）
3. 学会欣赏不同文化，增强国际视野，提升民族自信。	3. 配图说明文"The Great Wall" （1 课时）

三、语篇研读

表 5-39 语篇简介

主题范畴：人与社会	主题群：历史、社会与文化	子主题内容：世界主要国家的文化景观及文化自信
语篇类型：说明文	语篇模式：一般—特殊型	思维可视化工具：思维导图
授课内容：上外教版 Book 5 9A Unit 1 The Great Wall		

What：本课语篇是一篇介绍长城的说明文。主要介绍了长城的地理特征、外形特征、历史及作用。长城形如一条巨龙，从东到西，穿越沙漠、翻越高山，穿过峡谷，深入海洋，两千年来作为军事防御工程，保护着中国北方的边境。它历史悠久，始于公元前7世纪的春秋战国时期，在秦始皇的推动下，各地的长城连接在了一起，形成了万里长城。明朝时，长城又进行了大规模的重建，成为了如今我们看到的样子，长约6 000千米，高6—7米，宽4—5米。随着岁月的侵蚀，长城损毁严重。但有些段落经过修复，已经焕然一新。如今的长城是中国最著名的文化景点，也是中国及中华民族的象征。

Why：本文通过介绍长城的地理及外形特征(形如巨龙，横跨中国，连绵不绝)、悠久的历史(2 000年历史，历经数代)及其重要的作用(重要的国防工程、著名的历史景点)说明长城的重要性。在当今中国，长城的价值又有了新的体现：长城作为中华民族的重要象征，是中华民族精神的重要标志。通过学习本文，学生对于长城的文化内涵有了深刻认识，这有利于加深国家认同感，增强家国情怀，坚定文化自信。

How：语篇属于典型的说明文，可分为三个部分：第一部分(第1段)通过表明其他国家也有城墙，引出下文，为之后说明长城的独特性和重要意义作铺垫。第二部分(第2—4段)从地理、外形特征、历史及作用四个方面介绍长城。第三部分(第5段)总结，表明长城的重要性。

第2—4段是该语篇的主体部分。作者在第2段及第4段介绍了长城的地理及外形特征，在第3段以时间顺序介绍了长城的历史信息。

文中使用多种时态以实现说明目的。用一般现在时介绍长城的地理及外形特征，用一般过去时介绍长城的历史。

四、学情分析

教学对象为九(8)班学生，该班学生英语基础较扎实，课堂气氛活泼。他们对本单元主题较感兴趣，对本文说明对象长城也有一定的了解。在正式上课前，学生借助配套微课，完成了本课中重点词语词义、拼写和语音的学习。

但在平时的学习中，学生也暴露出一些问题。首先，学生总结归纳能力较弱。因此，教师设计了思维可视化工具，为学生搭建思维框架，帮助学生形成结构化知识。其次，学生欠缺自主探究与合作学习的积极性。因此，教师通过设计开放性、探究性教学活动，鼓励学生自主探究、合作学习，提升学习能力。

五、教学目标与重难点

(一) 教学目标

通过本课，学生能够：

1. 概括语篇主要内容(地理特征、外形特征、历史、作用)，获取细节信息，借助思维导图呈现结构化知识。

2. 基于结构化知识，分析长城的伟大之处，推断长城的象征意义，加深国家认同感，坚定文化自信。

3. 小组合作发表演讲,介绍长城并说明其伟大之处。

(二) 教学重难点

1. 教学重点:引导学生基于结构化知识,分析长城的伟大之处,推断长城的象征意义。
2. 教学难点:学生是否能基于文本中的结构化知识开展高阶思维活动,自主推断长城的伟大之处和象征意义。

六、教学过程

表 5-40　教学过程

教学目标	学习活动	效果评价
1. 通过复习旧知识,激活学生思维并引出新主题。	1. 学生回忆单元主题(Ancient Constructions)和本单元已学的建筑。	观察学生回答问题的表现,了解其对旧知识的掌握情况。
	2. 学生说出自己对于长城的印象及已知信息。	根据学生关于长城印象和已知信息的回答,了解其关于长城的已知及未知信息。
设计意图:通过复习旧知识,引出本课主题"长城"。通过开放性问题,了解学生对长城的认知情况,激发学生对长城这一主题的兴趣。		
2. 概括语篇主要内容(地理特征、外形特征、历史、作用),获取细节信息,借助思维导图呈现结构化知识。	3. 学生通过略读,对语篇信息进行梳理及概括,选出语篇的主要内容。	通过学生对于语篇主要内容的回答,了解学生对于语篇信息的理解情况。
	4. 学生通过细读,提取细节信息,利用思维导图建构和呈现语篇信息。	通过学生完成思维导图的情况,评价其形成的关于长城的结构化知识。
设计意图:培养学生根据不同目的,运用各种阅读策略,如略读和细读,借助思维导图,有效获取语篇信息的能力。		
3. 基于结构化知识,分析长城的伟大之处,推断长城的象征意义,加深国家认同感,坚定文化自信。 4. 对所学知识进行创造性转化,小组合作发表演讲,介绍长城并说明其伟大之处。	5. 学生在教师指导下,根据思维导图,回答关于长城的拓展性问题:(1) 为何将其比喻成巨龙?(2) 修建长城为何不易?(3) 如何评价修建长城的中国人民?(4) 为何选择这四个时期来介绍其历史?(5) 如今为何大部分长城消失了?(6) 为何政府屡次翻修部分长城?	通过学生对于拓展性问题的回答,观察其能否基于结构化知识进行深入辨证思考,能否从现象分析到本质(如从长城的外观之宏伟分析出修建之不易以及中国人民之伟大)。 观察学生是否能从外观、地理特征、历史及作用四个角度出发,概括总结长城的伟大之处。
	6. 学生进行同桌讨论,探究长城的伟大之处及象征意义。	观察学生在探究其象征意义时,是否能从中国国家实力及民族精神两个角度进行提炼,是否对所提出的象征意义提供合理化解释。
	7. 学生小组讨论,扮演模拟联合国会议的中方代表,发表演讲,推荐长城成为"世界三大建筑"之一。	观察小组和班级讨论时,学生是否能将对长城的介绍与其伟大之处有机融合,是否能自信地进行演讲。

续 表

| 教 学 目 标 | 学 习 活 动 | 效 果 评 价 |

设计意图：帮助学生用所学英语，在社会情境中，通过口语表达观点，简单介绍中国的名胜古迹。引导学生从不同角度理解世界，对各种观点进行独立思考，作出正确的价值判断，理解感悟优秀文化的内涵。

作业：1. 口头作文：根据评价量表和课堂同伴表现，改进课堂成果。每位同学需录一段视频，扮演模拟联合国会议的中方代表，发表演讲，推荐长城成为"世界三大建筑"之一。
2. （选做）写作：选择感兴趣的古代建筑写一篇说明文。
标题"_____ , the most _____ ancient construction"。

七、英文教案

Teaching Objectives:

By the end of the lesson, students are expected to

- summarize the key features and obtain detailed information about the Great Wall with the help of mind map;
- analyze the greatness of the Great Wall and its symbolic meaning;
- make a speech with group members to recommend the Great Wall as one of the three greatest ancient constructions in the world;
- enhance the sense of national belonging and strengthen cultural confidence.

Teaching Focuses:

- To guide students to summarize the key features and obtain detailed information about the Great Wall with the help of mind map;
- To guide students to analyze the greatness of the Great Wall and its symbolic meaning.

Potential Learning Difficulty:

- Students may have difficulty in summarizing the key features about the Great Wall and analyzing the greatness of the Great Wall and its symbolic meaning.

Teaching Procedures:

表 5 - 41　Teaching Procedures

Stages	Learning Activities	Teaching Purposes
Pre-reading	1. Review the topic of this unit and other constructions learned in the previous lessons of this unit. 2. Think of what they know about the Great Wall.	To prepare Ss for the study of this lesson
While-reading	3. Skim the passage and tick the information that can be found in it. 4. Scan the passage and obtain the detailed information about the Great Wall with the help of mind map.	To guide Ss to obtain the key features of the Great Wall by skimming and scanning

续 表

Stages	Learning Activities	Teaching Purposes
Post-reading	5. Answer the extended questions about the Great Wall based on mind map. 6. Discuss the greatness of the Great Wall from its geographical features, appearance, history and functions. 7. Discuss the symbolic meaning of the Great Wall.	To help Ss develop the skills of critical thinking and enhance their sense of national belonging and cultural confidence
	8. Discuss and make a speech with group members to recommend the Great Wall as one of the three greatest ancient constructions in the world.	To guide Ss to apply and transfer what has been learned in a real situation
Assignments	1. Oral presentation: make a speech to recommend the Great Wall as one of the three greatest ancient constructions in the world and record a video. 2. (Optional) Write a passage about an ancient construction you are interested in. 　　A. Use the title:"_____, the most _____ ancient construction". 　　B. Choose the appropriate information which can show that it is the most _____ construction.	

八、教学流程图

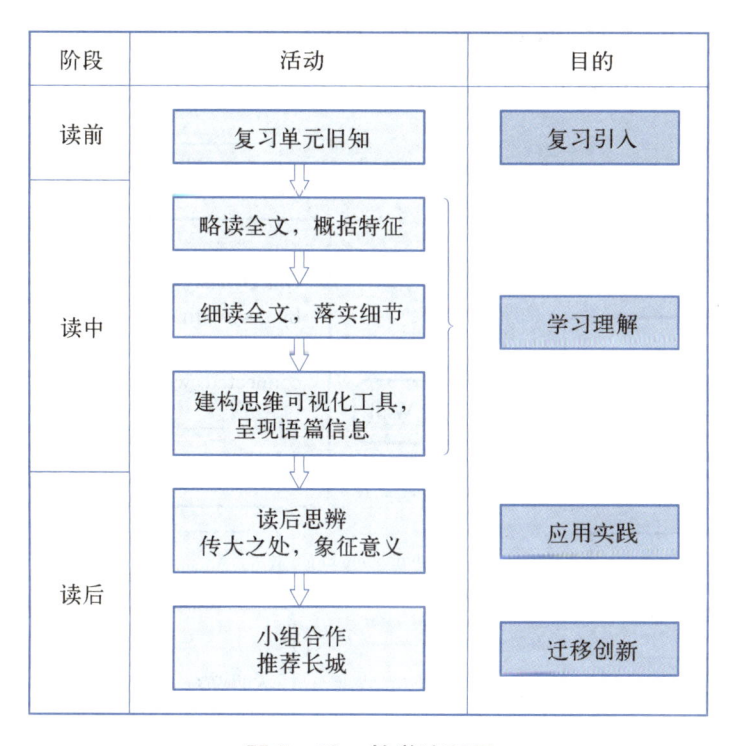

阶段	活动	目的
读前	复习单元旧知	复习引入
读中	略读全文，概括特征 细读全文，落实细节 建构思维可视化工具，呈现语篇信息	学习理解
读后	读后思辨 传大之处，象征意义	应用实践
	小组合作 推荐长城	迁移创新

图 5-20　教学流程图

九、关键问题解决策略

本课坚持"英语学习活动观",构建开放性、创造性、实践性的学生主体活动,鼓励学生积极地与他人合作,积极思考,主动探究。通过创设开放性问题,鼓励小组讨论解决问题,引导学生利用思维可视化工具(思维导图)自主构建结构化知识等方式,提升学习能力。

本课注重培养学生的多种思维品质。在语篇分析过程中,教师注重分析和推断各种信息间的关联和逻辑关系,培养学生逻辑思维能力。

此外,教师设置开放性问题,允许多种答案,鼓励学生成为评价活动的主体,培养学生辩证思维能力,并为学生创设情境,鼓励他们利用语篇内容进行改编和创新,培养他们的创新思维能力,从而全面提升学生的思维品质。

总之,本课将英语课程要培养的核心素养有机融入课堂教学实践中,以期达到"育人"的目标。

十、课堂学习活动单

Task 1: *Tick the information mentioned in the passage*

- ☐ geographical features
- ☐ material
- ☐ appearance
- ☐ cost
- ☐ history
- ☐ funciton
- ☐ workers
- ☐ symbolic meaning

Task 2: *Read the text and complete the mind map*

(*no more than 3 words for each blank*)

location: (1) _____

direction: (2) _____

shape: (3) _____
length: (4) _____
width: (5) _____
height: (6) _____

The Great Wall

(7) _____ : started to be built
Qin Dynasty: (8) _____ together by a system of (9) _____
(10) _____ : (11) _____ and connected with the main roads by (12) _____
(13) _____ : (14) _____ many times and takes on a new look.

before: (15) _____
now: (16) _____

Task 3：*Summarize the symbolic meanings of the Great Wall*

```
1.
2.
  ...
```

Task 4：*Make a speech（3 students as a group）*

MUN（模拟联合国）is holding a meeting to select three greatest ancient constructions in the world. Please make a speech to recommend the Great Wall *on behalf of*（代表）China.

	Checklist	
Did speaker A	introduce its geographical features and appearance appropriately?	Yes/No
Did speaker B	introduce its history and function appropriately?	Yes/No
Did speaker C	introduce its symbolic meaning appropriately?	Yes/No
Did this group	explain why the Great Wall is the greatest ancient construction in a clear and confident manner?	Yes/No

十一、教师板书

- The text mainly talks about...

★ geographical features　☐ material
★ appearance　　　　　　☐ cost
★ history　　　　　　　　★ funciton
☐ workers　　　　　　　☐ symbolic meaning

location: (1) North China
deserts, mountains, valleys, sea
direction: (2) west-east

appearance
shape: (3) huge dragon
length: (4) 6000 km
width: (5) 1 f m
height: (6) 6-7 m

The Great Wall

history
(7) 7th century BC: started to be built
Qin Dynasty: (8) joined together by a system of (9) watchtowers
(10) Ming Dynasty (11) rebuilt and connected with the main roads by (12) gateways
(13) Nowadays : (14) repaired many times and takes on a new look.

function
before: (15) defend the borders
now: (16) tourist attraction

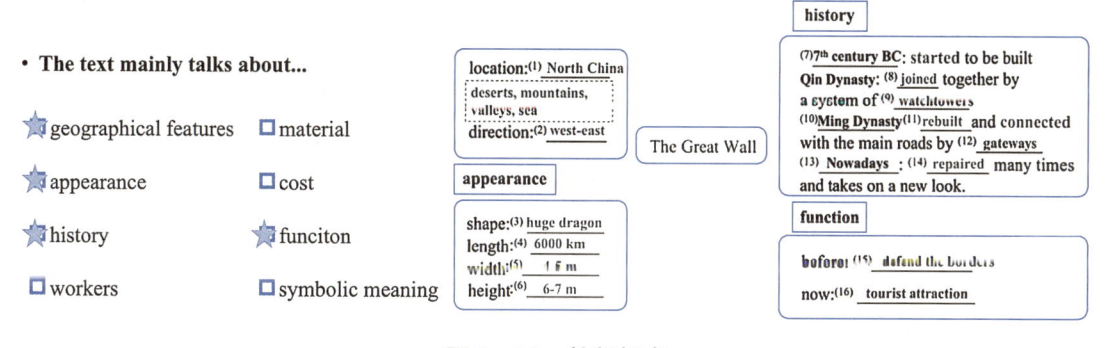

图 5-21　教师板书

十二、教学反思

本课在这些方面达成了自己的设想：

（1）通过关注说明文文体特征，重视阅读策略，利用思维可视化工具呈现结构化知识。

（2）为学生创设真实情境，引导他们将所学知识依据真实情境进行转换并利用，促进语言能力的提升。

（3）根据不同的教学活动，采取教师评价、学生自评和生生互评的多元评价方式，鼓励学生成为评价活动的主体。

（4）通过探究长城背后的文化内涵，加深学生对中华文化的理解和认同，坚定学生的文化自信心，培育学生的文化意识，从而实现培养有理想、有本领、有担当的时代新人的培养目标。

本课的不足之处是：

读中环节给学生的文本处理时间不足，没有引导学生特别关注说明文的文本特征。提问还需打磨，指令还需更清晰。

授课教师：上海民办克勒外国语学校　吴　越

附　语篇内容

The Great Wall

Actually, China is not the only country in history that built a wall along its borders. Athens, the Roman Empire, Denmark and Korea all did so at certain times in the past.

Yet the Great Wall is unique. It runs across North China like a huge dragon. It winds its way from west to east, across deserts, over mountains, through valleys, till finally it reaches the sea.

The first part of the Great Wall was built in the 7th century BC, when China was divided into several states. Later more walls were put up to defend the borders of different states. After China was united in 221 BC., the first emperor of the Qin Dynasty had the walls joined together and formed the first "Wan Li Chang Cheng" (ten thousand li Great Wall, li being a Chinese length unit). The walls were connected by a system of watchtowers. These were used not only to stop the enemy's attack but also to communicate with the then capital (Xianyang) by signal (smoke by day; fire at night).

Most of the Great Wall we see today was rebuilt in the Ming Dynasty. It is more than 6,000 kilometres long, about 6 - 7 metres high and 4 - 5 metres wide. In most places it is wide enough for five horses or ten men to walk side by side along the top. It has great gateways which connect the main roads of North China. With a history of more than 2,000 years, some parts of the Great Wall were destroyed or even disappeared. However, the Great Wall has been repaired many times. Now it takes on a new look.

The Great Wall is one of the fantastic attractions in the world. More and more people have come to know the Chinese saying "He who has not climbed the Great Wall is not a true man."

专家点评

1. 优点和特色

（1）教学内容符合学生水平，体现传统文化元素，最后一个 speech 作业的设计较符合学生需求。

（2）授课有助于激发学生的文化自信，设计的思维导图有利于学习理解语篇内容，促进学生的思维。课堂内师生互动、生生互动及时有效，学生的语言能力较强。

（3）能结合教学目标概括说明文的主要内容，借助思维导图呈现结构化知识，获取细节信息。教学活动层层递进，关注说明文语篇类型的文体特征，重视阅读策略。

（4）整体"教—学—评"一体化设计合理，如有效运用 checklist 等。

（5）作业有分层意识，分必做和选作项，并有口头和笔头作业。

2. 建议和不足

（1）教学目标的定位略有偏差，整节课的设计从文本到文本，对文本特征的分析尚欠缺，思维含量的活动不够充分。

（2）课堂时间分配不尽合理，学生阅读时间尚欠缺，读后活动早了些。

第六章 大概念下的思维可视化运用于课外阅读教学设计课例

第一节 了解水平

案例6-1 童话(七年级)

一、单元内容分析

本单元主题为"What can we learn from others?",涉及三个语篇,包括两个长故事和一组对话。另外还有基于语篇的一个听说课时和一个写作课时。

语篇一的标题为"The happy farmer and his wife"。这是一篇有趣的记叙文,讲述了幸运女神因一名叫Fred的农民十分善良和辛勤,她想帮他实现三个愿望,Fred却拒绝了幸运女神的帮助,他认为自己现在的生活很幸福,于是幸运女神就祝福他们永远幸福和健康,并希望其他人都向他们学习。该语篇是一篇童话故事,通过生动的故事情节告诉人们不能贪婪,要知足常乐。

阅读课的第二课时是对语篇一的练习与巩固,让学生根据故事改写成一份剧本,并进行角色扮演。通过本课时的学习,让学生身临其境地去体会故事情节与故事中人物的性格。

语篇二是师生之间的对话。老师让学生们推选一个模范学生,并问从他们身上能学到什么。学生推选了Peter、Kitty和Jill:因为Peter即使自己很忙,也会一直帮助其他同学;虽然Kitty觉得数学很难,但她从不放弃;虽然Jill住得离学校很远,但是她从不迟到。语篇意在让学生思考模范学生可能会有哪些优点,并鼓励其他学生向模范学生学习。

学习完语篇二之后是一节写作课,让学生模仿语篇二,找出他们能向模范学生学习的地方,并写下来。该课时让学生内化课文中所学内容进行写作,除了运用核心的句式,更重要的是培养学生向他人学习优点的价值观。

语篇三是基于课内教材语篇一的课外拓展阅读。故事讲述一名贫穷的渔夫在打鱼时放走了一条魔法金鱼,金鱼很感谢他。渔夫的妻子知道后不断地要求渔夫向金鱼索要各种财富,而最终一切化为乌有。该语篇旨在将学生课内所学的知识和方法迁移到课外阅读上来,巩固学生对童话故事语篇类型的把握,培养学生独立运用思维可视化工具分析文本的能力。

表6-1为学生在本单元学习的核心语言知识和技能与策略。

表6-1 单元核心语言知识和技能与策略

单元主题：What can we learn from others?			
语篇	核 心 短 语	核 心 句 式	技能与策略学习要点
Reading: The happy farmer and his wife	形容人的词： poor, good and hard-working, greedy 形容物的词： old and small, comfortable, beautiful, warm	Although …, … 句型表"虽然，但是"： Although we're old, we work in the fields every day. Although we're poor, we live happily. Although our hut is old and small, it's very comfortable. Although our clothes are old, they're still comfortable. 祝福：I wish you happiness and health forever.	• 掌握本单元核心词汇； • 理解记叙文语篇的主要写作目的、结构特征、基本语言特点和信息组织方式,并用以描述自己和他人的经历； • 归纳故事类语篇中主要情节的发生、发展与结局； • 理解童话及其蕴含的人生哲理或价值观。
Listening and speaking: Model students	描写模范学生： model student, learn from sb., busy, always help his classmates, is difficult for, never gives it up, never late for class	Although …, … 句型表"虽然,但是"： Although Peter is busy, he always helps his classmates. Although Maths is difficult for Kitty, she never gives it up. Although Jill lives far away from school, she is never late for class.	• 在听对话的过程中获得如何描述模范学生的语句； • 在看图和说的过程中模仿例句并练习重点句型描述模范学生。
Writing: Learning from model students	用形容词和动词描写模范学生： not strong, help her teacher, a lot of pocket money, never waste it, busy with his studies, exercise regularly	描写班级里的模范学生： Model students in Class ____ ____ 写作提纲： Who do you think is a model student? What can we learn from him or her? 使用句型： Although …, …	• 用简单的书面语篇描写他人的经历； • 在写作的过程中运用本单元重点句型。
Extended reading: The fisherman and his wife	住所： dirty old hut, a beautiful new house, a grand palace 描写人物性格： greedy, selfish, cowardly, content, easy to be satisfied, generous, kind, lazy, thankful, powerful	用五指图分析故事情节： characters, setting, event, ending, moral. 分析人物性格： I think he is … because … 分析故事寓意： We should/shouldn't do …	• 理解记叙文语篇的主要写作目的、结构特征、基本语言特点和信息组织方式； • 归纳故事类语篇中主要情节的发生、发展与结局； • 比较语篇中人物、事物或观点间的相似性和差异性。尝试从不同视角观察、认识世界； • 理解童话及其蕴含的人生哲理或价值观。

本单元的教材中两个语篇分别为一则童话故事与一段选拔模范学生的对话,这两个语篇之间虽然没有直接的联系,但从两个角度探讨了人的优秀品格,因此本单元蕴含了较强的情感价值观,鼓励学生学习他人优秀的品质。另外,Although 这个句型贯穿整个单元:通过阅读课培养学生自主阅读的能力,学习 Although 句型,明白做人应该知足常乐;通过听说课获取如何用 Although 描述他人的优良品格;再通过写作课训练 Although 句型,实现知识的内化与迁移。最后,通过拓展阅读语篇三强化故事的语篇特点,训练用思维可视化工具五指图分析文本,培养学生选择适当的学习方法与策略辅助阅读(如案例 6-1 所示)。

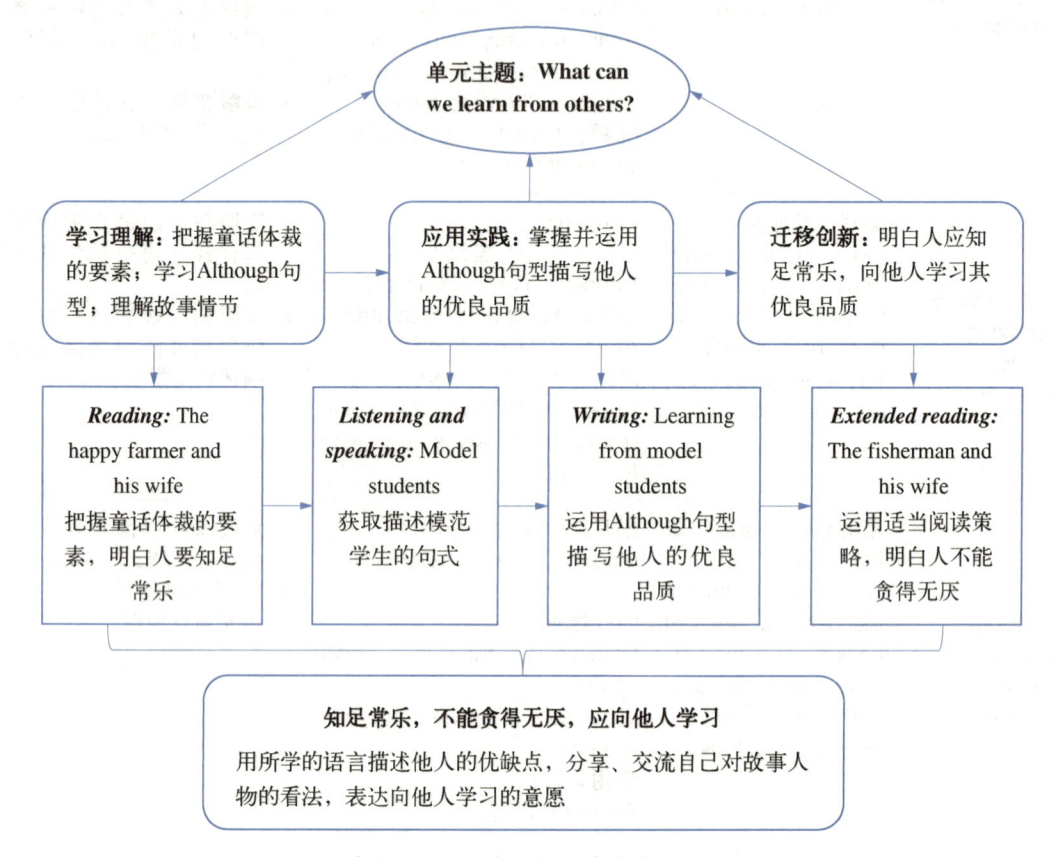

案例 6-1 单元主题内容框架图

二、单元教学目标

表 6-2 单元教学目标

单元教学目标	语 篇
本单元学习后,学生能够: 1. 运用五指图分析故事类文本。 2. 明白童话故事的寓意:知足常乐。	1. 阅读 "The happy farmer and his wife" (1 课时)

续 表

单元教学目标	语　　篇
3. 通过将故事改写成剧本并表演，深入理解故事情节与意义。	2. 剧本 "The happy farmer and his wife" （1课时）
4. 掌握如何描述模范学生。 5. 能够与同伴交流我们能从模范学生身上学到什么。 6. 能够用核心句型书面描述模范学生。	3. 对话 "Model students" （2课时）
7. 自主运用五指图分析故事。 8. 能够根据故事情节分析人物性格。 9. 学习人物的优缺点，明白做人不能贪得无厌。	4. 阅读 The fisherman and his wife （1课时）

三、语篇研读

表 6-3　语篇简介

主题范畴：人与自我	主题群：生活与学习	子主题内容：自我认识，自我管理，自我提升
语篇类型：童话（记叙文）	语篇模式：叙事类	思维可视化工具：五指图
授课内容：沪教版7B Module 2 Unit 5 What can we learn from others? 　　　　　Extended reading：The fisherman and his wife			

What：本语篇是基于教材单元主题的拓展阅读，语篇类型与教材课文同为叙事类的配图童话故事。故事讲述了一名贫穷的渔夫在打鱼时放走了一条魔法金鱼，金鱼很感谢他。渔夫的妻子知道后不断地要求渔夫向金鱼索要各种财富，于是渔夫一家先后获得了大房子、大宫殿等。然而渔夫的妻子贪得无厌，甚至想要统治世界，而最终一切化为乌有。

Why：通过讲述渔夫、渔夫妻子与魔法金鱼之间的故事，蕴含了人不能贪得无厌的寓意，告诉学生贪婪的后果。语篇旨在引导学生通过分析人物性格认识到人应该知足常乐，应该勤奋努力。

How：本语篇选自格林童话，其体裁、角色设置和揭示的道理与教材中课文都非常相似，两篇文本的不同点则在于人物性格和故事结局的差异。本文题材与单元主题紧密结合，故事情节引人入胜，语言难度适中，因此选择该语篇作为本单元的拓展阅读。目的在于将学生课内所学的知识和方法迁移到课外阅读上来，巩固学生对童话故事这种文体的把握，培养学生独立运用思维可视化工具分析文本的能力。

四、学情分析

授课的班级为七(1)班,总共 20 名学生。该班级的学生英语整体水平属于中等水平,具有一定的英语语感,能够掌握课内文本内容。然而他们课外阅读量较少,在自主阅读方面尚有一定的欠缺。

在学生学习本篇拓展阅读文本之前已经学习过第五单元。由于这篇文本中的一些核心词汇在教材中都已经学过,因此学生在语言方面并不会遇到太大的困难。此外,许多学生阅读过格林童话,并且对童话故事生动的情节非常感兴趣。因此,本节课的目的是通过拓展阅读,扩宽学生的知识面,提高学生的英语学习兴趣。

在学生学习课内文本时,老师已经教授了他们如何运用"五指图"来分析文章脉络。但是,大多数孩子在自主阅读时分析的能力还不够强。在本节课上,教师减少了对学生思维的控制,让学生自主运用思维可视化工具"五指图"分析记叙类阅读文本,分析人物性格,教师启发补充为辅。通过这样的方式,学生可以更好地理解阅读材料,提高他们的阅读能力和思维能力,进而提高他们自主、合作、探究并解决问题的能力。

五、教学目标与重难点

(一)教学目标

通过本课的学习,学生能够:

1. 加深对本单元重点语篇类型——童话的理解;
2. 通过运用思维可视化工具(五指图)辅助阅读,提高自主阅读的能力;
3. 根据故事情节分析人物性格,表达自己的观点。

(二)教学重难点

1. 教学重点:借助思维可视化工具(五指图)分析并理解这篇故事。
2. 教学难点:根据故事情节从多种角度分析人物性格。

六、教学过程

表 6-4 教学过程

教学目标	学习活动	效果评价
1. 加深对本单元重点语篇类型——童话的理解。	1. 快速阅读并探讨语篇类型。 2. 回忆童话故事的要素。	观察学生被追问文体要素的情况,了解其对童话故事这种语篇类型的掌握情况。
设计意图:直接阅读以导入主题,激发学生的阅读兴趣。通过提问与追问,引发学生的自主思考,让其回顾童话故事的要素:故事、开头结尾、虚拟和寓意,加深他们对这种语篇类型的理解,培养学生的语篇意识。		

续 表

教 学 目 标	学 习 活 动	效 果 评 价
2. 通过运用五指图辅助阅读,提高自主阅读的能力。	3. 回顾用五指图分析记叙文的五个要素。 4. 第二次阅读文章,通过找出故事的角色、背景、情节、结局和寓意,自主完成一幅五指图。 5. 完成后课堂上展示并介绍其五指图,再请其他同学点评。	根据学生所绘制的五指图,了解学生对本故事的掌握情况。 观察学生在五指要素上的表达方式,判断其逻辑思维品质及语言组织能力。 通过生生互评的方式,观察学生语言或内容中是否存在错误,给予纠正和指导。
设计意图:通过让学生运用已学过的思维可视化阅读工具,实现阅读方法的迁移。在自主阅读绘制五指图并分享的过程中,给予学生充分的时间去思考、表达、展示,让他们能够在课堂中乐于、勇于思考与表达。阅读过程减少了教师的控制,以充分发挥学生的主观能动性,实现自主阅读、自主探究与自主分析,培养他们独立解决问题的能力。		
3. 分析人物性格,表达自己的观点。	6. 第三次阅读文章,同时思考一个问题:他们最不喜欢哪一个角色。并讲出为什么,从文中找出证据。 7. 小组讨论,分享自己的观点。 8. 总结本篇故事的寓意,谈谈从中学到了什么。	观察学生表达自己对不同角色看法时是否能从文中找出相应的句子支撑自己的观点,把握学生对故事内容的掌握情况。 观察学生的语言表达情况,把握学生的口语水平,适当给予纠正与补充。
设计意图:引导学生根据故事人物的语言与行为,分析人物的性格。通过分析人物性格并表达自己的观点,让学生可以更深入地理解童话故事,并对其所蕴含的人生哲理和价值观有更深刻的认识。		

作业:
1. 完善自己的五指图。(Perfect the five finger chart.)
2. 运用自己所绘制的五指图,尝试复述这篇故事。(Retell the story with the help of the Five Finger Chart.)

七、英文教案

Teaching Objectives:

By the end of the class, students are expected to

- be more familiar with the basic elements of a fairy tale;
- improve the ability of independent reading by using the Five Finger Chart;
- express their own opinions by analyzing the personalities of the characters.

Teaching Focus:

- To understand the story with the help of the Five Finger Chart.

Potential Learning Difficulty:

- To analyze the personalities of the characters.

Teaching Procedures:

表 6-5 Teaching Procedures

Steps	Learning activities	Teaching purposes
Pre-reading	1. Read the story quickly and talk about it.	To arouse Ss' interest and elicit the topic
While-reading	2. Read the story carefully and complete the Five Finger Chart.	To encourage Ss to understand the story through independent reading
While-reading	3. Read the story again and talk about which character they don't like most by giving the evidence.	To help Ss summarize the personalities of the characters
Post-reading	4. Talk about what they have learned from the story.	To guide Ss to summarize the moral of the story
Homework	5. Retell the story with the help of the Five Finger Chart.	To enable Ss to consolidate the understanding of the story

八、教学流程图

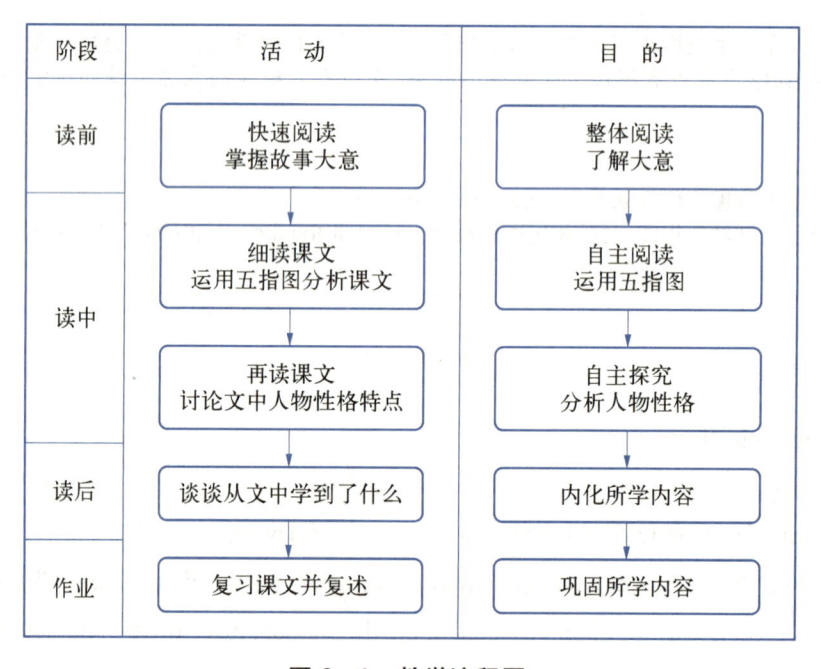

阶段	活动	目的
读前	快速阅读 掌握故事大意	整体阅读 了解大意
读中	细读课文 运用五指图分析课文	自主阅读 运用五指图
读中	再读课文 讨论文中人物性格特点	自主探究 分析人物性格
读后	谈谈从文中学到了什么	内化所学内容
作业	复习课文并复述	巩固所学内容

图 6-1 教学流程图

九、关键问题解决策略

义务教育阶段英语课程主要发展学生的"逻辑思维、辩证思维和创新思维"。逻辑思维是培养学生能够对事物进行比较、分析、概括等;辩证思维是能够从多角度观察和理解世界;创新思维是指以新颖独创的方法解决问题。

1. 基于《义教课标》对培养学生思维品质的要求,本课激励学生借助思维可视化工具五指图等理解语篇。

2. 教师通过给学生设置问题情境,分析人物性格,引导学生对不同人物和不同语篇进行比较、分析与概括,并且鼓励他们从不同角度进行分析。

3. 教师在教学中重视主题意义的探究与挖掘,引导学生运用所学知识技能、方法策略和思想观念独立解决问题。

十、课堂学习活动单

The fisherman and his wife

Worksheet

Task 1: Read the text and complete the Five Finger Chart.

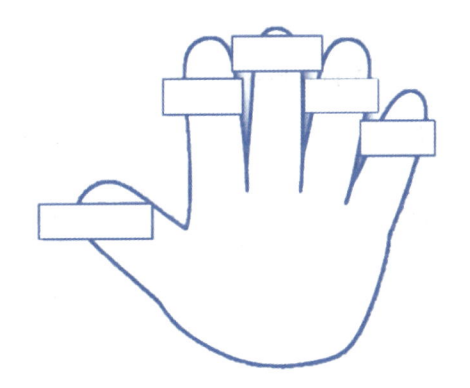

Task 2: In groups, talk about which character you don't like most.

_____

_____

_____

_____

Mini Dictionary

confident (自信的)　　kind
cowardly (懦弱的)　　lazy
content (知足的)　　naughty
dishonest　　powerful
easy to be satisfied　　polite
（易满足的）　　rude
greedy　　thankful
generous (大方的)　　warmhearted (热心的)
honest (诚实的、正直的)　……
helpful

十一、教学反思

本节课是我结合沪教版 7B Unit 5 单元主题上的一节拓展课,拓展文本来自绘本中的格林童话"The fisherman and his wife"。在这节课上,我引导学生利用已学的阅读技巧,以绘制"五指图"的方式引导学生分析文本要素,培养学生独立解决问题的能力,达到明显的效果。

特别是本节阅读课堂上我没有使用 PPT，而是通过教师和学生板书、课堂学习活动单，激发学生自主阅读，提升学生阅读兴趣。

点评专家说："我们常常认为学生不行，但是实际上问题在于我们自己到底想不想让学生行。"在一些普通公办学校，教师常认为学生基础差，不会独立思考，所以总是手把手地带领着学生学习。然而通过这堂研讨课，我发现，其实普通学校也有许多思维活跃的学生，而且有些学生即使成绩一般，却不乏新奇的想法和创意。所以作为新一代的青年教师，我们不能局限于老套的教学方式，而要创新教学方式，不能再将自己的思维强加于学生身上，而是要启发学生去思考，培养学生独立解决问题的能力，正所谓"授之以鱼，不如授之以渔"。作为刚参加工作不久的青年教师，以后在平时的课堂中，我要加强教材的研读，深刻地理解教材，发现学生所存在的问题，拓展教学思路，用心设计教学的每一个环节，努力用各种手段激发学生学习的热情和积极性，营造轻松、愉快、和谐的课堂氛围，让学生能真正体会到学习的乐趣。

十二、教师板书

The fisherman and his wife

Fairy tale
- Story
- Beginning
- Ending
- Characters
- Not real
- Moral

Five finger chart
- setting
- event
- ending
- moral
- character

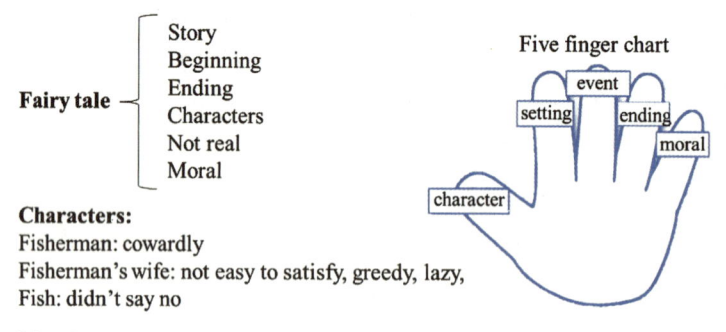

Characters:
Fisherman: cowardly
Fisherman's wife: not easy to satisfy, greedy, lazy,
Fish: didn't say no

Moral:
Contentment brings happiness. 知足常乐。
We should be satisfied, not be lazy or greedy.

授课教师：上海市霍山学校　徐莉婷

附　语篇内容

The fisherman and his wife

—— A story by the Grimm Brothers

Long ago, a poor fisherman caught a fish and it spoke. "Let me live", the fish said. "I'm a magic prince."

The fisherman replied, "Oh! I'll let you go!" He put it back into the water.

At home, the fisherman told his wife about the fish. She said, "Did you ask for a wish?"

"No," he replied.

"Fool! Tell it I want a new house!" she said angrily. "I hate our dirty old hut!"

The fisherman went to sea and called to the fish, "My wife wants a new house."

The fish replied, "Go home. She has it already!"

At home, the fisherman's wife was in a beautiful new house.

The next week she said, "This isn't enough. Ask that fish for a palace."

The fisherman wasn't happy, but he went back and spoke to the fish.

Again it replied, "Go home. She has it already!"

The fisherman returned, and his wife was in a grand palace.

Each week, she asked for more and more. Finally she said, "I want to rule the world!"

At sea, there was a storm. The fisherman told the fish what his wife wanted.

"Go home," replied the fish. "She has it already!"

The woman was in a dirty old hut again. They still live there today!

专家点评

徐老师教龄虽然才一年多，但本节课她能从语篇类型和文本特征入手，引导学生借助思维可视化工具(五指图)分析故事，并从不同角度分析人物性格，引领学生理解文本，最后完成语言表达的输出。这些是真心不容易的！

1. **优点与特色**

(1) 从文本特征入手，提升逻辑思维。教师根据语篇的类型，首先让学生回顾文本特征，体现了阅读课的整体性。

(2) 教师设计思维可视化工具"五指图"帮助学生理解文本信息，梳理文本脉络，实现自主阅读、自主探究和自主分析，提升学生独立解决问题的能力。其教学过程基于学情和文本特征，注重帮助学生发展自主学习能力。

(3) 创设问题导向，提升辩证思维。教师用一个问题引导学生分析人物性格，而且鼓励他们从不同的角度来分析，让学生发现人物是复杂的存在，各有优缺点，充分培养了学生的辩证思维。同时，教师鼓励学生对他人的观点进行评价，体现"教—学—评"一体化的理念。

2. **问题和建议**

(1) 虽然教师提出使用各种思维可视化的阅读工具是提升学生阅读能力的有效途径，但是在本节课中并未引导学生分析"五指图"比其他形式的思维可视化工具(例如表格或流程图)更适合这种类型的文本的原因。

(2) 教师的教学指令可再优化。

案例6-2 童话(七年级)

一、单元内容分析

本单元内容围绕 Telling Tales 这一主题展开,涉及六个语篇,包括两组对话和四个配图故事。

语篇一是中学生日常对话,两位中学生在讨论童话、寓言和神话的文本特点和意义,该语篇旨在引导学生思考三种不同类型故事的区别和各自的功能。

语篇二也是中学生日常对话。Jane 询问 Richard 正在阅读的童话故事的内容,Richard 向其讲述了 Tom Thumb 的故事内容。语篇拓展和延伸了故事讲述这一主题内容,在具体语境中呈现了讲故事常用的基本句式和时态。

学生通过前两个语篇的学习,能够讲出某个故事的类型并交流故事的基本情节。

语篇三是配图故事,主人公是乌鸦和狐狸,讲述狐狸如何使用奸计欺骗乌鸦获得它的午餐的故事。该语篇复现了故事的基本语言结构,情节生动,添加了动作和语言描写,有助于引导学生进行深层思考,归纳故事寓意。

语篇四是配图故事,内容是中国学生耳熟能详的神笔马良的故事,讲述善良的孩子马良运用神奇的画笔和非凡的智慧伸张正义的经过,同样有助于激发学生的思维,思考故事意义所在和与现实生活的联系。

语篇五是配图故事,主人公是一个雨点精灵,他用挠痒痒的方式让云朵欢笑出眼泪,从而达到降雨的目的。该语篇旨在激发学生的想象力,为学生提供深度思考的空间。

语篇六也是配图故事,属于整本书绘本阅读的课外拓展。语篇讲述了伐木工夫妻许下三个愿望意图改善生活的故事,包含大量图片以及对话,为学生表演和书评等课堂活动提供丰富的素材,为合作探究学习奠定基础。

表6-6为学生需要在本单元学习的核心语言知识和技能与策略。

表6-6 单元核心语言知识和技能与策略

单元主题:Telling Tales			
语 篇	核 心 短 语	核 心 句 式	技能与策略学习要点
1. "Fables and fairy stories"	故事功能: teach moral lessons, make up their own answers	介绍故事相关信息: A fable is a short tale about animals or objects. They wove the answers into beautiful stories.	• 询问不同类型故事的特点和意义。

续 表

单元主题：Telling Tales			
语　篇	核　心　短　语	核　心　句　式	技能与策略学习要点
2. "Tom Thumb"	故事内容： the beginning of the story, one day	介绍故事背景： There lived a man . . . 表达读后感受： Poor thing!	• 在听对话的过程中，获取故事的发生、发展和情节的信息； • 在情境中表达个人的情绪和感受。
3. "The crafty fox"	人物的动作描写： put on his best smile, nod her head, immediately jumped and gobbled it up 人物的情绪描写： pleased, flattered, annoyed	介绍人物： The crow was very pleased and nodded her head but said nothing. 感叹语气： Oh, my . . . ! 描述情境： as 引导时间状语从句	• 在看图、读故事和填空的过程中，提取和梳理故事中的动作和情感描写； • 归纳故事大意，感受深层寓意。
4. "Ma Liang"	人物的动作描写： change it into a real hen, catch hold of him and throw him in prison, gallop away	介绍故事背景： Once upon a time there was . . .	• 在读故事后总结寓意，并联系现实生活表达个人的观点。
5. "The rain angel"	人物的动作描写： hear someone giggling, bend down and ask them a question, wiggle her toes across all the clouds 时间描写： every week, the next morning, the next day	表述动作结果： so . . . that 结果状语从句	• 根据配图猜测故事主题和内容； • 基于记叙文的基本要素，发挥想象力，改写故事。
6. "Three wishes"	人物的情绪描写： tired, hungry, angry	表述愿望：I wish . . . 描述情境： No sooner had . . . 时间状语从句 No matter wh 让步状语从句	• 阅读拓展故事，利用思维可视化工具归纳文本内容； • 深入阅读故事并展开合理想象，完成续写。

　　本单元的六个语篇从不同视角谈论"讲故事"这个话题，单元内各语篇与单元主题之间，以及各语篇之间相互关联，构成三个子主题（如案例 6-2 所示）。各课围绕单元主题展开，既相互独立，又相互关联。学习活动按照学习理解、应用实践和迁移创新三个层次逐步展开，循序渐进，螺旋上升。最后通过补充阅读文本传达给学生积极的学习体验，引导学生把握正确的学习方法与策略。

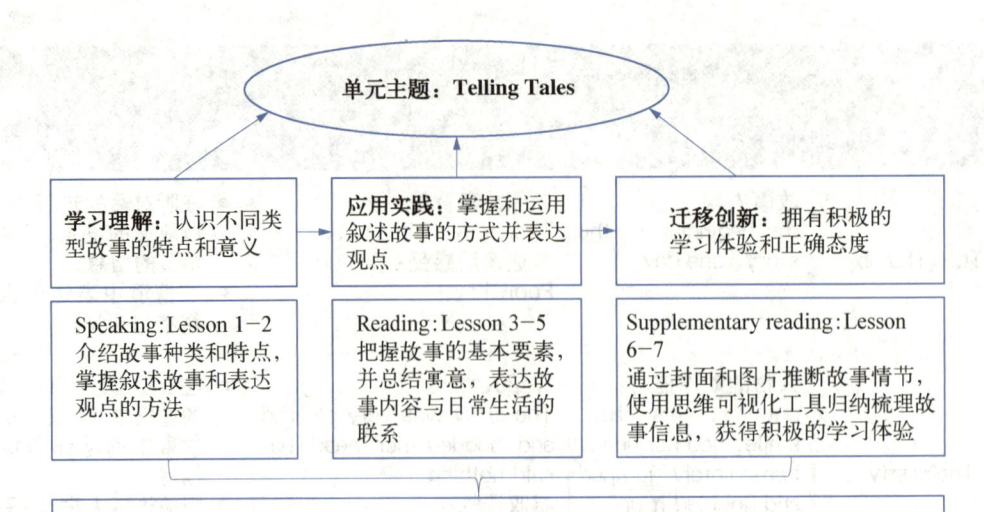

```
                        单元主题：Telling Tales
```

```
学习理解：认识不同类        应用实践：掌握和运用        迁移创新：拥有积极的
型故事的特点和意义          叙述故事的方式并表达        学习体验和正确态度
                          观点
```

Speaking: Lesson 1-2 介绍故事种类和特点，掌握叙述故事和表达观点的方法	Reading: Lesson 3-5 把握故事的基本要素，并总结寓意，表达故事内容与日常生活的联系	Supplementary reading: Lesson 6-7 通过封面和图片推断故事情节，使用思维可视化工具归纳梳理故事信息，获得积极的学习体验

熟读精思，获取知识，启智增慧，立德树人
用所学语言描述故事情节，交流、分享阅读心得，联系生活，阐述故事带来的启发和对生活的影响

案例6-2　单元主题内容框架图

二、单元教学目标

表6-7　单元教学目标

单元教学目标	语　篇
本单元学习后，学生能够： 1. 运用所学语言与同学交流，讲述童话、寓言和神话的特点和区别。	1. 对话"Fables and fairy stories" （1课时）
2. 讲述一个读过的故事，并与同学分享读后感受。	2. 对话"Tom Thumb" （1课时）
3. 通过图片复述故事，并归纳总结故事的寓意。	3. 配图故事"The crafty fox" （1课时）
4. 通过图片复述故事，归纳总结寓意并联系日常生活谈谈心得体会。	4. 配图故事"Ma Liang" （1课时）
5. 观察图片猜测故事内容，发挥想象力改写故事情节。	5. 配图故事"The rain angel" （1课时）
6. 观察封面和插图猜测故事内容，使用思维可视化工具归纳文章内容，合作探究完成读书报告。	6. 配图故事"Three Wishes" （2课时）

三、语篇研读

表6-8 语篇简介

主题范畴：人与自我	主题群：生活与学习	子主题内容：身心健康,抗挫能力,珍爱生命的意识
语篇类型：童话(记叙文)	语篇模式：叙事模式	思维可视化工具：思维导图、括号图、表格
授课内容：外研版《阳光英语分级阅读初一下》Three wishes 整本书阅读		

What：语篇讲述了一名住在森林深处的伐木工在一次外出砍柴时,意外遇见了荆棘灌木丛中的小人,善良的他答应了小人不要破坏荆棘丛的请求,小人提出满足他和他的妻子三个愿望以表示感谢。起初伐木工对小人的说辞不以为意。然而,在他辛苦工作一天回家后,因饥饿随口许愿想要得到一根大香肠,发现愿望成真后大吃一惊。在告知妻子来龙去脉后,妻子责怪丈夫浪费了宝贵的机会,一时冲动许愿大香肠粘在丈夫的鼻子上,结果也成真了,在许最后一个愿望时,夫妻经过一番心理斗争,最终许愿香肠脱落,一切回归正常。夫妇俩释怀后,开心地自嘲,并一起享用了那根大香肠作为晚餐。本故事用词生动,情节跌宕起伏,具有很强的趣味性和教育性。

Why：语篇通过叙述伐木工夫妇三次许愿这一故事,借助人物情绪的改变,告诉我们两个道理：一、遇到突发情况需要保持冷静,不要草率地作决断或发表言论。二、人最终需要脚踏实地生活,懂得知足常乐,摆脱患得患失的负面心理,以积极的情绪面对生活。通过阅读本文,读者可以将所学的道理迁移至现实生活,面对生活中各种突发情况能主动调整心态,同时形成正确的价值观。

How：语篇类型为童话,属记叙文,通过开端——发展——结尾的顺序叙述了伐木工如何获得愿望,并和妻子一起完成三次许愿的过程。故事的明线是讲述伐木工如何获得愿望以及夫妻二人是如何完成许愿的,暗线则是伐木工夫妇的心理变化。全文旁白部分主要使用了一般过去时和过去完成时,对话中出现了一般现在时、一般将来时、一般过去时等多个时态,同时出现了倒装、祈使句和虚拟语气等,增加故事画面感,活泼形象地将整个故事娓娓道来。文中使用了多个动词、形容词及形容词最高级、副词与情态动词,如 shriek, shout, giggle, hug, dance, laugh, angry, silly, funniest, biggest, roundest, gratefully, immediately, forever, could have 等,还有一些口语用法,如 on earth, fancy doing,增强语气,丰富故事内容,同时使用大量的对话,生动地展现了人物的情绪变化和个性特点。

四、学情分析

授课对象为七(1)班学生。作为外语特色学校的学生,学生普遍英语基础较扎实,口语表达能力强,能积极参与课堂活动实践,乐于与他人合作,具备丰富的想象力、记忆力、模仿力和一定的批判性思维,对故事类的文本充满兴趣。学生已经学习并掌握了一般过去时、现在时和将来时的使用,但是班级中有个别同学英语基础略显薄弱,缺乏系统学习经验,大部分学生对于倒装和虚拟语气尚不熟悉,缺乏深度解读文本的意识和能力。

学生存在的问题有:

(1) 不熟悉虚拟语气与倒装句型的用法;

(2) 对于整本书的阅读策略掌握不够;

(3) 对于文本的理解停留在主动获取的层面上,缺乏深度思考,易忽略故事细节和文本隐含意义;

(4) 容易只关注故事情节而忽略文本和图片中的细节。

因此,对于预设问题作出如下解决方案:

(1) 课前发放 worksheet,协助学生提前预习虚拟和倒装的用法;

(2) 使用图片环游的方式,借助思维可视化工具(思维导图)协助学生梳理归纳信息;

(3) 开展阅读圈活动,对故事进行深度解析,并进行分层化读书报告(A 和 B);

(4) 阅读圈活动中设置 word master 角色,重点关注单词词义,帮助学生理解细节,并在读者剧场短剧表演环节引导学生互评时关注表演者肢体语言、表情和语气等;

(5) 充分使用评价量表,引导学生在活动中对自身及他人的表现作出评价并积极反思。

五、教学目标与重难点

(一) 教学目标

第一课时　通过本课时的学习,学生能够:

1. 强化略读文本获取大意和细读文本落实细节的阅读技能;

2. 使用思维可视化工具(括号图)厘清文本结构,梳理文本内容;

3. 通过阅读圈活动,以合作探究的学习方式进一步整合文本内容;

4. 联系实际生活,认识到知足常乐的意义,用积极的态度面对生活。

第二课时　通过本课时的学习,学生能够:

1. 通过人物对话分析,有感情地表演故事,加深对主题意义的理解;

2. 通过对人物的观察及评价,展开想象对故事进行合理且大胆的续写。

(二) 教学重难点

1. 教学重点:帮助学生通过运用思维可视化工具,厘清文本各个要素及故事发展脉络,并通过不同层次的活动体验人物情绪,分析人物个性,感受故事寓意。

2. 教学难点:学生可能难以将故事中的道理与实际生活相联系,挖掘文本深层含义。

六、教学过程（第一课时）

表 6-9 教学过程(第一课时)

教学目标	学习活动	效果评价
1. 强化略读文本获取大意和细读文本落实细节的阅读技能。	1. 学生用 I wish I would ... 这一句式与教师、同伴分享 worksheet 中的愿望。	观察学生回答问题情况,判断其回答问题时语法是否基本正确,是否专注于课程内容。
	2. 学生找出封面中包含的信息并提问表述自己想进一步了解的内容。	根据学生提出的问题,判断其对文本内容的推断能力。
	3. 学生圈出配图、故事中的人物和表现愿望内容的部分,猜测文章的主题和大意。	根据学生猜测的内容,判断其是否具备推断图片信息的能力。
设计意图：读前检查课前学习效果,激活课堂气氛,唤起旧知,代入经验;感知、获取与梳理封面信息,初步预测故事,激发学生的阅读兴趣和期待;引导学生感知全文,验证预测。		
2. 使用思维可视化工具(括号图)厘清文本结构,梳理文本内容。	4. 学生快速浏览文章,借助思维可视化工具,厘清文本结构。	观察学生括号图的完成情况,判断其对文章结构的分析能力。
	5. 学生提取文章细节,补充填写括号图,并体会主人公的情绪变化。	观察学生补充填写的信息,判断记录信息的准确性与全面性。
设计意图：读中借助思维可视化工具,引导学生了解文章大意与结构,填补思维地图,协助学生获取、梳理主线信息。		
3. 通过阅读圈活动,以合作探究的学习方式进一步整合文本内容。	6. 学生分组进行阅读圈活动,并准备分层读书报告。	观察学生小组讨论,根据学生的讨论结果,给出引导和反馈。
4. 联系实际生活,认识到知足常乐的意义,用积极的态度面对生活。	7. 学生展示本组的读书报告,向其他组学生提问并根据互评表作出评价。	观察学生报告展示,根据评价表进行师生评价和生生评价。
设计意图：读后引导学生自主探究,整理细节,构建知识,学会信息分享,促进师生互动和生生合作;检验各组的阅读效果,锻炼学生的批判性思维,鼓励创意表达。		
作业：1.（必做）用英语向你的朋友和家人讲述三个愿望的故事。 　　　2.（必做）根据其他学生的建议修改读书报告。 　　　3.（选做）在网上搜寻其他更多关于实现愿望的故事,并与同伴分享。		

七、英文教案(1st Period)

Teaching Objectives：

By the end of this period，students are expected to

- strengthen skimming for the main idea and scanning for the detailed information;
- identify the structure of the story with the help of a brace map;
- further integrate the information based on active and cooperative learning through reading circle activities;
- raise their awareness to appreciate their life and adopt a positive attitude.

Teaching Focuses:

- Helping students identify the structure of the story with the thinking visualization tool;
- Guiding students to learn the moral lesson through the analysis of the plot and characters.

Potential Learning Difficulty:

- Students may have difficulty in relating the topic of the reading material to their experiences in real life and explaining the connection.

Teaching Aids:

Slides, worksheets and checklists

Teaching Procedures:

表 6-10　Teaching Procedures

Steps	Learning Activities	Teaching Purposes
Pre-reading	1. Express their wishes.	To elicit the topic
	2. Predict the story by the front and back covers.	To arouse Ss' interest
	3. Make a guess about the plot after the picture walk.	To develop Ss' powers of observation
While-reading	4. Skim the story for the main idea and identify the structure.	To develop Ss' reading skills of skimming for the main idea and clear the structure
	5. Scan the story to finish the mind map and find out the characters' psychological changes.	To develop Ss' reading skill of scanning to acquire detailed information
Post-reading	6. Have group discussions in the form of reading circles to prepare the book report.	To encourage Ss' divergent and critical thinking
	7. Present the report and evaluate.	To guide Ss to evaluate peers' performance with the checklist
Assignments	1. Tell the story to your friends in English. 2. Modify the book report in regard to other students' suggestions. 3. (Optional) Search online for more stories about how people fulfill their wishes and share them with your classmates.	

八、教学流程图

1. 第一、二课时

表 6-11 教学流程

课时	阶段	维度	活动	目的
第一课时	读前	学习与理解	自由造句	唤起旧知，活跃氛围
			封面解读	激发兴趣，引起注意
			图片环游	介绍主题，引导预测
	读中		略读文本：归纳梳理结构，构建可视框架	整体把握，厘清结构
			细读文本：落实细节，填补图表	精读文本，深入学习
第二课时	读后	应用与实践	阅读圈活动	鼓励合作，自主探究
			展示读书报告	检验效果，激励创新
			使用思维可视化工具复述文章内容	复习回顾，回归情境
			读者剧场，表演故事	内化文本，体验人物
		迁移与创新	续写故事	发挥想象，批判推断

2. 第一课时

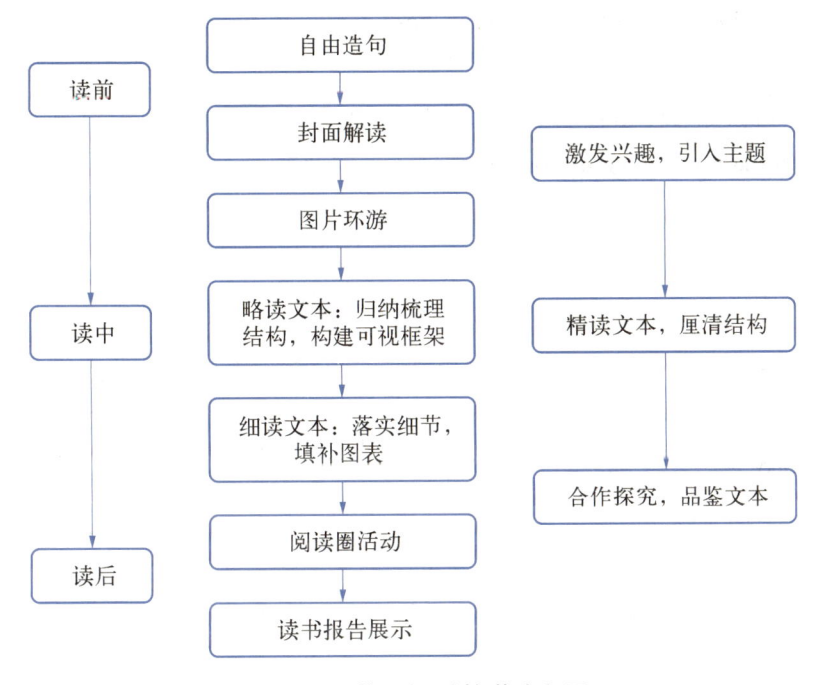

图 6-2 第一课时教学流程图

九、关键问题解决策略

英语课程内容由主题、语篇、语言知识、文化知识、语言技能和学习策略等要素构成,其中在语言技能方面,七年级学生要求掌握的理解性技能包括借助图片、影像等视觉信息理解收听和观看的内容;提取、梳理、分析和整合书面语篇的主要或关键信息,表达性技能包括在教师指导下进行简单的角色扮演。学习策略的要求包括与同伴合作学习英语,在学习中善于利用信息结构图等理解主题,以及了解和运用各种阅读技巧和策略,如预测、略读、猜测词义、推断、理解篇章等,提升阅读的兴趣与能力等。

基于《义教课标》中践行学思结合、用创为本的英语学习活动观,本课教学设计倡导学生激活已知,参与到指向主题意义探究的学习理解、应用实践和迁移创新等一系列相互关联、循环递进的语言学习和运用活动中。借助思维可视化工具归纳文本,通过阅读圈和读者剧场等活动提供学生创造合作学习和表现自我的机会,引领学生多角度分析、审视、赏析和评价语篇,产生思维碰撞,落实育人目标。

十、课堂学习活动单

Ⅰ. Complete the sentence.

Example: I wish I would become a princess. I wish I would have wings and fly in the sky...

I wish I would _____.

Ⅱ. Circle the relevant contents and answer the questions. (Picture Walk)

1. How did the woodcutter get the wishes?

the first wish

2. What could be the first/second/third wish?

Ⅲ. Finish the brace map and the table...

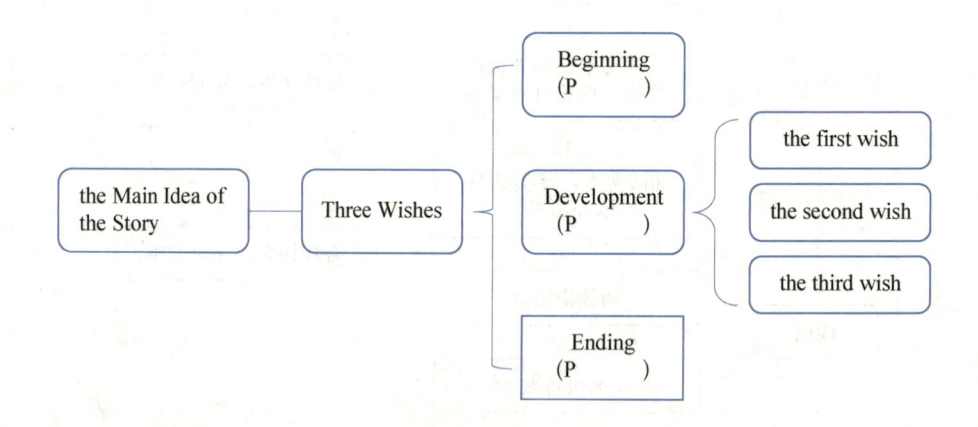

the Main Idea of the Story → Three Wishes →
- Beginning (P   )
- Development (P   ) →
  - the first wish
  - the second wish
  - the third wish
- Ending (P   )

Character	Feelings
the woodcutter	
the woodcutter's wife	

IV. Finish the book review.

Title：_____

1. What is the story about?

2. What impressed you the most? Why?

3. What have you learned from the story?

4. Will you recommend the story to other students? Why or why not?

1st Period

	Peer-evaluation			
Word Master	Found out words highly related to the plot.	More than 3 words	2 to 3	0 to 1
	Explained the meaning of the words he chose.	Very well	Well	Not well
	Expressed the reasons why he chose the words.	Very well	Well	Not well
Character Analyzer	Got the main character's traits.	More than 2 traits	1 to 2	0
	Expressed how he got the traits from the story.	Very well	Well	Not well
Connector	Shared stories highly connected to the story in daily life.	More than 2 connectors	1 to 2	0
	Helped the group understand the theme of the story.	Very well	Well	Not well
Discussion Leader	Ask general questions to lead questions.	More than 3 questions	2 to 3	0 to 1
	Summarized what group members discussed together.	Very well	Well	Not well

2nd Period

Checklist

Did they	Stars I give
include proper facial expressions and body language to show the characters' feelings?	☆☆☆
have good pronunciation?	☆☆☆
avoid making grammatical mistakes?	☆☆☆
I would like to give them _____ stars for their performance.	

Self-evaluation(for the continuation)	
Criteria	Yes./No.
My writing is coherent.	
My story is vivid and interesting.	
My writing is free of grammatical mistakes.	
My story is relevant to the previous one.	

十一、教师板书

Beginning	P2-P9
Development	P10-P21
Ending	P22-P24

Three Wishes

the Main Idea of the Story — Three Wishes
- Beginning(P2-P9) — The little man in the thorn bush granted the woodcutter and his wife three wishes.
- Development(P10-P21)
  - the woodcutter said — the first wish — I wish a great big sausage would roll through the floor this minute.
  - the woodcutter's wife said — the second wish — I wish the stupid sausage was stuck to your nose!
  - the woodcutter said — the third wish — I wish this sausage would drop off my nose right this minute.
- Ending(P22-P24) — The couple laughed and enjoyed the sausage for dinner.

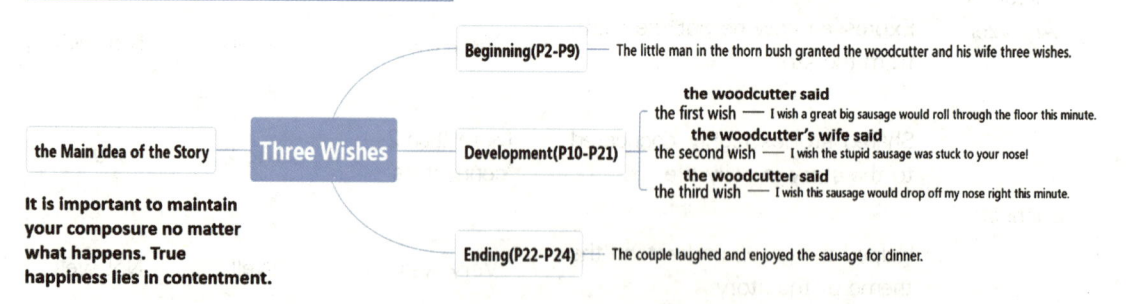

It is important to maintain your composure no matter what happens. True happiness lies in contentment.

Character	Feelings
the woodcutter	surprised→anxious→relieved→happy
the woodcutter's wife	surprised→angry→anxious→relieved→happy

图 6-3 教师板书

十二、教学反思

本节课教学内容为教材的补充阅读,为记叙文中的配图故事,反思本节课,我认为这些方面达成了自己的设想:

(1) 整合教材内容,链接主题语篇。我根据单元内容确定教学目标和重难点,在阅读圈设计不同角色任务单,以满足不同类型学生的需求。教学设计基于文本又超越文本,鼓励学生大胆思考,积极表现。事实证明,学生喜欢按照自己的节奏学习,对这类自主学习形式十分受用。

(2) 运用思维可视化工具,培养学生思维品质。基于文本特征,我设计括号图,在阅读的过程中,学生借助括号图逐步深入剖析文本内容和结构,不断激活思维。

本节课的不足之处:教师的指导不足使得学生合作探究过程中遇到一些困惑,因此教师对小组活动的引导和帮助仍需增强,要给学生充足的准备时间。

授课教师:上海外国语大学附属外国语学校　汪　晶

附　语篇内容

Three Wishes

Once upon a time there was a woodcutter who lived with his wife in a cottage in the middle of a forest.

One morning the woodcutter set off into the forest to chop some firewood.

The woodcutter came to a small thorn bush. "This bush will be good for starting fires," he thought.

The woodcutter lifted his axe to chop down the bush. Just then, a tiny voice called out, "Please don't cut down my thorn bush."

The woodcutter stopped and looked. At first he couldn't see anything. But then he saw a tiny man, dressed in green, sitting in the thorn bush.

"This thorn bush is my home," said the little man.

"Very well," said the woodcutter. "I won't cut down your thorn bush."

"I will grant you and your wife three wishes. Ask for anything in the world and you shall have it," said the little man gratefully.

The woodcutter went home early that night. After chopping wood all day, he was tired and hungry.

"I am so hungry!" said the woodcutter. "I wish a great big sausage would roll through the door this minute."

No sooner had the woodcutter spoken than a huge sausage rolled through the door.

The woodcutter couldn't believe his eyes. He never imagined the wish would come true.

"What on earth is that?" cried the woodcutter's wife. The woodcutter told her the story about the tiny man in the thorn bush.

His wife became very angry.

"Fancy wasting a wish on a sausage," she shrieked. "We could have been rich. You are so silly. I wish the stupid sausage was stuck to your nose!"

Instantly, the huge sausage flew up in the air and stuck firmly to the woodcutter's nose. He grabbed it and he pulled.

His wife grabbed the sausage too and they both pulled. But no matter what they did, the sausage wouldn't move.

"Well, we have one last wish," said the woodcutter's wife. "Let's wish for lots of gold. Then it won't matter that a sausage is stuck to your nose."

"I am not going to spend my whole life looking like this," shouted the woodcutter. "I wish this sausage would drop off my nose right this minute."

Immediately, the sausage dropped from the woodcutter's nose. He and his wife said nothing for a very long time. Their three wishes were gone forever.

Then they started to giggle. The giggle turned into a laugh, and they hugged each other and danced around the room.

"If you could have seen your face with that sausage on your nose," laughed the wife. "It was the funniest sight I've ever seen."

"Three magic wishes and all we got out of it was a great big sausage," laughed the woodcutter.

The woodcutter and his wife sat down and ate some of the sausage for their supper. The sausage turned out to be the biggest, roundest and the most delicious sausage in the whole world!

专家点评

在本课的教学设计中,教师充分利用思维可视化工具的优势,引导学生进行整体阅读,并借助思维可视化工具引领学生完成可视化的文本解读和语言输出。

1. 优点与特色

(1) 教师在英语学习活动观的指导下,创设生活情境,激发学生学习兴趣和动机,使学生通过学习理解、应用实践和迁移创新等一系列循序渐进的活动,不断加深对主题意义的认识和核心知识的内化。例如在厘清文本内容的同时体会人物个性及感情变化,并通过短剧表演的形式展示对故事情节和角色的理解,为学生最终了解故事的寓意奠定基础。

(2) 教师注重培养学生的阅读习惯,引导学生关注图片细节,预测故事内容,表演故事情节,内化所学语言,充分体现对学生阅读技能和发散性思维的培养。本课的输出任务包括阅读圈活动以及书评,这类合作探究性学习活动使得教师不再是传统意义上知识的拥有者,而是课堂之中的协助者,赋予了学生选择权,提高了学生参与度。教师引导学生开展自主学习、合作学习,不仅有利于解决目前英语阅读教学中存在的问题,也是践行英语学习活动观的最佳途径之一,充分凸显以学生为主体的教学理念。

(3) 教师注重形成性评价和多元评价,充分发挥学生的主体作用,帮助他们学会开展自我评价和相互评价,主动反思和评价自我表现,促进自我监督性学习,落实每一个任务中的细节要求,评价贯穿于整个课堂学习过程之中,体现《义教课标》中"教—学—评"一体化理念,有效落实育人目标,并在相互评价中取长补短,总结经验,规划学习。

2. 问题和建议

(1) 教师应在小组读书报告准备这一环节加强引导,鼓励各个组员积极参与,尽量保证每位学生充分参与,小组作为团体完成报告。

(2) 学科关键问题尚需提炼,对于学生的高阶思维能力培养有提升的空间。

第二节 理 解 水 平

案例 6-3 议论文(八年级)

一、单元内容分析

本单元主题为 Numbers,涉及四个语篇,包括一篇配图说明性短文、一组对话、一篇调查报告以及一篇议论性短文。另外还有基于语篇的一个听说课时和两个语法课时。

语篇一的标题为"Numbers: Everyone's language"。这是一篇说明文,按照时间线索,分板块介绍了古时候数字的不同形式和相同计数方式;零的发明及功能;算盘、计算器、电脑三种计算工具以及人脑和电脑的对比。该语篇旨在通过阐述数字及计算工具的发展,再结合人脑和电脑的对比,说明科技发展不能取代一切。

语篇二是一组学生 Ann 和 Ken 警官的对话。Ann 向警官了解了 2010—2018 年期间,所在城市交通事故的数据。该语篇旨在结合真实情境帮助学生巩固年份及数量的数字表达,同时提升学生准确运用数字和动词分析和描述图表的能力。

语篇三是一篇调查报告,结合真实情境,统计了班级男女占比及人数、年龄、身高、出行方式、兴趣爱好以及饲养宠物的情况。该语篇旨在引导学生自主使用数字进行数据统计,帮助学生就数字在生活中的运用进行迁移运用。

语篇四是一篇议论性短文,主题是探讨未来电脑是否会取代传统教科书。通过比较对照电脑与教科书的不同优势和共同优点,强调了传统教科书的不可取代性。该语篇从内容主题和思维可视化的运用角度来说,是对语篇一的延伸与巩固。

表6-12为学生在本单元学习的核心语言知识和技能与策略。

表6-12 单元核心语言知识和技能与策略

语 篇	核 心 短 语	核 心 句 式	技能与策略学习要点
Reading: Numbers: Everyone's language	数字及计算工具介绍:in many different ways, in the same way, an important invention, invent the zero, modern electronic calculator, calculating machines, do a calculation, living computer, be given a problem to solve, a lady from India with an amazing brain, make it easier to write and calculate, powerful enough	数字及计算的发展及功能:That is very important because it made it easier to write big numbers and to calculate. Abacuses are so fast and accurate that people still use them today. In a flash, a computer can do a calculation that you couldn't do in your life time. If it is not powerful enough, you will find the answer on page 67.	● 运用说明文的文体特征以及阅读策略,获取有关数字及计算工具的基本信息,识别段落主题句,判断细节支撑类型; ● 利用思维可视化工具——韦恩图比较对照人脑和电脑,直观把握内在逻辑,使学生意识到科技发展不能取代一切。
Writing: Traffic accidents	年份表达及数量统计:the number of, rise to, fall to …	提问数量及其回答:How many traffic accidents were there in the year 2010 in our city? What was the number in the year 2012?	● 运用数字表达年份和统计数量; ● 准确运用数字和动词分析和描述图表。
More practice: Numbers around us	不同数字的含义:average height, 形容词最高级	对于不同数据的提问及回答: How many … are there …? What is the number of …? There are …	● 了解调查问卷的基本要素和操作方法,能进行简单的数据统计及汇总。

续　表

\	Numbers		
语　篇	核心短语	核心句式	技能与策略学习要点
Extended reading: Computers vs textbooks	电脑和传统教材的功能： be updated in real time, find the latest information, prepare themselves better for the future, be professionally edited, easy to take notes, less expensive than computers	表达功能优点的句子： There's no doubt that computers are powerful tools. New information can be added as soon as changes take place. Textbooks are professionally edited. They are less expensive than computers. It is easier for students to take notes.	• 利用议论文的文体特征，获取有关电脑和传统教材优势的基本信息并归纳文章主旨大意，识别论点和论据； • 利用韦恩图分析比较两者异同，直观把握内在逻辑，并尝试发表自己的观点和评价他人观点。

　　本单元的四个语篇，从不同角度谈论数字及科技发展，单元内各语篇与单元主题之间，以及各语篇之间相互关联，构成三个子主题"了解数字及计算工具的发展历程及数字的表达方式""正确朗读和书写数字，并结合图表简单分析表述信息""在生活中运用数字；结合思维可视化工具简单表达观点"（如案例6-3所示）。学生通过阅读语篇的学习，了解数字及计算工

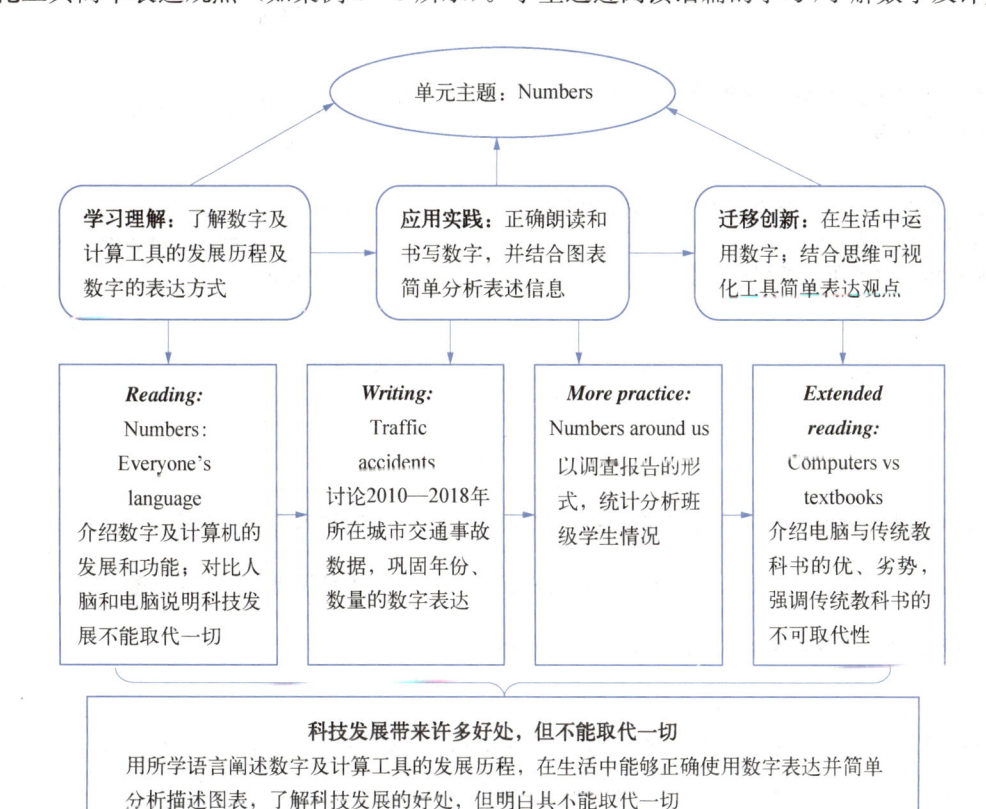

案例6-3　单元主题内容框架图

具的发展历程。在语法课,学生学习数字的表达方式,学会正确朗读和书写。在写作课,学生进一步巩固数字表达,并结合图表简单分析表述信息。最后再拓展阅读,在与主阅读相近的主题下,学生通过寻找主题句和细节支撑了解电脑和传统教材的不同优势和共性优点,并结合韦恩图简单阐述自己的观点。学习活动按照英语学习活动观的三个层次逐步展开,循序渐进,构建基于主题的结构化知识,提升思维品质。

二、单元教学目标

表 6-13 单元教学目标

单元教学目标	语 篇
本单元学习后,学生能够: 1. 了解说明文的文体特征,寻找主题句,判断细节支撑的手法。 2. 运用韦恩图比较对照文本信息。 3. 意识到科技发展不能取代一切。	1. 阅读 "Numbers: Everyone's language" (2课时)
4. 巩固数字表达,对图表进行简单分析和描述。	2. 对话及图表 "Traffic accidents" (1课时)
5. 结合真实情境,以调查报告的形式,统计班级同学情况,并进行简单阐述。	3. 调查报告 "Numbers around us" (1课时)
6. 巩固主题句(论点)与支撑手法(论据)的识别。 7. 自主运用韦恩图分析文本。 8. 明白科技发展不能取代一切。	4. 阅读 "Computers and textbooks" (1课时)

三、语篇研读

表 6-14 语篇简介

主题范畴:人与社会	主题群:科学与技术	子主题内容:科学技术改变生活
语篇类型:议论文	语篇模式:提问—回答型	思维可视化工具:韦恩图
授课内容:沪教版 8A Unit 4 拓展阅读:Computers vs Textbooks		

What:本语篇是基于教材 8A Unit 4 Numbers 的拓展阅读。语篇内容围绕"未来电脑是否会取代传统教科书"展开讨论,分别阐述了电脑和传统教科书的不同优势和共性优点,并在文末强调了传统教科书的不可替代性。

Why:在本单元的主阅读部分,学生已经接触过科学技术这一话题。并且也训练过查找关键句和细节支撑的能力,以及对韦恩图的使用已经有一定的了解。本课在此基础上引导学生结合韦恩图的使用,提炼语篇中提到的电脑和传统教科书的各自优势和共同点。同时引导学生寻找支持论点的详细论据进行阐述,并鼓励学生表达自己的观点。

How:本文是一篇以"科学技术改变生活"为主题的议论文,语言难度适中,逻辑结构清晰。文本开头抛出问题:传统教科书是否能被电脑取代?第二段重点就"电脑是强大的工具"列出3个理由:课程实时更新;提供最新学科信息;为终身学习做好准备,并提供相对应的细节支撑。第三段作为过渡句,话锋一转开始阐述传统教科书是必需的,并同样列出3个理由:内容是专业编辑过的,而电脑的信息不一定是真实严谨的;记笔记比电脑更方便;比电脑更便宜。最后用中肯的态度表明了自己的观点:电脑带给我们很多知识,在我们的生活中起到非常重要的作用,但传统教科书是不可取代的。全文使用一般现在时来阐述观点和理由。

四、学情分析

授课班级为八(1)班,共31名学生。该班级的学生英语整体水平属于中等,大部分能够较为扎实地掌握教材内容,对于教师提问也愿意发表自己的观点,但尚不能很有逻辑地表达清楚观点及理由。

对于科技发展主题以及韦恩图的使用,在本单元的主阅读语篇第四板块 Shakuntala 和电脑的对比中已有涉及。虽然本文语篇类型是议论文,但在 7A U4 Jobs People do 的拓展阅读中,曾涉猎过对于议论文的行文结构分析(当时选取了 Teens 报纸初一版第 679 期 Hard Road to Fame)。

五、教学目标与重难点

(一)教学目标

通过本课的学习,学生能够:

1. 通过韦恩图的使用,梳理电脑和传统教科书的不同优势和共同优点;
2. 结合议论文的文体特征,梳理清楚论点和论据的关系;
3. 尝试阐述自己对于"传统教科书是否可以被电脑取代"的看法;
4. 增强客观评价事物的意识,不过度依赖电脑。

(二)教学重难点

1. 教学重点:通过韦恩图的使用,分析比较电脑和传统教科书的不同优势和共同优点。
2. 教学难点:尝试阐述自己对电脑 vs 传统教科书的看法。

六、教学过程

表 6-15 教学过程

教学目标	学习活动	效果评价
1. 复习主阅读中韦恩图的使用。	1. 回忆本单元主阅读中对于人脑和电脑的韦恩图分析,回顾韦恩图的作用——分析对照。	观察学生回答情况,了解学生是否熟悉韦恩图。
设计意图:在读前先帮助学生回忆韦恩图在本单元主阅读中的使用。从语篇主题和思维可视化工具两方面帮助学生回顾已学知识,为下面的教学内容夯实基础。		
2. 通过韦恩图的使用,比较对照电脑和传统教科书的不同优势和共同优点。	2. 快速阅读短文并探讨所属文体以及议论主题。 3. 自主阅读完成短文所对应的韦恩图。	观察学生是否能结合文章标题及主题句辨析文体以及文本主题。 观察学生所绘制的韦恩图,了解学生对于短文的掌握情况。
设计意图:通过让学生运用已学过的思维可视化工具,实现阅读方法的迁移,并通过直观的方式检测学生是否读懂文本。		
3. 了解议论文的文体特征,梳理论点和论据的关系。	4. 梳理文本中的论点、论据并体会它们之间的紧密联系。	观察学生对于议论文内容结构的理解,判断其逻辑思维的严密性,并给予一定的指导。
设计意图:在使用韦恩图帮助学生对文本信息进行梳理比较的同时,也引导他们注意议论文论点和论据间的关联性,提升学生逻辑思维的严密性。		
4. 阐述自己对于"传统教科书是否可以被电脑取代"的看法。	5. 小组讨论,补充韦恩图中电脑 vs 传统教科书的优点,并阐述组内观点。 6. 同伴分享。	观察小组讨论中学生列举的优点是否有重复,论点和论据是否关联。
设计意图:以小组合作的形式整合电脑 vs 传统教科书的优劣势。最终汇报前,结合评价表确保论点无重复,论点、论据有关联,从而提升学生的逻辑思维和创新思维。同时,在同伴共享互评的时候锻炼学生的批判思维。		
作业: 结合韦恩图和 OREO,就"电脑是否可以取代传统教科书"完成作业。		

七、英文教案

Teaching Objectives:

By the end of the class, students are expected to

- compare and contrast common and different advantages with Venn Diagram;
- figure out reasons and supporting details and their relationship according to the features of argumentation;
- show their opinions on "Whether textbooks can be replaced by computers";
- have stronger awareness of objective evaluation and not depending too much on computers.

Teaching Focus:

- Comparing and contrasting common and different advantages with Venn Diagram.

Potential Learning Difficulty:

- Students may have difficulty in sharing opinions on "Whether textbooks can be replaced by computers".

Teaching Procedures:

表 6-16　Teaching Procedures

Steps	Learning activities	Teaching purposes
Pre-reading	1. Recall the Venn Diagram of human brains vs computers in this unit.	To prepare Ss for the topic and the Venn Diagram
While-reading	2. Read the passage quickly and figure out the genre and topic of this passage.	To enable Ss to learn about the theme and genre quickly
	3. Read the passage carefully and complete the Venn Diagram on their own.	To encourage Ss to understand the passage through independent reading
	4. Figure out reasons and supporting details, and find out their relationship.	To help Ss develop their logical thinking
Post-reading	5. Group work: collect opinions on "Whether textbooks can be replaced by computers".	To guide Ss to develop their creative thinking and logical thinking through discussing and critical thinking through evaluating
	6. Share their opinions " Whether textbooks can be replaced by computers" with classmates.	
Homework	Finish the homework on "Whether textbooks can be replaced by computers" with the help of Venn diagram and OREO.	To help Ss consolidate what they've learned in this lesson

八、教学流程图

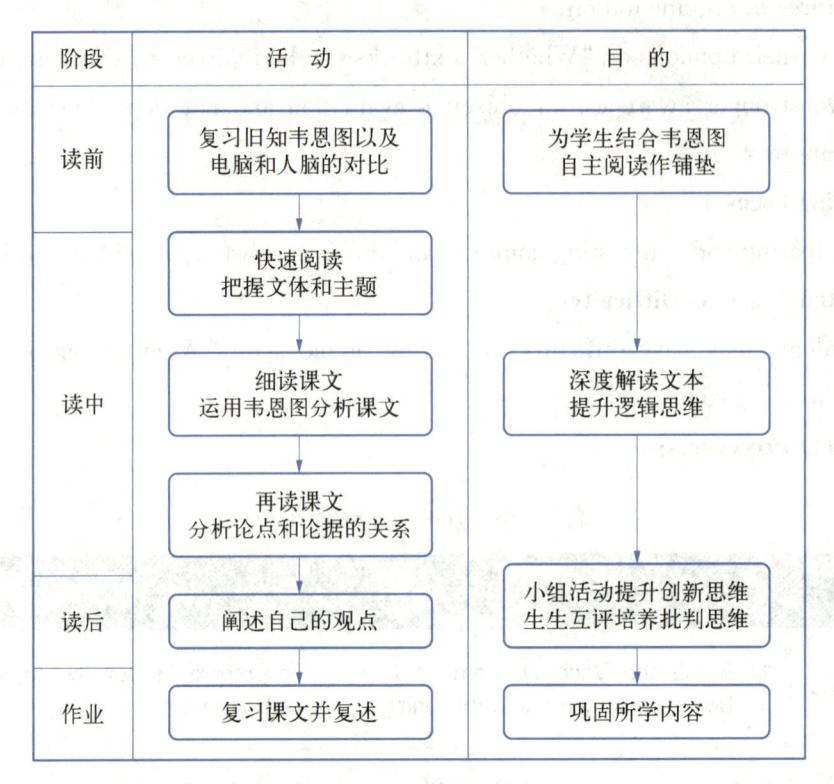

阶段	活动	目的
读前	复习旧知韦恩图以及电脑和人脑的对比	为学生结合韦恩图自主阅读作铺垫
读中	快速阅读 把握文体和主题	深度解读文本 提升逻辑思维
读中	细读课文 运用韦恩图分析课文	深度解读文本 提升逻辑思维
读中	再读课文 分析论点和论据的关系	深度解读文本 提升逻辑思维
读后	阐述自己的观点	小组活动提升创新思维 生生互评培养批判思维
作业	复习课文并复述	巩固所学内容

图 6-4 教学流程图

九、关键问题解决策略

1. 以主题为引领的单元整体教学理念整体设计。本节课的语篇主题和所运用的思维可视化工具都在主阅读中出现过。论点和论据的查找也是对主阅读中"寻找主题句和辨别细节支撑"的一种技能迁移。

2. 基于英语学习活动观的内涵。本节课注重发挥学生的主观能动性，在读后活动鼓励学生简单阐述自己的观点，并在评价环节组织生生互评，成为评价活动的参与者和合作者，在评价的过程中督促自己和同伴进行改进学习。

3. 本节课注重落实《义教课标》倡导的核心素养中涉及的思维品质。思维可视化工具的使用，帮助学生比较对照文本信息，能够训练学生的逻辑思维；教学环节设计的过程中，论点和论据的梳理也能够锻炼学生的逻辑思维，而基于文本的小组讨论，则可以激发学生的创新思维。此外，学生在生生互评环节，通过聆听其他组员的想法并评价，可以进一步提升自己的批判性思维。

十、课堂学习活动单

Task 1: Read the passage and finish the Venn Diagram.

Advantages of computers
1. _____
2. _____
3. _____

Common advantages

Advantages of textbooks
1. _____
2. _____
3. _____

Task 2: List the supporting details mentioned in the passage.

Task 3: Add some of your own reasons in the Venn Diagram and think of some corresponding(相应的) supporting details.

Checklist	
1. Are the reasons *unduplicated* (不重复的)?	Yes ☐　No ☐
2. Are the supporting details related to the reasons?	Yes ☐　No ☐

十一、教师板书

Advantages of computers
1. Lesson plans are updated in real time.
2. Latest information can be found.
3. Ss can prepare themselves better for the future.

Common advantages

Advantages of textbooks
1. Textbooks are professionally edited.
2. Ss can take notes more easily.
3. Less expensive.

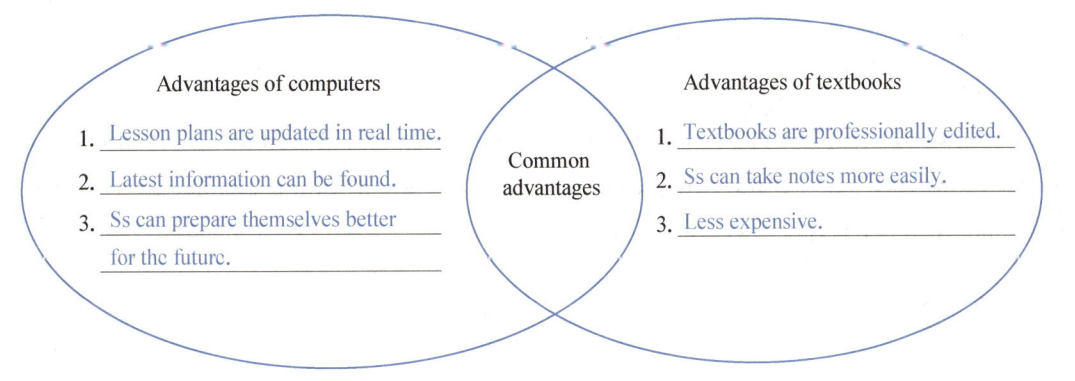

图 6-5　教师板书

十二、教学反思

在小组讨论及汇报的过程中，教师应给予更多的引导和帮助，尤其是在汇报过程中，一定要引导学生学会倾听，并及时记录自己的想法，通过相互评价的方式，相互促进。

授课教师：上海市继光初级中学　范佳贤

附　语篇内容

Computers VS Textbooks

The debate on "textbooks vs computers" has been going on for years. How much technology is enough in the classroom? Should textbooks be replaced by computers?

There is no doubt that computers are powerful tools. Computer-based lesson plans are updated in real time. New information can be added as soon as changes take place. Students can find the latest information for the subjects they are studying.

With computers, students can learn how to use them for the rest of their lives. Today, computers are used in almost all areas. Students can prepare themselves better for the future if they have computers.

However, despite these advantages, I think textbooks must stay.

Textbooks are professionally edited. All the facts have been checked. They are put together in the best way. Each chapter builds on what a student has previously learned. On the internet, however, not all the information is true or organized.

With textbooks, it is easier for students to take notes. Scientists have found that taking notes by hand helps students learn more.

Textbooks are also less expensive than computers. While most families can afford textbooks, not all of them can afford a computer. Every student should be allowed to learn what he needs to learn. It's wrong to rob a student of his right to learn just because he can't afford the material.

Computers are playing an important role in education. They allow students to learn more. However, I don't think they can replace textbooks. If students want to learn well, they must use textbooks. Do you agree with me?

专家点评

1. 优点和特色

（1）教师基于全面深入的语篇研读，结合学情，设计了逻辑连贯、可操作性强、可检测的教学目标。

(2) 活动设计充分体现"教—学—评"一体化的教学理念。围绕教学目标,教师设计了一系列紧密关联的阅读教学活动。读前活动对于旧知的复习温故能够帮助学生更好地在读中环节进行自主阅读;读中活动的一读再读,从整体到细节,再到文章的逻辑结构,帮助学生扎实地理解课文,并提升逻辑思维。教师设计的读后活动除了在分享交流的过程中提升学生的创新思维之外,也在评价环节锻炼了学生的批判性思维,同时也教会孩子学会倾听。

(3) 教师结合思维可视化工具——韦恩图,能够直观地检测学生是否真正理解文章,有利于培养学生的自主阅读能力。其中针对论点与论据的分析说得出的两个小tips正是读后环节分享讨论时checklist中的两个条目,教师整个教学过程自然连贯,一气呵成。

(4) 活动设计结合以读促写的形式,从给出观点——列出原因——阐述支撑细节——总结共四个步骤,帮助学生培养思维路径,使他们能够逻辑清晰地表达自己的观点。

2. 不足和建议

(1) 望进一步发挥小组合作的作用。

(2) 可以引导学生基于文本的自行解读,探讨为什么本节课利用韦恩图更合适。

案例6-4 简版小说(九年级)

一、单元内容分析

本单元为第二模块Recreation and entertainment第五单元。单元主题为马克·吐温的经典作品《汤姆·索亚历险记》(*The Adventures of Tom Sawyer*)。本单元涉及六个语篇,包括三篇简版小说类记叙文、一篇演讲稿、一组对话和一个看图写话。

语篇一选自《汤姆·索亚历险记》,是简版小说。小说主人公汤姆设计让镇上的男孩们心甘情愿为其粉刷栅栏。该语篇旨在引导学生了解小说类记叙文语篇的基本信息和结构,学生通过整体理解主要内容,对所读内容进行简要的概括、描述和评价,学会如何欣赏优秀文学作品,提升阅读兴趣,提高自身审美情趣。

语篇二是一则演讲稿,介绍了马克·吐温的生平。该语篇旨在训练学生听并记笔记的听力技能,使学生了解马克·吐温的生平,理解他的作品的特点以及两者的内在关联。

语篇三是Tony与Doris的一通电话。通过对话语篇呈现"给自己思考的时间"的各类表达形式,旨在使学生能体验在真实生活情境中如何推进交流,完成交际任务。

语篇四是三幅图片的看图写话。内容为汤姆设计捉弄别人。该语篇旨在通过看图与写的活动,引导学生以看图写话的形式进一步理解主要角色汤姆·索亚的个性特征并体验创作的乐趣。

语篇五选自《汤姆·索亚历险记》,是简版小说。内容为汤姆与贝琦去山洞探秘的冒险。该语篇旨在引导学生在精读的基础上,运用相似的语言技能和学习策略品读优秀文学作品,提升阅读兴趣。

语篇六为课外补充的马克·吐温的名著《哈克贝利·费恩历险记》(*The Adventures of*

Huckleberry Finn）简写版的一段节选。这段节选的故事背景为 20 世纪 30 年代美国内战之后，讲述了 Tom Sawyer 的好朋友 Huck 在得到金子之后所碰到的一系列烦恼。该语篇旨在培养学生的阅读兴趣，初步学会鉴赏文学作品，形成审美情趣。

表 6-17 为学生在本单元学习的核心语言知识和技能与策略。

表 6-17 单元核心语言知识和技能与策略

单元主题：A story by Mark Twain			
语 篇	核 心 短 语	核 心 句 式	技能与策略学习要点
1. *Reading:* Tom Sawyer paints the fence	人物心理和动作：depressed, dip, stand back, make fun of, ignore, beg, gain, trick ... into doing something, fool	介绍人物：Ben Roger was the first boy that come along the road. He started to eat the apple that Ben had given him.	● 通过预测、扫读、略读等策略，把握小说类记叙文的基本要素，并借助思维可视化工具，分析、评价人物的性格特征。
2. *Listening:* A lecture about Mark Twain	马克·吐温生平：work for a printer, in many different cities, soldier, toured Europe	介绍事迹：Clemens then went to work for a printer to help support his family.	● 运用听前预测、听中记笔记等听力策略，了解马克·吐温的生平和创作生涯。
3. *Speaking:* Giving yourself time to think Reading English storybooks	评价故事阅读：difficult language, not enough time, where to read, read a simple version	给自己思考时间的表达：Well, er, that might be difficult. Um, ah, I don't know how to use a washing machine.	● 通过小组调查和汇报，学生交流作为休闲娱乐方式之一的英语书籍阅读的体验。交流过程中，学会用合适的表达给自己思考的时间。
4. *Writing:* Tom's trick	动作描写：decided to play a trick, stopped a man/lady on the pavement, asked him/her to help, explained that he was doing a school project	看图写话语言描述：Tom said: "Could you help me, please?" He explained that he was doing a project for school.	● 通过审题、确定文体、明确文章的基本要素和图片的关键、重点信息，运用合适的语言来表达图片中的事件并创造性地结尾，体验创作的乐趣。
5. *More practice:* An extract from The Adventures of Tom Sawyer	人物心理和动作描写：walk down, went behind, explore, show the way back, walk around, come up, etc.	环境描写：They saw names and dates written on the wall with candle smoke by other visitors to the cave. They came to a place where a little stream of water was running.	● 利用记叙文基本特点和结构，运用阅读策略整体理解语篇主要内容，对所读内容进行简要的概括、描述与评价。

续 表

语 篇	核心短语	核心句式	技能与策略学习要点
6. *Extended reading*: Huck in trouble	生活描写： in trouble, move around a lot, a fine life, a hard life, a slave, the widow, stay away, a hut in the woods, a lazy, comfortable kind of life	并列句： I often sat talking to Jim, but I still didn't like … I began to read, but he hit the book… He took it, and then he said he was going … He was always coming to the widow's house, and she got angry.	• 学会从遣词造句角度去鉴赏故事。

单元主题：A story by Mark Twain

本单元的六个语篇与单元话题之间，以及各语篇之间相互关联（如案例6-4所示）。学生通过阅读语篇的学习，了解小说类记叙文语篇的特点，品读经典文学作品。在听力课中，补充马克·吐温的生平介绍，理解其生平经历与文学作品之间的关联。口语课中，学生进一步介绍自己阅读经典的体验并通过学习如何用语言给自己思考的时间来推进交际。最后，在写作课中，学生综合运用本单元所学，基于图片，创作汤姆的另一个计谋，在立足于经典文学的基础上，体会创作的乐趣。本单元各课时学习内容循序渐进，螺旋上升，为学生构建了基于主题的结构化知识，以提升英语课程要培养的学生核心素养。

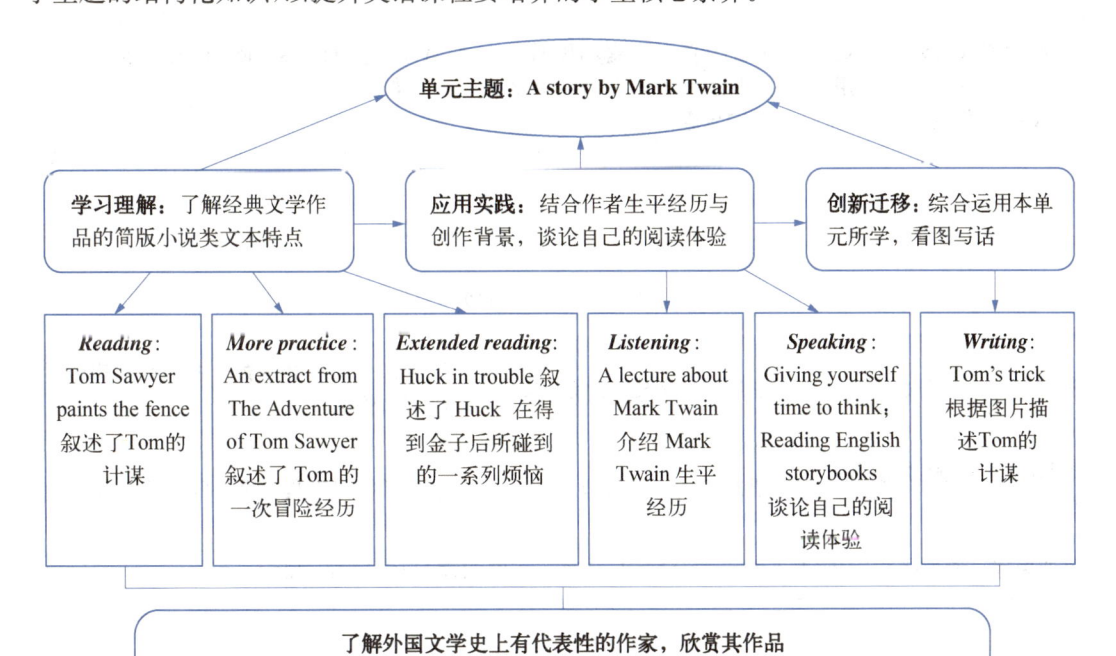

单元主题：A story by Mark Twain

学习理解：了解经典文学作品的简版小说类文本特点

应用实践：结合作者生平经历与创作背景，谈论自己的阅读体验

创新迁移：综合运用本单元所学，看图写话

Reading: Tom Sawyer paints the fence 叙述了Tom的计谋

More practice: An extract from The Adventure of Tom Sawyer 叙述了Tom的一次冒险经历

Extended reading: Huck in trouble 叙述了Huck 在得到金子后所碰到的一系列烦恼

Listening: A lecture about Mark Twain 介绍 Mark Twain 生平经历

Speaking: Giving yourself time to think; Reading English storybooks 谈论自己的阅读体验

Writing: Tom's trick 根据图片描述Tom的计谋

了解外国文学史上有代表性的作家，欣赏其作品
把握小说类记叙文的基本要素，熟悉小说类记叙文的基本结构，灵活运用记叙文要素和结构完成书面表达；品读经典文学作品，保持阅读兴趣，形成审美情趣

案例6-4 单元主题内容框架图

二、单元教学目标

表 6–18　单元教学目标

单元教学目标	语　篇
本单元学习后，学生能够： 1. 通过预测、扫读、略读等策略，把握简版小说类记叙文的基本要素，并借助思维可视化工具，分析、评价人物的性格特征。	• Tom Sawyer paints the fence 简版小说 （1课时） • An extract from The Adventures of Tom Sawyer 简版小说 （1课时） • Huck in trouble 简版小说 （2课时）
2. 通过归纳文本中定语从句的构成原则和使用方法，学生理解并掌握定语从句关联词的使用原则。	• Grammar: Relative clauses with who, that or which 语法 （1课时）
3. 通过听前预测、听中记录以及听后检测、复述，学生全面地了解了马克·吐温的生平和创作生涯。	• Listening: A lecture about Mark Twain 演讲稿 （1课时）
4. 通过小组调查和汇报，学生交流作为休闲娱乐方式之一的英语书籍阅读的体验。交流过程中，学会用合适的表达给自己思考的时间。	• Speaking: Giving yourself time to think & Reading English storybooks 对话 （1课时）
5. 通过审题、确定文体、明确文章的基本要素和图片的关键、重点信息，运用合适的语言来表达图片中的事件并创造性地结尾，体验创作的乐趣。	• Writing: Tom's trick 看图写话 （1课时）

三、语篇研读

表 6–19　语篇简介

主题范畴：人与社会	主题群：历史、社会与文化	子主题内容：中外文学史上有代表性的作家和作品
语篇类型：简版小说（记叙文）	语篇模式：叙事型	思维可视化工具：阅读日志 Reading log
授课内容：沪教版 9B Unit 5 A story by Mark Twain 拓展阅读 Huck in trouble			

What： 本节泛读课的语篇为马克·吐温的名著《哈克贝利·费恩历险记》(*The Adventures of Huckleberry Finn*)简写版的一段节选。这段节选的故事背景为 20 世纪 30 年代美国内战之后，讲述了 Tom Sawyer 的好朋友 Huck 在得到金子之后所碰到的一系列

烦恼。

Why： 在这段节选中，Huckleberry Finn 是美国内战后生活在密西西比河岸的穷人家的孩子，和他的小伙伴们一样，他没钱去学校读书。在拥有了金子后，他的酒鬼爸爸一心想拿到 Huck 的这笔钱。好心的法官和寡妇努力想帮助他摆脱他的父亲，送他去学校读书，让他从此过上体面的生活。殊不知，一向自由自在惯了的 Huck 根本无法适应这样的转变。同时，他的酒鬼父亲还一直来骚扰他向他要钱，甚至把他强行带走关起来了。面对这一切，Huck 有各种各样的烦恼。对此，在自己的生活中也面临各种烦恼和麻烦的学生一定在读后很自然地能够产生共鸣和思考，这是一篇这个年龄段的孩子有兴趣会去主动阅读的文章。

How： 节选系基于原著的简写版，对于本校九年级的学生而言，阅读起来难度较合适。文章使用一般过去时态叙述了 Huck 遭遇的一段经历，有故事叙述，有人物对话。涉及的核心词汇和表达：in trouble, move around a lot, a fine life, a hard life, a slave, the widow, stay away, a hut in the woods, a lazy, comfortable kind of life。

四、学情分析

授课班级为九(1)班，该班级从六年级入校至九年级，英语学科一直由本人教授。三年多的磨合之下，师生有较强的课堂互动默契度。班级大部分学生有较强的语言运用意识和运用能力。此外，在本单元学习中，学生通过阅读《汤姆·索亚历险记》节选，对汤姆的人物性格和记叙文语篇的基本信息和结构都已经有一定了解。

五、教学目标与重难点

（一）教学目标

通过课前自主阅读、课上分享学习单上收集的文本信息、互动答疑以及文本赏析等活动，学生能够：

1. 加深对拓展阅读文本的理解；
2. 就拓展阅读文本发表个人观点；
3. 产生进一步阅读的兴趣。

（二）教学重难点

教学重点：

1. 引导学生提出问题，帮助他们更深入地理解文本；
2. 启发学生进行文本赏析，进而发表个人观点。

学习难点：学会提问，学会赏析。

六、教学过程

表 6-20 教学过程

教 学 目 标	学 习 活 动	效 果 评 价
1. 学生利用好帮助思维可视化的 reading log,提升自主阅读意识和能力。	1. 课前自主阅读文章,完成 reading log。	观察后续课上各个分享环节的展示。
设计意图:课前阅读,为课上分享作准备。		
2. 学生分享文本基本事实信息。	2. 学生基于 reading log 中 The facts 内容做分享,包括罗列故事中的人物,简单分析人物性格。	通过 The facts 环节的课堂分享质量和评价质量来观察。
设计意图:引导学生分享自主阅读过程中对于文本基本事实的掌握状况。		
3. 学生分享文本阅读后的困惑。	3. 学生基于 reading log 中的 My puzzle(s) 内容做分享。包括他们可能不认识的词汇、表达或句子。	通过 My puzzles 环节的课堂提问和回答质量来观察。
设计意图:判断学生在自主阅读中,基于字、词、句层面对文章读懂了多少。		
4. 学生分享最爱的部分。	4. 学生分享文章中自己最喜欢的部分并阐述理由。	根据学生分享内容及理由,引导生生评价。
设计意图:组织学生就文章作出主观的评价并阐述理由,在班级内部形成鼓励踊跃表态和探讨的氛围。		
作业:Oral presentation:决定是否要继续读 The Adventures of Huckleberry Finn 并说明理由。		

七、英文教案

Teaching Objectives:

By the end of the class, students are expected to

- share their understanding of the story;
- share their personal response to the story;
- develop interest in further reading.

Teaching Focus:

- Students are to have a better understanding of the story and to share their personal response derived from this story.

Potential Learning Difficulty:

- Students may have difficulty understanding the story better and give corresponding personal response properly.

Preparation:

Students have read the assigned reading material and completed the story review.

Teaching Procedure:

表 6-21 Teaching Procedures

Steps	Learning activities	Teaching purposes
I. The facts	Give answers to the questions about the basic facts of the story.	To check Ss' understanding of the story
II. My puzzles	1. In groups, ask their peers for help over their puzzles. 2. Ask the teacher for more help if necessary. 3. Discuss the teacher's puzzles.	To guide Ss to further understand the story
III. My favourite	1. Share their favourite parts of the story and state the reason(s). 2. Pick one part of the story to read in roles based on further comprehension.	To activate Ss' individual understanding
IV. My assessment	Decide whether to go on reading the book or not and state reason(s).	

八、教学流程图

课前准备: 自主阅读,完成阅读日志。

导入文本	通过分享阅读日志上填写的文本基本信息,来初步展示对所读文本的理解。
互动答疑	提出阅读过程中和阅读后存在的疑问,通过小组讨论、向老师寻求帮助等方式来解惑;回答老师阅读后提出的疑问,加深对文本的理解。
文本赏析	分享他们故事中最喜爱的部分并说明理由,就文本表达个人的观点。在进一步了解文本段落的基础上分角色朗读,分享对文本的个人理解。
课后延伸	决定课后是否要继续读 *The Adventures of Huckleberry Finn* 这本书,还是选择读 Mark Twain 的其他作品,并陈述理由。

图 6-6 教学流程图

九、关键问题解决策略

1. 基于精读课，设计泛读课

这堂泛读课是基于牛津 9B Unit 5 A story by Mark Twain 的精读课。在选材上，这个单元的精读文章"Tom Sawyer paints the fence"选自 Mark Twain 的名著 The Adventures of Tom Sawyer，所以泛读课阅读文本选择了 Mark Twain 的 The Adventures of Huckleberry Finn 选段"Huck in trouble"。在阅读技能上，本单元精读课关注的是引导学生通过阅读故事人物的语言和行为来分析人物性格，从而更好地理解故事，接下来这节泛读课则要求学生们实践运用这一阅读技能。

2. 课前阅读，课上分享

一张阅读日志学习单贯穿始终。学生课前阅读文章，完成阅读日志。这份名为"My Story Review"的阅读日志由几部分组成：学生阅读时间及难度信息（学生具体完成阅读所花时间的多少及对于他们而言这篇文章的难度是多少）、The Facts（文章基本事实的收集，其中包括故事中人物关系的梳理以及他们各自的性格）、My Puzzles（阅读过程中不理解的地方）以及 My Favourite（最爱的部分以及喜爱的原因）。这张阅读日志帮助学生在没有老师的指导下独立自主地阅读。

课堂各个环节设计遵循帮助学生由浅入深地理解文章。从文章事实确认到提出疑惑、共同讨论，再到最喜爱部分的分享，通过这几个环节引导学生从对文本的表层理解到深层理解，再到评价性理解。

3. 教师既是引导者，又是参与者

（1）参与者身份。课前参与文章的阅读，与学生一样，完成"My Story Review"学习单。课堂上以和学生同样的身份参与到课堂的各个环节中，进行讨论、分享和观点的表达。

（2）引导者身份。课前设计好阅读日志"My Story Review"；在充分研读文本的基础上做好充分准备。课堂上引导各种活动围绕主线展开，把握课堂节奏进程；引导学生对文本进行由浅入深地理解，促进学生的思维激活，有必要时答疑解惑。课后给学生提供后续阅读的渠道。

4. 充分尊重学生，灵活设计作业

学生基于自身英语阅读能力和个人阅读喜好，自主选择课后继续阅读 The Adventures of Huckleberry Finn 的简写版本或原版，也可以选择阅读 Mark Twain 的其他作品。这种做法旨在让各个层面的学生都能有自主课外阅读的兴趣和收获。

十、课堂学习活动单

Reading Log: My Story Review

Title of the story _____

Time I spent on the story _____ min

Degree of difficulty in reading the story ____ (1 – 5)

Task 1. The facts

1. List the characters you find in the story.
_____.

2. Talk about one character.

The character I want to talk about is _____.

He/She is a person who is _____, because _____.

3. Huck's trouble is that _____.

Task 2. My puzzle(s)

Write down the words, expressions or sentences that you don't quite understand.

Task 3. My favourite

Mark your favourite part and tell reason(s).

十一、教师板书

Huck: poor, wise, eager for freedom
Pop: rude, greedy, irresponsible
the widow: nice and kind

图 6-7 教师板书

十二、教学反思

本节课是一节报刊选读性质的泛读课。对于我个人而言,这是一次抛开课本自行选材、自行设计课堂环节的大胆尝试。

这堂泛读课是基于牛津 9B Unit 5 A story by Mark Twain 的精读课。在选材上,这个单元的精读文章"Tom Sawyer paints the fence"同样选自 Mark Twain 的名著 *The Adventures of Tom Sawyer*,所以泛读课阅读文本选择了报纸 Teens 连载的 Mark Twain 的 *The Adventures of Huckleberry Finn* 选段"Huck in trouble"。在阅读技能上,本单元精读课关注的是引导学生通过

阅读故事人物的语言和行为来分析人物性格，从而更好地理解故事，接下来这节泛读课则要求学生们实践运用这一阅读技能。经历过这节研讨课，我对于泛读课有了如下认识：

首先是泛读课"上什么"。这堂课采取的是"课前阅读，课上分享"的模式。我设计了一张贯穿始终的阅读日志学习单。学生课前阅读文章，完成这份名为"My Story Review"的阅读日志。这份阅读日志帮助学生在没有教师指导下独立自主地阅读。

除此之外，这节课课堂各个环节都围绕这张阅读日志展开，遵循帮助学生由浅入深地理解文章这一方向。从文章事实确认到提出疑惑、共同讨论，再到最喜爱部分的分享，通过这几个环节引导学生从对文本的表层理解到深层理解，再到评价性理解。

我的第二点认知是：泛读课老师的身份定位。在这节泛读课上，教师即是参与者，也是引导者。整堂课由始至终，教师和学生之间始终在平等、民主的氛围中交流，充分尊重学生的个人见解，鼓励他们的批判性思维。

授课教师：上海江湾初级中学　朱　可

附　语篇内容

Huck in trouble　Chapter 1　词数 388　建议阅读时间 8 分钟

You don't know about me if you haven't read a book called *The Adventures of Tom Sawyer*. Mr Mark Twain wrote the book and most of it is true. In that book robbers stole some money and hid it in a very secret place in the woods. But Tom Sawyer and I found it, and after that we were rich. We got six thousand dollars each — all gold.

In those days I never had a home or went to school like Tom and all the other boys in St Petersburg. Pop was always drunk, and he moved around a lot, so he wasn't a very good father. But it didn't matter to me. I slept in the streets or in the woods, and I could do what I wanted, when I wanted. **It was a fine life.**

Judge Thatcher, who was an important man in our town, kept my money in the bank for me. And the Widow Douglas took me to live in her house and said I could be her son. She was very nice and kind, but **it was a hard life** because I had to wear new clothes and be good all the time.

Time went on and winter came. I went to school most of the time and I was learning to read and write a little. It wasn't too bad, and the widow was pleased with me. Miss Watson had a slave, an old man called Jim, and he and I were good friends. I often sat talking to Jim, but I still didn't like living in a house and sleeping in a bed.

Then, one morning, there was some new snow on the ground and outside the back garden I could see footprints in the snow. I went out to look at them more carefully. They were Pop's footprints!

A minute later, I was running down the hill to Judge Thatcher's house. When he opened the door, I cried, "Sir, I want you to take all my money. I want to give it to you."

He looked surprised. "Why, what's the matter?"

"Please, sir, take it! Don't ask me why!"

In the end he said, "Well, you can sell it to me, then." And he gave me a dollar and I wrote my name on a piece of paper for him.

Huck in trouble Chapter 2　词数 291　建议阅读时间 5 分钟

That night when I went up to my room, Pop was sitting there, waiting for me! I saw that the window was open, so that was how he got in.

He was almost fifty and he looked old. His hair was long and dirty and his face was a terrible white colour. His clothes were old and dirty, too, and two of his toes were coming through his shoe. He looked at me all over for a long time, and then he said, "Well, just look at those clean, tidy clothes! And they say you can read and write now. Who said you could go to school?"

"The widow . . ." I began.

"Oh, she did, did she? Well, you can forget about school. I can't read and your mother couldn't read; no one in our family could read before they died, so who do you think you are? Go on, take that book and read to me!"

I began to read, but he hit the book and it flew out of my hand, across the room. Then he shouted, "They say you're rich — how's that?"

"It isn't true!"

"You give me that money! I want it. Get it for me tomorrow!"

"I haven't got any money. Ask Judge Thatcher. He'll tell you. I haven't got any money."

"Well, give me what you've got in your pocket now. Come on, give it to me!"

"I've only got a dollar, and I want that to . . ."

"Give it to me, do you hear?"

He took it, and then he said he was going out to get a drink. When he was outside the window, he put his head back in and shouted, "And stop going to that school, or you know what you'll get!"

Huck in trouble Chapter 3　词数 274　建议阅读时间 5 分钟

The next day he was drunk, and he went to Judge Thatcher to get my money. The Judge wouldn't give it to him. But Pop didn't stop trying and every few days I got two or three dollars from the judge to stop Pop hitting me. But when Pop had money, he got drunk again and made trouble in town. He was always coming to the widow's house, and she got angry and told him to stay away. Pop got really angry and one day he caught me from the widow's house and took me a long way up the river in a boat. I had to stay with him in a hut in the woods and I couldn't go out by myself. He watched me all the time. The widow sent a man to find me and bring me home, but Pop went after him with a gun, and the man ran away.

Mostly **it was a lazy, comfortable kind of life**, but after about two months Pop began to hit me too much with his stick. He often went away into town too, and then he always locked me in the hut. Once he was away for three days and I thought I was never going to get out again.

When he came back that time, he was drunk and angry. He wanted my money, but Judge Thatcher wouldn't give it to him. The judge wanted to send me to live with the widow again, Pop told me. I wasn't very pleased about that. I didn't want to go back there.

So I decided to escape and go down the river and live in the woods somewhere.

(To be continued ...)

The Adventures of Huckleberry Finn is a novel written by Mark Twain. This book is famous for its colorful description of people and places along the Mississippi River around the 1830s, before the American Civil War.

"All modern American *literature*（文学）comes from one book by Mark Twain called *Huckleberry Finn*." — Hemingway

---

专家点评

本节阅读课是基于单元主题精读背景下的泛读课程。

1. 优点和特色

（1）课前自主阅读，课上分享。学生在家自主阅读指定章节，根据阅读日志做摘录，在课堂上做分享。这样操作让学生有充分的时间细细品读文本并在语言上做好分享的准备，进而提升课上分享的品质。

(2) 基于精读课程的泛读课程,最终回归到精读。精读课程课上教师教授阅读技巧,学生掌握后应用于自主阅读中,泛读课上做读后分享时,一直在做回读,也就是精读。

(3) 课堂上生成性问题的解决路径合理。当课上出现问题时,首先由学生小组内部解决,如果解决不了,放到全班层面解决,最后才是老师解决。长期坚持这样的问题解决路径,能养成学生遇到问题自主解决的意识,真正提升他们问题解决的能力。

2. 问题和建议

(1) Reading Log 在难度等级设置上为 1—5,但没有具体说明和解释清楚 1—5 分别对应的是怎样的难度感受,没能比较客观地反映真实情况。

(2) 课堂最后可以考虑设计一个环节,由谈论故事主人公 Huck 的困难,进而联系到自己,谈谈自己遇到的困难及解决方式。

第三节　应 用 水 平

案例6-5　简版小说(八年级)

一、单元内容分析

The Piano 整本书阅读材料是简版小说,来自"书虫·牛津英语双语读物(校园版)"第二级。该短篇小说共有八个章节。故事由倒叙展开,篇幅适中,情节富有戏剧性,语言平实易懂,叙述与描写结合,能够引发学生的兴趣与共鸣。

表 6-22 为学生需要在本书中学习的核心语言知识和技能与策略。

表 6-22　单元核心语言知识和技能与策略

单元主题:Success			
语　篇	核心短语	核心句式	技能与策略学习要点
1. Chapter 1-3	pianist, go to concerts, work on the farm, country boy	环境描写:There was broken glass on top of the wall. 人物描写:He was big and slow and silent.	通过扫读,了解故事的基本信息(起因、经过、结果)。
2. Chapter 4-8	practice, wonderful, luck, musician, music competition	心理描写:Half-forgotten music danced through his mind. 动作描写:His fingers began to move. 语言描写:"We can't get rid of this," he said. "We really can't."	通过动作、语言、心理描写,推断主人公的性格品质。

该小说围绕主人公 Tony 的成才经历展开,讲述了他从一个一文不名的农场打工仔成长为一名受人尊敬的钢琴家的故事,是一部典型的成长小说(如案例 6-5 所示)。

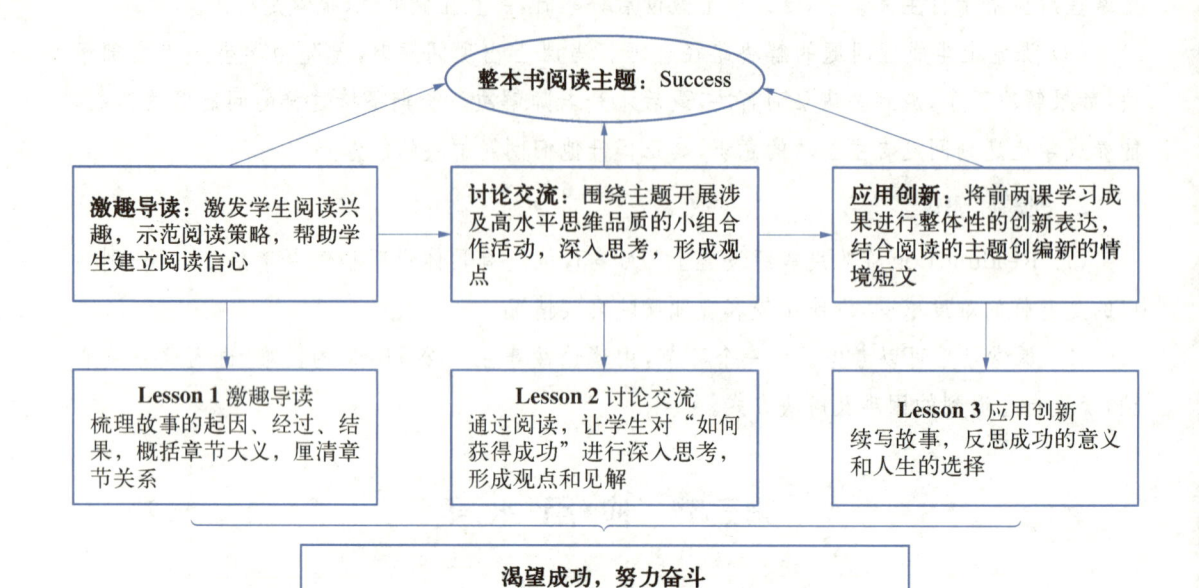

```
                        整本书阅读主题:Success
                ↗              ↑              ↖
   激趣导读:激发学生阅读兴     讨论交流:围绕主题开展涉      应用创新:将前两课学习成
   趣,示范阅读策略,帮助学  →  及高水平思维品质的小组合  →  果进行整体性的创新表达,
   生建立阅读信心             作活动,深入思考,形成观       结合阅读的主题创编新的情
                              点                             境短文
          ↓                        ↓                              ↓
   Lesson 1 激趣导读          Lesson 2 讨论交流             Lesson 3 应用创新
   梳理故事的起因、经过、结    通过阅读,让学生对"如何       续写故事,反思成功的意义
   果,概括章节大义,厘清章    获得成功"进行深入思考,       和人生的选择
   节关系                     形成观点和见解

                        渴望成功,努力奋斗
               用所学语言阐述自己对故事的感悟并发表对成功的见解
```

案例 6-5　单元主题内容框架图

二、单元教学目标

表 6-23　单元教学目标

课时	课型	教学目标
		本课学习后,学生能够:
1	激趣导读课	1. 对本书产生阅读兴趣,提升阅读流畅性。 2. 梳理故事的起因、经过、结果,概括章节大意,厘清章节关系。
2	讨论交流课	1. 围绕"主人公 Tony 如何获得成功"开展小组合作讨论,借助思维可视化工具进行结构化呈现。 2. 通过阅读,让学生对"如何获得成功"进行深入思考,形成观点和见解。
3	应用创新课	1. 通过汇报和聆听主人公 Tony 的成功故事,加深对文章的理解,感受成功的来之不易。 2. 续写主人公 Tony 衣锦还乡后与童年好友 Pip 和 John 的相逢,体会不同人生带给人的变化,反思成功的意义和人生的选择。

三、语篇研读

表 6-24 语篇简介

主题范畴：人与自我	主题群：生活与学习	子主题内容：自我认识，自我管理，自我提升
语篇类型：简版小说（记叙文）	语篇模式：叙事型	思维可视化工具：情节折线图、树状图、鱼骨图
授课内容：外研版 书虫·牛津英语双语读物（校园版） 第二级 *The Piano*		

What: 小说围绕主人公 Tony 的成才经历展开，讲述了他从一个一文不名的农场打工仔成长为一名受人尊敬的钢琴家的故事，是一部典型的成长小说。

Why: Tony 身份转变之巨大令人惊讶，他的成功不可复制，其中的原因也令人深思。本节课希望通过探究其成功的原因，引发学生对于成功的思考，从而使他们认识到成功来之不易，达到读书育人的目标。

How: 该短篇小说共有八个章节。故事由倒叙展开，第一章节中主人公 Tony 已经成为了举世闻名的钢琴家，他在后台接受采访回忆自己的音乐之路。二、三两章是故事的开篇，讲述了 Tony 接触钢琴前的穷苦生活。第四章到第七章完整回忆了主人公的音乐求学之路。第八章回到了现实，年老的钢琴家结束了这段采访。该小说篇幅适中，情节富有戏剧性，语言平实易懂，叙述与描写相结合，能够引发学生的兴趣与共鸣。

四、学情分析

本课教学对象为八(8)班的学生。由于我校是一所外语特色学校，所以学生外语水平略高于同学段学生平均水平。该班学生英语基础较扎实，课堂气氛活泼，听、说、读、写能力较强，具备整本书阅读课型对于学生英语语言能力的要求。学校在六年级及七年级阶段，每周开设一节课外阅读课，在假期中布置英文小说阅读作业。因此，学生对于整本书阅读这一主题和课型并不陌生。但在平时的教学中，学生也暴露出一些问题，如只重视单词学习而轻视文本分析，过于依赖老师的解读而欠缺语篇总结归纳能力。除此之外，由于课时紧张，学生的读后活动较少，读后活动也缺乏评价和反馈环节。因此，本节课可以说机遇与挑战并存。

五、教学目标与重难点

（一）教学目标

通过本节课学习，学生能够：

1. 分析概括主人公的成功因素，借助思维可视化工具进行结构化呈现。
2. 学习内化并运用人物性格分析方法，推断主人公的性格品质。
3. 小组讨论并口头汇报讨论结果。基于评价量表，进行生生互评，师生共评。

4. 反思各因素对成功的影响,认识到成功来之不易,发表读后感,为之后撰写主人公的成功故事作准备。

(二) 教学重难点

1. 教学重点:教授人物性格分析方法,引导学生以此方法展开小组讨论,自主探究主人公的性格品质。

2. 教学难点:学生可能难以从人物描写中推断出准确的性格品质。

六、教学过程

本节课为整本书阅读的第二课时,课型为讨论交流课。在第一课时(激趣导读课)的学习中,教师已经指导学生对小说的起因、经过、结果、章节大意及章节关系进行了梳理。因此第二课时是在学生对小说已有较为清晰的理解的基础上展开的,主要目的是引导学生对主人公成功的原因进行探索和反思;让学生在活动中,学会独立思考,并利用相关思维可视化工具,探索主题,促进他们的思维从低阶到高阶稳步发展,逐渐形成对主题的认知和态度。

表 6-25 教学过程

教学目标	学习活动	效果评价
1. 回顾故事情节,引出本课主题。	1. 赏析第一课时优秀作业(情节折线图),回顾故事主要情节。 2. 分析情节折线图,发现主人公身份的巨大转变——从贫穷的农场打工仔到受人尊敬的钢琴家。	通过提问,了解学生对于主人公身份转变的认识情况。
设计意图:通过展示情节折线图,带领学生回忆故事主要情节。通过引导学生关注情节折线图中主人公身份的转变,引出本课主题"成功"。		
2. 分析概括主人公的成功因素,借助思维可视化工具进行结构化呈现。	3. 分析 Tony 成功的重要因素——幸运,在 Chapter 5-6 中找到对应文本并概括总结,完成树状图。	通过学生填写树状图的情况,了解学生对主人公"幸运"这一因素的理解。
设计意图:通过树状图,帮助学生在较长的文章中,厘清主人公成功的外因"幸运"所体现的不同方面,让学生意识到运气和他人的帮助对于个人成功的重要性。		
3. 学习内化并运用人物性格分析方法,推断主人公的性格品质。	4. 学习人物性格分析方法,即从人物的动作、语言、心理描写中推测人物的性格品质。	通过学生回答问题的情况,了解学生是否厘解人物性格分析方法。
设计意图:通过向学生展示人物性格分析方法,让学生知道可以从人物的语言、动作及心理描写来推断人物性格,从而让学生意识到需通过他人的言行举止来评判一个人。		

续 表

教学目标	学 习 活 动	效 果 评 价
4. 小组讨论并口头汇报讨论结果。基于评价量表,进行生生互评,师生共评。	5. 小组活动:以小组讨论为方式,运用所学人物性格分析方法,推断主人公的性格品质。通过口头汇报展现小组讨论成果,并依据评价量表进行生生互评和师生共评。最终使用投票器选出最佳小组。考虑到学生词汇量有限,教师给出 Mini Dictionary, 内含 strong-willed, decisive, persevering 等词,给予学生词汇支持。	通过旁听小组讨论和聆听组内代表发言,了解学生是否掌握人物性格分析方法以及是否能够把握人物性格。
设计意图:设计小组活动,让学生将所学知识进行内化和迁移,通过生生互评的方式,让学生成为评价活动的主体。		
	6. 借助鱼骨图,总结归纳主人公成功的所有因素。	通过学生填写鱼骨图的情况,了解学生是否厘清主人公成功的内外因素。
设计意图:通过鱼骨图,让学生将主人公的成功因素进行总结和归类,从而让学生意识到影响成功的因素有许多,成功来之不易。		
5. 反思各因素对成功的影响,认识到成功来之不易,发表读后感,为之后撰写主人公的成功故事作准备。	7. 进行读后反思,辨析影响成功的不同因素,认识到要获得成功,运气和个人品质缺一不可,成功来之不易。	通过学生对开放性问题的回答,了解其对成功的认识。
	8. 联系自身,思考阅读小说后的所得与收获。为之后撰写 Tony 的成功故事作准备。	通过学生对开放性问题的回答,了解学生对故事的理解。
设计意图:设计开放性问题,让学生进行高阶思维活动。通过对开放性问题的思考,让学生产生正确的认识和渴望,达到读书育人的目标。		
作业:融合第一课时和第二课时所学内容,写一篇人物报道,介绍 Tony 的成功故事并发表评论和感悟。		

七、英文教案

Teaching Objectives:

By the end of the class, students are expected to:

- summarize and integrate key information with the help of the thinking visualization tools;
- master and apply the approach of character analysis to figure out personal qualities;
- give an oral report and evaluate classmates' reports according to the checklist;
- reflect on success and understand what it takes to be successful.

Teaching Focus:
- To guide students to master character analysis to figure out the personal qualities of the protagonist.

Potential Learning Difficulty:
- To give an oral report and evaluate classmates' reports according to the checklist.

Teaching Procedures:

表 6-26　Teaching Procedures

Stages	Learning Activities	Teaching Purposes
Pre-reading	1. Appreciate excellent homework about the plot diagram of the novel.	To guide Ss to review the plot and to arouse Ss' interest on the topic
While-reading	2. Discuss whether the protagonist is "lucky" and summarize all the reasons in the tree diagram.	To develop Ss' ability to analyze and summarize according to the text
	3. Learn how to figure out the personal qualities according to the descriptions of language, action and thought.	To help Ss to master character analysis
	4. Figure out all the personal qualities of the protagonist in the group discussion and give an oral report.	To encourage Ss to cooperate and solve problems with classmates and apply what they have learned to practice
	5. Evaluate classmates' oral reports according to the checklist.	To encourage Ss to judge and access classmates' oral presentations
	6. Summarize all the factors related to the protagonist's success in the fishbone diagram.	To help Ss learn to summarize and integrate information with the thinking visualization tool
Post-reading	7. Evaluate different factors related to the protagonist's success.	To encourage Ss' reflect on success
	8. Share the inspiration from the story with classmates.	To cultivate Ss' critical thinking and prepare them for the homework
Homework	Write a report on the success story of the protagonist. The report should include: A) a complete story; B) the most important reason for Tony's success and the reason why it is the most important; C) the inspiration you get from Tony's success story.	

八、教学流程图

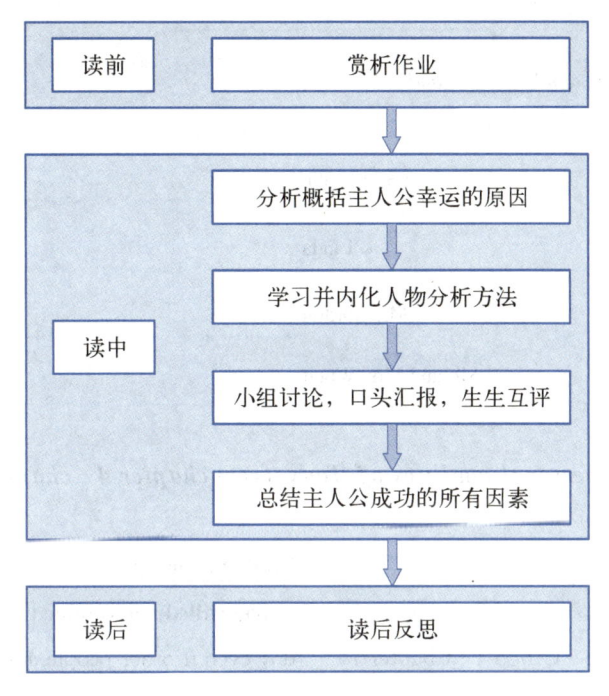

```
读前 → 赏析作业
         ↓
读中 → 分析概括主人公幸运的原因
         ↓
       学习并内化人物分析方法
         ↓
       小组讨论，口头汇报，生生互评
         ↓
       总结主人公成功的所有因素
         ↓
读后 → 读后反思
```

图6-8　教学流程图

九、关键问题解决策略

1. 本课践行学思结合的英语学习活动观。教师引导学生在体验中学习，在实践中运用，鼓励学生运用所学方法展开小组讨论，自主解决问题，实现知识的迁移创新。

2. 学生在学习活动中，学会独立思考，并利用树状图、鱼骨图等思维可视化工具学会在零散的信息和新旧知识之间建立关联，自主建立基于语篇的结构化新知，促进思维从低阶到高阶稳步发展，逐渐形成对主题的认知和态度。

3. 坚持以评促学，以评促教，以评促思，注重发挥学生的主观能动性，让学生成为评价活动的主体。

4. 坚持学科育人，通过为学生搭建多维高位的教学支架，帮助学生自主形成道德认知和道德判断。

十、课堂学习活动单

1. *Summarize why Tony is lucky with the tree diagram.*

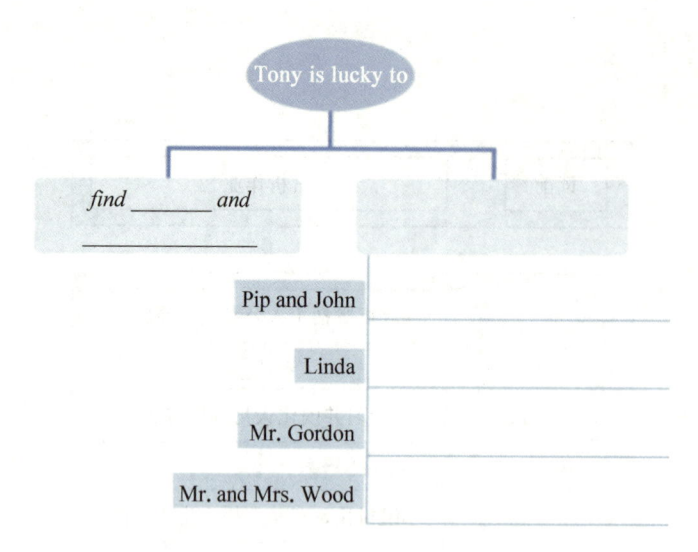

```
                    Tony is lucky to

    find _____ and
    _____

                           Pip and John     _____
                           Linda            _____
                           Mr. Gordon       _____
                           Mr. and Mrs. Wood _____
```

2. Find out the personal qualities of Tony from chapter 4 – chapter 7.

Group Work

Group1 – Chapter 4   Group 2 – Chapter 5
Group3 – Chapter 6   Group 4 – Chapter 7

Steps

1. find different ways of description
2. analyze the description (details)
3. summarize the personal quality
    (write in the book)

Mini Dictionary

strong-willed: determined to do what you want to do, even if other people advise you not to

decisive: able to decide sth. quickly and with confidence

optimistic: hopeful about the future

thoughtful: showing signs of careful thought

self-motivated: capable of hard work and effort without the need for encouragement

persevering: showing determination to achieve a particular aim despite difficulties

Checklist

Did this Group	Stars I give
find out different ways of description?	☆☆☆
analyze the descriptions with details?	☆☆☆
correctly summarize the personal qualities according to the descriptions?	☆☆☆
deliver the report in a clear and concise(简洁) manner?	☆☆☆
I would like to give this group _____ stars for the report.	

3. Summarize the reasons for Tony's success in a fishbone diagram.

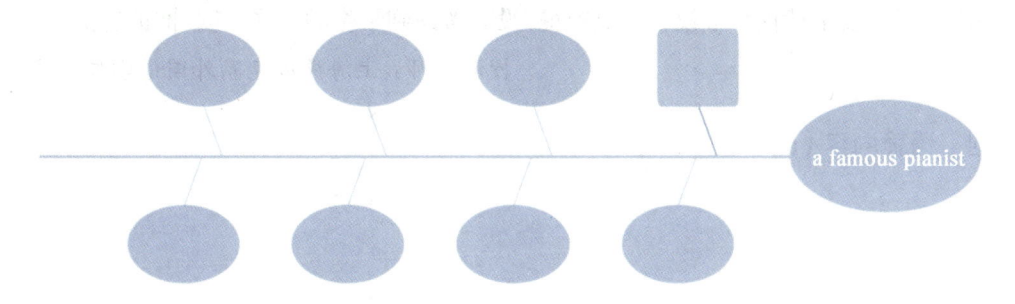

十一、教师板书

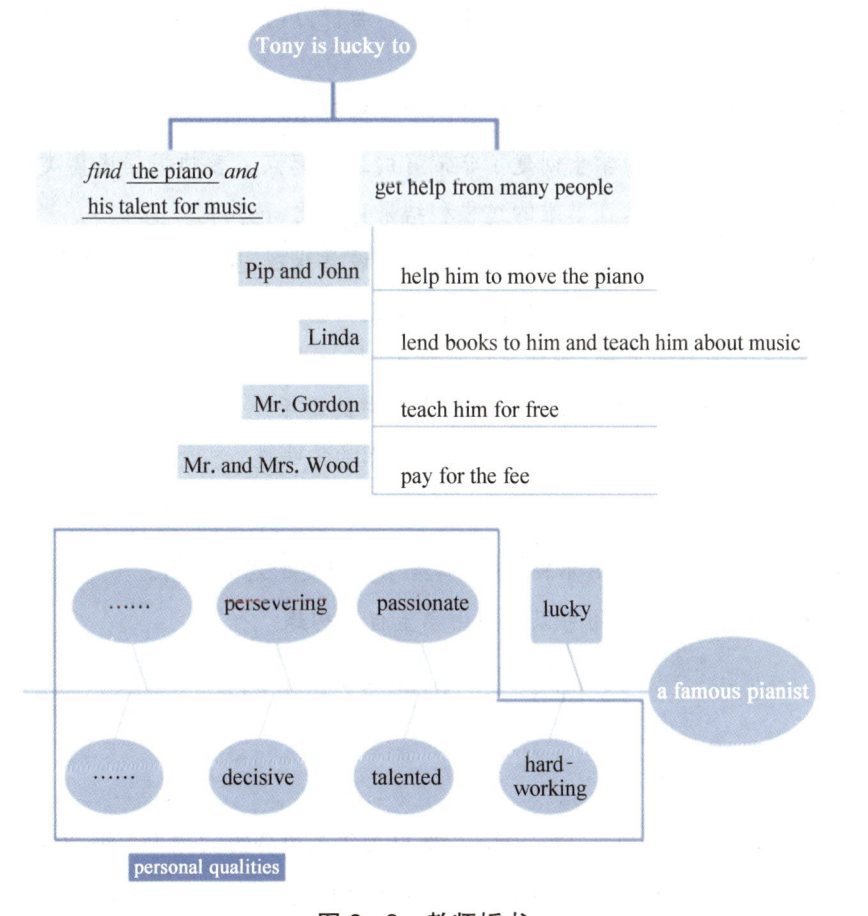

图6-9 教师板书

十二、教学反思

本课的可取之处是：

（1）教师注意在教学中放手，鼓励学生开展小组讨论，自主探究。学生利用思维可视化工具，自主建立基于语篇的结构化新知。

(2)利用信息技术提高线上教学效率,师生互动氛围良好,学生参与积极。

本课的不足是:读前环节设计略显粗糙,没有考虑到学生的接受程度,推进过快。

授课教师:上海民办克勒外国语学校　吴　越

附　语篇内容(略)

专家点评

1. 优点与特色

(1)对于容量大、意义丰富的整本书阅读教学而言,教师通过核心素养"大概念"的关键作用引领学生修整零散的语篇内容,归整语篇知识与能力,整合英语学科思想方法,有效达成教学目标。

(2)教师基于整本书的深入解读,利用课堂关键词 lucky,personal qualities,factor 巧妙串联,深入文本,超越文本,为学生创建了非常好的逻辑起点。教师根据语篇类型,鼓励学生选用合适的思维可视化工具,让思维的过程和结果可视化、显性化。

(3)教师以学生为中心,"教—学—评"聚焦于课堂生成,整体育人价值明显。教师引导学生在体验中学习,在实践中运用,通过向学生示范人物性格分析方法,鼓励学生运用所学方法展开小组讨论,自主解决问题,并利用评价量表,指导生生互评,开展师生共评。尤其值得一提的是,虽是线上教学,但教师能利用线上平台中的举手上台、抢答器、投票器、分组讨论、交换课堂等功能,模拟线下教学氛围,突出线上教学的趣味性、交互性,教学即时效果好。

2. 问题和建议

(1)课前的情节折线图的展示较快,没有给学生充足的思考时间。

(2)思维可视化工具的使用可以考虑由学生自主构建。

案例 6-6　说明文(九年级)

一、单元内容分析

Fabulous Creatures — Are They Real? 选自大猫英语分级阅读十一级,对标《义教课标》的三级(7—9年级)学段目标。本书的作者和插图师均为 Scoular Anderson,通过图文并茂的方式介绍了 16 种传说中的神兽(Fabulous Creatures)。本语篇以标题"*Fabulous Creatures Are they real?*"为题眼展开,首先以简短的篇幅介绍了每一种神兽的基本信息,包括外貌、习性、栖息地等,接下来重点回答了标题中的关键问题"*Are They Real?*",即它们是否真实存在,在揭开真相的过程中,也融合了对于该神兽来源的介绍,文中神兽的来源主要可以分为以下几种:古代东西方神话传说、历史记载和文物、地理和生物学上的发现,以及当地人口口相传的故事。

表 6-27 为学生需要在本书中学习的核心语言知识和技能与策略。

表 6-27　单元核心语言知识和技能与策略

单元主题：Fabulous Creatures			
语篇	核心短语	核心句式	技能与策略学习要点
1. Ancient Myths	神兽特点： head, spine, back, fierce, three-headed, shaggy beard, fishy tail, flipper, labyrinth, ashes, 神话： ancient Greek legend, Hercules, Hades	介绍神兽基本情况： … is a very unusual type of creature … … is a bird / fish with … People believed that … turn into	● 根据音标和拼读规则，正确读出神兽名字。 ● 理解并记住描述神兽外貌特征的相关表达。
2. Historic Records	神兽特点： feathers, toes, claws, tame, in search of prey, enormous tentacles, murky depths, sucker, grip	介绍历史： was discovered by …, lived on, used to be, ended up, dead as a dodo/lifeless	● 通过将描述与插图配对的方式，区分出海、陆、空三种不同的神兽。
3. Scientific Discoveries	神兽特点： jaws, teeth, be covered in, heavy armoured scales, thick fins, covered in thick hairs, abominable snowman 科学： rock fossils, die out	介绍来源： No other clues have been found to prove … People say they have seen …	● 通过分析神兽的来源，判断该神兽是否真实存在，总结神兽真伪的判断标准和方法。
4. Folk Tales	神兽特点： leathery bat-like wings, smoke and flames, sharp triangular teeth like razors	故事： Chinese tales, the Aztec dragon, Welsh dragon, lives at the bottom of …, rises from under the water, swims on the surface of …, There is a legend of a man …	● 分析语篇的信息组织形式，总结从哪些方面来介绍神兽。 ● 利用文中所学创造目击神兽的故事或设计自己想象中的神兽。

本书是一本完整的分级读物，因此可运用整本书阅读教学设计策略，这也符合《义教课标》所要求的单元整体教学设计，围绕主题挖掘育人价值。教师根据整进整出的设计原则，突破以往的篇章化教学，综合整合语篇学习内容，开展多样化的活动，引导学生围绕主题进行意义构建和再创造（如案例 6-6 所示）。

```
                    单元主题:Fabulous Creatures
```

```
学习理解:正确读出        应用实践:根据插图区分海        迁移创新:总结语篇
神兽的名字,理解并        陆空不同神兽之间的区别,       的框架结构,迁移此
记住描述神兽外貌特      根据来源,分析判断神兽是        结构和相关表达设计
征的表达                否真实存在                    一个神兽
```

```
阅读理解课                   分析探究课                  产出创新课
Cerberus                  Loch Ness Monster          Your Fabulous
Coelacanth               基于神兽的特征和来源,讨         Creature
Dodo                     论尼斯湖水怪是否真实存在
```

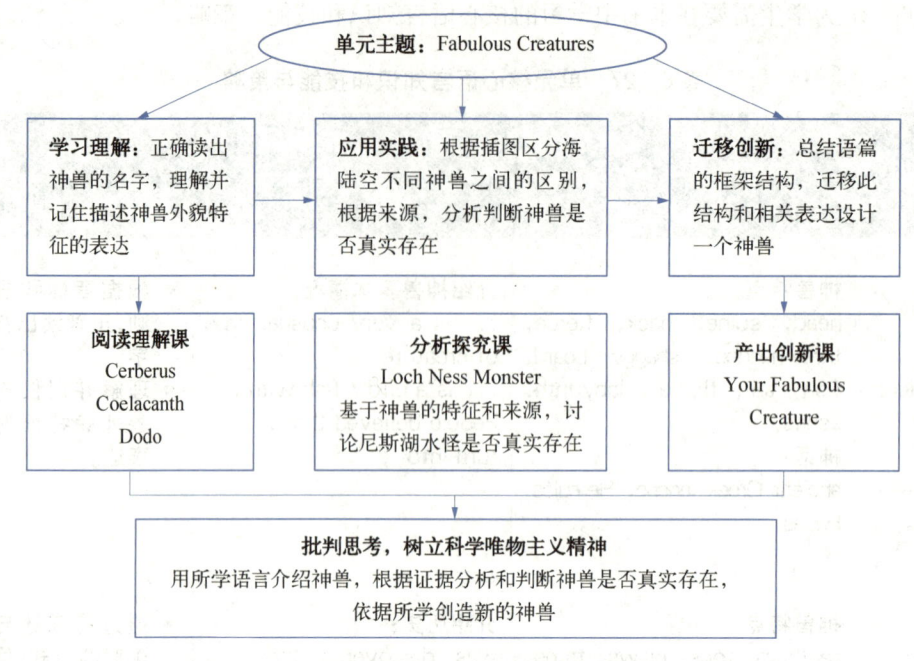

```
批判思考,树立科学唯物主义精神
用所学语言介绍神兽,根据证据分析和判断神兽是否真实存在,
依据所学创造新的神兽
```

案例 6-6 单元主题内容框架图

二、单元教学目标

根据深度学习的特征,以及《义教课标》提出的学习理解、应用实践、迁移创新的英语学习活动观,可将该语篇中的内容进行进一步的整合和分类,从而设立 3 课时的教学内容和教学目标。

表 6-28 单元教学目标

课时	课 型	教学目标 本课学习后,学生能够:
1	阅读理解课	1. 根据音标和拼读规则,正确读出神兽的名字; 2. 理解并记住描述神兽外貌特征的相关表达; 3. 通过将描述与插图配对的方式,区分出海、陆、空三种不同的神兽。
2	分析探究课	1. 通过分析神兽的来源,判断该神兽是否真实存在,总结神兽真伪的判断标准和方法; 2. 树立科学的唯物主义精神,面对未经证实的现象(流言、传说等)能够批判、独立地思考。
3	产出创新课	1. 分析语篇的信息组织形式,总结从哪些方面来介绍神兽; 2. 利用文中所学创造目击神兽的故事或设计自己想象中的神兽; 3. 根据评价标准(checklist)对同伴的创造成果进行评价。

三、语篇研读

表 6-29 语篇简介

主题范畴：人与自然	主题群：自然生态	子主题：常见的动物，动物的特征与生活环境
语篇类型：说明文	语篇模式：提问—回答型	思维可视化工具：鱼骨图、括号图、流程图
授课内容：外研版大猫英语分级阅读十一级 Fabulous Creatures — Are They Real?			

What：本书介绍了十六种神兽，从外貌和配图出发，通过介绍神兽来源，可以分为神话中的神兽、历史记载的神兽、科学发现的神兽和民间传说中的神兽，这些有关来源的介绍成为了判断神兽是否存在的依据。同时，文章也通过细致、多角度的说明，揭示了神兽 fabulous 的地方在哪里，即神兽特殊的（unusual）、令人印象深刻或者值得记载的地方在哪里，从而启发学生进一步思考标题 fabulous 的内涵。十六种神兽中的代表神兽包括 Cerberus，Coelacanth，Dodo 和 Loch Ness Monster，代表了上述四种来源，按照海、陆、空的分类方法，可以将神兽分为三类，从而重点学习相关的外貌描述表达。尼斯湖水怪（Loch Ness Monster）作为世界上的未解之谜，有充分的挖掘和讨论空间，可以利用此案例来训练学生的讨论分析能力和逻辑推理能力。

Why：本文的标题"*Fabulous Creatures*"实际上有两层含义，第一层意思是只有传说中的神兽才可以被称为"fabulous creatures"，第二层意思是不同于寻常的野兽，这些神兽有着令人印象深刻的、特殊的（unusual）、不可思议（fabulous）的一些特征，因此作者希望通过对于这些神兽的介绍，给读者们呈现久远的地球生物与现在的生物的大不相同，以及远古人类基于现实所进行的非凡的想象和创造，从自然、历史和文化的层面，给读者一种开阔的阅读格局和多角度的思考体验。

此外，本书对于标题中的关键问题"*Are They Real?*"进行了探讨，首先介绍了神兽的来源，通过呈现神兽的不同来源，作者想要传递的主题意义也值得深思，即什么样的神兽可以称之为真实的（real）？什么样的神兽是不真实的（unreal）？判断真伪的标准是什么？如何进行鉴定和判断？学生在阅读完这本书后，可通过讨论总结出：可信的证据（convincing evidence）才是我们判断真伪的一个重要标准，这个证据是从记载神兽的来源中提炼的，通过文物、史料、化石等证据可以帮助我们判断神兽是否为真，从而培养学生树立科学的唯物主义精神，在面对一些未经证实的现象（流言和传说）时能够有自己独立和批判性的思考，这也是该语篇的育人价值所在。

How：本书为非虚构类（non-fiction）英语读物，语篇类型为说明文，书中的 16 种神兽按照名字首字母排序，一一进行了介绍，篇章之间相对独立，在介绍每一种神兽时，大致采用了类似的信息组织结构,即首先介绍神兽的基本信息(外貌、习性、栖息地等),接着重点介绍神兽的来源,回答它们是否真实存在(Are they real?)这一问题,属于提问—回答型的语篇模式。

本语篇中的多模态插图也承载了较多的隐含信息,这些信息有待挖掘,插图展示了神兽的外貌,并且对文章有关神兽来源的细节性信息进行了呈现和扩充,有助于学生理解文本和加深印象,从而发展自己的想象力。在文本学习的同时,也不能忽视插图的作用,要通过插图更好地可视化学生的思考成果,挖掘更多的隐藏信息,激发学生的想象力和创造力。

此外,语言方面,本语篇中神兽名字的发音会是一个难点,需要学生运用音标知识和拼读规律去读出正确的发音。本语篇用词细腻,对于神兽的外貌、习性等介绍具体、准确,对于神兽的来源给出了详细的解释说明,形成了多个词汇场,例如在介绍飞行神兽的外貌时,形成了 bird, wing, feather, claw, nest, fly 的词汇场,如果神兽是从传说中来,则围绕 legend 形成了相关的词汇场,包括 ancient Greek/Egypt, spirits, people believed that, turn into, power, magic, labyrinth 等表达,如果神兽有科学上的考证,则形成了 fossils, scientists, extinct, live, be discovered, footprints, prove 等词汇场,这些词汇和表达的呈现为学生的输出提供了充足的语言支撑。语法方面,本语篇用到了初中阶段所要求的重点时态、从句(定语从句、宾语从句和状语从句)、特殊句式等。因此,学生需要综合运用词汇和语法知识来理解和分析文本。

四、学情分析

授课对象为九(1)班学生。我校是一所以外语为特色的学校,注重对学生语言知识、文化意识、思维品质和学习能力的核心素养的培养。在语言能力和认知风格上,学生目前已完成义务教育初中阶段主要语法知识的学习,语言能力较强,阅读广泛,词汇量较大。在课堂中学生能够自主完成阅读、识记、理解等任务。根据布鲁姆的教育目标分类学以及《义教课标》下的英语学习活动观,学生在学习理解层面没有较大障碍,他们的主要学习需求和问题集中在应用实践和迁移创新方面,主要包括如何利用文中的关键信息,形成自己的判断和结论,当与别人的观点有分歧时,应当怎样去展开讨论和陈述自己的观点,最后的学习成果应当如何呈现,如何进一步进行迁移和创造,并对创造成果给予适当的评价等。思维容量较大的活动是学生期望在课堂中能够参与的。

在课堂组织形式上,学生期望以一种游戏的形式参与到课堂讨论中来。在日常的生活中,学生喜欢玩推理游戏,此类游戏中需要玩家就某一个案件利用有限的线索进行推理,开展好几轮讨论,最终得出合理的结论。学生希望在课堂中也可以根据有限的信息开展几轮讨论,通过游戏推理的形式积极参与到学习活动中来,这也符合自主、合作、探究的英语学习活动观要求。因此,游戏推理的活动组织形式是设计课堂活动的考量因素之一。

课程内容方面,学生在上外教版教材 Unit 5 接触了有关动物的单元内容,学习了有关动物的知识和表达,而动物与神兽之间存在一定的联系,因此本语篇可以增补为动物单元的拓展性阅读语篇。同时学生的知识面也较广,喜欢阅读《哈利波特》《西游记》、古希腊/古埃及神话等,而这些作品中也出现了部分神兽的介绍,学生在阅读本语篇时也会联想起所阅读过的文学作品,并与本语篇进行比较,这也激活了学生原有的知识和阅读的兴趣,为解读该语篇提供了新的视角和语境,有利于学生积极参与到学习活动之中。

五、教学目标和重难点

(一)教学目标

本节课为第二课时——分析探究课,在本课时结束时,学生能够:

1. 理解标题中 fabulous 的两层含义,其一是指传说中的神兽,其二是指神兽有不寻常之处,能够根据文字描述和插图识别与解释神兽不寻常的特征。

2. 根据所提供的部分语篇信息,通过分析有关神兽的细节信息,推断该神兽是否为真实存在的,并根据神兽信息的来源总结出判断神兽真实与否的标准。

3. 总结判断神兽真实与否的方法——有说服力的证据才是帮助我们合理判断的标准,树立科学唯物主义精神,培养批判性思维和独立思考的能力。

4. 小组合作开展讨论,通过相互沟通阐述自己的观点和理由,表达赞成或不赞成的意见,得出一致结论,并从内容、表达技巧、台风等方面对同学的口语展示进行评价。

(二)教学重点

1. 学生能够根据所提供的有限语篇信息,通过分析有关神兽的细节信息,推断神兽是否真实存在,并给出合理的理由。

2. 学生能够根据神兽信息的来源,总结出判断神兽是否真实存在的标准和方法,并在自己分析神兽时运用此思维模型。

(三)教学难点

1. 学生能够根据神兽信息的来源,总结出判断神兽是否真实存在的标准和方法,并在自己分析神兽时运用此思维模型。

2. 学生能够在小组讨论中通过恰当的方式和语言,阐述自己的观点和理由,表达自己赞成或不赞成的观点,得出一致结论。

3. 学生能够从内容、表达技巧、台风等方面对同伴的口语展示进行评价。

六、教学过程

表 6-30 教学过程

教学目标	学习活动	效果评价
1. 理解标题中 fabulous 的两层含义,其一是指传说中的神兽,其二是指神兽有不寻常之处,能够根据文字描述和插图识别与解释神兽不寻常的特征。(学习理解)	1. 复习第 1 课时中有关神兽外貌的表达,学生运用这些表达复述上节课学习的神兽(Cerberus, Coelacanth, Dodo)。 2. 学生运用学过的表达描述神兽,识别并解释神兽不寻常的特征,回答为什么该神兽很不寻常。 3. 学生根据外貌描述插图,预测神兽是否真实存在。	评价是否记住和掌握如何运用相关表达介绍学过的神兽。 观察学生是否能利用文字信息和插图识别与解释神兽不寻常的地方。 根据学生的回答,判断其是否能够根据插图和描述作出合理推断。
设计意图:通过复习,帮助学生巩固神兽外貌的相关表达,利用思维可视化工具分门别类地整理表达,为本节课的讨论推理打下语言基础;引导学生注意观察神兽不寻常的地方,给出神兽不寻常的原因,培养学生的观察、推测和提问能力。(感知与注意,获取与梳理)		
2. 根据所提供的部分语篇信息,通过分析有关神兽的细节信息,推断该神兽是否为真实存在的,根据神兽信息的来源总结出判断神兽真实与否的标准。(应用实践) 3. 总结判断神兽真实与否的方法——有说服力的证据才是帮助我们合理判断的标准,树立科学唯物主义精神,培养批判性思维和独立思考的能力。(应用实践)	4. 学生阅读有关神兽来源的部分信息,判断神兽是否真实存在,并写出理由。 5. 学生阅读剩余信息,检测之前小组的推理是否准确,总结鉴别神兽是否真实存在的方法。	根据学生的回答,评价学生利用信息进行逻辑推理的能力。 根据学生的发言,观察学生能否自主构建主题意义,评价学生的判断标准和态度是否科学,具备批判性。
设计意图:通过集体讨论的形式,帮助学生构建和深化主题意义,引导学生在小组讨论中学会应用标准去分析和判断具体问题,利用思维可视化工具总结一般方法,培养其科学唯物主义精神和批判思考能力。(描述与阐释,内化与运用)		
4. 小组合作开展讨论,得出一致结论,并从内容、表达技巧、台风等方面对同学的口语展示进行评价。(迁移创新)	6. 学生观看有关尼斯湖水怪的相关视频,小组讨论分析它的不寻常之处,运用总结的一般方法分析该神兽是否真实存在。 7. 学生给出有关尼斯湖水怪的调查报告,同伴对此进行评价。	根据学生的回答,判断学生是否能迁移之前讨论中的主题意义和思维方法到新的问题情境中。 根据学生的评价,判断其是否运用评价标准分析小组产出,评价其分析、判断和提建议的能力。

续 表

教学目标	学习活动	效果评价

设计意图：引导学生超越语篇，联系新问题情境，迁移课堂所学，分工合作解决新的问题，并根据标准分析任务效果，给予适当反馈。（想象与创造）

作业：小组合作为本书中的其他神兽写一份调查报告。(Work in groups and write a report on one of the other creatures from the book.)

七、英文教案

表6-31 Teaching Procedures

Stages	Learning Activities	Teaching Purposes
Revision/ Warm-up	**Describing the Creatures** Fill in the brace map with the expressions learned in the last period. Describe the creatures Cerberus, Dodo and Coelacanth on the illustrations with these expressions.	To review the expressions related to land, flying and aquatic creatures by using the graphic organizer
Transition	These creatures can be called fabulous creatures not only because legend has them but also because they have something unusual.	
Pre-reading	**Identifying Characteristics** Answer the question according to the previous descriptions and illustrations: (1) Why is the creature fabulous / unusual?	To get a further understanding of the word "fabulous" in the title of this book
	Predicting The situation will be set as follows: Imagine there is an administrative bureau in the world which is in charge of studying these creatures. You are an officer in this bureau. And your job is to figure out whether these creatures are real or not. What and how will you do? Read the descriptions and illustrations carefully and guess: (1) Are these three creatures real or not?	To activate Ss' thinking and arouse Ss' reading interest by introducing situation

续 表

Stages	Learning Activities	Teaching Purposes
While-reading	**Activity 1: Discussion Round 1** **Reading and Inferring** Read part of the further information (words and illustrations) given. Have a group discussion. Infer whether the three creatures are real or not and write down the reasons on the flow chart. During discussion, express your opinions, reasons, agreement or disagreement to each other with the help of useful expressions on the blackboard.	To infer whether the creatures are real or not by analyzing the given information (words and illustrations) and arguing with the group members
	Activity 2: Discussion Round 2 **Reading and Summarizing** Read the rest of the further information (words and illustrations) given and find out whether the creatures are real or not. Have a group discussion on the two questions and make a summary: (1) How do people get to know these creatures? (2) What kind of creatures are real creatures?	To figure out the sources of these creatures and summarize what are the standards of judging a real creature
Post-reading	**Activity 1: Viewing and Discussing** Watch a short video about another creature in this book — Loch Ness Monster. Answer the questions: (1) Do you think the creature is real? Why? (2) How can we judge whether this creature is real or not?	To apply the standards to judge a real creature and have a further understanding of the thematic meaning — convincing evidence is the only method which can help us make the reasonable judgment
Transition	Next time if you hear some rumors or tales, do not believe them at once and spread them. You have to find out the convincing evidence and make your own judgment. Please remember: always think critically and never follow.	
Post-reading	**Activity 2: Speaking and Evaluating** Work in groups and play the roles of the officers from the administrative bureau of the fabulous creatures and give an oral report on Loch Ness Monster.	To create a report on Loch Ness Monster including its description, sources and the conclusion whether it is real by analyzing the supporting evidence
	Comment on your peers' report with the help of the given checklist and grade their performances by given stars.	To evaluate the performances from other Ss in terms of content, delivery and manners
Homework	1. Work in groups and write a report on one of the other creatures from the book. It should include: A) Descriptions (appearance, behavior, habitat, etc.); B) Sources of information on the creature; C) Conclusion of whether it is real or not real by analyzing the supporting evidence.	To promote further reading and consolidate the knowledge of giving descriptions and making conclusions by analyzing supporting evidence

八、教学流程图

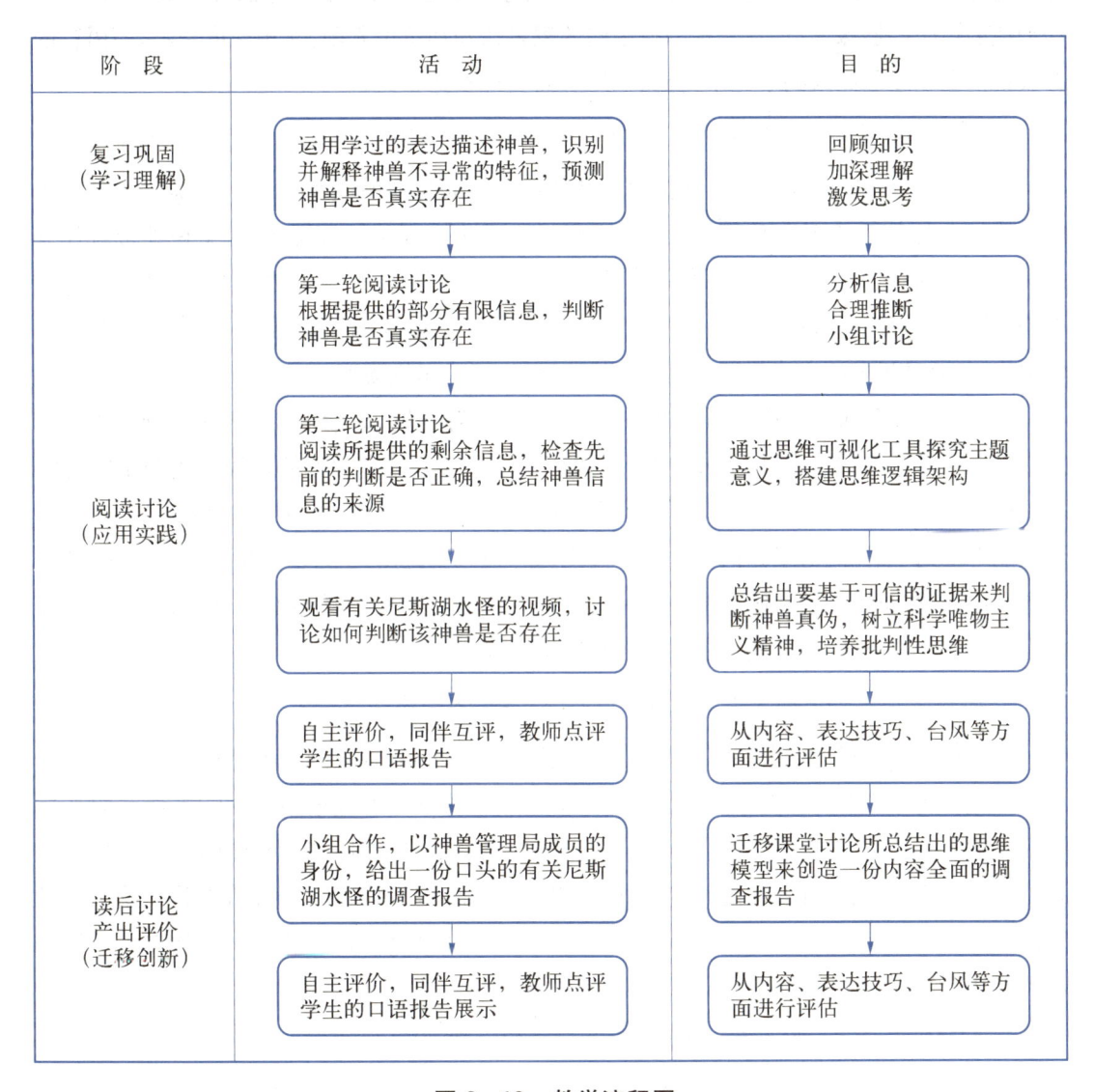

阶　段	活　动	目　的
复习巩固 (学习理解)	运用学过的表达描述神兽，识别并解释神兽不寻常的特征，预测神兽是否真实存在	回顾知识 加深理解 激发思考
阅读讨论 (应用实践)	第一轮阅读讨论 根据提供的部分有限信息，判断神兽是否真实存在	分析信息 合理推断 小组讨论
	第二轮阅读讨论 阅读所提供的剩余信息，检查先前的判断是否正确，总结神兽信息的来源	通过思维可视化工具探究主题意义，搭建思维逻辑架构
	观看有关尼斯湖水怪的视频，讨论如何判断该神兽是否存在	总结出要基于可信的证据来判断神兽真伪，树立科学唯物主义精神，培养批判性思维
	自主评价，同伴互评，教师点评学生的口语报告	从内容、表达技巧、台风等方面进行评估
读后讨论 产出评价 (迁移创新)	小组合作，以神兽管理局成员的身份，给出一份口头的有关尼斯湖水怪的调查报告	迁移课堂讨论所总结出的思维模型来创造一份内容全面的调查报告
	自主评价，同伴互评，教师点评学生的口语报告展示	从内容、表达技巧、台风等方面进行评估

图 6-10　教学流程图

九、关键问题解决策略

1. 遵循整本书阅读整体设计原则，深度学习，整体育人

《义教课标》要求加强单元教学的整体性，围绕单元主题，充分挖掘育人价值。*Fabulous Creatures — Are They Real?* 这本书，则是教师根据学生的上外教版教材中的动物单元主题所选择的一本课外补充读物，对于该书的阅读教学教师采用了整本书阅读设计原则，这也与单元整体教学的要求相一致。

教师围绕语篇主题，深入解读各个篇章及相关教学资源，结合学生的认知逻辑、学习兴趣和需求，对学习内容进行必要的整合和重组，设计了三课时的学习任务和活动，按照布鲁姆教育目标分类学，引导学生对语篇内容和主题意义进行探究，根据记忆、理解、应用、分析、评价和创造的顺序层层深入，逐步建构围绕主题的逻辑认知和价值判断，实现深度学习，而语篇的育人价值也在逐层深入的学习中得到彰显，从而实现整体育人。

2. 课程内容呈现体现情境化和可视化，培养学生解决问题的能力，提升核心素养

教师在课堂中赋予学生一个虚拟角色和任务——成为神兽管理局的一员，调查清楚书中的神兽是否真实存在，这是语篇阅读的主要任务。学生在虚拟的情境中，有意识地带着任务去阅读、思考和讨论。此外，教师利用思维可视化工具，帮助学生抓住神兽的基本特征，分析神兽来源，推断神兽真伪，总结鉴别神兽真伪的标准和方法，从而梳理语篇主要信息和建立逻辑架构，并通过板书的方式帮助学生生成讨论成果，形成思维模型。

情境化的任务向学生提出了一个需要去解决的实际问题，而学生利用思维可视化工具去总结自己的思考和讨论成果，形成解决问题的思路和方案，课堂学习的过程也成为了问题解决的过程。在这个过程中，学生有了学习和实践语言知识的机会，推断、归纳和总结的过程中思维能力得到了锻炼，对于如何面对流言传说、如何鉴别真伪有了自己的价值判断，文化意识得到了提升，在小组沟通和协商中达成一致意见，在自评、互评中学会如何合作和评估，学习能力得到了发展，这些都有利于核心素养目标的达成。

3. 根据英语学习活动观组织和实施教学，以学生为主体

学生期望思维容量较大和游戏型的课堂，基于学生的需求，教师在课堂中组织学生通过自主、合作、探究的方式讨论神兽的真实性。课堂活动的推进方式采用了受学生欢迎的某桌游游戏规则，学生在讨论前阅读有关神兽的一部分提示信息，然后利用有限的信息进行讨论和推断，直到阅读完所有信息揭开谜底，这增添了课堂活动的趣味性，学生在合作讨论中通过阅读所得到的部分信息进行分析、判断、创造、评价等高阶思维活动，从而在课堂中实现学习理解、应用实践、迁移创新的英语学习活动观要求。

4. 注重"教—学—评"一致，在教与学的过程中伴随评价

教师在教学过程中注重目标的达成和可检测性，每一个教学环节均设置了可检测的评价指标，通过观察、提问、追问的方式关注学生的反馈成果，根据学生的反馈帮助学生发现问题，提供必要支架，帮助学生分析和评价自己的学习成果，从而让学生学会自主开展评价。评价方式包括自主评价、小组互评、教师点评、面批等，教师在教学的过程中开展多种形式的评价活动，伴随和贯穿整节课的学习活动之中，监控教与学的过程和效果，从而协同发挥育人功能。

十、课堂学习活动单

1. Revision

We learned some useful expressions in the 1st period to describe these fabulous creatures. Can you write them down in the brace map and describe these creatures?

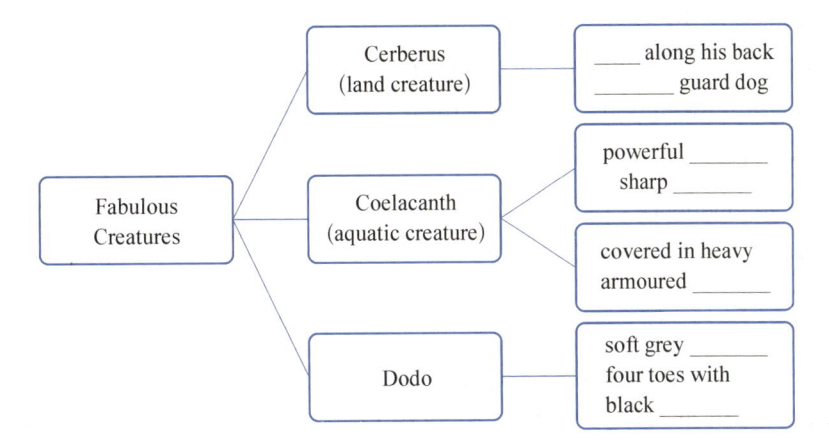

```
Fabulous Creatures
├── Cerberus (land creature)
│   └── ____ along his back
│       _____ guard dog
├── Coelacanth (aquatic creature)
│   ├── powerful _____
│   │   sharp _____
│   └── covered in heavy
│       armoured _____
└── Dodo
    └── soft grey _____
        four toes with
        black _____
```

2. Reading and Inferring

Read one part of the further information (words and illustrations) given. Have a group discussion and infer whether the three creatures are real or not. Write down your reasons and conclusion on the flow chart. Express your opinions, reasons, agreement or disagreement to each other with the help of useful expressions on the blackboard.

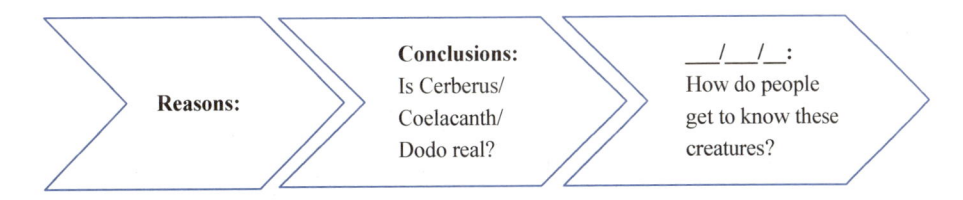

```
Reasons: ➤ Conclusions: ➤ __/__/__:
         Is Cerberus/    How do people
         Coelacanth/     get to know these
         Dodo real?      creatures?
```

3. Reading and Summarizing

Read the rest of the further information (words and illustrations) given and find out whether they are real or not. Have a discussion on the two questions and make a summary:

(1) How do people get to know these creatures? Write down your thoughts in the chart of Task 2.

(2) What kind of creatures are real creatures?

4. Viewing and Discussion

Watch a short video about another creature in this book — Loch Ness Monster. Discuss the questions:

(1) Do you think the creature is real?

(2) How can we judge whether this creature is real or not?

5. Speaking and Evaluating

Work in groups and play the roles of the officers from the administrative bureau of the fabulous creatures and give an oral report on the creature — Loch Ness Monster. The report is supposed to include:

1. descriptions on the unusual appearance of the creature
2. sources of information on the creature
3. conclusion whether the creature is real or not
4. convincing evidence

Checklist:

Did this group	Stars I give
give a complete report including all the necessary parts?	★★★
give a reasonable conclusion with convincing evidence?	★★★
deliver the report clearly, precisely and fluently?	★★★
pay attention to the manners and use body languages?	★★★
I would like to give this groups _____ stars in total for the report.	

十一、教师板书

Reasons:
Cerberus: three heads, guardian of Hades,
Coelacanth: resemblance to the real fish, fishermen as witnesses
Dodo: sailors' discovery

Convincing Evidence:
☑ fossils, scientific discovery, historical records
☑ ancient myths, oral tales,

fabulous creatures → real creatures

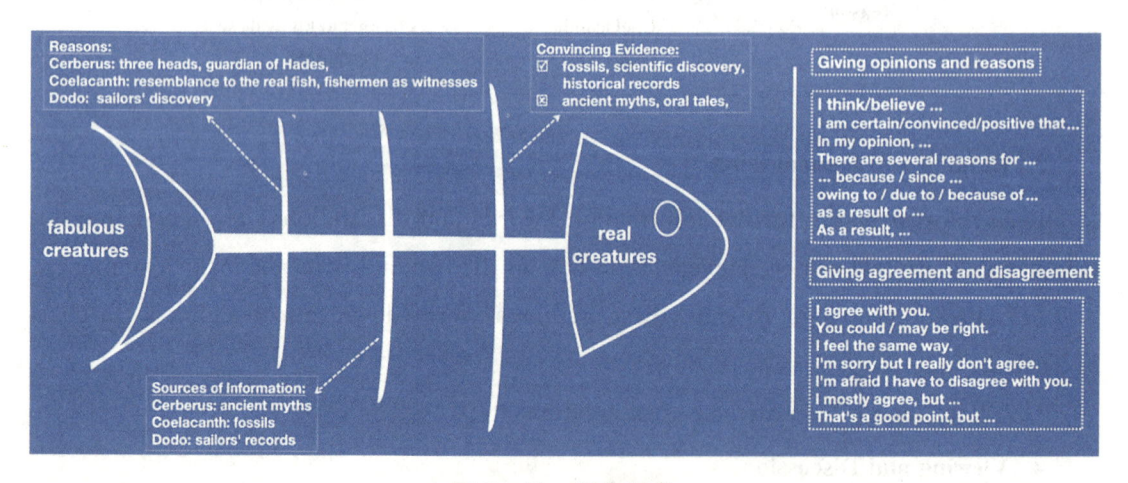

Sources of Information:
Cerberus: ancient myths
Coelacanth: fossils
Dodo: sailors' records

Giving opinions and reasons
I think/believe …
I am certain/convinced/positive that…
In my opinion, …
There are several reasons for …
… because / since …
owing to / due to / because of …
as a result of …
As a result, …

Giving agreement and disagreement
I agree with you.
You could / may be right.
I feel the same way.
I'm sorry but I really don't agree.
I'm afraid I have to disagree with you.
I mostly agree, but …
That's a good point, but …

图 6-11　教师板书

十二、教学反思

本节课的设计遵循单元整体教学设计原则,作为第二课时,在整本书阅读的过程中起着承上启下的作用,这本书的单元整体设计遵循学习理解——应用实践——迁移创新的英语学习活动观,因此本节课承担着应用实践的功能,学生在复习巩固语篇知识和语言知识的基础上，对文本进行深入挖掘和讨论，解决标题提出的关键问题——Are the creatures real? 在解决问题的过程中，学生需要理解、分析、论证、辩论和总结，学生在课上利用思维可视化工具进行了丰富的思维活动，思维品质得到了培养和发展，同时也总结出了正确的探究问题的方法，那就是要基于事实证据去进行推断，从而构建出主题意义，形成正确的价值观念，这些课堂活动都为第三课时的迁移创新打下了基础。

课堂活动经历了两轮分析论证，但两轮活动之间没有非常明显的区别，应当进行优化整合，目标指向应当再明确一些，每一轮讨论是为了解决什么问题，从而体现出活动的梯度，同时也应当在讨论前给予学生一些方法示范，让学生在自主讨论时有机会运用一些思维方法来解决问题。

授课教师：上海外国语大学附属外国语学校东校　王　序

附　语篇内容（略）

专家点评

1. 优点和特色

（1）教师精心设计板书和课堂学习任务单，借助鱼骨图、括号图和流程图等多种思维可视化工具，帮助学生整理语言知识，搭建思维模型，在课堂的讨论中注重引导学生运用思维可视化工具，开展分析、推理和判断等思维活动。

（2）教师在学生讨论的过程中，围绕主题意义，培养学生科学唯物主义精神，帮助其掌握评判事物的正确方法，即只有基于可信的、真实的证据，才能得出客观的判断和结论。在今后碰到一些有争议的问题时，不要急于下结论，而是要辩证地看待问题，依靠客观证据作出合适的选择，学会如何为人处世。

2. 问题和建议

本书中神兽大部分来自古希腊罗马神话，较少涉及中国文化中的神兽，可适当补充中国神话故事中的神兽，与西方文化中的神兽进行比较，培养跨文化意识，树立文化自信。

结　语

2018年以来,本人以领衔的上海市第四期双名工程虹口区种子团队(强校)和虹口区教研团队为核心,在《义教课标》2022年正式颁布之前就参照高中课标,基于初中学情,先行先试,开展了指向大概念的初中英语阅读教学设计研究。我们以区域教研活动课程化的形式,聚焦课堂开展了30多场思维可视化阅读教学设计系列专题研讨,积累了较丰富的案例(含授课视频),本书呈现的仅是部分内容。从区域各校的教学实践来看,指向大概念的思维可视化阅读教学设计取得显著成效,有效践行《义教课标》提出的六要素整合、英语学习活动观、"教—学—评"一体化、单元整体教学等核心理念。基于语篇类型教学法、语篇类型结构潜势、思维可视化、认知主义、信息加工、建构主义等教育教学理论,结合《义教课标》及初中英语教材中有关语篇类型的梳理、语篇模式等教学实践案例的分析,本书提出的六类语篇类型、七种语篇模式、四类思维可视化工具的运用,在继承的基础上有一定的创新,为指向大概念的阅读教学设计提供了具体、可行的操作方案,有利于解决教师课堂阅读教学活动中"为什么做""做什么"和"怎么做"等困惑,从而推动教与学方式的变革。

一、实践成效

1. 有利于培养学生的学习兴趣,充分激发学生的潜能

由于初中学生个性、兴趣等差异,在运用思维可视化工具完成教学过程中也会有所不同。心理学认为:当个性获得身体的、心理的、社会的等诸方面的和谐发展时,就能更充分地发挥个人的才能。目前的英语阅读教学基本以纯文本的形式呈现,很少使用各种"看"的工具来设计,这不但无法激发学生的阅读兴趣,也无法培养学生在互联网时代所需要的视觉素养。而思维可视化工具由于直观、形象、有趣、多模态等特点,有利于调动学生阅读的积极性,也为学生创造了施展个性、开发潜能的好机会,充分展示了英语阅读教学设计的生机和活力。思维可视化阅读教学设计依托脑科学的理论基础,通过图、文、视频、音频、色彩等多模态资源的结合能有效激活学生的已知,深化对主题意义的探究及对语言的深层理解,促进学生阅读兴趣和阅读能力的提升。正如韩礼德(Halliday)的观点:在表达层发生了变化,内容层也要跟着变化,不断进步。① 学生的兴趣与能动性如果被调动起来,教师就能更多地让学生发挥主体地位,教学生怎样发现问题、分析问题和解决问题,激发他们的英语阅读想象力、阅读思辨能力等,提升他们的创造力,更全面提升他们的英语课程所要培养的学生核心素养。

---

① 杨信彰. 多模态语篇分析与系统功能语言学[J]. 外语教学,2009(04):11-14.

2. 有利于促进学生知识的结构化,帮助学生理解和记忆

思维可视化理论的应用能够更好地帮助学生理解、记忆与应用知识。[①] 英语阅读知识和技能的掌握集中在一些关键点上,思维可视化工具可以迅速帮助学生突出重点,内化所学内容,加深理解和记忆,让学生在完成阅读教学过程中更好地感知、理解和创造,提高阅读效率。同样一篇阅读文本,如果学生死记硬背可能花费较多时间且易忘,但借助思维可视化工具进行背诵,就能大大节省时间,克服遗忘。基于思维可视化工具的初中英语阅读教学设计,能够引导学生对文章的理解,也有助于学生更主动地和文章内容互动,进一步了解文章的总体构成和内在逻辑关系,从而提高学生对文本内容的深刻认识,更好地完成知识的内化与输出。教师应基于每一篇阅读文本的类型和解读,科学合理地设计阅读任务,将不同的教学目标(含情感目标)蕴含其中,让学生运用思维可视化工具将阅读技能的培养、语言、结构等知识总结展现出来。学生通过梳理相关的知识点和文章脉络,可以降低理解记忆的难度,潜移默化地加深学习印象,促进阅读知识的结构化、系统化,让深度阅读真正发生。

3. 有利于创设有意义的学习环境,促进学生自主阅读能力的提升

奥苏伯尔(Ausubel)认为:学习者的学习过程应该是有意义学习。有意义学习就是"符号所代表的新知识与学生认知结构中已有的适当知识建立非人为的、实质性的联系过程"。[②] 只有在学习者积极主动地把新知识融合到自身大脑现有的认知结构之中时,有意义学习才形成。因此,初中英语阅读教学设计必须"以言语交际为中心",创设意义情境。但因为没有英语语言的语境,在很大程度上,英语的教学仅仅依赖老师课堂内有限时间的讲授。学生对课外学习往往仅仅停留在做题上。而机械的重复性训练往往只会使学生慢慢地对英语学习失去兴趣。思维可视化工具的运用则能够更有效地改善这些状况。就阅读教学设计而言,教师将学生有意义的学习通过制作和运用思维可视化工具的方式进行一种图式化呈现。在此过程中,学生积极主动地寻找新知识和已有知识之间的联系,增强了阅读的主动性和创造性,促进了自主阅读能力的提升。教师设计的思维可视化工具可以让学生反复利用,还可以挂在教室的各个角落,辅助学生进行独立学习。学生可以制作自己的思维可视化工具,自行对文本脉络进行梳理;也可以在别人的基础上进行改良或创新,培养独立思考、自主学习的良好阅读习惯。

4. 有利于培养学生的思维能力,促进听、说、读、看、写等语言技能的深度融合

在英语课程培养学生核心素养的过程中,思维起着决定性的作用,也是新时代教师阅读教学设计的起点。思维是课堂的灵魂,离开思维的人学习更容易进入假学习状态,假学习状态同时也限制了思维的发展。大教育家杜威说过,教学不仅仅是获得知识本身,否则就沦为技术性的教学。思维可视化可以发展学生系统的思考能力,帮助学生获得良好的学习成

[①] 金施琪,田家宁,徐笑梅. 基于"思维可视化"的初中英语阅读教学设计[J]. 现代中小学教育,2018(05):43-46.
[②] 洪显利,等. 教育心理学的经典理论及其运用[M]. 北京:北京大学出版社,2011:180.

绩。① 基于思维可视化工具的阅读教学设计将学习过程中的思考方法（判断、分析、总结、诠释、演绎、归纳、推理、发散等）和思考路径（横向比较、纵向演变、断面剖析等）利用图示技术进行展现，对于学生深入学习、深入理解起到有效的支持，并帮助学生进入到高阶学习的有效学习模式中。同时，思维可视化工具将抽象的阅读文本变成可视化的图表，能够帮助学生找出阅读和写作的结合点，不但有利于教师和学生迅速、清晰地掌握文本信息、主旨大意以及文章之间的逻辑结构，同时有助于以读促写，为学生搭建写作输出的支架。此外，思维可视化工具围绕中心主题进行分析，提供了师生交流或生生交流的基本支架，让学生有话可讲，明白从哪里开始说、怎么说。教师也可尝试让学生通过同伴、小组等合作，创作思维可视化工具，开展学习理解、应用实践、迁移创新等多层次的实践活动，通过图、文等多模态深度融合读与写、看、说、听等语言技能，将不同核心素养目标蕴含其中，以读促思，以读促说，以读促写，以读促演等，促进听、说、读、看、写等理解与表达技能的深度融合。

二、实践反思

1. 开阔设计思路

不同文体的语篇可使用不同类型的思维可视化工具，以呈现学生的思维过程，培养不同的阅读技能。运用思维可视化工具进行阅读教学设计时，应根据学情、文本内容、教学目标、话题、语言知识、题材、体裁和语篇模式等的不同而改变，但不能拘泥于某种思维可视化工具，更不要盲目追求美观，而应该努力做到尽量简单、明了、达意，因为只有符合学生的才是最佳的。如：思维导图适合教师用来指导学生就某个主题进行思维发散，能有助于学生进行联想记忆；鱼骨图适用于表达理性的关系，从各种相关联的因素找到根本原因，能够使内容有条理性，常用于说明文；金字塔图适用于表达层级关系，能表示按比例或自上而下递增的关系，能够使内容层次化；流程图适宜于表达逻辑和处理先后顺序步骤的过程；层次结构图适用于一般—特殊型、机会—获取型等语篇模式分析；非连续性文本用树状图较多；故事情节图常用于叙事类记叙文；韦恩图常用于议论文中的比较或对比。

2. 坚持循序渐进

运用思维可视化工具设计阅读教学时，应符合学生的年龄特征和认知水平。初期教学应当尽可能选取体裁和内容较为明确的文章，由教师指导进行文本与思维可视化工具的组合工作，有助于学生更清晰地掌握如何查找关键词与主旨句，对主要信息内容加以概括总结，教师指导学生选用各种位置和形状表达主旨句及其关键词句等，并使用适当的线段或箭头等符号正确地表达主旨句和支持性信息内容，以及主旨句和主要关键词间的逻辑关系，进而实现阅读内容的简化。如：根据文本类型和年级特征，可以先从记叙文入手，再到非连续性文本、议论文、说明文；根据难易程度，记叙文可以先从 5W1H 再到故事情节图；非连续性文本先从层

---

① 尹晗. 基于可视化的语文教与学模式研究[D]. 上海：华东师范大学，2017.

次结构图再到树状图;说明文先从流程图再到鱼骨图;议论文先从括号图再到韦恩图;根据英语学习活动观的三个层次:学习理解、应用实践、迁移创新,阅读教学设计应该先关注学生表层的文本理解能力,再关注学生文章的深层次理解。

3. 鼓励自主合作探究

在思维可视化阅读教学设计时,教师应尊重学生的认知规律,发挥他们的主体地位。在平时的课堂观察中,本人发现有些教师仅以板书的形式展现或发印制好的课堂学习活动单给学生,学生并未有效参与其中;有些教师虽让学生参与思维可视化工具的绘制,但侧重点停留在线条、图像、颜色等"美术特征"上,"思维过程"彰显不足。因此,基于初中生的思维方式、性格特点,在阅读教学时,教师可引导学生基于阅读文本的自主解读,先自主设计思维可视化工具,再引导学生分工合作,师生共同探究。因为学生的个性和学习环境不同,理解的文本内容就不一样。同时,由于各个学生的学习方式和对英语阅读知识的掌握程度都有所不同,所以可以通过小组合作让他们相互学习,彼此借鉴,会对文章内容有不同的感受与思考。最后让学生个体或小组展示教学,教师指导跟进,辅助学生做好语言的输出工作。在语言输出过程中,教师应提醒学生充分运用思维可视化工具,围绕语篇话题,运用篇章结构、语法知识和话题语汇等完成阅读任务,获取关键信息,评价、表达观点。以读促思,以读促说,以读促写,以读促演,这对最终实现学生听、说、读、看、写等语言综合能力的提升大有裨益。

4. 教学评价贯穿始终

对于大概念的真正理解,教师通常运用表现性评价来获取学生理解大概念的有效证据。大概念教学的目标指向素养,而素养目标的构成是复杂多元的,因此评价设计应遵循整合性的评价逻辑,设立"评价连续体",将评价环节有机融入大概念教学全过程。[①] 思维可视化阅读教学设计应充分发挥评价的功能,体现评价主体的个性化、评价内容的多元化、评价过程的动态化。教师应将过程性评价与总结性评价有机贯穿在思维可视化阅读教学的活动中,以评促学(assessment of/for/as learning),以评促思,开展持续性评价。教师应充分发挥多种评价主体的力量,将自我评价、同伴评价、小组评价、师生共评有机结合,使学习评价成为一个共同参与、交往互动、促进发展的过程。教师可以为学生提供个体或小组的评价档案袋(纸质或电子)。在思维可视化工具的制作过程中,学生完成构思和自主制作,然后根据评价量表进行小组讨论,交流修改意见,进行修订,完成二稿。在教师评价后,学生再次完成修订,并将初复稿件记入档案袋。教师可引导学生进行归类并在一段时间后进行审视,反思制作过程,发现一段时间内阅读能力的进展情况。学生通过自我评价可以调动阅读的积极性和主动性,增强反思意识和能力,有利于自我调控、自我激励、自我超越。在同伴评价和小组互评中,学生可以对同伴或小组成员的参与程度、阅读能力、思维品质等作出评价,同伴之间通过互读、互评,形成一种"镜像折射",有利于学生对自己的作品进行客观分析与评价,为下一步的思维可视

---

① 徐玲玲,刘徽,曹琦.评价连续体:大概念教学的评价设计[J].上海教育科研,2022(01):19-24.

化工具的制作提供更加合理的计划和目标。

教师在进行阅读教学设计时,应综合考虑各个相关要素,如教学目标、教学时间、教学类型、教学难度等。阅读教学设计应从关注知识转向能力和素养,进而带动教学减量、增质、转型。提高教师阅读教学设计能力,除了教师个体要树立正确的阅读教学设计观念外,学校教研组和备课组应加强自我反思和实践研讨,促进教师自身的专业化发展。这也是国家"双减"政策背景下,大力推进高质量学校教学体系的建立和落实,真正做到因材施教、保证学生健康成长的需要。指向大概念的阅读教学设计应该成为未来教育内涵发展的必然方向,更是我们广大英语教师义不容辞的职责和今后努力的方向。